全国城市轨道交通专业高职高专规划教材

Guidao Gongcheng Celiang

轨道工程测量

王劲松　李士涛　主　编

袁金秀　侯　瑞　副主编

王志红[中铁建港航局集团轨道交通工程有限公司]　主　审

人民交通出版社

内 容 提 要

本书为全国城市轨道交通专业高职高专规划教材。本书内容涵盖了城市轨道交通工程技术、铁道工程、高速铁道技术、隧道工程等专业的工程测量基本知识。上篇基础测量知识部分,注重知识结构的先易后难;下篇专业测量知识部分,则注重工作过程系统化和应用操作性。主要内容包括:绪论,水准测量,角度测量,距离测量,测量误差基本知识,工程控制测量,全站仪及其使用,GPS测量方法与操作,地形图的识读与测图方法,轨道线路测量,隧道施工测量,桥梁施工测量,高铁精密控制网复测,高铁轨道施工测量,地铁铺轨基标测量等。

本书为高职、中职院校城市轨道交通工程技术及相关专业的课程教材,可作为行业从业人员的培训教材,也可作为从事相关专业的工程技术人员的参考资料。

图书在版编目(CIP)数据

轨道工程测量 / 王劲松,李士涛主编. —北京 :
人民交通出版社,2013.9
全国城市轨道交通专业高职高专规划教材
ISBN 978-7-114-10805-1

Ⅰ.①轨… Ⅱ.①王… ②李… Ⅲ.①轨道(铁路)
—工程测量—高等职业教育—教材 Ⅳ.①U213.2

中国版本图书馆CIP数据核字(2013)第167749号

全国城市轨道交通专业高职高专规划教材
书　　名:**轨道工程测量**
著 作 者:王劲松　李士涛
责任编辑:袁　方　尤晓晔
出版发行:人民交通出版社
地　　址:(100011)北京市朝阳区安定门外外馆斜街3号
网　　址:http://www.ccpress.com.cn
销售电话:(010)59757973
总 经 销:人民交通出版社发行部
经　　销:各地新华书店
印　　刷:北京虎彩文化传播有限公司
开　　本:787×1092　1/16
印　　张:19.5
字　　数:465千
版　　次:2013年9月　第1版
印　　次:2023年5月　第11次印刷
书　　号:ISBN 978-7-114-10805-1
定　　价:49.00元
(有印刷、装订质量问题的图书由本社负责调换)

全国城市轨道交通专业高职高专规划教材

编 审 委 员 会

出版说明

我国轨道交通正处于快速发展阶段，目前已有30个城市的轨道交通建设规划获批，预计至2020年，我国城市轨道交通累计营业里程将达到7395km，而我国有发展轨道交通潜力的城市更是多达229个，预计2050年规划的线路将增加到289条，总里程数将达到11700km。

面临这一大好形势，各地职业院校纷纷开设了城市轨道交通相关专业。为了适应我国城市轨道交通专业高职高专教育对教材建设的需要，我们在2012年推出城市轨道交通运营管理专业高职高专规划教材之后，广泛征求了各职业院校的意见，规划了全国城市轨道交通工程技术专业高职高专规划教材。

为保证教材出版质量，我们从开设城市轨道交通工程技术专业的优秀院校中遴选了一批骨干教师，组建成教材的编写团队；同时，在高等院校、施工企业、科研院所聘请一流的行业专家，组建成教材的审定团队，初期推出以下13种：

《工程地质》

《工程制图及CAD》

《工程力学》

《土力学与地基基础》

《轨道交通概论》

《轨道工程测量》

《桥梁工程技术》

《轨道施工组织与概预算》

《轨道工程材料》

《轨道养护与维修技术》

《轨道施工技术》

《路基施工技术》

《隧道及地下工程技术》

本套教材具有以下特点：

1. 体现了工学结合的优势。教材编写过程努力做到了校企结合，聘请地铁施工企业参与编写、审稿，并提供了大量的施工案例。

2. 突出了职业教育的特色。教材内容的组织围绕职业能力的形成，侧重于实际工作岗位操作技能的培养。

3.遵循了形式服务于内容的原则。教材对理论的阐述以应用为目的,以够用为尺度。语言简洁明了、通俗易懂;版式生动活泼、图文并茂。

4.整套教材配有教学课件,读者可于人民交通出版社网站免费下载;每章后附有复习思考题,部分章节还附有实训内容。

希望该套教材的出版对全国职业院校城市轨道交通专业教材体系建设有所裨益。

全国城市轨道交通专业高职高专规划教材
编审委员会
2013 年 5 月

前　　言

教育事业的改革与发展,关键在于专业教学改革,而专业教学改革的根本落脚点在于课程教学改革。课程教学包括相互作用的两个方面,即教师的教和学生的学,因此教育教学的两个主体是学生和教师。而教材正是教学活动的载体,是这两个主体的媒介,因此十分重要。本书编者虽在工程一线工作过多年,又一直从事高职轨道工程测量、道路工程测量课程教学十余年,但编一本什么样的《轨道工程测量》教材,却反复考虑了许久,最后觉得教材即是教学活动的载体,那么应该从以下两个角度考虑:一是对学生将来成长有没有用;二是学生学习好不好用,教师授课好不好用。

其一,工程测量是轨道、路桥等土木工程类专业必修的专业基础课程之一,是一门实践性很强,理论与实践相结合要求高的课程,而且又是一门受新技术影响较大的传统学科。全站仪、GPS定位、数字水准仪、计算机数字成图技术、软件编程技术、网络通信技术等现代科学技术的发展和应用,使工程测量的理论、技术方案和效率都产生了根本性的变革。工程测量新技术发展来势迅猛,短短二十余年时间,已广泛应用于各项工程建设中。而正是由于这种变革来得太快,使高职院校土木工程类专业的工程测量课程教学的内容与市场相比,略显滞后,特别是教材方面。因此,从对学生们将来成长有利的角度考虑,教师有义务、有责任将新的工程测量技术编进教材,搬进课堂。同时,在对一些传统测量知识的处理上,如经纬仪测角等,在轨道、桥梁、隧道、道路等工程中现在已很少使用,还要不要保留,是不是直接阐述全站仪的使用?学校教育不能等同于技能培训,从知识的系统性、学生认知的循序渐进上考虑,还是予以保留,因为讲经纬仪测角,可帮助学生理解角度的概念,可让学生熟练掌握仪器对中整平的技能,为后面学习全站仪使用有很大的帮助。只不过在讲授这些知识的时候,要适当精简,把握学习这些传统测量知识不是最终目标,而是一个知识学习的中间过程。

其二,在教材内容组织上,是编一本以项目教学为主线、典型工作任务为主要内容的教材,还是编一本知识结构系统化、工作过程系统化的教材,这在高职教育界一直在讨论。其实各有利弊,因为世上万事万物都是有一利必有一弊。我们在编写大纲过程中,几易其稿,最后在征求学生、教师和企业工程技术人员多方意见的基础上,还是选择了后者。原因是:①当前我国高职教育教学条件尚存在不足,教师少学生多、实训设备及场所缺乏的现象普遍存在，这给教师实施项目教学带来一定难度；②本教材是城市轨道交通工程技术专业的一门专业基础课，该课程之前无《测量基础》课程，直接采用项目教学，难以做到知识结构的先易后难，这给学生的学习也带来一定难度。因此从学生学和教师教的角度，我们还是选择了后者，但这不代表抛弃“工学结合”，搞“学科体系”的教学，而是希望各位老师在讲授上篇基础测量知识部分方面，注重知识结构的系统化，并做到理论联系实际，多结合工程案例；在讲授下篇专业测量知识部分，注重工作过程系统化，可以实施任务导向教学方法，做到更有效的“工学结合”。

2013 年全国交通运输职业教育教学指导委员会城市轨道运输类专业教学指导委员会在北京成立。本书就是根据委员会会议精神，以交通大土木为背景，为培养“厚基础、强能力”的土木工程类技术技能型人才而编写的，适用于城市轨道交通工程技术、高速铁道技术、土木工程、铁道工程等多个交通土建类专业。教师可根据专业特点，结合应用领域选择相关内容进行教学。少课时的，建议讲授上篇基础测量知识第一至第九章和下篇第十章；多课时的建议讲授第一至第十五章。当前交通土建类专业需要掌握的工程测量新技术不断涌现，建议该课程采用多课时教学，或增开一门专业选修课讲授。

本书由广东交通职业技术学院王劲松教授、南京交通职业技术学院李士涛副教授担任主编，河北交通职业技术学院袁金秀、河南交通职业技术学院侯瑞担任副主编，福建船政交通职业学院朱明栓、广东省交通运输技师学院邓华生、中交第二航务工程局第五工程公司测量负责人张光宇、上海交通职业技术学院刘见见老师参编。第一章、第五章、第十四章(第二～六节、第八～九节)由王劲松编写，第九章、第十章、第十五章由李士涛编写，第二～四章由袁金秀编写，第六～八章由侯瑞编写，第十一、十二章由朱明栓编写，第十三章第一、二节、第十四章第七节由邓华生编写，第十三章第三、四节由张光宇编写，第十四章第一节由刘见见编写。全书由王劲松负责统稿。

本书由中铁建港航局集团轨道交通工程有限公司总工程师、测量高级工程师王志红主审，其在百忙中审阅了全书，提出了宝贵的修改意见，谨在此表示衷心感谢！

由于编者水平所限，书中难免存在不足，希望得到广大读者的批评意见，以改进我们的修订工作。敬请读者将修改意见和建议发送到 591914728@qq.com 邮箱。

编　者

2013 年 6 月

目　录

上　篇

下　篇

上 篇

第一章 绪 论

教学目标

1. 了解国内外轨道交通的发展情况，以及轨道交通测量技术的发展现状。
2. 了解测量学科的发展史及学科分类。
3. 理解地面点位的确定方法，掌握地理坐标、高斯平面坐标、大地水准面、高程等概念。

第一节 轨道交通测量技术的发展

城市轨道交通作为城市公共交通系统的一个重要组成部分，在国家标准《城市公共交通常用名词术语》(GB 5655—1985)中，将其定义为“通常以电能为动力，采用轮轨运转方式的快速大运量公共交通之总称”。目前国际轨道交通有地铁、轻轨、市郊高速铁路、磁悬浮列车以及有轨电车等多种类型。城市轨道交通和其他公共交通相比，具有运量大、快速、正点、低能耗、少污染、用地省、乘坐舒适、方便等优点，常称之为“绿色交通”。经验表明，轨道交通是解决大中城市公共交通运输的根本途径，对城市可持续发展有着非常重要的意义。

1. 德国高速铁路测量技术

(1)德国高速铁路控制网。德国的高速铁路线路采用大地测量基准，是以德国土地测量管理部门的ETRF89为基础的DB-REF，采用七参数转换到局部参考椭球体，使用3°带高斯—克吕格投影将球面投影转换到平面上。其高铁平面控制网共分为PS0、PS1、PS2、PS4四级。

①PS0是在德国国家控制点(网点间距为30～50km)的基础上采用GPS大地测量方法测定的三维控制网，其控制点一般分布在线路交汇的范围内，尽量保证能够被多条线路使用，它构成了德国高速铁路网的坐标框架。

②PS1是在PS0的基础上采用全站仪和水准测量的方法建立的大地测量三维网。

③PS2建立在PS1和PS0的基础上，采用全站仪大地测量方法建立的平面控制网。

④PS4则是根据需求设立的其他测量方式获得的控制网。

⑤德国的高程控制网只有一种PS3，其控制点是建立在适宜的大楼和建筑物处，是采用联测国家水准点建立的水准网。

(2)德国高速铁路无砟轨道板精调技术。德国无砟轨道博格板精调技术是目前世界上最先进的轨道板精调技术之一。我国第一条最高时速350km/h的客运专线京津城际铁路，首次引进此项技术。博格板是一块长6.45m、高20cm、重达9.6t的混凝土承轨台。这些博格板全部在工厂预制后,每一块的长、宽、高误差都被严格限制在很小的范围内,博格板的两端略微隆起的部分都预先安装了扣件和螺栓。博格板运到施工现场,并全部铺设完成后,钢轨就被直接固定在博格板上。

博格板铺设的核心是先进的高速铁路专用电脑精调仪。在京津城际轨道上,每块博格板都有标号,电脑精调仪通过6个精密的精调爪测量操纵每块博格板,电脑自动测量出博格板水平与高度位置的数据后,会精确显示与标准数值的误差。无砟轨道精度要求非常高,水平和高低等各项误差必须控制在毫米、亚毫米级精度,故在底座板上每隔6.45m就要设计一个GRP控制点,GRP精测和博格板精调都必须使用德国博格板公司设计的PVP(数据处理)软件系统。

2. 日本高速铁路测量技术

在高速铁路建设史上,日本起步较早,其高速铁路测量技术特别是其中的轨道板精调定位技术有一定影响力。日本高速铁路无砟轨道普遍采用基准器和三角规进行CRTSI型轨道板的精调工作。先标注凸形挡台中心线和测点位置,安放基准器,使用设定高低的量具和超高水准器,进行基准点的平顺测量并作调整;再根据每个凸形挡台的基准器的三维坐标计算出对应三角规的调整参数,根据参数标识来确定游标设置,以调整三角规;最后根据水泡指示刻度进行轨道板调整。这种采用基准器和三角规进行轨道板的精调工作,其缺点是调板精度无法量化,没有最终的测量结果数据,无法进行数据追溯,不能落实质量责任到具体人员和工序;另外,调板的精度偏低,直接影响到钢轨铺设的精度及调板后期的工作量。

3. 我国高速铁路测量技术

(1)三网合一。目前我国铁路工程测量要求铁路的勘测控制网、施工控制网、运营维护控制网必须统一坐标系和起算基准,即"三网合一"。这样不仅大大提高了勘测精度,也为施工单位的施工复测、施工控制网测设、桩点加密、施工放线及运营单位的维护提供了方便,同时又保证了铁路在勘测、施工、竣工和运营各阶段测量数据的基准统一。

(2)高速铁路施工控制网。我国高速铁路施工控制网包括一级基础平面控制网(CPⅠ)、二级线路平面控制网(CPⅡ)、三级轨道控制网(CPⅢ)和线路水准基点控制网。一级CPⅠ网具有X、Y、Z三维坐标,一级控制点间距小于4km;二级CPⅡ网是在CPⅠ网基础上,利用GPS测量和网平差得到CPⅡ点的X、Y坐标,利用数字水准仪在水准基点或CPⅠ基础上得到其高程,二级控制点间距小于1km,设置在线路附近;三级CPⅢ网构成了线路工程的高精度控制网。CPⅢ网若采用导线测量,由于全站仪直接设置在CPⅢ点上,一般会产生2mm的测站对中误差,造成控制网稳定性不够,不利于精调施工与轨道检测,故我国采用了全站仪自由测站法测设CPⅢ网,在每个设站点进行多目标多测回测量,以减小观测误差,设站间距不大于140m,最后利用最小二乘原理进行整网的约束平差。这种CPⅢ网网形规则,精度均匀,无弱点存在,稳定性较高。

(3)铁路施工放样技术。传统的铁路测量方法是按照切线上的转点和曲线上的交点、副交点来控制线路中线,设计单位提供的测量桩点主要有直线上的转点、曲线上的副交点。这种采用定测中线控制桩作为施工单位的线路平面测量控制基准,存在很大的弊端。一是在实际工作中,采用的测量方法主要是经纬仪测角、钢尺量距、水准测高差等,因此设计单位的线路定测的测量精度很低,施工单位要对误差的调整、曲线的调整等做大量工作;二是工程开工后,这些中线控制桩不复存在,铁路的平面测量控制基准也就不复存在,这为后续的测量工作及线路竣工和运营阶段的线路复测带来极大麻烦。

随着测量技术的进步和发展以及测量设备的不断更新,特别是高速铁路建设高峰期的到来,铁路测量技术、装备和理念都有了很大的发展。现在铁路设计与施工不再采用传统的铁路测量方法,设计和施工单位普遍采用全站仪或GPS测量技术进行线路的定测和施工复测。勘测、施工放线均使用CPⅠ、CPⅡ平面控制点或加密控制点来测设理论中线,中线控制桩已不再作为勘测、施工放线的控制基准。采用全站仪极坐标法或GPS RTK进行放线,中线桩是从CPⅠ、CPⅡ控制点上用点位放样的方法放样,现场放出交点或副交点对铁路施工测量已经没有作用。这种极坐标法放线的误差不会积累,中线桩的误差不影响中线测量的精度,不必进行中线桩的贯通测量。同时为了保证中线桩的可靠性,还可以采用从不同控制点上进行放线后对比的方法,进行验证。

(4)轨道板精调定位技术。我国从2008年开始研究以CPⅢ为定向基准的轨道板精调方案,并进行了一些试验分析表明,全站仪在CPⅢ自由测站换站时,站与站之间的误差较大,导致铺设的轨道板的短波平顺性很难达到高合格率。后参考了德国博格板的测量调板方案,进行了硬件和软件的改进,形成了Ⅰ型板、Ⅱ型板的测量调板方案。此方案首先使用CPⅢ网加密建立GRP网,再在GRP点上进行强制对中设站,测量安置在精调标架上的棱镜,然后通过软件计算偏差值,对轨道板进行调整,直至合格。这种基于GRP的轨道板精调方法已成功应用于京津城际铁路、沪宁城际铁路、京沪高铁、沪杭城际铁路等工程中。

第二节　测量学科的发展

轨道交通工程包括地下、地面和高架三种空间方式,其为线形工程,且多为隧道、桥梁或深基础工程。为确保线路行车安全、顺畅,施工精度要求高,因此在轨道交通工程建设中能否准确按设计要求就位、施工中的自身结构安全、受施工影响的工程环境的安全等,对社会影响很大,加之为节约工程造价预留的工程结构等限界裕量小,因此造成结构施工、铺轨、设备安装等工作需要高精度施工测量技术配合与保障,需要监控量测等技术手段进行实时安全监测。工程交付后运营期,出于线路维护和改造要求,以及不良地质条件地区和结构变形未稳定等情况,仍需长期进行高精度测量工作。可见,轨道交通工程的建设和运营管理都离不开测量技术的支持。正如德国睿铁公司(Rail One)执行副总裁巴哈曼先生在总结高速铁路建设经验时说:"要成功地建设高速铁路,就必须有一套完整、高效且非常精确的测量系统,否则必定失败。"

一、测量学的定义和分类

测量学又称测绘学,是研究地球的形状和大小以及确定地面(包含地下、海底和空中)点位的科学,属于地球科学的范畴。随着科学技术的不断进步,研究领域拓展为对空间信息进行采集、加工处理、储存、管理和使用的一门科学。按照研究范围、研究对象以及研究方法的不同,测量学产生了多个分支学科,可分为大地测量学、地形测量学、摄影测量与遥感学、工程测量学、地图制图学、海洋测绘学等。

大地测量学是研究地球的形状、大小、地球重力场测定、地球整体与局部运动,以及建立地球表面广大区域控制网理论和技术的学科。大地测量学分为几何大地测量学、物理大地测量学和卫星大地测量学。几何大地测量学,是用几何观测量(方向、距离、角度、高差)来研究和解决大地测量学科中的问题;物理大地测量学,是用重力等物理观测量来研究和解决大地测量学科中的问题;卫星大地测量学又称空间大地测量学,是用人造地球卫星观测量来研究和解决大地测量学科中的问题。

地形测量学又称普通测量学,是研究将地球表面局部地区的地貌及人工建筑和行政权属界限等测绘成大比例尺地形图的基本理论和方法,以及普通测量仪器的使用技术的学科,它是测量学的基础。

摄影测量与遥感学是研究利用摄影或遥感技术获取目标物的影像数据,从中提取几何的或物理的信息,并用图形、图像和数字形式表达的学科。根据获得相片方式和研究目的的不同,可分为航空摄影测量学、地面摄影测量学、水下摄影测量学和航天(卫星)摄影测量学等。

工程测量学是研究各种工程建设在规划、设计、施工、运行和管理等各阶段进行控制、地形测量、施工放样和变形监测的理论和技术的学科。根据其服务的工程项目的不同,可分为道路工程测量、建筑工程测量、轨道工程测量、水利工程测量等。

地图制图学是研究利用测量采集、计算所得的成果资料,编制各种模拟和数字地图的理论、技术和应用的学科,其用地图图形反映自然界和人类社会各种现象的空间分布、相互关系及其动态变化,研究内容包括地图投影学、地图编制、地图整饰、印刷等。

海洋测绘学是以海洋水体和海底为研究对象所进行的测量和海图编制的理论、方法的学科。主要包括海道测量、海洋大地测量、海底地形测量、海洋专题测量以及航海图、海底地形图、各种海洋专题图等编制。

随着科学技术的发展,光电技术、计算机技术、卫星定位技术的应用,给测量学带来了一场全新变革。全站仪、电子数字水准仪、GPS 等新型测量仪器设备的使用,传统的测量模式正向数字化、自动化、程序化方向发展;利用卫星影像、合成孔径激光雷达采集地球空间信息,研究地球或其他星体表面的形态变化以及球体内部的矿藏资源,成为当前热门课题;无人机和卫星摄影测量正逐渐揭开人类无法到达区域的神秘面纱;地球空间信息采集、加工处理正向多源信息融合方向迈进,其应用领域越来越宽广;测量学分支学科的划分将越来越模糊,将以新的内涵进行诠释。

测量科学的应用范围很广。在国民经济建设和社会发展规划中,首先要有地形图、地籍图,才能进行规划和管理工作。国防建设中,军事测量和军用地图是现代大规模诸兵种协同作战不可或缺的重要保障;地球形状、重力场资料和定位技术是远程导弹、空间武器、航天器精确入轨和命中目标的基础。卫星定位、数字地图、地理信息系统技术相结合,为车辆、轮船和飞机实时导航,实现智能交通管理。空间科学技术、地壳形变、地震预报以及地极周期性运动的研究都需要应用测量科学所采集的信息。在陆地、海洋资源勘探及开采等工程中都需要测量学提供资料和指导。测量科学在城乡工程建设中有着广泛应用:在规划设计阶段,要测绘各种比例尺地形图,供城镇规划、工厂选址、交通道路选线以及平面和立面位置设计使用;在施工阶段,将设计好的建筑物、构筑物的平面位置和高程在实地测设出来,并指导施工;竣工后还要测绘竣工图,供日后扩建、改建和维修之用。此外,对某些重要建筑物、构筑物还要在其施工期和使用管理期,进行变形观测,以保证它们的安全使用。另外,测量科学还广泛应用于农业、林业、工业、商业等活动之中。

综上所述,可以看出测量工作贯穿于经济建设和国防建设的各个领域,贯穿于工程建设的始终。只有掌握测量工作的测、绘、算、用的基本技能,并灵活运用所学的测量知识,才能为将来专业工作服务。

二、轨道工程测量的内容与任务

本教材主要介绍普通测量学、轨道工程测量的内容,是为轨道工程等土木工程建设服务的一门学科。其内容包括测定和测设两个部分。

(1)测定,又称测图。它是将地球表面的形状和大小,按一定比例尺,使用测量仪器和工具,通过测量和计算,运用各种符号及数字缩绘成地形图,供科学研究、经济建设、国防建设和规划设计使用。其实质就是将地面上点的位置测绘到图上。

(2)测设,又称放样。它是将图纸上已设计好的建(构)筑物的位置,按照设计的要求,根据施工的需要,运用测量仪器和工具,使用各种标志在地面上标定出来,作为施工的依据。其实质就是将图纸上点的位置测设到地面上。

轨道工程测量,应能满足轨道工程建设中的设计、施工和运营阶段对测量工作的需要,因此对轨道工程等土木工程类专业的学生,要通过本课程的学习,掌握以下基本内容:

(1)必须具备测量仪器设备操作技能。测量仪器设备是完成工程测量项目的工具,因此测量人员必须熟练掌握和使用测量仪器设备,否则就不可能保质、保量、按工期完成任务。例如,要学会使用水准仪进行高差测量,使用全站仪进行角度、距离、坐标的测量与放样,使用GPS接收机进行控制测量,使用精密水准仪、全站仪、GPS进行变形监测,使用智能型全站仪进行高铁CPⅢ测量及轨检工作。

(2)设计阶段测量工作主要内容。设计阶段分为可行性研究阶段、初步设计阶段、施工图设计阶段。在可行性研究阶段主要需要提供中、小比例尺地形图;在初步设计阶段主要应进行地面控制测量、大比例尺地形图、管线测量和调查、定线测量等;施工图设计阶段应进行线路红线测量、纵横断面测量、中线测量等。

(3)施工阶段测量工作主要内容。施工阶段分为土建结构施工、轨道和设备安装、竣工阶段。土建结构施工阶段应进行加密施工控制测量、定线测量、施工放样测量、监控量测和其他测量工作;轨道和设备安装阶段应进行铺轨安装测量、轨道调整与检测、线路标志测量等;竣工阶段应进行全线轨道竣工测量、区间车站附属建筑结构、设备等竣工测量。

当前我国轨道交通工程建设如火如荼,轨道工程施工测量技术不断创新,市场对掌握现代轨道施工测量方法的技术人员的需求数量和质量不断提升,特别是高速铁路精密施工测量技术人员。因为打造毫米级的测量精度是高速铁路建设能否成功的关键。

(4)运营阶段测量工作主要内容。该阶段中应长期对线路维护和改造提供测量保障,对线路构成安全隐患的结构和线路环境进行变形监测工作,确保安全运营。

(5)灵活运用所学的普通测量学、轨道工程测量知识、技能,拓展专业领域,能从事道路、建筑、水利、市政等土木工程领域工程测量工作和国土、城镇规划等领域的控制测量、测图、地理信息系统数据采集、处理等方面的工作。

第三节 地面点位的表示方法

一、地球的形状与大小

测量工作主要是在地球表面上进行的,而地球是一个赤道稍长、南北极稍扁的椭球体,如

图 1-1a)所示。地球的自然表面有高山、丘陵、平原、江、河、湖、海等,高低不平,很不规则。地球上最高的山峰珠穆朗玛峰高出平均海水面 8844.43m(中国国家测绘局 2005 年测得),最低的马里亚纳海沟在海平面以下 10911m(日本探测艇海沟号 1995 年测得),但是相对于地球的平均半径 6371km 而言还是很微小的。如何表述地球上点的位置呢? 考虑到海洋面积约占整个地球表面的 71%,陆地面积约占 29%,故人们习惯上把海水面所包围的地球实体看作地球的形体,依此确定测量的基准依据,进而确定地球上点的位置。

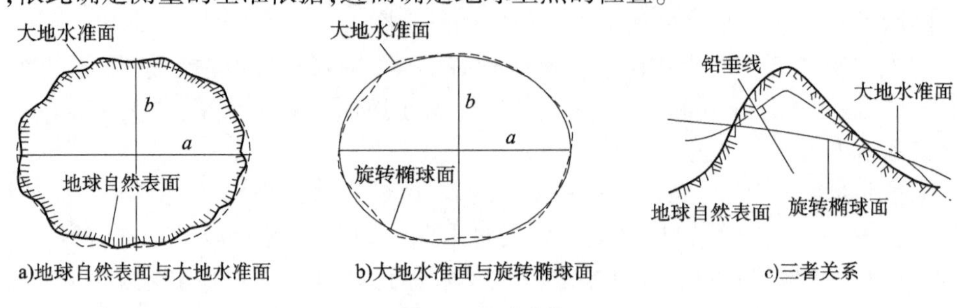

图 1-1 地球形状

(图中 a 为椭球体的长半径,b 为椭球体的短半径)

1. 测量工作基准线

由于地球的质量和自转运动,地球上任何一点都同时受到地心引力和地球自转运动的离心力影响,这两个力的合力称为重力。重力的方向线称为铅垂线。铅垂线是测量工作的基准线。

2. 测量工作基准面

设想一个自由静止的海水面(只有重力作用,无潮汐、风浪影响),并延伸通过大陆、岛屿形成一个包围地球的封闭曲面,这个曲面称为水准面。通常将与水准面相切的平面称为水平面。水准面是一个处处与重力线方向垂直的重力等位面,由于水准面可高可低,故水准面有无数多个,其中与平均海水面吻合的水准面称为大地水准面。大地水准面是测量工作的基准面。大地水准面包围的地球形体称为大地体。

3. 测量计算基准面

由于地球内部质量分布的不均匀,引起铅垂线的方向产生不规则变化,如图 1-1c)所示,导致大地水准面是一个复杂的曲面,无法用数学公式表达,故在这个不规则的曲面上处理测量数据很不方便。因此需要用一个在形体上与大地水准面非常接近,并可用数学公式表述的几何形体来代替大地体。这个几何形体就是参考旋转椭球体,其球面称为参考旋转椭球面。参考旋转椭球面常用作测量计算的基准面。参考旋转椭球体如图 1-1b)所示,是一个椭圆绕其短半轴 b 旋转而成的形体,其形状由长半径 a(或短半径 b)和扁率 α 所确定,其参数方程为:

$$\frac{x^2}{a^2}+\frac{y^2}{a^2}+\frac{z^2}{b^2}=1 \tag{1-1}$$

式中:a——椭球体的长半径;

b——椭球体的短半径。

椭球体的扁率 α 为:

$$\alpha=\frac{a-b}{a} \tag{1-2}$$

目前,我国建立和使用的“1980 年国家大地坐标系”,所采用的椭球参数为:$a=6378140\text{m}$,

$\alpha = 1:298.257$。由于地球扁率很小，当测区范围不大时，可近似把地球椭球作为圆球，其平均半径为：$R = (2a + b)/3 \approx 6371\text{km}$。

测量工作的基本任务是确定地面点的位置，地面点位的表示方法通常用地面点沿铅垂线投影到投影面上的位置（坐标）及地面点到大地水准面上的铅垂距离（高程）这三个量来表示。此外还可用地心坐标等三维坐标系来表示。下面分别作介绍。

二、地面点位的坐标

地面点在投影面上的位置，通常用球面坐标、平面坐标表示。球面坐标常用地理坐标，平面坐标常用高斯平面直角坐标和独立平面直角坐标。

1. 地理坐标

有经度、纬度表示地面点在椭球面上的位置称为地理坐标。按其所依据的基准线和基准面的不同，可分为天文地理坐标系和大地地理坐标系两种。

（1）天文地理坐标系。天文地理坐标又称天文坐标，表示地面点在大地水准面上的位置，用天文经度 λ（Astronomical Longitude）和天文纬度 φ（Astronomical Latitude）来表示。其基准是铅垂线和大地水准面。

如图1-2所示，过地表任一点 P 的铅垂线与地球旋转轴 NS 所组成的平面称为该点的天文子午面（Astronomical Meridian），天文子午面与大地水准面的交线称为天文子午线，也称经线。设 G 点为英国格林尼治（Greenwich）天文台的位置，称过 G 点的天文子午面为首子午面（International Meridian Plane）。P 点天文经度 λ 的定义是：过 P 点的天文子午面 $NPKS$ 与首子午面 $NGMS$ 的二面角，从首子午面向东或向西计算，取值范围是 $0° \sim 180°$，在首子午线以东为东经，以西为西经。同一子午线上各点的经度相同。过 P 点垂直于地球旋转轴的平面与地球表面的交线称为 P 点的纬线（Woof），过球心 O 的纬线称为赤道（Equator）。P 点的天文纬度 φ 的定义是：P 的铅垂线与赤道平面的夹角，自赤道起向南或向北计算，取值范围为 $0° \sim 90°$，在赤道以北为北纬，以南为南纬。

可以用天文测量方法测定地面点的天文经度 λ 和天文纬度 φ。例如，广州地区的概略天文地理坐标为东经113°18′，北纬23°17′。

（2）大地地理坐标系。大地地理坐标又称大地坐标，表示地面点在旋转椭球面上的位置，用大地经度 L（Geodetic Longitude）和大地纬度 B（Geodetic Latitude）来表示。其基准是法线和参考椭球面。如图1-3所示，P 点的大地经度 L 是过 P 点的大地子午面（Geodetic Meridian Plane）

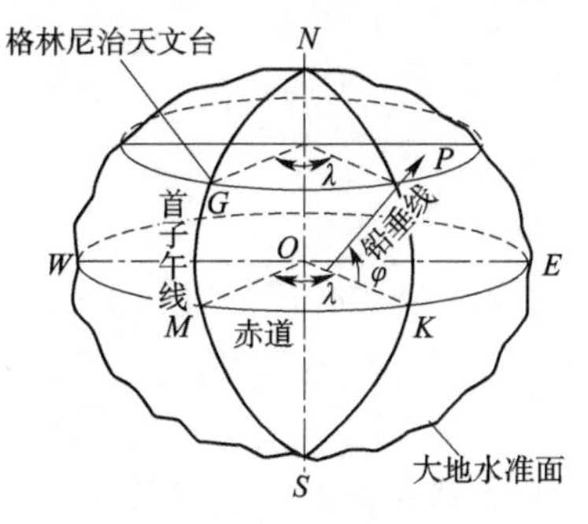

图1-2　天文地理坐标

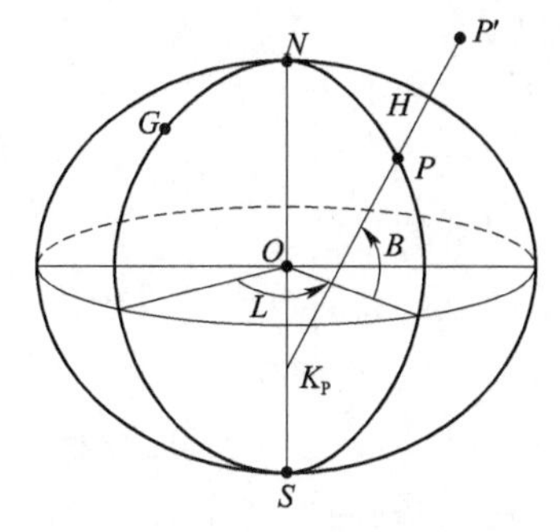

图1-3　大地地理坐标

和首子午面所夹的二面角，P 点的大地纬度 B 是过 P 点的法线与赤道面的夹角。大地经、纬度是根据起始大地点（又称大地原点，该点的大地经纬度与天文经纬度一致）的大地坐标，按大地测量所得的数据推算而得到的。

2. 平面直角坐标

地理坐标是球面坐标，不便于直接应用于工程建设，所以，工程建设中通常采用独立平面直角坐标和高斯平面直角坐标。

(1)独立平面直角坐标系。大地水准面虽是曲面，但当测区范围较小（半径小于 10km）时，可用测区中心点 A 的切平面来代替曲面作为投影面。

如图 1-4 所示，此时地面点投影在投影面上的位置可用独立的平面直角坐标来确定。为了使测区内任意点的坐标均为正值，一般取原点 O 在测区西南角，南北方向为纵轴 x，东西方向为横轴 y。并规定 x 轴向北为正，y 轴向东为正，坐标象限按顺时针编号，相应地，与原点的方向夹角也是顺时针的。图 1-5 所示是工程测量中使用的独立平面直角坐标和数学上笛卡尔坐标系的区别。

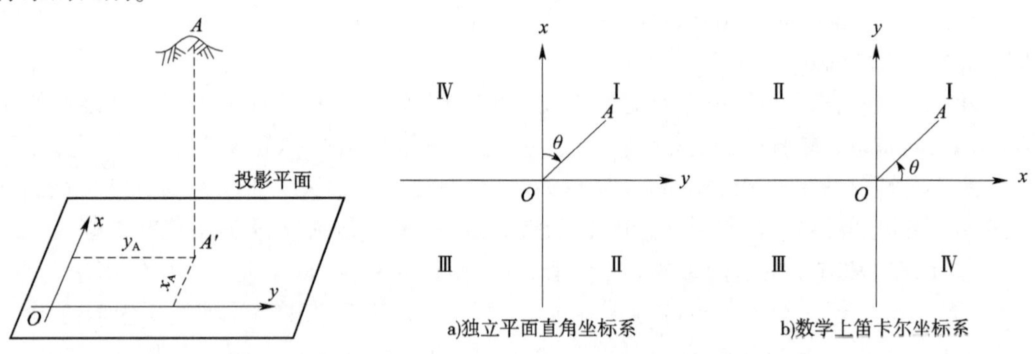

图 1-4　独立平面直角坐标系

图 1-5　独立平面直角坐标系与数学上笛卡尔坐标系对比

(2)高斯平面直角坐标系。当测区范围较大时，则不能把大地水准面当作水平面，把地球椭球面上的图形展绘到平面上来，必然产生变形，为使其变形小于允许值，就必须采用适当的方法来解决，测量工作中通常采用高斯投影方法。

高斯投影的方法是将地球划分成若干带，然后将每带投影到平面上。如图 1-6 所示，投影带是从首子午线起，每经差 6°划一带（称为 6°带），自西向东将整个地球划分成经差相等的 60 个带。带号从首子午线起自西向东编，用阿拉伯数字 1、2、3、…、60 表示。位于各带中央的子午线，称为中央子午线。

第一个 6°带的中央子午线的经度为 3°，任意带的中央子午线经度 L_0，可按下式计算：

$$L_0 = 6N - 3 \tag{1-3}$$

式中：N——投影带的号数。

如图 1-7a)所示，高斯投影是设想用一个平面卷成一个空心椭圆柱，把它横着套在地球椭球外面，使椭圆柱的中心轴线位于赤道面内并且通过球心，使地球椭球上某 6°带的中央子午线与椭圆柱面相切（即完全吻合），在椭球面上的图形与椭圆柱面上的图形保持等角的条件下，将整个 6°带投影到椭圆柱面上。然后将椭圆柱沿着通过南北极的母线切开并展成平面，便得到 6°带的投影平面，如图 1-7b)所示。

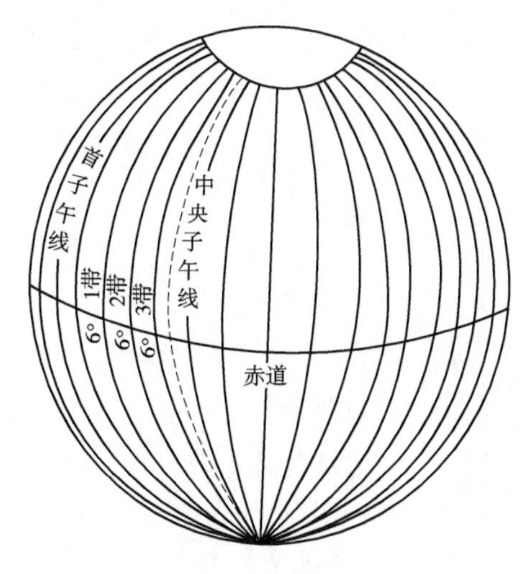

图1-6 6°投影带的划分

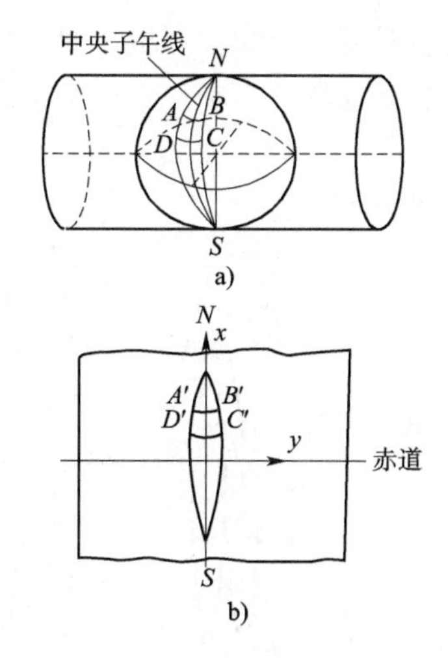

图1-7 高斯平面直角坐标系的投影原理图

中央子午线经投影展开后是一条直线,其长度不变形,纬圈 AB 和 CD 投影在高斯平面直角坐标系统内仍为曲线($A'B'$和 $C'D'$);赤道经投影展开后是一条与中央子午线正交的直线。以中央子午线的投影为纵轴,即 x 轴,赤道的投影为横轴,即 y 轴,两直线的交点作为原点,则组成高斯平面直角坐标系统。按照经差将投影后得到的一个个6°带高斯平面直角坐标系拼接起来,便得到图1-8所示的图形。

我国位于北半球,x 坐标均为正值,而 y 坐标值有正有负。如图1-9a)所示,设 $x_A = +550220\text{m}$, $y_A = +137680\text{m}$; $x_B = +374530$, $y_B = -274240\text{m}$。为避免横坐标出现负值,故规定把坐标纵轴向西平移500km。坐标纵轴西移后如图1-9所示,即

$$y_A = 500000 + 137680 = 637680\text{m}; y_B = 500000 - 274240 = 225760\text{m}$$

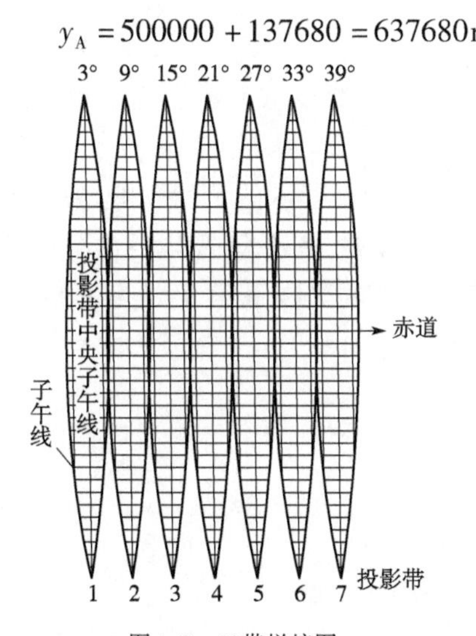

图1-8 6°带拼接图

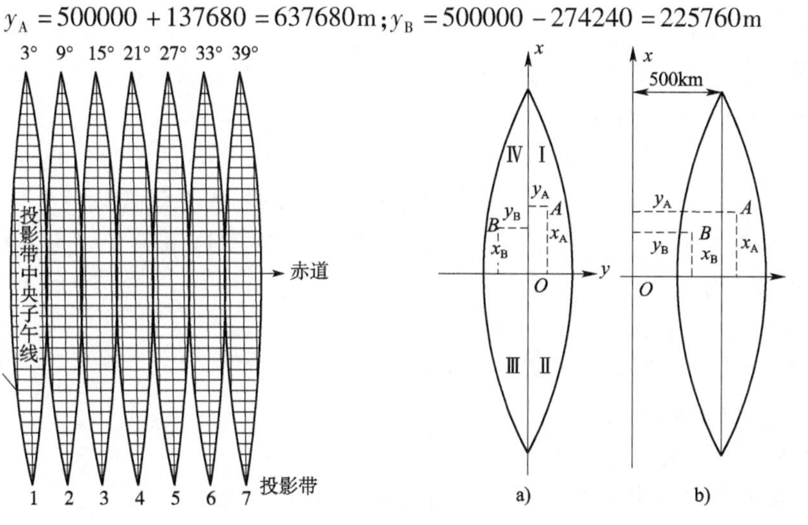

图1-9 我国高斯平面直角坐标表示方法

为了区分不同的投影带,还应在横坐标值前冠以两位数的带号。例如,A、B 点位于第20带内,则其横坐标 $y_A = 20637680\text{m}$, $y_B = 20225760\text{m}$,故 A、B 两点的我国高斯平面坐标为 A(550220,20637680)、B(374530,20225760)。

高斯投影中,离中央子午线近的区域变形小,离中央子午线愈远变形愈大,两侧对称。当

工程测量中,有时要求投影变形更小时,可采用3°分带投影法。它是从东经1°30′起,每经差3°划分一带,将整个地球划分为120个带(图1-10),每带中央子午线的经度 L'_0 可按式(1-4)计算。

$$L'_0 = 3N \tag{1-4}$$

式中:N——3°带的号数。

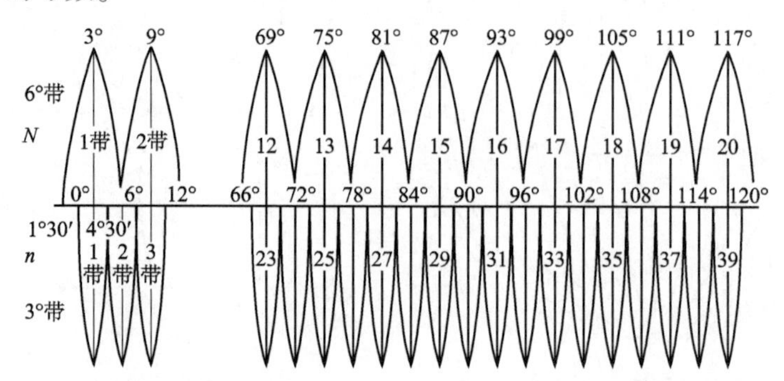

图1-10 6°带投影(北半球)与3°带投影(南半球)对比图

【例1-1】 已知某点的大地经度为124°54′,则该点各在6°带和3°带的哪一带?

【解】 6°带带号:$N = \frac{L}{6}$(取整)$+1 = \frac{124.9}{6}$(取整)$+1 = 21$ 带

3°带带号:$N = \frac{L}{3}$(四舍五入)$= \frac{124.9}{3}$(四舍五入)$= 42$ 带

我国领土所处的概略经度范围为东经73°27′~东经135°09′,根据式(1-3)和式(1-4)求得的6°带投影与3°带投影的带号范围分别为13~23,24~45。可见,在我国领土范围内,6°带与3°带的投影带号不重复。

3. 国家坐标系统

我国采用的国家坐标系统是按照高斯平面直角坐标投影原理建立起来的,主要有"1954北京坐标系"(P54)和"1980西安坐标系"(C80)。

(1)1954北京坐标系。新中国成立不久,为了迅速开展我国的测绘事业,鉴于当时的实际情况,将我国一等锁与前苏联远东一等锁相连接,以前苏联1942年普尔科沃坐标系的坐标为起算数据,平差我国东北及东部区一等锁,这样传算过来的坐标系就定名为1954年北京坐标系,因此其可归结为:

①属参心大地坐标系。

②采用克拉索夫斯基椭球的两个几何参数。

③大地原点在前苏联的普尔科沃。

④采用多点定位法进行椭球定位。

⑤高程基准为1956年青岛验潮站求出的黄海平均海水面。

⑥高斯异常以前苏联1955年大地水准面重新平差结果为起算数据,按我国天文水准路线推算而得。

自1954北京坐标系建立以来,在该坐标系内进行了许多地区的局部平差,其结果在我国得到了广泛的应用。

(2)1980西安坐标系。1980西安坐标系是为了进行全国天文大地网整体平差,来弥补

1954 北京坐标系存在的椭球参数不够精确、参考椭球与中国大地水准面拟合不好等缺点而建立的，其具有以下特点：

①大地原点在我国中部，具体地点是陕西省泾阳县永乐镇。

②是参心坐标系，椭球短轴 z 轴平行于地球质心指向地极原点方向，大地起始子午面平行于格林尼治天文台平均子午面；x 轴在大地起始子午面内与 z 轴垂直指向经度 0°方向；y 轴与 z 轴、x 轴构成右手坐标系。

③椭球参数采用 IUG1975 年大会推荐的参数。因而可得 C80 椭球两个最常用的几何参数为：长轴为(6378140 ±5)m；扁率为 1:298.257。

④多点定位。椭球定位时按我国范围内高程异常值平方和最小为原则求解参数。

⑤大地高程以 1956 年青岛验潮站求出的黄海平均海水面为基准。

在同一个大地坐标系中，地理坐标与高斯平面坐标系可以相互变换。由地面点的大地经纬度 L、B 计算其在高斯平面坐标 x、y，称为高斯投影正算；反之，称为高斯投影反算。将点的高斯坐标换算到相邻投影带的高斯坐标，称为高斯投影换带计算。

(3)地方独立坐标系。在我国的许多城市、大型工程项目中，为了实用、方便、提高精度的目的，将地方独立测量控制网建立在当地的平均海拔高程面上，并以当地子午线作为中央子午线进行高斯投影求得平面坐标。这些地方独立坐标系隐含着一个与当地平均海拔相对应的参考椭球，称之为地方椭球。地方椭球与国家参考椭球的关系是：中心一致，轴向一致，扁率相等，长半径有一增量。

三、地面点位的高程

1. 绝对高程

地面点沿铅垂线到大地水准面的距离称为该点的绝对高程或海拔，简称高程(Height)，通常用 H 加点名作下标表示。如图 1-11 所示，A、B 两点的高程表示为 H_A、H_B。

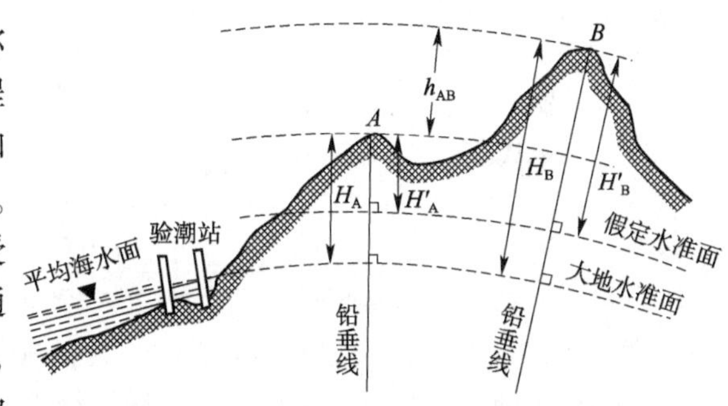

图 1-11　高程与高差的定义及相互关系

高程的基准是大地水准面，由于海水面受潮汐、风浪等影响，它的高低时刻在变化。通常是在海边设立验潮站(Tide Gauge Station)，进行长期观测，求得海水面的平均高度作为高程零点，以通过该点的大地水准面为高程基准面(Height Datum)，即大地水准面上的高程恒为零。

我国境内所测定的高程点是以青岛验潮站历年观测的黄海平均海水面为基准面，并于 1954 年在青岛市观象山建立水准原点(Leveling Origin)，通过水准测量的方法将验潮站确定的高程零点引测到水准原点，求出水准原点的高程。我国的国家高程系统主要有以下两种：

(1)1956 年黄海高程系。1956 年我国采用青岛验潮站 1950 ~1956 年共 7 年的潮汐记录资料推算出的大地水准面为基准，引测出水准原点的高程为 72.289m，以该大地水准面为高程基准建立的高程系称为“1956 年黄海高程系”(Huanghai height system 1956)，简称“56 黄海系”。

(2)1985 国家高程基准。20 世纪 80 年代，我国采用青岛验潮站 1952 ~1979 年共 28 年的潮汐记录资料推算出的大地水准面为基准,引测出水准原点的高程为72.260m,以这个大地水准面为高程基准建立的高程系称为"1985 国家高程基准"(Chinese height datum 1985),简称"85 高程基准"。由此可知,在水准原点,"56 黄海系"使用的大地水准面比"85 高程基准"使用的大地水准面高出0.029m。

除此之外,还有一些地方高程系统,如珠江高程系、吴淞高程系、大沽高程系、渤海高程系等,在使用时要注意高程系统的统一和换算。

2. 相对高程

在局部地区,当无法知道绝对高程时,也可假定一个水准面作为高程起算面,地面点到假定水准面的垂直距离,称为假定高程或相对高程,通常用 H' 加点名作为下标表示。如图1-11所示,A、B 两点的相对高程表示为 H'_A、H'_B。

地面两点间的绝对高程或相对高程之差称为高差,用 h 加两点点名作下标表示。如 A、B 两点高差为:

$$h_{AB} = H_B - H_A = H'_B - H'_A \tag{1-5}$$

四、WGS-84 三维坐标系与2000 国家大地坐标系

WGS 的英文全称为 Word Geodetic System(世界大地坐标系),是美国国防局为进行 GPS 导航定位于1984年建立的地心坐标系,1985年投入使用。WGS-84 三维坐标系的几何意义是:坐标系的原点位于地球质心,z 轴指向 BIH1984.0 定义的协议地球极(CTP)方向,x 轴指向 BIH1984.0 的零度子午面和 CTP 赤道的交点,y 轴与 x 轴、z 轴构成右手正交坐标系,尺度采用引力相对论意义下局部地球框架下的尺度。如图1-12所示,其采用的参考椭球参数 a = 6378137m, α = 1:298.257223563。

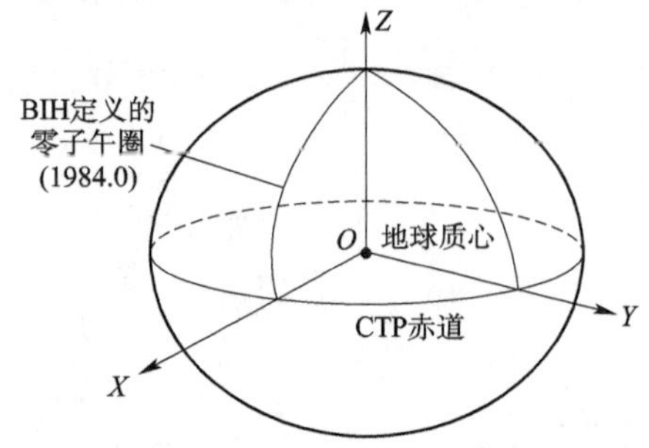

图1-12 WGS-84 地心坐标系

2000 国家大地坐标系,是国家测绘局于2008年7月颁布并执行的地心坐标系,其原点为地球质心,z 轴指向历元2000.0的地球参考极,x 轴指向格林尼治参考子午面与地球赤道面(历元2000.0)的交点,y 轴与 x 轴、z 轴构成右手正交坐标系,尺度采用引力相对论意义下局部地球框架下的尺度。其采用的参考椭球参数 a = 6378137m, α = 1/298.257222101。

WGS-84 地心坐标系、2000 国家大地坐标系、1980 西安坐标系、1954 北京坐标系之间可以通过相互关系进行坐标转换。其方法之一是:在测区内,利用至少3个以上公共点的两套坐标列出坐标变换方程,采用最小二乘原理解算出7个变换参数,就可以得到变换方程。7个变换参数是指3个平移参数、3个旋转参数和1个尺度参数。

第四节 测量工作概述

一、用水平面代替水准面的限度

由于测区范围较小,或工程对测量精度要求较低时,为简化一些复杂的投影计算,可用水

平面代替水准面,直接将地面点沿铅垂线投影到平面上,以确定其位置,从而大大简化了测量工作。但是在多大面积范围才容许这种代替,有必要加以讨论。为讨论方便,假定大地水准面为圆球面。

1. 对距离的影响

如图1-13所示,设地面上 A、B、C 三个点在大地水准面上的投影点是 a、b、c,用过 a 点的切平面(水平面)代替大地水准面,则三点在水平面上的投影点是 a、b'、c'。设 ab 的弧长为 D,ab' 的长度为 D',球面半径为 R,D 所对的圆心角为 θ,则用水平长度 D' 代替弧长 D 所产生的误差为:

$$\Delta D = D' - D \tag{1-6}$$

经级数展开计算,得:

$$\frac{\Delta D}{D} = \frac{D^2}{3R^2} \tag{1-7}$$

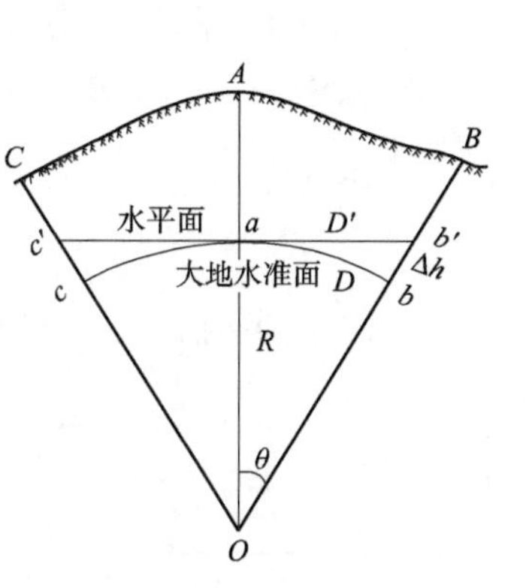

图1-13　水平面代替水准面对距离、高程的影响

取 $R = 6371\text{km}$,用不同的距离 D 值代入式(1-6)、式(1-7)得到表1-1的结果。

水平面代替水准面对距离的影响　　表1-1

距离 D(km)	距离误差 ΔD(cm)	距离相对误差 $\Delta D/D$	距离 D(km)	距离误差 ΔD(cm)	距离相对误差 $\Delta D/D$
5	0.1	1/487万	50	102.7	1/4.9万
10	0.8	1/122万	100	821.2	1/1.2万
20	6.6	1/30.4万			

从表1-1可见,当 $D = 10\text{km}$ 时,用水平面代替水准面产生的距离相对误差为1/122万。在测量工作中,要求精密测距的相对精度也不超过1/100万,所以在半径为10km,面积为320km²测区内进行距离测量时,以水平面代替水准面所产生的距离误差可忽略不计,即不必考虑地球曲率对距离的影响。

2. 对水平角的影响

从图1-14可知,球面上三角形内角之和比相应平面上三角形内角之和(180°)多出一个值,此值数学上称为球面角超,可用多边形面积求得,即

$$\varepsilon = \frac{P}{R^2}\rho'' \tag{1-8}$$

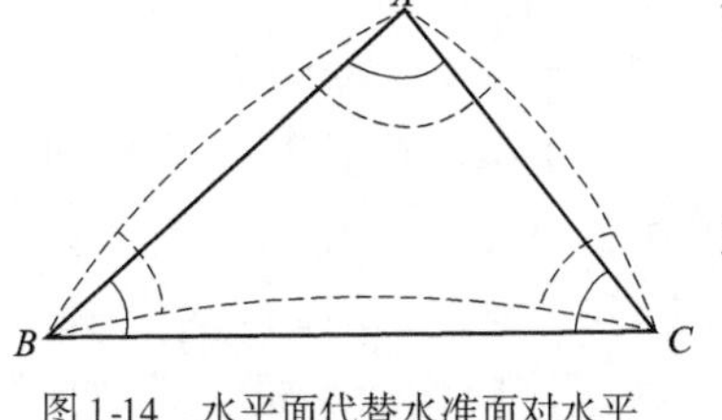

图1-14　水平面代替水准面对水平角的影响

式中:ε——球面角超($''$);

P——球面多边形面积(km²);

ρ''——取206265″;

R——地球半径,取6371km。

以球面上不同面积代入式(1-8),求出球面角超,得到表1-2的结果。

水平面代替水准面对水平角的影响　　表1-2

球面面积(km²)	ε($''$)	球面面积(km²)	ε($''$)
10	0.05	100	0.51
50	0.25	500	2.54

从表 1-2 可见，当测区范围在 100km² 时，用水平面代替水准面时，对角度影响仅为 0.51″，在一般工程测量中可以忽略不计，即不必考虑地球曲率对水平角的影响。

3. 对高程的影响

在图 1-13 中，以大地水准面为基准的 B 点的绝对高程 $H_B = Bb$，用水平面代替大地水准面时，B 点的高程 $H'_B = Bb'$，两者之差 Δh 就是对高程的影响，也称为地球曲率的影响。经化简近似计算，有：

$$\Delta h = \frac{D^2}{2R} \tag{1-9}$$

用不同距离 D 值代入式(1-9)，得到表 1-3 的结果。

水平面代替水准面对高程的影响　　表 1-3

D(km)	0.05	0.1	0.2	0.5	1	10
Δh(mm)	0.2	0.8	3.1	19.6	78.5	7850

从表 1-3 可见，用水平面代替水准面，200m 的距离对高程影响就有 3.1mm，地球曲率对高程的影响很大，故在高程测量中，即使距离很短，也应考虑地球曲率对高程的影响，不能用水平面代替水准面。

二、测量工作基本原则

凡是需要确定物体（静态或动态）三维空间位置的工作都需要依靠测量技术。对于面向轨道工程等土木工程的测量工作，归纳起来有两大类，即测定（又称测图）和测设（又称放样）。为了使测量工作有条不紊，保证测量结果的质量，测量工作必须遵循一定的原则和规范、规程。

在工作测量中，如果从一个点开始到下一个点逐点进行施测，虽可得到各点的位置，但由于测量中不可避免地存在误差，会导致前一点的测量误差传递到下一点，这样累计起来可能会使点位误差达到不可容许的程度。另外，逐点传递的测量效率也很低。因此任何测量工作，都应先从总体布置，然后再分阶段、分区、分期实施。也就是先在测区选择一些有控制作用的点（称为控制点），把它们的坐标和高程精确测定出来，测量时先测精度高的点，再测精度低的点。然后分别以这些控制点为基础，测定出附近细（碎）部点的位置。这种方法不但可以减少细（碎）部点测量误差的积累，而且可以同时在各个控制点上进行细（碎）部点测量，提高工作效率。

因此，“从整体到局部、由高级到低级、先控制后细（碎）部”是测量工作的基本原则之一。

以测绘地形图工作为例。图 1-15a）的测区有房屋、山丘、河流、小桥和道路等地物地貌。在测绘该区域地形图时，首先选定一些具有控制意义的点，如图中的 A、B、C、D、E、F 点，用较精密的仪器和较精确的方法，通过测量、计算，得出它们的坐标和高程。测算这些点的坐标和高程的测量工作称为控制测量，这些点称为控制点。然后分别在这些控制点上安置仪器，如图中的 A 点，测定地物特征点（地物轮廓的转折点）和地貌特征点（地面坡度的变化点）相对于控制点的空间位置关系，最后将地物特征点绘成地物图形，将地貌特征点勾绘成等高线，绘出如图 1-15b）所示的地形图。地物和地貌特征点可统称为碎部点，故地形图测绘又称碎部测量。

同理，对于测设（放样）的测量工作，也与测定（测图）一样，要遵循“从整体到局部、由高级到低级、先控制后细（碎）部”的基本原则，先进行控制测量，再进行细（碎）部测设。

另一项基本原则是对具体工作而言，对测量工作的每一个过程、每一项结果都必须及时检核,在保证前一步工作无误的条件下,方可进行后一步工作。因为在测量工作中都有可能发生错误,小错误影响结果质量,严重错误则造成返工浪费,甚至造成不可挽回的损失。为了避免出错,测量工作就必须遵循的另一原则是"前一步工作未做检核,不进行下一步工作"。

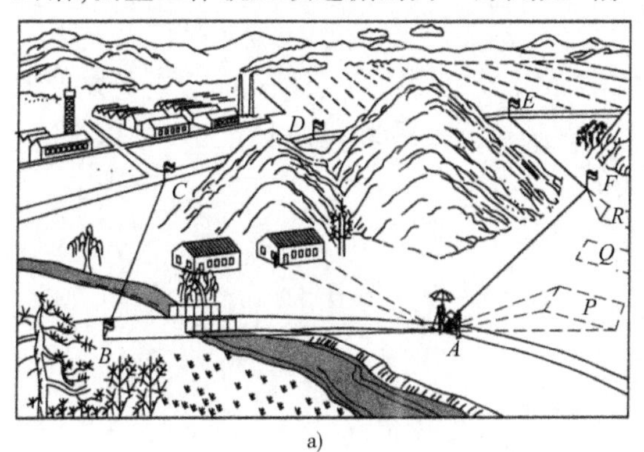

a)

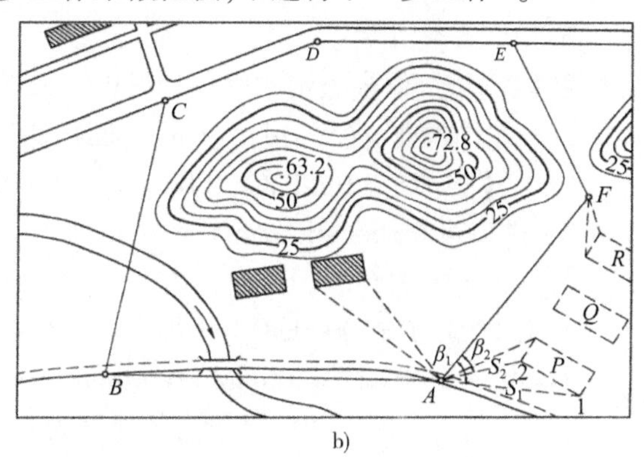

b)

图 1-15　某测区地形地貌透视图与地形图

三、测量的基本工作

无论控制测量,还是细(碎)部测量,其实质都是确定地面点的位置。而地面点的基本位置,往往是以水平角、水平距离、高程来确定的,通常将它们称之为确定地面点位的基本要素。因此,测量的基本工作就是高程测量、水平角测量和水平距离测量。

四、测量度量单位及换算

1. 角度单位

测量工作中常用的角度单位有度分秒(DMS)制和弧度制。

(1)度分秒制。1 圆周 =360°(度);1° =60′(分);1′ =60″(秒)。

(2)弧度制。圆心角的弧度为该角所对弧长与半径之比。将弧长等于于半径的圆弧所对圆心角称为一个弧度,以 ρ 来表示。整个圆周为 2π 弧度。弧度与角度的关系为:

$$2\cdot\pi\cdot\rho=360^\circ$$

$$\rho^\circ=\frac{180^\circ}{\pi}=57.2957795^\circ\approx57.3^\circ$$

$$\rho'=\frac{180^\circ}{\pi}\times60'=3437.74677'\approx3438'$$

$$\rho''=\frac{180^\circ}{\pi}\times3600''=206264.806''\approx206265''$$

2. 长度单位

我国测量工作中法定的长度计量单位为米制单位。

1m(米) =10dm(分米) =100cm(厘米) =1000mm(毫米)

1km(千米或公里) =1000m(米)

英、美制长度单位与我国米制换算关系为:

1in(英寸) =2.54cm

1ft(英尺) = 12in = 0.3048m

1yd(码) = 3ft = 0.9144m

1mi(英里) = 1760yd = 1.6093km

3. 面积单位

我国测量工作中法定的面积计量单位为平方米(m^2),大面积则用公顷(hm^2)或平方千米(km^2)。我国农业上常用市亩(mu)为面积计量单位。其换算关系为:

$1m^2$(平方米) = $100dm^2$ = $10000cm^2$ = $1000000mm^2$

1mu(市亩) = $666.6667m^2$

1a(公亩) = $100m^2$ = 0.15mu

$1hm^2$(公顷) = $10000m^2$ = 15mu

$1km^2$(平方千米) = $100hm^2$ = 1500mu

美、英制与米制面积计算单位的换算为:

$1in^2$(平方英寸) = $6.4516cm^2$

$1ft^2$(平方英尺) = $144in^2$ = $0.0929m^2$

$1yd^2$(平方码) = $9ft^2$ = $0.8361m^2$

1acre(英亩) = $4840yd^2$ = $4046.86m^2$ = 6.07mu

$1mi^2$(平方英里) = 640acre = $2.59km^2$

【例 1-2】 已知圆心角 $\alpha = 1'15''$,圆半径 $R = 150$m,试求弧长 l。

【解】 根据公式计算得:$l = R \cdot \alpha = 150 \times \dfrac{75''}{206265''} = 0.05454\text{m}$

【例 1-3】 已知圆半径 $R = 10.125$m,弧长 $l = 8.5$mm,试求圆心角 α。

【解】 根据公式计算得:$\alpha = \dfrac{l}{R} = \dfrac{8.5}{10125} \times 206265'' = 173.161''$

思考题与习题

1. 简述测量学科的分类以及轨道工程测量的内容和任务。

2. 什么是测量工作的基准线、基准面?什么是测量计算的基准面?

3. 水平面、水准面、大地水准面有何差异?

4. 试述工程测量中使用的平面直角坐标系与数学上的笛卡尔平面直角坐标系的异同点。

5. 某点的经度为 118°50′,试计算它所在的 6°带和 3°带带号,相应的 6°带和 3°带的中央子午线的经度是多少?

6. 何谓绝对高程?何谓相对高程?

7. 已知 A 点高程 $H_A = 640.632$m,B 点高程 $H_B = 730.239$m,求高差 h_{AB} 和高差 h_{BA} 分别为多少?

8. 简述测量工作的基本原则。

9. 在半径 $R = 60$m 的圆周上有一段 140m 长的圆弧,其所对的圆心角为多少弧度?用度分秒制表示时,应为多少?

第二章　水 准 测 量

教学目标

1. 理解水准测量原理、水准仪的构造和使用方法、水准仪检验与校正方法、水准测量的误差及注意事项。
2. 能较熟练地操作水准仪，掌握水准测量操作技能。
3. 掌握水准测量的网形布设、外业观测和内业成果计算。
4. 理解水准测量误差来源和精密水准仪、数字水准仪的使用。

测定地球表面上点的高程的工作，称为高程测量，它是测量的三项基本工作之一。

高程测量的方法按使用的仪器和施测的方法不同，分为水准测量、三角高程测量、气压高程测量和 GPS 高程测量等。水准测量是高程测量中精度较高且最常用的一种方法，一般适用于平坦地区。三角高程测量是利用经纬仪测量按三角函数关系计算得到地面点位的高程，其精度较低，适用于山区。气压高程测量是根据大气压力随地面高程变化而改变的原理，利用气压计测定地面点位高程的方法。

为了统一全国的高程系统，我国采用与黄海平均海水面相吻合的大地水准面作为全国高程系统的基准面，设该面上的各点的绝对高程（海拔）为零。1987 年我国国测[1987]365 号文规定采用的"1985 国家高程基准"。

第一节　水准测量的原理及仪器使用

一、水准测量的原理

水准测量的原理是利用水准仪提供的水平视线，根据竖立在地面两点上的水准尺上的读数，测定两点间的高差，从而由已知点的高程，推算出未知点的高程。如图 2-1 所示，已知地面上 A 点的高程 H_A，欲求 B 点的高程 H_B，则将水准仪安置在 A、B 两点之间，利用水准仪建立一条水平视线，在测量时用该视线读取已知高程 A 点上所立水准尺之读数 a，称为后视读数，再读取未知高程 B 点上所立水准尺之读数 b，称为前视读数。观测由 A 点出发，向 B 点行进测量，故称 A 点为后视点，B 点为前视点。

由图 2-1 可知，A、B 两点之间的高差 h_{AB}：

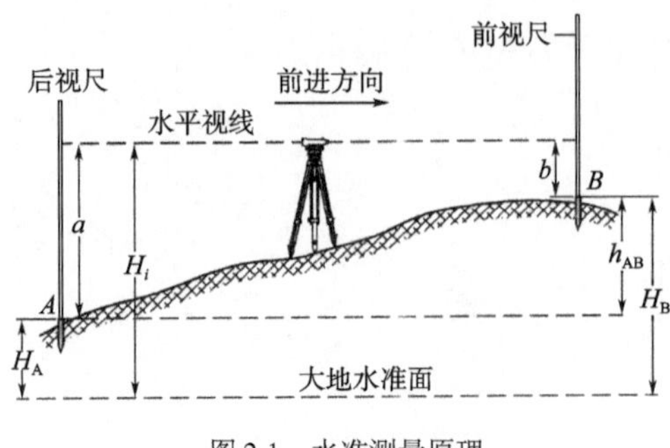

图 2-1 水准测量原理

$$h_{AB}=H_B-H_A=a-b \tag{2-1}$$

当 $a>b$ 时,h_{AB} 为正,b 点高;当 $a<b$ 时,h_{AB} 为负,A 点高。

用式(2-2)计算未知点的高程,称为高差法。

$$H_B=H_A+h_{AB}=H_A+a-b \tag{2-2}$$

用式(2-3)通过仪器的视线高 H_i 计算点的高程称为仪高法,或称视高法。

$$\begin{aligned} H_i&=H_A+a \\ H_B&=H_i-b \end{aligned} \tag{2-3}$$

若在一个测站上要同时测算出许多点的高程,则用视高法比较方便。

二、水准测量的仪器和工具

水准测量所用的仪器为水准仪,工具有水准尺和尺垫。

1. 水准仪

水准仪的主要作用是提供一条水平线,通过调整水准仪微倾螺旋,使管水准气泡居中,获得水平视线的水准仪称为微倾式水准仪;通过补偿器获得水平视线读数的水准仪称为自动安平水准仪。目前市场上常用的是自动安平水准仪。

水准仪按其精度分为DS_{05}、DS_1、DS_3 和DS_{10}等几个等级。代号中的“D”和“S”是“大地”和“水准仪”的汉语拼音的第一个字母,其下标数值表示仪器的精度等级,即仪器每千米往返测高差中数的中误差分别为 ±0.5mm、±1mm、±3mm、±10mm。

通常称DS_{05}、DS_1 为精密水准仪,主要用于国家一、二等水准测量和精密工程测量;DS_3 和DS_{10}为普通水准仪,主要用于国家三、四等水准测量和常规工程建设测量。图 2-2 所示为苏一光生产的 DSZ2 自动安平水准仪构造图,它主要由望远镜、水准器和基座三部分组成。

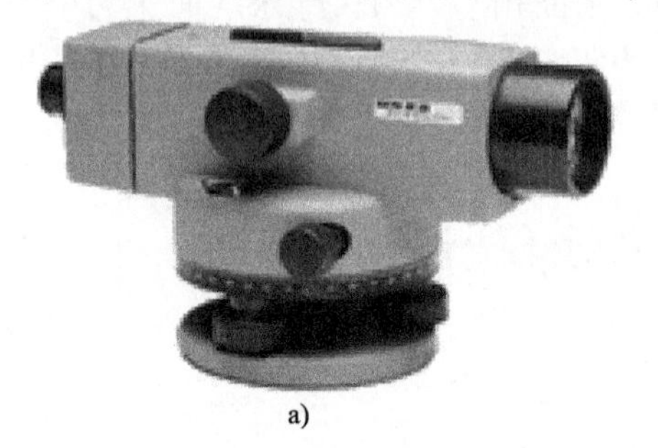

a)

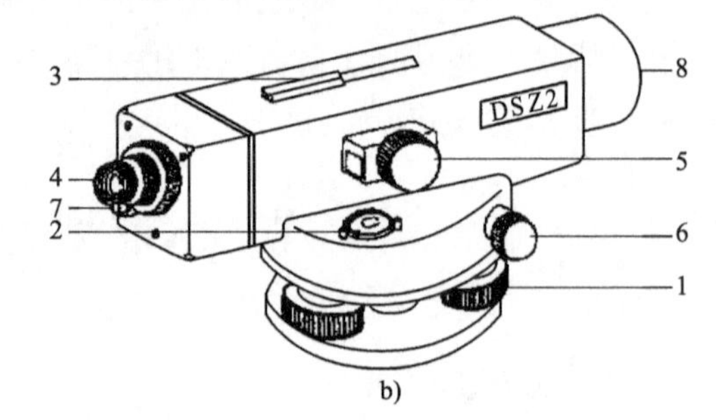

b)

图 2-2 DSZ2 型自动安平水准仪的构造

1-脚螺旋;2-圆水准器;3-瞄准器;4-目镜调焦螺旋;5-物镜调焦螺旋;6-制动螺旋;7-补偿器检查按钮;8-物镜

(1)望远镜。其主要是用来瞄准水准尺进行读数的,它主要由物镜、目镜、对光螺旋、物镜调焦螺旋、目镜调焦螺旋和十字丝分划板组成,如图 2-3 所示。旋转物镜调焦螺旋,可调节目标成像的清晰程度;旋转目镜调焦螺旋,可调节十字丝的清晰程度,以便观测者利用十字丝来瞄准目标,进行读数。

(2)水准器。通常有圆水准器和管水准器两种,是用来整平仪器用的。如图 2-4 所示,圆水准器是由玻璃制成的,呈圆柱状,中央刻有一个小圆圈,当气泡居中时,仪器水平。其精度较低，只能用于粗略整平仪器（粗平）。对于自动安平水准仪，在粗平后可以借助于自动安平补偿器获得精确的水平视线，故其仅有圆水准器；而微倾式水准仪不仅有圆水准器，还有管水准器，如图 2-5 所示。粗平后，需要旋转微倾螺旋，使水准管气泡精确居中，得到精确的水平视线，这项工作常称为精平。

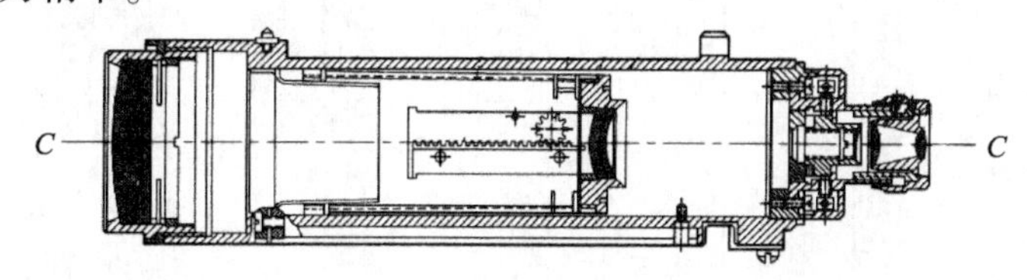

图 2-3　望远镜构造图

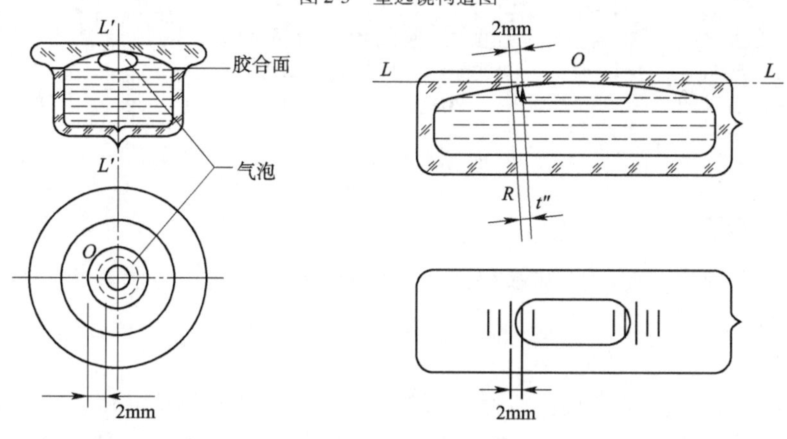

图 2-4　圆水准器　　　　图 2-5　管水准器

（3）基座。基座主要由轴座、脚螺旋、底板和三角压板构成。基座的作用是用来支撑仪器的上部，并通过架头连接螺旋将仪器与三脚架连接。基座有三个可以升降的脚螺旋，转动脚螺旋可以使圆水准器的气泡居中，将仪器粗略整平（粗平）。

自动安平水准仪与微倾式水准仪相比，没有水准管和微倾螺旋，而只需根据圆水准器将仪器整平，此时，视准轴尽管还有微小的倾斜，但可借助一种利用重力的补偿装置，依然能利用十字丝横丝读出相当于视准轴水平时的尺上读数。因此，自动安平水准仪操作比较方便，能够提高观测速度，同时对由于水准仪整置不当、地面有微小的振动或脚架的不规则下沉等原因的影响，也可以由补偿器迅速调整而得到正确的读数，提高观测精度，因此得到了广泛使用。

2. 水准尺和尺垫

水准尺一般由干燥的优质木材、玻璃钢或铝合金等材料制成。水准尺有双面尺、塔尺和折尺，如图 2-6 所示。

双面尺，如多用于三、四等水准测量，其长度有 2m 和 3m，为不能伸缩和折叠的板尺，且两根尺为一对，尺的两面均有刻画，尺的正面为黑色注记，反面为红色注记，故又称红黑面尺。黑面的底部都从零开始，而红面的底部是一根从 4. 687m 开始，另一根从 4. 787m 开始。

塔尺和折尺一般用于等外水准测量，其长度有 2m 和 5m 两种，可伸缩，尺面分划为 1cm 和 0. 5cm 两种，每分米处注有数字，每米处也注有数字或以红黑点表示数，尺底为零。

尺垫为一个三角形的铸铁（也有用较厚铁皮制作的），上部中央有一突起的半球体，如图 2-7 所示。为保证在水准测量过程中转点的高程不变，将水准尺放在半球体的顶端。

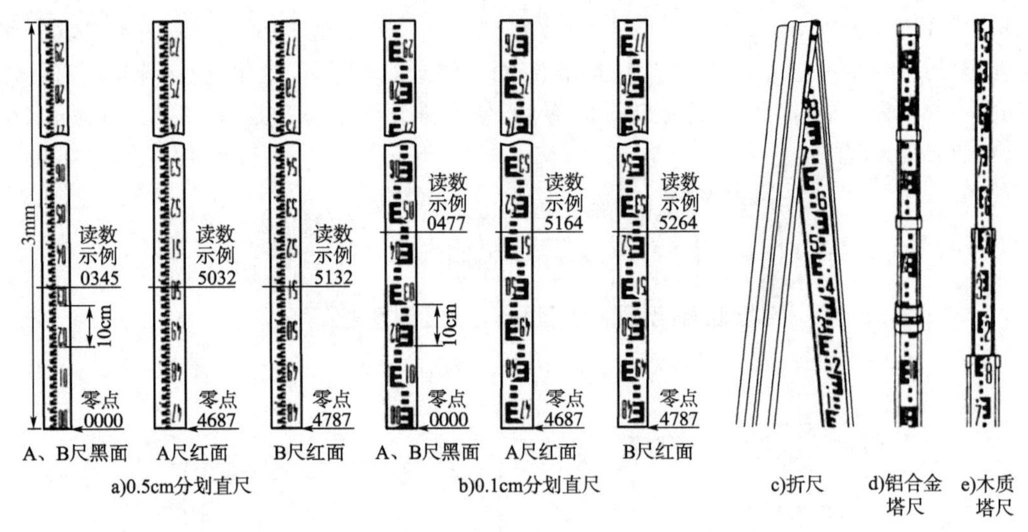

图 2-6　各种水准尺

三、水准仪的使用

水准仪在一个测站上使用的基本程序为:架设仪器、粗略整平、瞄准水准尺、精确整平和读数。

1. 架设仪器

在要架设仪器处,打开三脚架,通过目测,使架头大致水平且其高度适中(约在观测者的胸颈部),将仪器从箱中取出,用连接螺旋将水准仪固定在三脚架上。注意,若在较松软的泥土地面测量,为防止仪器因自重而下沉,还要把三脚架的架腿踩实。

2. 粗略整平

为使仪器的竖轴大致铅垂,转动基座上的三个脚螺旋,使圆水准器的气泡居中,即视准轴粗略整平。整平方法如下:如图 2-8a)所示,气泡未居中,双手按相反方向同时转动两个脚螺旋 1、2(即双手同时向内或同时向外转动脚螺旋 1、2),使气泡移动到与圆水准器零点的连线垂直于 1、2 两个脚螺旋的连线处,也就是气泡、圆水准器零点、脚螺旋 3 三点共线,即图 2-8b)所示状态,再用左手转动另一个脚螺旋 3,使气泡居中。操作时可以记住的规律是:在转动脚螺旋时,气泡的移动方向始终与左手大拇指的运动方向一致。

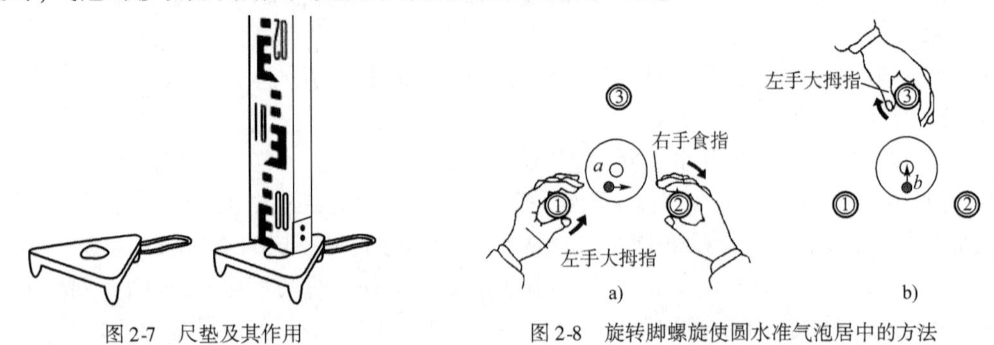

图 2-7　尺垫及其作用

图 2-8　旋转脚螺旋使圆水准气泡居中的方法

3. 瞄准水准尺

仪器粗略整平后,即可用望远镜瞄准水准尺。基本操作步骤如下:

①目镜对光:转动目镜对光螺旋,使十字丝清晰。

②初瞄:松开制动螺旋,利用望远镜上部准星器,瞄准水准尺,然后拧紧制动螺旋。

③物镜对光:转动望远镜物镜对光螺旋,使水准尺成像清晰。

④精瞄:转动水平微动螺旋,使十字丝落在水准尺面上。若发现水准尺有倾斜,可指挥立尺人员纠正。

⑤消除视差:当瞄准目标时,眼睛在目镜处上下移动,若发现十字丝和物像有相对移动,即横丝处的水准尺读数有变动,这种现象称为视差,它将影响读数的精确性。消除视差的方法是再仔细反复调节目镜对光螺旋和物镜对光螺旋,直至物像与十字丝分划板平面重合为止,即眼睛在目镜处上下移动,十字丝和物像没有相对移动为止。

4. 精确整平和读数

精确整平,若使用微倾型水准仪,则在读数之前,转动微倾螺旋,使水准管气泡精确居中。若使用自动安平水准仪,则无需精确整平,可直接读数。

读数的方法,就是迅速使用十字丝中丝在水准尺上截取分划值的大小。由于水准仪的生产厂家或型号的不同,导致望远镜有的成正像,有的成倒像。在读数时,无论成倒像还是成正像,都应按从小数往大数的方向读,即若望远镜成正像应从下往上读,反之,若望远镜成倒像则应从上往下读,准确读米、分米、厘米,估读毫米。如图 2-9a)所示,读数为 0.725m;图 2-9b)读数为 0.859m。

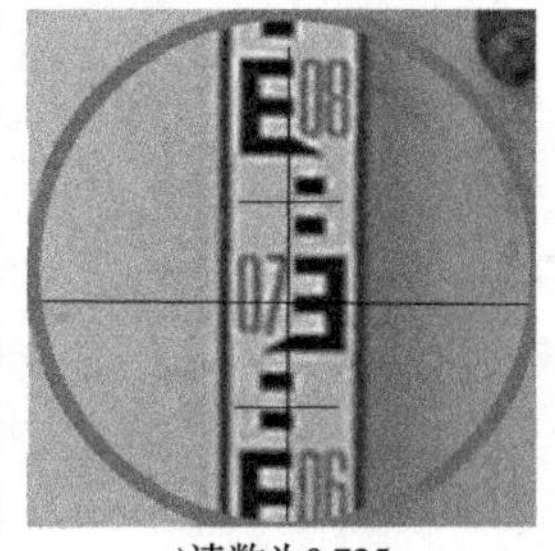

a)读数为0.725m

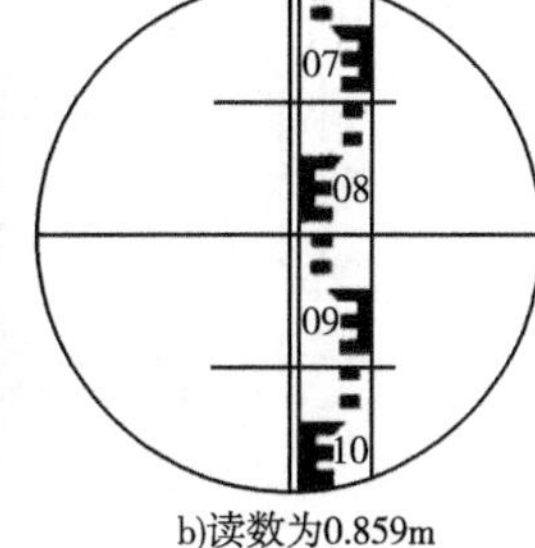

b)读数为0.859m

图 2-9 水准仪的读数

第二节 水准测量的实测与成果整理

一、水准点

用于水准测量而设有固定标志的高程基准点,称为水准点(Bench Mark),简记为 BM。水准点有永久性和临时性两种。永久性水准点一般用石料或混凝土制成标石,标石的顶部嵌有半球形的金属标志,其顶部标记着该点的高程,即半球形标志的顶点表示水准点的高程位置。水准点标石的埋设处应选在地质稳定牢固、便于长期保存又便于观测的地方。标石的顶部一般露出地面,如图 2-10 所示。但等级较高的水准点的标石顶面应埋于地表下,使用时,按指示标记挖开,用后再盖土,如图 2-11 所示。

永久性水准点也可以用金属标志将其埋设在坚固稳定的永久性建筑物的基角上,称为墙上水准点,如图 2-12 所示。

临时性水准点可以用大木桩打入地面,桩顶钉入顶部为半球形的铁钉。也可以利用地面上突出的坚硬岩石,或建筑物的棱角、电线杆、大枯树以及其他固定的、明显的、不易破坏的地物,并用红油漆作出点的标志。

为了便于寻找和使用,水准点标记后,还应在记录簿上绘制"点之记",即绘记水准点附近的草图或对点周围的情形加以说明，如图 2-13 所示。注明水准点的编号 i，一般在编号前加 BM 作为水准点的代号，如 BMi。

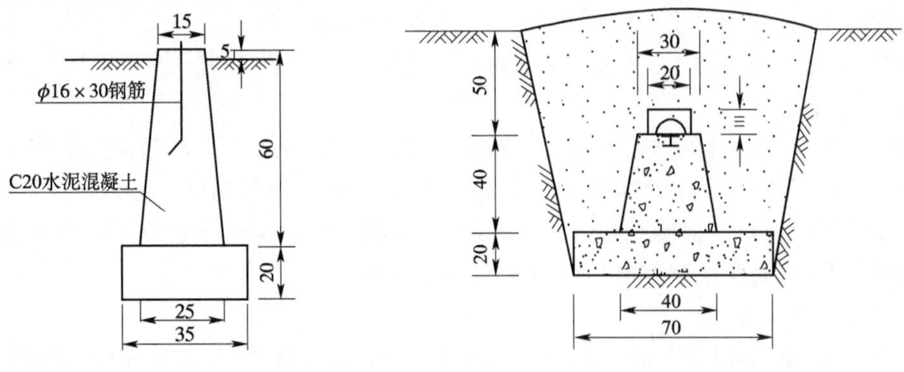

图 2-10　水准点标石及埋设(尺寸单位:cm)　　图 2-11　高等级水准点标石及埋设(尺寸单位:cm)

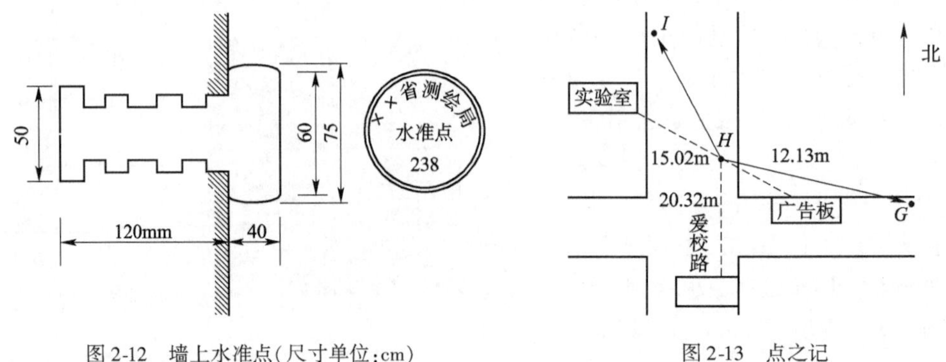

图 2-12　墙上水准点(尺寸单位:cm)　　图 2-13　点之记

二、水准测量方法

如图 2-14 所示，已知 A 点高程 H_A，现要求出 B 点高程 H_B。因两点的距离较远或高差较大，若安置一次仪器无法测出 A 点与 B 点的高差 h_{AB}，此时可在两点间加设若干个临时立尺点，称为转点(以符号 ZD 表示)，其起到传递高差或高程的作用。这样连续多次安置水准仪，测定两相邻点间的高差，最后取各个高差的代数和，即可得到 A、B 两点的高差，进而求出 B 点高程 H_B。

1. 观测步骤

(1)在已知高程 $H_A = 123.446$m 的 A 点前方适当的距离(根据水准测量的等级及地形情况而定)处选定一转点，即 ZD_1。

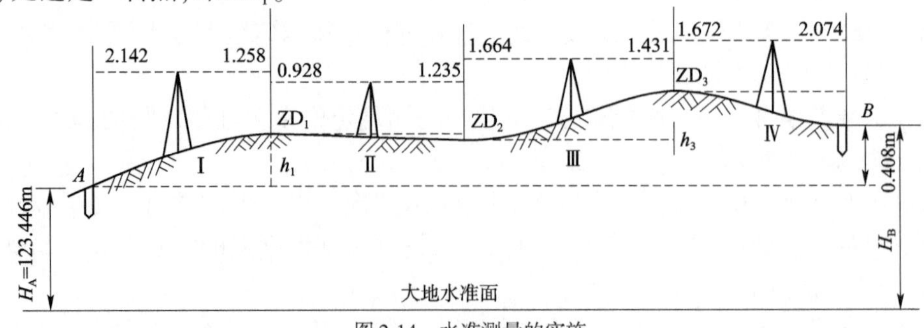

图 2-14　水准测量的实施

(2)两立尺员分别在 A、ZD_1 两点上立水准尺，观测员在距 A、ZD_1 点约等距离处(图 2-14 中Ⅰ处)安置水准仪。

(3)观测员整平仪器后，先照准 A 点后视尺读后视读数 $a_1=2.142$，再照准 ZD_1 点前视尺读前视读数 $b_1=1.258$，同时，记录员立刻记录在水准测量手簿的相应表格中(见表 2-1)，并边记边复诵读数，以便观测员校核，防止听错记错。

(4)观测员默认记录准确后，计算出 A 点和 ZD_1 点之间的高差：$h_1=a_1-b_1=2.142-1.258=+0.884m$，到此，完成一个测站的工作。

(5)当第一测站完成后，在转点 1(ZD_1)前方适当位置处，设置转点 2(ZD_2)，并将 A 点处的水准尺移到 ZD_2 点立好，ZD_1 上的水准尺不动，只需将尺面反转过来，便于仪器观测，仪器安置在距 ZD_1、ZD_2 约等距的Ⅱ处，进行观测、记录、计算，得出 ZD_1 和 ZD_2 的高差 h_2，完成第二个测站的工作。

(6)依次进行第三、第四个测站的观测。各测站的后视读数和前视读数分别记入表 2-1。

水准测量手簿　　表 2-1

工程名称：________　地点：________　仪器型号：________

日期：________　天气：________　观测员：________　记录员：________

测站	测点	水准尺读数(m)		高差(m)		高程(m)	备注
		后视读数 a	前视读数 b	+	−		
Ⅰ	A	2.142		0.884		123.446	已知
	ZD_1		1.258			124.330	
Ⅱ	ZD_1	0.928			0.307		
	ZD_2		1.235			124.023	
Ⅲ	ZD_2	1.664		0.233			
	ZD_3		1.431			124.256	
Ⅳ	ZD_3	1.672			0.402		
	B		2.074			123.854	
计算检核	Σ	6.406	5.998	1.117	0.709	$H_B-H_A=+0.408$	
	$\Sigma a_i-\Sigma b_i=+0.408$			$\Sigma h_i=+0.408$			

2. 计算及检核

(1)高差及高程的计算

每一测站的高差 h_i 的计算如下：

$$h_1=a_1-b_1$$
$$h_2=a_2-b_2$$
$$h_3=a_3-b_3$$
$$h_4=a_4-b_4$$

由 A 点的高程推算出 $ZD1_1$ 的高程 H_1，由 ZD_1 的高程推算出 ZD_2 的高程 H_2，依此类推，直至计算出 B 点的高程 H_B：

$$H_1=H_A+h_1=123.446+0.884=124.330m$$
$$H_2=H_1+h_2=124.330-0.307=124.023m$$

$$H_3 = H_2 + h_3 = 124.023 + 0.233 = 124.256\text{m}$$

$$H_B = H_3 + h_4 = 124.256 - 0.402 = 122.854\text{m}$$

由图2-14可看出，将各测站的高差相加，便得到A至B的高差h_{AB}，即

$$h_{AB} = h_1 + h_2 + h_3 + \cdots + h_n = \sum h_i = \sum a_i - \sum b_i \tag{2-4}$$

则地面点B的高程为：

$$H_B = H_A + h_{AB} = H_A + \sum h_i = H_A + (\sum a_i - \sum b_i) \tag{2-5}$$

(2)计算检核

①高差检核。为校核各测站高差计算有无错误，计算后视读数总和与前视读数总和之差，应等于高差的代数和，见表2-1。

$$\sum h_i = +0.408$$

$$\sum a_i - \sum b_i = +0.408$$

上两式相等说明高差计算无误。

②高程检核。高程计算是否有误可通过下式检核：

$$H_B - H_A = \sum h_i = h_{AB} \tag{2-6}$$

在表2-1中为：123.854 − 123.446 = +0.408m，式(2-6)计算结果与前相等，说明各测站高程计算无误。

三、水准测量的测站检核

在连续水准测量中，只进行计算检核，还无法保证每一个测站的高差的准确性。如用计算检核无法查出测量过程中是否读错、听错、记错水准尺上的读数。因此，对每一站的高差，还应采取相应的措施进行检核，以保证每个测站高差的正确性。通常采用下面两种方法进行测站检核。

1. 双仪高法

双仪高法又称变动仪器高法，是在同一个测站上用两次不同的仪器高度，测得两次高差并进行检核。第一次仪器高度观测高差$h' = a' - b'$。然后重新安置仪器，改变仪器高度，观测第二次高差$h'' = a'' - b''$。

当两次高差满足下列条件时：

$$h' - h'' = \Delta h \leqslant \pm 5\text{mm}$$

可取平均值$h = (h' + h'')/2$作为该测站高差，否则重测。当满足条件后，才允许搬站。

2. 双面尺法

双面尺法是在同一测站用同一仪器高分别在红黑面水准尺读数，然后进行红黑面读数和高差的检核(见第六章第三节中三、四等水准测量的内容)。

四、水准测量成果检核及成果计算

1. 水准测量成果检核

在水准测量中，由于测量误差的影响，使沿水准路线测得的起终点的高差值与起终点的实际应有高差值不相吻合，其二者的差值，称为高差闭合差，一般以f_h表示。高差闭合差的计算，随着水准路线形式的不同而不同，现分述如下：

(1)闭合水准路线

如图2-15a)所示,从已知水准点BM_1出发,经过若干个未知高程点1、2、3、…进行水准测量,最后又回到已知水准点BM_1上,这样的水准路线称为闭合水准路线。在闭合水准路线中,高差的总和理论上应等于零,即

$$\sum h_{理}=0$$

若实测高差的总和不等于零,即为高差闭合差f_h:

$$f_h=\sum h_{测} \tag{2-7}$$

(2)附合水准路线

如图2-15b)所示,从已知水准点BM_1点出发,经过1、2、3、…若干个未知高程点进行水准测量,最后附合到另一已知水准点BM_2上,这样的水准路线称为附合水准路线。在附合水准路线中,高差的总和理论上应与BM_1、BM_2两点的已知高差相等,如果不等,其差值为高差闭合差f_h:

$$f_h=\sum h_{测}-(H_{BM_2}-H_{BM_1}) \tag{2-8}$$

或

$$f_h=\sum h_{测}-(H_{终}-H_{始}) \tag{2-9}$$

(3)支水准路线

如图2-15c)所示,从已知水准点BM_1出发,沿选定的路线施测到高程未知的水准点1,其最终既不闭合也不附合,这样的水准路线,称为支水准路线。支水准路线应进行往测(已知高程点到未知高程点)和返测(未知高程点到已知高程点),从理论上讲,往、返测高差的绝对值应相等而符号相反。若往返测高差的代数和不等于零即为高差闭合差f_h,亦称较差。即

$$f_h=\sum h_{往}+\sum h_{返}=|\sum h_{往}|-|\sum h_{返}| \tag{2-10}$$

支水准路线不能过长,一般为1~2km。

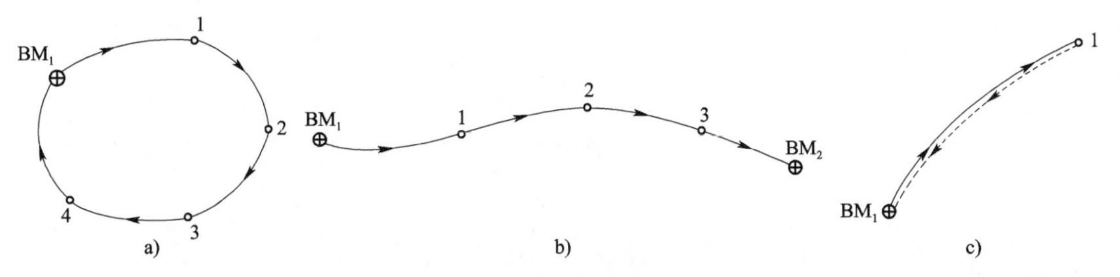

图2-15　水准路线的形式

⊕已知高程的点;○待测定高程的点;→进行方向

为了评定水准测量成果的精度,应对其成果进行检核,即进行高差闭合差的检核。当高差闭合差在容许误差范围内时,即$f_h \leqslant f_{h容}$($f_{h容}$为容许高差闭合差),认为精度合格,成果可用。若超过容许值,应查明原因,进行重测,直到符合要求为止。

不同等级的水准测量,其高差闭合差的容许值($f_{h容}$)是不同的。如等外水准测量的容许高差闭合差规定为:

$$\left.\begin{aligned} f_{h容}&=\pm 40\sqrt{L}(\text{mm})(\text{一般适用于平原微丘区})\\ f_{h容}&=\pm 12\sqrt{n}(\text{mm})(\text{一般适用于山岭重丘区})\end{aligned}\right\} \tag{2-11}$$

式中:L——水准路线长度(km);

n——水准路线所设的测站总数。

注意：对于往返水准路线来说，式(2-11)中路线长度 L 或测站数 n 均按单程计算。

2. 水准测量成果计算

水准测量的外业测量数据经检核后，如果满足了精度要求，就可以进行内业成果计算，即调整高差闭合差(将高差闭合差按误差理论合理分配到各测段的高差中去)，最后求出未知点的高程。

(1)附合水准路线高差闭合差的调整及各点高程的计算

如图2-16所示，BM_1、BM_2 为两个已知高程的水准点，$H_1=204.286\text{m}$，$H_2=208.579\text{m}$，各测段的高差分别为 h_1、h_2、h_3 和 h_4。表2-2为图2-16附合水准路线成果计算的实例。

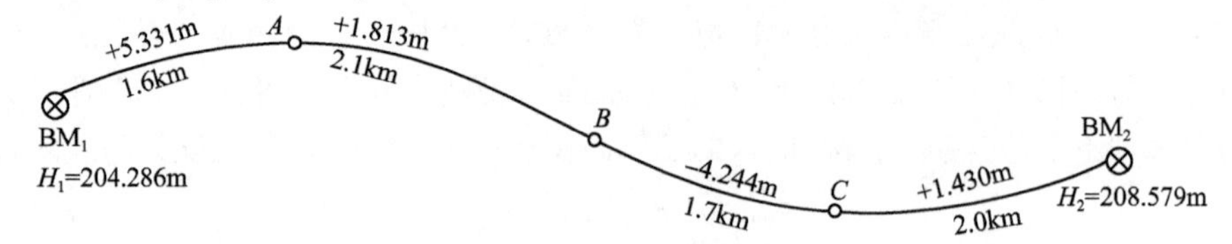

图2-16 附合水准路线观测成果略图

水准测量成果整理 表2-2

测段编号	点名	距离 L (km)	测站数 n	实测高差 (m)	改正数 (m)	改正后的高差(m)	高程(m)	备注
1	2	3	4	5	6	7	8	9
1	BM_1	1.6		+5.331	−0.008	+5.323	204.286	已知
	A						209.609	
2		2.1		+1.813	−0.011	+1.802		
	B						211.411	
3		1.7		−4.244	−0.008	−4.252		
	C						207.159	
4		2.0		+1.430	−0.010	+1.420		
	BM_2						208.579	已知
Σ		7.4		+4.330	−0.037	+4.293		
辅助计算	$f_h=37\text{mm}$　$\sum L=7.4\text{km}$　$-f_h/\sum L=-5\text{mm/km}$ $f_{h容}=\pm 40\sqrt{L}=\pm 109\text{mm}$							

表中按距离进行调整计算(一般适用于平坦地区)的具体步骤为：

①高差闭合差的计算。

水准路线高差闭合差：

$$f_h=\sum h_{测}-(H_{终}-H_{始})=4.330-(208.579-204.286)=+0.037\text{m}=+37\text{mm}$$

容许高差闭合差：$f_{h容}=\pm 40\sqrt{L}=\pm 40\sqrt{7.4}=\pm 109\text{mm}$

因 $f_h<f_{h容}$，符合精度要求，可进行调整。

②高差闭合差调整。

高差闭合差的调整可将高差闭合差反符号按测段长度(平原微丘区)或测站数(山岭重丘区)成正比进行分配。设 v_i 为第 i 个测段的高差的改正数，L_i 和 n_i 分别代表该测段长度和测站数，则：

$$\nu_i = -\frac{f_h}{\sum L} \times L_i = \nu_{每公里} \times L_i$$

或

$$\nu_i = -\frac{f_h}{\sum n} \times n_i = \nu_{每站} \times n_i$$

为方便计算可先计算每公里(或每站)的改正数 $\nu_{每公里}$ 或 $\nu_{每站}$,然后再乘以各测段的长度(或站数),就得到各测段的改正数(见表2-2第6栏)。

该实例中每公里的高差改正数为:

$$\nu_{每公里} = -\frac{f_h}{\sum L} = -\frac{37}{7.4} = -5\text{mm/km}$$

各段高差的改正数为:

$$\nu_i = \nu_{每公里} \times L_i$$

改正数的总和应与高差闭合差大小相等、符号相反。

③改正后的高差。

改正后的高差应等于实测高差与高差改正数之和,即表2-2中第7栏等于第5栏加第6栏。改正后的高差代数和应与理论值($H_{终} - H_{始}$)相等,否则说明计算有误。

④高程的计算。

从已知点 BM_1 的高程,按式(2-2)依次推算 A、B、C 各点高程,填入表2-2第8栏,最后计算出 BM_2 点的高程,应与其已知值相等,否则说明高程推算有误。

(2)闭合水准路线高差闭合差的调整及各点高程的计算

闭合水准路线高差闭合差的调整及各点高程的计算,均与附合水准路线相同,不再赘述。

(3)支水准路线高差闭合差的调整及各点高程的计算

因支水准路线只求一个点的高程,如图2-15c)所示的1点,其高差闭合差见式(2-10),故只取往返高差的平均值即可。平均高差的符号与往测的高差值的符号相同,即

$$h = (\sum h_{往} - \sum h_{返})/2 \tag{2-12}$$

第三节　水准仪的检验与校正

根据水准测量原理,水准仪必须提供一条水平视线,才能正确地测出两点的高差。为此,以微倾式水准仪为例,说明水准仪必须满足下列条件,如图2-17所示。

(1)圆水准器轴 $L'L'$ 平行于竖轴 VV;

(2)十字丝横丝垂直于竖轴;

(3)水准管轴 LL 平行于视准轴 CC。

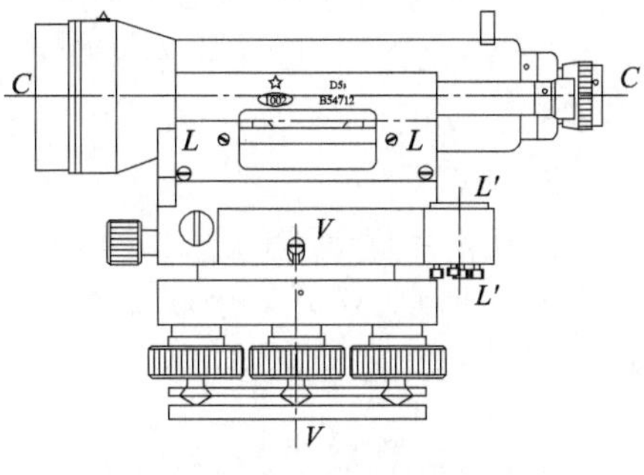

图2-17　微倾式水准仪的轴线关系

仪器在出厂前对以上轴线关系进行过严格检校,但由于仪器在长期使用和运输过程中受到振动和碰撞等原因,使上述各轴线之间的关系可能发生变化。为保证测量成果的质量,必须对水准仪进行检验校正。

一、圆水准器的检验与校正

检校目的:使圆水准器轴平行于仪器的竖轴,当圆水准器气泡居中时,竖轴竖直。

1. 检验方法

架设仪器,转动脚螺旋使圆水准器气泡居中,此时,圆水准器轴 $L'L'$ 处于垂直位置。然后将仪器绕竖轴旋转 180°,如果圆水准器气泡仍然居中,则表明条件满足,否则条件不满足,需要校正。

2. 校正方法

如果圆水准器轴 $L'L'$ 不平行于竖轴,如图 2-18a)所示。当圆水准器气泡居中时,圆水准器轴处于竖直位置,而竖轴却偏离竖直方向 δ 角,将仪器绕竖轴转 180°,此时气泡偏垂直方向,如图 2-18b)所示。校正时先拧松圆水准器下部中间的固定螺钉,然后调整圆水准器下部的三个校正螺钉,如图 2-19 所示,使气泡向中心位置移动到偏离量的一半,如图 2-20a)所示,偏离量的另一半用三个脚螺旋调整,最终使气泡居中,如图 2-20b)所示,这种检验校正需要重复数次,直到圆水准器旋转到任何位置气泡都居中为止,最后应注意拧紧固紧螺钉。

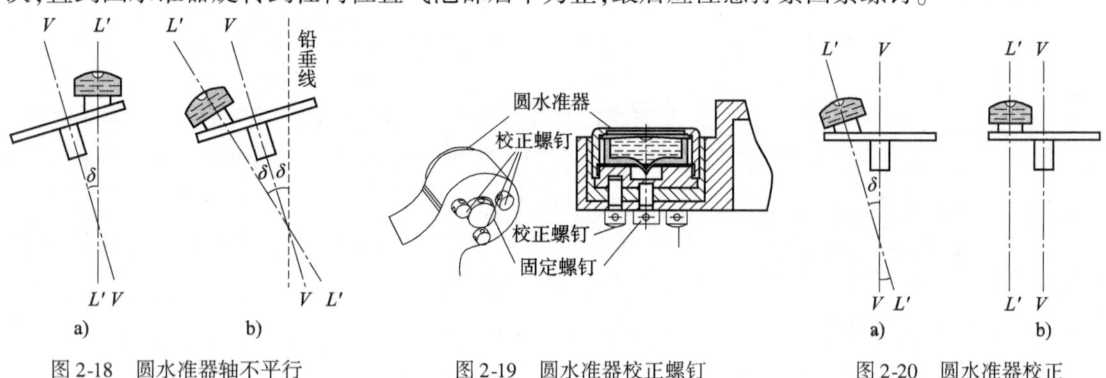

图 2-18 圆水准器轴不平行　　图 2-19 圆水准器校正螺钉　　图 2-20 圆水准器校正

二、十字丝的检验与校正

检校目的:当水准仪整平后,十字丝的横丝应该水平,竖丝应该铅垂,即十字丝横丝应垂直于竖轴。

1. 检验方法

整平仪器,在望远镜中用十字丝交点照准一明显的、固定的目标 P,拧紧水平制动螺旋,慢慢转动水平微动螺旋,从目镜中观察目标 P 移动,若目标 P 始终在十字丝横丝上移动,则条件满足,不需校正;若目标 P 不在横丝上移动,而发生偏离,如图 2-21c)、d)所示,则说明条件不满足需要校正。

2. 校正方法

由于十字丝装置的形式不同,校正方法也有所不同。通常是卸下目镜处十字丝环外罩,如图 2-21e)所示,松开 4 个压环螺钉,如图 2-21f)所示,按横丝倾斜的反方向,微微转动十字丝环,再作检验,直到满足要求为止,最后再旋紧被松开的固定螺钉。

三、水准管轴的检验与校正

检校目的:使水准管轴平行于望远镜的视准轴,当水准管气泡居中时,视准轴处于水平。

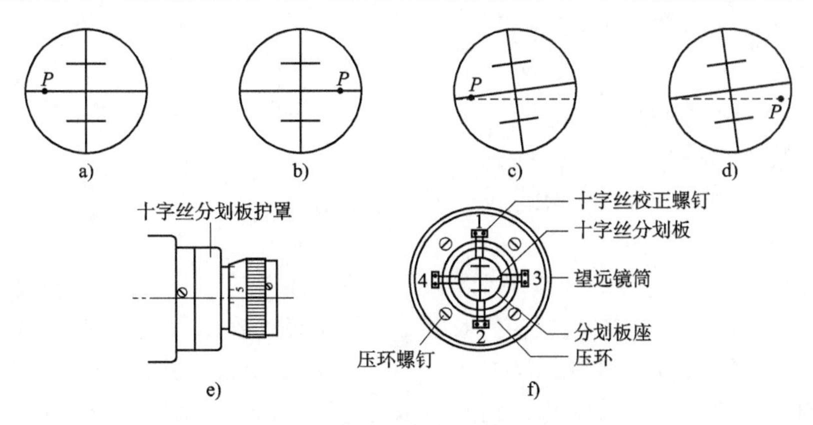

图 2-21　十字丝横丝的检验与校正

1. 检验方法

在平坦的地面上选择 A、B、C 三点，并使其大致在同一条直线上，且使 $AC = CB$，A、B 相距为 60 ~ 80m，如图 2-22 所示。在 A、B 两点处分别打下木桩或安放尺垫，并在木桩或尺垫上竖立水准尺。先将水准仪架设于 C 点，经过精平后，分别对 A、B 两点上的水准尺读数为 a_1、b_1，则 A、B 两点的高差为 $h_{AB} = a_1 - b_1$（一般应用两次仪器高法，所测结果满足要求，取高差平均值）。假设此时水准仪的视准轴不平行于水准管轴即视线倾斜了 i 角（此误差又称为 i 角误差），分别引起 A、B 两尺的读数误差为 Δa 和 Δb，由于此时的仪器距两尺的距离相等，则根据几何原理可知：

$$\Delta a = \Delta b$$

由图 2-22 可得：

$$h_{AB} = a_1 - b_1 = (a + \Delta a) - (b + \Delta b) = a - b \tag{2-13}$$

这说明不论视准轴与水准管轴平行与否，当水准仪架设在两点中间，测出的两点高差都是不受 i 角误差影响的正确高差。

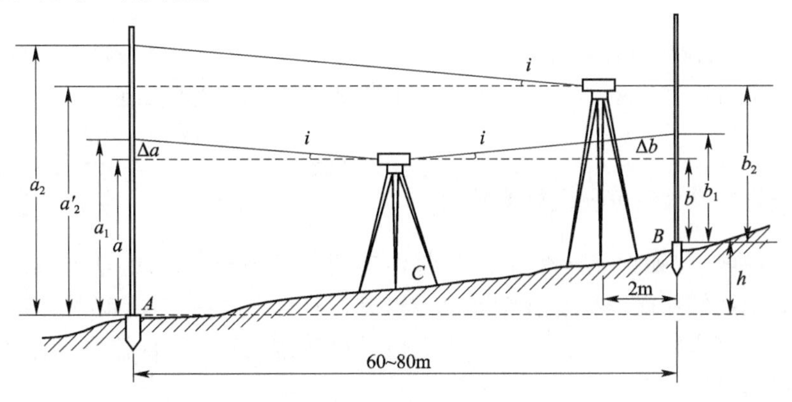

图 2-22　水准管轴平行于视准轴的检验

然后将水准仪搬到靠近 B 点（或 A 点），架设在距 B 点水准尺 2m 左右，如图 2-22 所示，精平仪器后，分别读取 A 尺读数 a_2 和 B 尺读数 b_2，由于仪器距 B 尺很近，故仪器对 B 尺的读数可以忽略 i 角的影响，即将 b_2 看作视线水平时的读数，这时可求得视线水平时 A 尺上应有的读数 $a'_2 = b_2 + h_{AB}$。如果实际读出的读数 a_2 与应有的读数 a'_2 相等，则条件满足，若不相等，则水准管轴不平行于视准轴，存在 i 角，其值为：

$$i = \frac{a_2 - a_2'}{D_{AB}}\rho'' \tag{2-14}$$

式中：D_{AB}——A、B 两点间的距离(m)；

ρ''——取 206265″。

按规定当 $i > 20''$ 时，对于 DS_3 水准仪必须进行校正。

2. 校正方法

(1)校正十字丝。常用于自动安平水准仪。如图 2-21 所示，旋下十字丝分划板护罩，拨动十字丝分划板上下两个校正螺钉，使横丝对准 A 点的正确读数 a_2'，拧紧螺钉即可。

(2)校正水准管。常用于微倾型水准仪。保持仪器不动，转动微倾螺旋使十字丝横丝对准 A 尺上应有的读数 a_2'，此时视准轴处于水平位置，而水准管气泡不居中了，用校正拨针旋松水准管一端的左侧或右侧的一个固定螺钉，然后拨动水准管的上、下校正螺钉，如图 2-23 所示，直至气泡居中为止。最后要拧紧前面松开的那个固定螺钉。在拨动校正螺钉时，首先要弄清是抬高还是降低靠近目镜一端的水准管。图 2-24a)所示是要抬高靠近目镜一端的水准管；图 2-24b)所示是要降低靠近目镜一端的水准管。

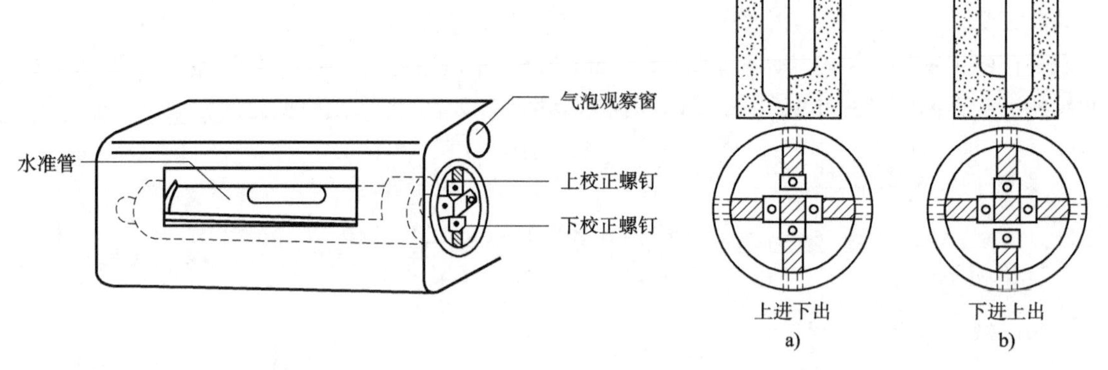

图 2-23　水准管校正螺钉　　图 2-24　水准管的校正

注意：此种成对的校正螺钉，在拨动上、下校正螺钉时应“先松后紧”，否则容易损坏校正螺钉。

四、自动安平水准仪补偿器灵敏度检验

自动安平水准仪在圆水准气泡居中时，补偿器能起自动安平作用，故不需进行精平工作。当长期未使用，则在使用前应检查补偿器是否失灵。检查方法：可以转动视准轴正下方的脚螺旋使仪器倾斜，若警告指示窗两端分别出现红色，再反转脚螺旋，使仪器水平，能由红色转为绿色，则说明补偿器灵敏。

第四节　水准测量的误差及注意事项

一、水准测量的误差

水准测量中产生的误差包括仪器误差、观测误差及外界条件影响误差三个方面。

1. 仪器误差

(1)望远镜视准轴与水准管轴不平行误差

仪器经过校正后,还会留有残余误差。仪器长期使用或受振动,也会使两轴不平行,这种误差属于系统误差,误差大小与仪器至水准尺的距离成正比。因此,只要在观测时,将仪器安置在距前、后两测点距离相等处,即可消除该项误差的影响。

(2)水准尺误差

水准尺误差包括尺长误差、分划误差、尺身弯曲和底部零点磨损的误差。观测前应对水准尺检验后方可使用,水准尺零点误差可通过在每个测段中设偶数站的方法来消除。

2. 观测误差

(1)整平误差

在水准尺上读数时,水准管轴应处于水平位置,如果精平仪器时,水准管气泡没有精确居中,则水准管轴有一微小倾角,从而引起视准轴倾斜而产生误差。例如设水准管分划值映营 = 20″/2mm,视线长度为100m,如果气泡偏离中央0.5格,则引起的读数误差为:

$$0.5 \times 20 \times 100 \times 10^3/206265 = 5\text{mm}$$

(2)读数误差

即估读毫米数的误差,其与人眼的分辨力、望远镜的放大倍数以及视线的长度有关,所以要求望远镜的放大倍率在20倍以上,视线长度一般不得超过100m,具体应遵循不同等级水准测量对望远镜放大倍率和最大视线长度的规定,以保证估读精度。

(3)水准尺倾斜误差

测量时水准尺应扶直,当水准尺倾斜时,其读数总比尺子竖直时的读数大,而且视线愈高,水准尺倾斜引起的读数误差愈大,所以在高差大、读数大时,应特别注意将尺扶直。测量时可以采用“摇尺法”读数,即在读数时,扶尺者将尺子缓缓向前后俯、仰摇动,尺上的读数也会缓缓改变,观测者读取尺上的最小读数,即为尺子竖直时的读数。

3. 外界条件影响误差

(1)仪器下沉影响的误差

由于测站处土质松软使仪器下沉,视线降低,从而引起高差误差。减小这种误差的方法:一是尽可能将仪器安置在坚硬的地面处,并将脚架踏实;二是加快观测速度,尽量缩短前、后视读数时间差;三是采用后、前、前、后的观测程序。

(2)转点下沉影响的误差

仪器搬到下一站尚未读后视读数的一段时间内,转点下沉,使该站后视读数增大,从而引起高差误差。所以,应将转点设在坚硬的地方,或用尺垫。

(3)地球曲率和大气折光影响的误差

不考虑地球曲率,用水平面代替大地水准面产生的误差,称为地球曲率影响的误差,简称球差。

另外,在一般情况下,愈靠近地面空气密度愈大,因此在观测时,视线通过不同密度的介质时会产生折射,也就是说观测时视线并不水平而呈弯曲状,从而产生的误差,称为大气折光影响的误差,简称气差。

大气折光受到所在地区的高程、地形条件、气候、季节、时间、地面覆盖物以及光线离地面高度等诸多因素的影响,要想精确的确定折光系数是比较困难的。

测量中,要消除、减弱地球曲率和大气折光的影响,同样应采用前、后视距相等,这样在计算高差时可将其消除或减弱。

(4)温度影响

水准管受热不均匀,使气泡向温度高的方向移动。因此,观测时应注意给仪器撑伞遮阳,防止阳光直接照射仪器。

二、注意事项

为了使水准测量精度达到要求,避免返工,同时保证仪器安全,要求测量人员认真负责并按要求细心操作,具体应注意以下事项:

1. 观测

(1)观测前,应对仪器进行认真的检验和校正。

(2)仪器放到三脚架上后,应立即把连接螺旋旋紧,以免仪器从脚架上摔下来,并做到人员不离开仪器。

(3)仪器应安置在土质坚硬的地方,并应将三脚架踏实,防止仪器下沉。

(4)水准仪至前、后视水准尺的距离应尽量相等。

(5)每次读数前,应严格消除视差,水准管气泡要严格居中,读数时要仔细、迅速、果断,大数(米、分米、厘米)不要读错,毫米数要估读正确。

(6)晴天阳光下,应撑伞保护仪器。

(7)迁站时,将三脚架合拢,用一只手抱住脚架,另一只手托住仪器,稳步前进,远距离迁站时,仪器应装箱,扣上箱盖,防止仪器受到意外损伤。

2. 记录

(1)记录员在听到观测员读数后,要正确记入相应的栏目中,并要边记边回报数字,得到观测员的默许,方可确定,记录资料不得转抄。

(2)字体要清晰、端正,使用 HB、2H 铅笔记录,若记录有误,不准用橡皮擦拭,应在错误数据上画斜线后再重新记录。

(3)每站高差应当场计算,检核合格后,方可通知观测员迁站。

3. 立尺

(1)立尺员必须将尺立在土质坚硬处,若用尺垫必须将尺垫踏实。

(2)水准尺必须立直,防止立尺的前后倾斜和左右倾斜。

(3)水准仪迁站时,作为前视点的立尺员,在活动尺子时,要切记不能改变转点的位置。

第五节 徕卡 NA2、苏一光 DS05 精密光学水准仪的使用

精密水准仪主要用于国家一、二等水准测量和高精度的工程测量中,例如,建、构筑物的沉降观测,大型桥梁、隧道工程的施工测量、高铁施工测量和大型精密设备安装测量等。

一、精密水准仪

与 DS3 普通水准仪比较,精密水准仪的特点是:①望远镜的放大倍数大,分辨率高。如规

范要求：DS_1不小于38倍，$DS_{0.5}$不小于40倍；②管水准器分划值为10″/2mm，精平精度高；③望远镜的物镜有效孔径大，亮度好；④望远镜外表材料一般采用受温度变化小的铟瓦合金钢，以减小环境温度变化的影响；⑤采用平板玻璃测微器读数，读数误差小；⑥配备精密水准尺。

徕卡NA2高精度自动安平水准仪如图2-25a）所示，每公里往返测中误差≤0.7mm；配GPM3平行玻璃板测微器如图2-25b）所示，精度可达0.3mm。GPM3测微器易于安装和卸装，配备好GPM3测微器的NA2水准仪的外观，如图2-25c）所示。NA2还配备有精密补偿器，无限位螺旋，操作方便；采用粗、精调焦技术，目标清晰准确，人眼不易疲劳。

a)无GPM3测微器的NA2

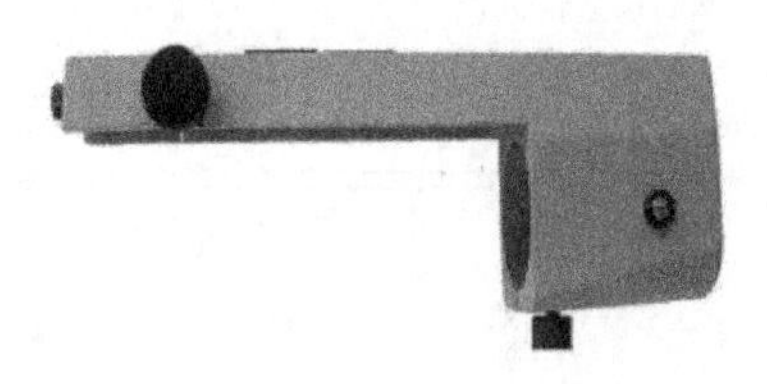
b)GPM3测微器配

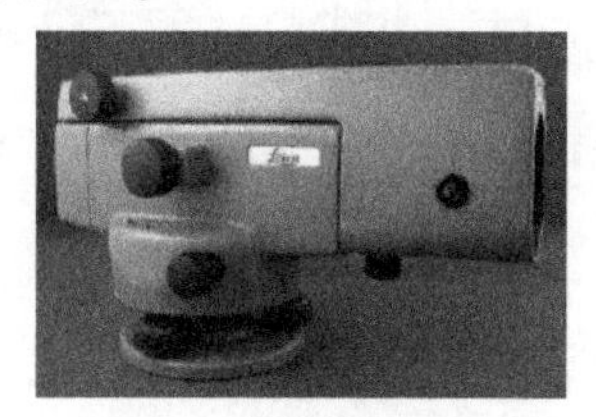
c)GPM3测微器的NA2

图2-25 徕卡NA2高精度自动安平水准仪

苏州一光DS05精密水准仪如图2-26所示，是采用内置式的测微平板结构，仪器采用全密封设计，能有效地防尘防水，密封等级可达IP55；放大倍率大，观测目标清晰；补偿器性能可靠，仪器稳定性好。该仪器将GPM3测微器和水准仪一体化设计，外观平衡协调，安置更稳定，水准器居中性能更好，使用更加方便快捷。苏一光DS05精密水准仪，望远镜放大倍数38倍；采用高质量铟瓦水准尺，每公里往返测中误差≤0.5mm。

图2-26 苏州一光DS05精密水准仪

二、铟瓦水准尺及读数

铟瓦水准尺是在木质尺身的凹槽内引张一根铟瓦合金钢带，其中零点端固定在尺身上，另一端用弹簧以一定的拉力将其引张在尺身上，以使铟瓦合金钢带不受尺身伸缩变形的影响。长度分划在铟瓦合金钢带上，数字注记在木质尺身上，精密水准尺的分划值有10mm和5mm两种。图2-27为徕卡公司生产的精密水准尺。水准尺全长约3.2m，在铟瓦合金钢带上刻有两排分划，右边一排分划为基本分划，数字注记从0～300cm，左边一排分划为辅助分划，数字注记从300～600cm，基本分划与辅助分划的零点相差一个常数3.01550m，称为基辅差。水准测量作业时，用以检查读数是否存在粗差。

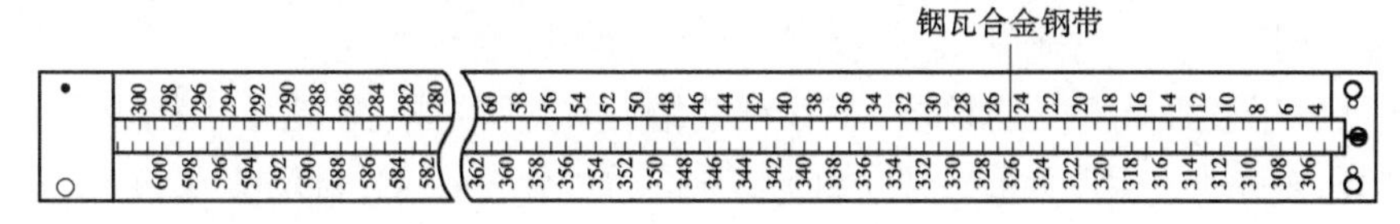

图2-27 精密水准尺

为了提高读数精度，精密水准仪一般可配备GPM3平行玻璃板测微器，如图2-27b）所示，平板玻璃测微器的结构如图2-28所示。它由平板玻璃、测微尺、传动杆和测微螺旋等构件组成。平板玻璃安装在物镜前，它与测微尺之间用带有齿条的传动杆连接，当旋转测微螺旋时，传动杆带动平板玻璃绕其旋转轴作俯仰倾斜。视线经过倾斜的平板玻璃时，产生上下平行移动,可以使原来并不对准尺上某一分划的视线能够精确对准某一分划,从而独到一个整分划读数(图2-29中的148cm分划),而视线在尺上的平行移动量则由测微尺记录下来,测微尺的读数通过光路成像在测微尺读数窗内。

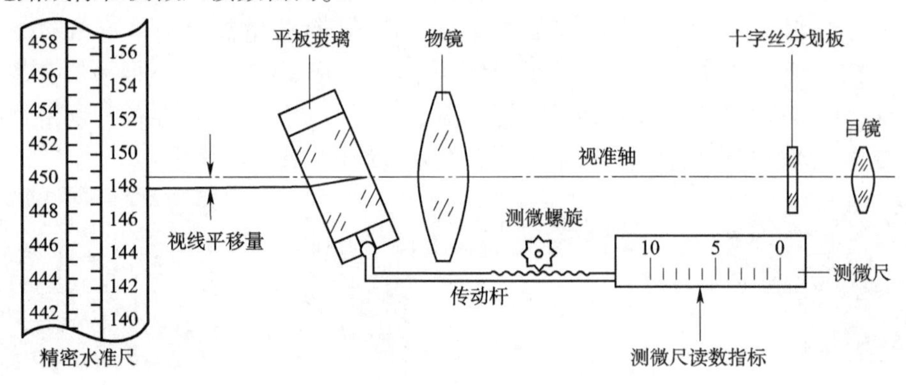

图2-28 平板玻璃测微器结构

旋转平板玻璃,可以产生的最大视线平移量为10mm,它对应测微尺上的100个分格,因此,测微尺上1个分格等于0.1mm,如在测微尺上估读到0.1分格,则可以估读到0.01mm。

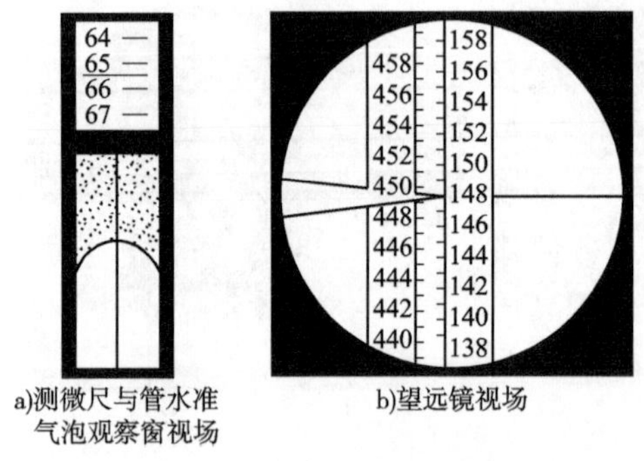

图2-29 配GPM3的水准仪读数

综上所述,配备GPM3测微器的NA2水准仪的读数方法是:瞄准精密铟瓦水准尺,用手转动"测微螺旋",上下移动水准仪的十字丝,使十字丝的楔形丝精确夹住某一刻划,如图2-29b)的"148",从望远镜视场中读取此读数;再从GPM3测微器的观察窗视场中读取测微尺上的读数,如图2-29a)的"65.5",将两者合起来就得到了读数值1.48655m。

第六节 徕卡DNA03、索佳SDL1X精密数字水准仪的使用

一、数字水准仪的特点

数字水准仪(又称电子水准仪)是在仪器望远镜光路中增加了分光镜和光电探测器(CCD阵列)等部件,采用条形码分划水准尺和图像处理电子系统构成光、机、电及信息存储与处理的一体化水准测量系统。与光学水准仪比较,数字水准仪的特点有:

①用自动电子读数代替人工读数,不存在读错、记错等问题,没有人为读数误差。

②精度高,多条码(等效为多分划)测量,削弱标尺分划误差,自动多次测量,削弱外界环境变化的影响。

③速度快,效率高,实现自动记录、检核、处理和存储,可实现水准测量从外业数据采集到最后成果计算的内外业一体化。

④数字水准仪一般是设置有补偿器的自动安平水准仪,当采用普通水准尺时,数字水准仪又可以当作普通自动安平水准仪使用。

二、条码水准尺

与数字水准仪配套的条码水准尺一般为铟瓦带尺、玻璃钢或铝合金制成的单面或双面尺，形式有直尺和折叠尺两种，规格有 1m、2m、3m、4m、5m 几种。尺子的分划一面为二进制伪随机码分划线（配徕卡仪器）或规则分划线（配蔡司仪器），其外形类似于一般商品外包装上印刷的条纹码，图 2-30 为与徕卡数字水准仪配套的条码水准仪，它用于数字水准测量；双面尺的另一面为长度单位的分划线，用于普通水准测量。

铟瓦合金钢带

图 2-30　条码铟瓦水准尺

三、徕卡 DNA03 数字水准仪

1. 测量原理

数字水准仪的测量原理是：将标尺的条码作为参照信号存在仪器内。测量时，线译码器捕获仪器视场内的标尺影像作为测量信号，然后与仪器的参考信号进行比较，便可求得视线高度和水平距离。就像光学水准测量一样，测量时标尺要直立。

徕卡 DNA03 数字水准仪，如图 2-31 所示。其基本按键功能说明，见表 2-3。

a)

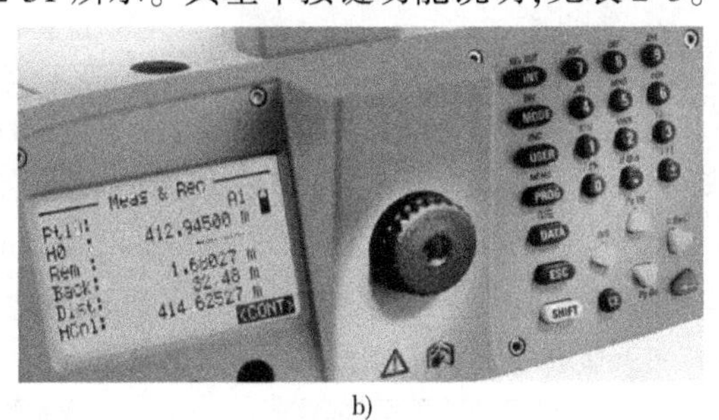

b)

图 2-31　徕卡 DNA03 数字水准仪

徕卡 DNA03 数字水准仪各按键功能说明　　表 2-3

按　　键	功 能 说 明
（开关键图标）	开关键，开机：轻轻按一下；关机：按 1s 左右
（测量键图标）	仪器侧面的“测量”键，轻轻按一下，即可进行测量
（回车键图标）	回车键，确认输入，继续到下一步
INT	碎部测量：后视得到视线高程后，可连续测量多个碎部点的高程
MODE	设置测量模式。有单次测量、平均测量、取中间值测量等模式，一般设置为单次测量或平均测量
USER	用户自定义键（定义功能中的任何一项）
PROG	应用程序，主要有：沉降观测、水准测量、线路测量、线路平差、检验调整
DATA	数据管理，主要有：查看数据、初始内存、内存信息、数据输出、数据输入
ESC	退出或停止测量

续上表

按　　键	功能说明
SHIFT	第二功能转换键,如 SET OUT、FNC 等
CE	删除字符或字段,退出或停止测量
SET OUT(SHIFT + INT)	放样模式键;放样出某高程点
INV(SHIFT + MODE)	标尺反转测量(0 刻划在上),此状态下"T"出现在屏幕上,测量值为负。只需再按一下,恢复正常状态
FNC(SHIFT + USER)	功能菜单
MENU(SHIFT + PROG)	仪器设置、系统信息等
(SHIFT + DATA)	显示照明和圆水准器照明
▲▼◀▶	定位键,移动光标
0 … 9 . ±	输入键

2. 普通水准测量的操作

(1)架设仪器,整平。

(2)开机后,屏幕上显示"测量与存储"对话窗,默认进入应用程序"水准测量"模式,即可进行普通测量。

(3)如图 2-32a)所示,在 PtID(点号)栏输入后视点名(如:A0);Rem 栏输入注释(如:began,也可以不输入);在 H0 栏输入 A0 点的高程(如:100.000m)。

(4)瞄准后视点 A0 的标尺,按下"测量"键进行测量,仪器显示:Back(后视):0.6789m;Dist(后视距离):49.00m;Hcol(视线高程):100.6789m。

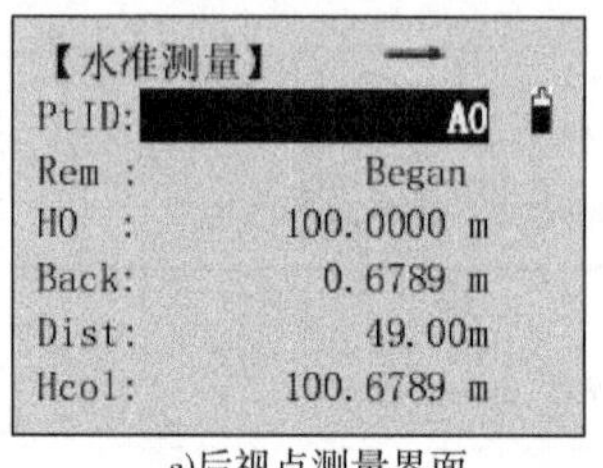

a)后视点测量界面

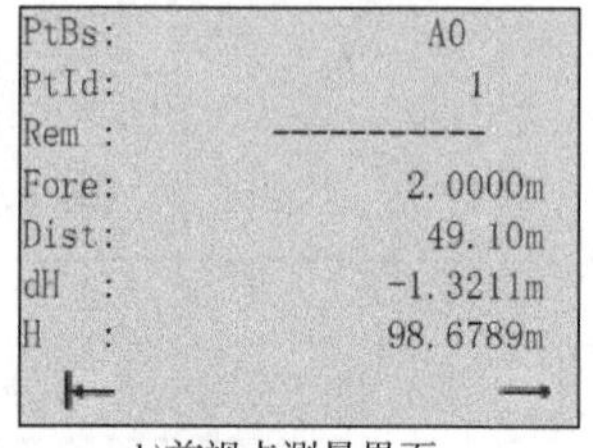

b)前视点测量界面

图 2-32　徕卡 DNA03 电子水准仪的测量界面

(5)瞄准前视点 1 的标尺,按下"测量"键进行测量,如图 2-32b)所示,仪器显示:PtBs(后视点 A0);PtId(前视点名):1;Rem(注释):空;Fore(前视读数):2.0000m;Dist(前视距离):49.10m;dH(高差):-1.3211m;H(高程):点 1 的高程 98.6789m。

四、索佳 SDL1X 数字水准仪

索佳 SDL1X 数字水准仪,如图 2-33 所示,其操作步骤为:

(1)安置仪器并整平。当仪器架设的较高而无法从上向下观察水准器时,可借助圆水准器观察镜来整平仪器。

(2)按电源键 ⏻ 开机。开机后,仪器进行自检,自检完成后进入如图2-34所示测量模式界面。如果显示图形气泡界面,表示仪器未整平,利用图形气泡整平仪器后进入测量模式界面。

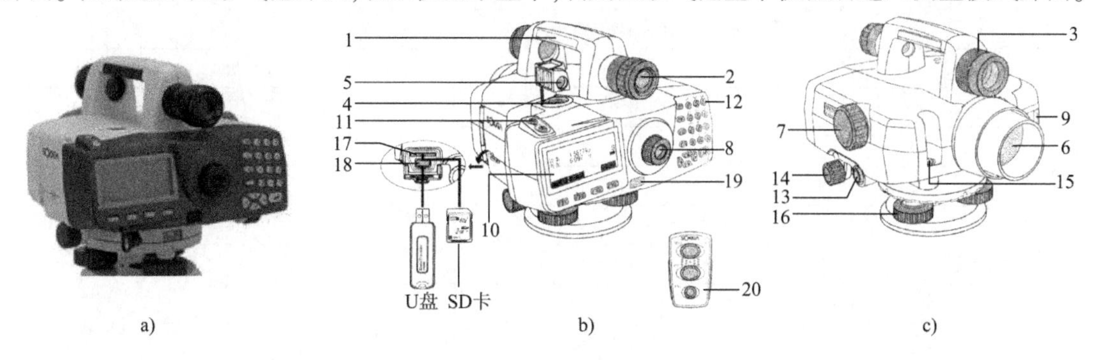

图2-33　索佳SDL1X数字水准仪

1-提手;2-瞄准镜;3-瞄准镜轴调整螺旋;4-圆水准器;5-圆水准器观察镜;6-物镜;7-物镜调焦螺旋;8-目镜;9-电池护盖钮;10-显示屏幕;11-电源开关按钮;12-字母数字键盘;13-测量键;14-无限位水平微动螺旋;15-蓝牙组件插口;16-脚螺旋;17-SD卡插槽;18-U盘插口;19-遥控器信号接收窗口;20-DLC1遥控器

(3)照准标尺后按[测量]键开始测量。测量完成后屏幕上显示出标尺读数值和视距值。如图2-35所示。在重复精测、均值精测或连续速测模式下,步骤3中的测量将连续进行,此时按[停止]或[测量]键停止测量,按[ESC]键取消测量。

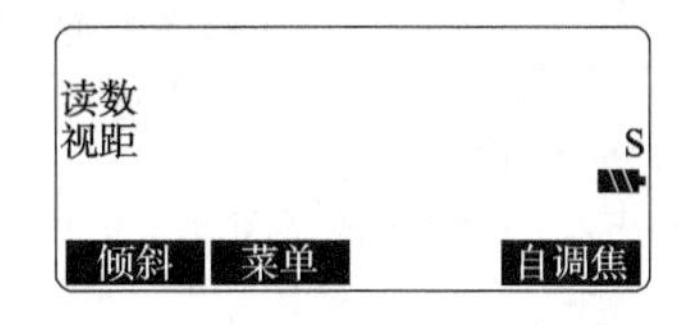

图2-34　测量模式界面

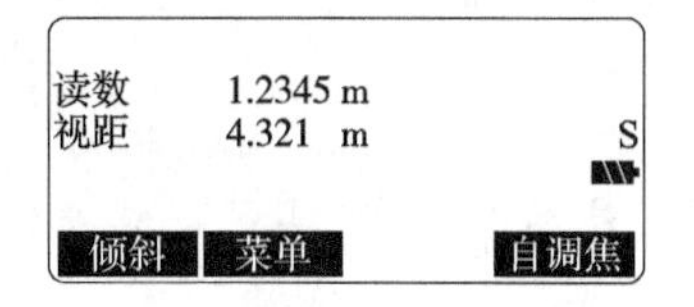

图2-35　测量完成界面

如果仪器的瞄准镜轴与望远镜视准轴不共轴,在对标尺读数时会出现错误,因此测量前应将二者调整一致。瞄准镜用于距离在7m以上的水准标尺的照准。用望远镜照准标尺时也可以旋转调焦手轮进行手工调焦,对标尺条码不正确的调焦会导致无法读取标尺读数,读数前应确保对标尺的正确调焦。在自动调焦功能已完成对标尺的正确调焦的情况下,由于操作者视力原因,可能在望远镜目镜里看到的标尺成像仍是不清晰的。

瞄准镜用于完成SDL望远镜对水准标尺的照准。作业时,只需将瞄准镜中圆心对准标尺中心后按[测量]键,即可完成对标尺的自动调焦和测量。

思考题与习题

1. 水准路线的形式有哪些?

2. 简述自动安平水准仪一测站的基本操作步骤。

3. 什么是水准测量的高差闭合差?如何计算水准测量的容许高差闭合差?

4. A为后视点,B为前视点,A点的高程为252.018m,观测的后视读数为1.135m,前视读数为1.536m,问A、B两点间的高差是多少?A、B两点哪点高?B点的高程是多少?试绘图说明。

5. 什么是水准点?什么是转点?在水准测量中转点的作用是什么?

6. 根据表2-4中每个测站的实测数据进行高差、高程及检核计算。

测法实测数据 表2-4

测站	测点	水准尺读数(m)		高差(m)		高程(m)	备注
		后视读数 a	前视读数 b	+	−		
Ⅰ	A	2.248				183.554	已知
	1		1.856				
Ⅱ	1	1.922					
	2		0.638				
Ⅲ	2	1.665					
	3		1.439				
Ⅳ	3	1.972					
	B		2.071				
计算检核	Σ					$H_B - H_A =$	
	$\Sigma a_i - \Sigma b_i =$			$\Sigma h_i =$			

7. 图2-36所示为某一等外附合水准路线的观测成果，已知A点的高程为$H_A = 309.543$，B点的高程为$H_B = 306.278$，点1、2、3为待测水准点，各测段高差、测站数如图2-36所示。试列表进行成果检核计算，并求出1、2、3各点高程。

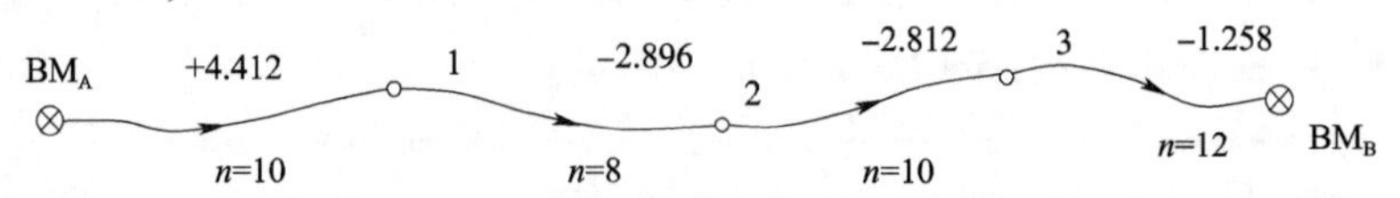

图2-36 附合水准路线观测成果略图

8. 某闭合等外水准路线，其观测成果列于表2-5中。由已如点BM_A的高程计算1、2、3点的高程。

水准测量成果整理 表2-5

测段编号	点名	距离 L (km)	测站数 n	实测高差 (m)	改正数 (m)	改正后的高差 (m)	高程(m)	备注
1	2	3	4	5	6	7	8	9
	BM_A						185.289	已知
1		2.2		+4.626				
	1							
2		1.8		−2.123				
	2							
3		1.6		−5.278				
	3							
4		2.1		+2.870				
	BM_A							
Σ								
辅助计算								

9. 水准测量中共有几项检核？各有什么作用？

10. 水准测量的误差有哪些？

第三章 角度测量

教学目标

1. 理解水平角、竖直角的概念;掌握水平角和竖直角测量方法。
2. 熟练操作经纬仪或全站仪,完成仪器的对中、整平工作。
3. 能熟练使用经纬仪、全站仪进行测回法、方向观测法观测水平角并进行竖直角观测。
4. 理解经纬仪的检验校正的方法。
5. 理解角度观测的误差及注意事项。

第一节 角度测量原理

角度测量是最基本的测量工作之一,可分为水平角测量和竖直角测量。

1. 水平角测量原理

水平角是指地面上从一点出发的两条直线在水平面上的投影所形成的夹角,通常以 β 表示。如图 3-1 所示,A、O、B 为地面上的三点,O 为测站点,A、B 为两个目标点,OA、OB 两条方向线在水平面上的投影 O_1A_1、O_1B_1 的夹角 β 就是 OA、OB 两直线所组成的水平角。换言之,水平角 β 就是过 OA、OB 方向的两个竖直平面所夹的两面角。水平角的取值范围是 $0° \sim 360°$。

为了测定水平角,需安置一个带有刻度的水平圆盘。如图 3-1 所示,圆盘上有 $0° \sim 360°$ 的刻线,圆盘的中心位于角顶点 O 的铅垂线上,并在圆盘的中心位置上安置一个既能水平转动,又能在竖直面内作仰俯运动的照准设备,使之能在通过 OA、OB 的竖直平面内照准目标,并在水平度盘上读得照准目标时的相应读数 a、b,则两读数之差即为水平角 β:

$$\begin{cases} \beta = b - a & (当\ b > a\ 时) \\ \beta = b - a + 360° & (当\ b < a\ 时) \end{cases} \tag{3-1}$$

2. 竖直角测量原理

竖直角是指在同一竖直平面内倾斜视线与水平线之间的夹角,通常以 α 表示。当倾斜视线在水平线的上方时,称为仰角,其值为正,如图 3-2 中的 α_A;当倾斜视线在水平线的下方时,称为俯角,其值为负。如图 3-2 中的 α_B。

为了测定竖直角,需在 O 点设置一个带有刻度的竖直圆盘(称为竖直度盘),视线方向与水平方向在竖直度盘上的读数之差,即为所求的竖直角。

由以上原理可知,测量水平角和竖直角的仪器,必须具备以下几个条件:

(1)有一个能置于水平位置的刻度圆盘,且圆盘的中心能安置在角顶点的铅垂线上。

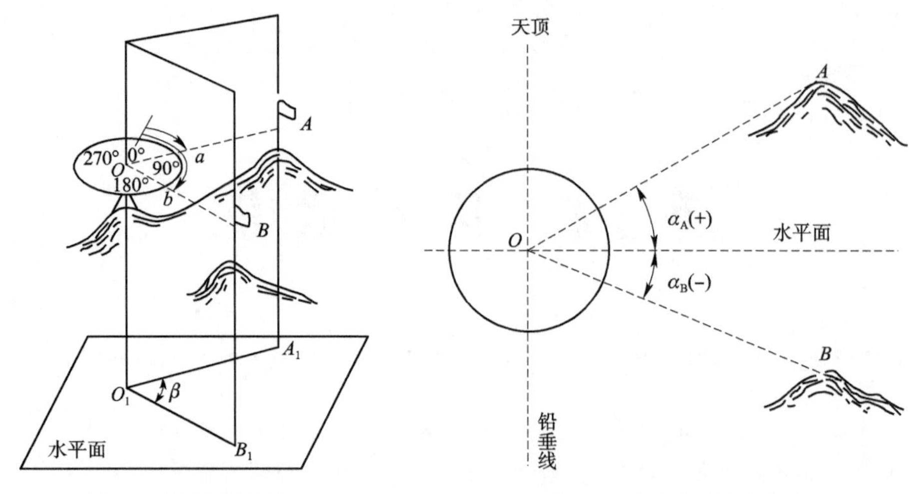

图 3-1　水平角测量原理　　图 3-2　竖直角测量原理

(2)有一个能看清楚远处不同高度目标并且能在水平和竖立面内旋转的望远镜。

(3)为了测量竖直角,还应有一个与望远镜固连的竖直度盘,此外,还要具有控制仪器旋转的制动和微动螺旋。

(4)有一个能指示读数的指标。

经纬仪就是具备这些条件,用于测量水平角和竖直角的仪器。

第二节　光学经纬仪与电子经纬仪

经纬仪的种类很多,按读数系统的不同,可分为游标经纬仪、光学经纬仪、电子经纬仪和全站仪等。游标经纬仪现已淘汰;光学经纬仪是利用几何光学的放大、反射、折射等原理进行度盘读数,目前在一些土建工程测量中仍有应用;电子经纬仪和全站仪则是利用物理光学、电子学和光电转换等原理,显示屏显示度盘读数,目前应用较广泛。

一、光学经纬仪

光学经纬仪的代号是"DJ","D"和"J"分别是"大地测量"和"经纬仪"的汉语拼音第一个字母。光学经纬仪按其精度分为:$DJ_{0.7}$、DJ_1、DJ_2、DJ_6、DJ_{15}和DJ_{20}等几个等级,代号下标的数字是以秒为单位的精度指标,表示该仪器一测回方向的观测中误差值,数字越小,其精度越高。例如"6"表示一测回方向的中误差为±6″。经纬仪因其精度等级不同或生产厂家不同,其具体的结构可能不尽相同,但它们的基本构造是一样的。

1. DJ_6型光学经纬仪

图 3-3 所示为我国北京光学仪器厂生产的DJ_6光学经纬仪,它主要由照准部、水平度盘和基座三部分组成,如图 3-4 所示。

(1)照准部

照准部是指位于水平度盘上方的可转动部分,主要由望远镜、竖直度盘、读数设备、水准器和光学对中器等组成。

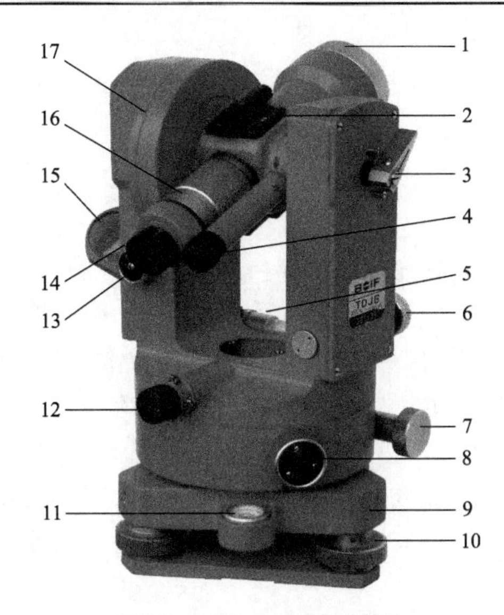

图3-3 DJ_6光学经纬仪的构造

1-望远镜物镜;2-照准器;3-望远镜制动螺旋;4-读数显微镜;5-照准部水准管;6-望远镜微动螺旋;7-水平制动螺旋;8-拨盘手轮;9-基座;10-脚螺旋;11-圆水准器;12-光学对中器;13-自动归零装置;14-望远镜目镜及目镜对光螺旋;15-反光镜;16-物镜对光螺旋;17-竖直度盘

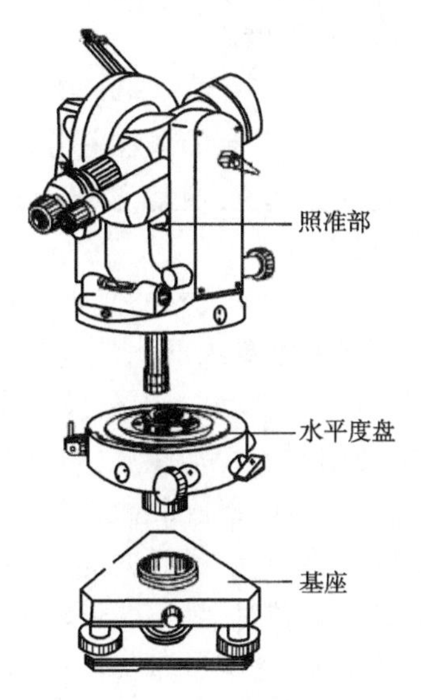

图3-4 DJ_6光学经纬仪的组成

①望远镜。望远镜的构造与水准仪的望远镜基本相同,主要用于照准目标,但为了照准目标,经纬仪的十字丝分划板与水准仪稍有不同。望远镜和横轴固连在一起安置在支架上,望远镜可绕横轴旋转,并要求望远镜视准轴垂直于横轴,当横轴水平时,望远镜绕横轴旋转的视准面是一个铅垂面。为控制望远镜的转动以便快速准确地照准目标,照准部上设有望远镜制动螺旋和微动螺旋,以及照准部制动螺旋和微动螺旋(或称为水平制动螺旋和水平微动螺旋)。

②竖直度盘。竖直度盘固定在横轴的一端,当望远镜转动时,竖直度盘也随之转动。与竖直度盘配套的有自动归零装置。

③读数设备。DJ_6级光学经纬仪大多采用分微尺读数设备,上面注有“水平”或“H”的窗口为水平度盘读数;下面注有“竖直”或“V”的窗口为竖直度盘读数。如图3-5所示的水平度盘为215°,再在分微尺上读出该度盘刻画线与指标线(0刻画线)之间的小格数,称为分微尺读数,即“分”数,并估读至0.1小格(0.1′)。如图3-5所示的水平度盘为7.5小格,其读数为7.5′,即7′30″。度盘读数加分微尺读数即为完整读数,即水平度盘读数为215°07′30″;竖直度盘读数为:78°52′42″。

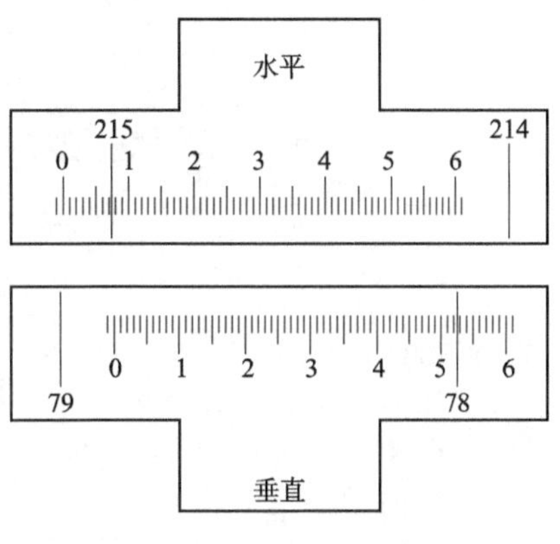

图3-5 分微尺读数窗

④水准器。照准部上的管水准器,也称水准管,是用来精确整平仪器的;圆水准器是用来粗略整平仪器的。

⑤光学对中器。光学对中器是在架设仪器时,保证水平度盘的中心与地面上待测角的顶点(通常称为测站点)位于同一铅垂线上的装置。在一些新型的测量仪器中,已有采用激光对点装置。

(2)水平度盘

水平度盘是用光学玻璃制成的圆盘,圆盘上刻有0°~360°的等间隔分划线,并按顺时针方向进行注记,有的还在两分划线间加刻一短分划线。两相邻分划线间的弧长所对的圆心角,称为度盘分划值,通常为1°或30′。

(3)基座

基座是支撑仪器的底座。基座上有三个脚螺旋,转动脚螺旋可使照准部水准管气泡居中,从而使水平度盘水平。基座上还有连接板和基座孔,将基座和三脚架头用中心螺旋连接,可将仪器固定在三脚架上。另外基座上还有固定螺钉,拧紧固定螺钉,经纬仪的三部分就连为一个整体,使用时要特别注意:切莫随意松动基座上的固定螺钉,以免仪器脱落摔坏。

光学经纬仪三部分之间的相互关系是:水平度盘旋转轴套在轴套外边,照准部旋转轴插入空心轴套之中,上紧照准部连接螺钉后,再将轴套插入基座的轴套座孔内,因此,照准部绕轴套内的竖轴旋转时,是不会带动水平度盘旋转的,只有通过拨盘手轮,才能使水平度盘转动。

2. DJ_2级光学经纬仪

DJ_2级光学经纬仪一般用于精密工程测量,其构造除读数设备外基本与DJ_6级光学经纬仪相同。如图3-6所示为北京光学仪器厂生产的DJ_2级光学经纬仪,下面着重介绍它与DJ_6级光学经纬仪的不同之处。

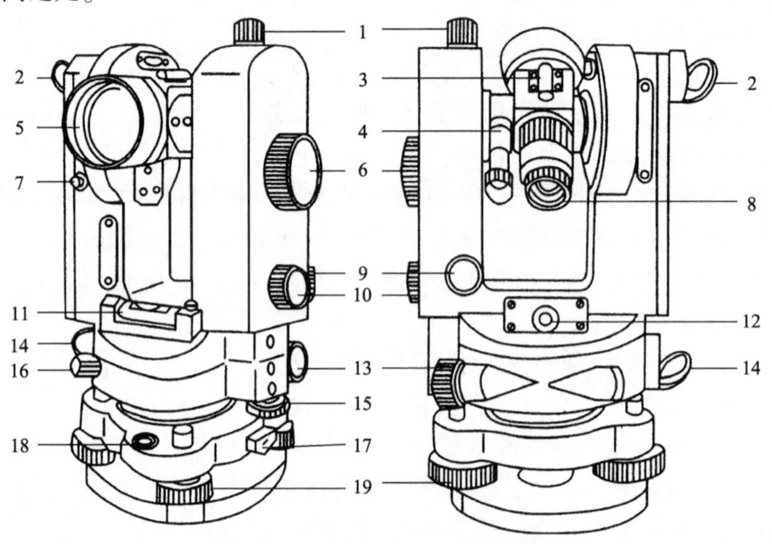

图3-6 DJ_2级光学经纬仪的构造

1-望远镜制动螺旋;2-竖直度盘反光镜;3-照准器;4-读数显微镜;5-望远镜物镜;6-测微手轮;7-补偿器按钮;8-望远镜目镜及目镜对光螺旋;9-望远镜微动螺旋;10-度盘换像手轮;11-照准部水准管;12-光学对中器;13-水平微动螺旋;14-水平度盘反光镜;15-拨盘手轮;16 水平制动螺旋;17-仪器锁定钮;18-圆水准器;19-脚螺旋

(1)换像手轮

DJ_2级光学经纬仪在读数显微镜内一次只能看到水平度盘或竖直度盘的一种影像,可以通过旋转换像手轮来转换两个度盘的影像。读取水平度盘读数时,要转动换像手轮,使轮上的指标线处于水平位置;读取竖直度盘读数时,则使换像手轮上的指标线处于竖直位置。

(2)测微手轮

DJ_2级光学经纬仪采用对径分划线影像符合的读数装置,即取度盘对径(直径两端)相差

180°处的两个读数的平均值。读数时转动测微手轮,使度盘对径分划线的影像相对移动,直至精确对齐,以消除照准部偏心误差的影响,从而提高读数的精度。

(3)读数方法

DJ_2光学经纬仪常采用半数字化的读数方法。如图3-7所示,"度"数和"十分"数、度盘对径分划影像以及测微器读数,分别出现在三个窗口,读数时,首先转动测微手轮,使中间窗口的度盘对径上、下分划线影像严格对齐,然后,从上面的度盘读数窗口读出较小的注记数为"度"数(图中为32°)和"十分"数(图中为$2\times10'=20'$),再从最下方的测微器窗口读出"分"数和"秒"数,上排为"分"数(图中为4′),下排为"秒"数,估读至0.1″(图中为34.0″),最后将上述所读之数相加,即得完整的度盘读数,图中为:$32°+20'+4'+34.0''=32°24'34.0''$。

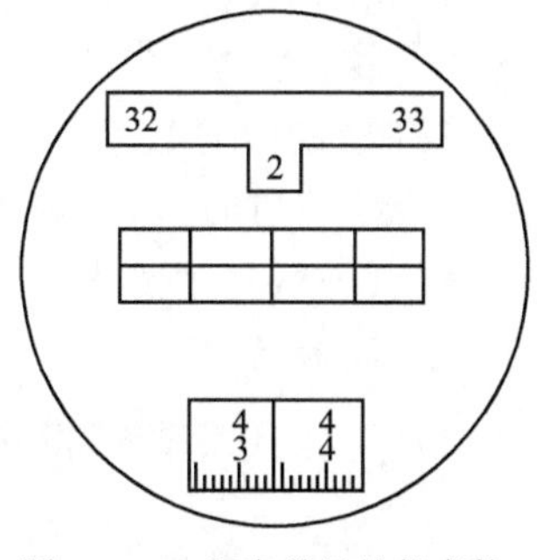

图3-7　DJ_2级光学经纬仪半数字化读数

二、电子经纬仪

世界上第一台电子经纬仪于1968年研制成功,但直到20世纪80年代才生产出商品化的电子经纬仪。随着电子技术的飞速发展,电子经纬仪的制造成本急速下降,现在国产电子经纬仪的售价已低于同精度的光学经纬仪,故得到了广泛的应用。

与光学经纬仪相比,电子经纬仪是利用光电转换原理和微处理器自动测量度盘的读数并将测量结果显示在仪器显示窗上,如将其与电子手簿连接,可以储存测量结果。电子经纬仪的测角系统有三种:编码度盘测角系统、光栅度盘测角系统和动态测角系统。

图3-8为南方测绘公司生产的ET-02电子经纬仪,其采用的是光栅度盘测角系统,各部件的名称见图中注记。它一测回方向观测中误差为±2″,角度最小显示到1″,竖盘指标自动归零补偿采用液体电子传感补偿器。

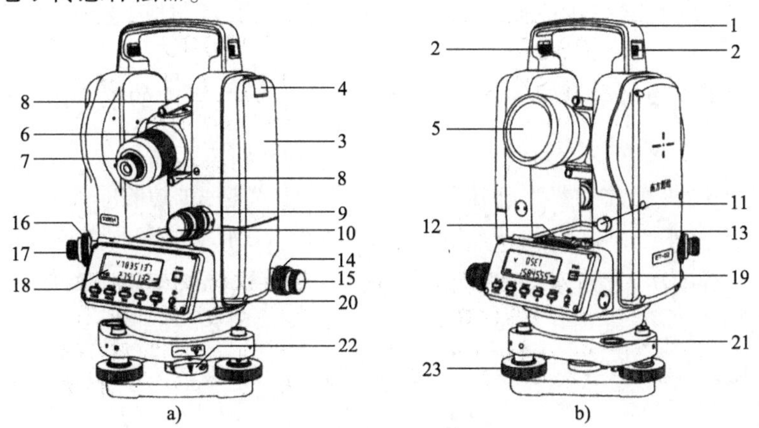

图3-8　ET-02电子经纬仪

1-手柄;2-手柄固定螺钉;3-电池盒;4-电池盒按钮;5-物镜;6-物镜调焦螺旋;7-目镜调焦螺旋;8-光学粗瞄器;9-望远镜制动螺旋;10-望远镜微动螺旋;11-光电测距仪数据接口;12-管水准器;13-管水准器校正螺钉;14-水平制动螺旋;15-水平微动螺旋;16-光学对中器物镜调焦螺旋;17-光学对中器目镜调焦螺旋;18-显示窗;19-电源开关键;20-显示窗照明开关键;21-圆水准器;22-轴套锁定钮;23-脚螺旋

1.开机

仪器面板如图3-9a)所示,右上角的PWR键为电源开关键。当仪器处于关机状态时,按

PWR键2s后可打开仪器电源；当仪器处于开机状态时，按PWR键2s后可关闭仪器电源。仪器在测站上安置好后，打开仪器电源时，在显示窗中字符“HR”的右边显示的是当前视线方向的水平度盘读数；在显示窗中字符“V”右边将显示“OSET”字符，它提示用户应指示竖盘指标归零，如图3-9b)、c)所示。将望远镜置于盘左位置，向上或向下转动望远镜，当其视准轴通过水平视线位置时，显示窗中字符“V”右边的字符“OSET”将变成当前视准轴方向的竖盘读数值，即可进行角度测量。

2. 键盘功能

除电源开关键PWR外，其余6个键都具有两种功能。一般情况下，仪器执行按键上方注记文字的第一功能(测角操作)；如先按MODE键，再按其余各键，为执行按键下方所注记文字的第二功能(测距操作)。下面只介绍第一功能键的操作。

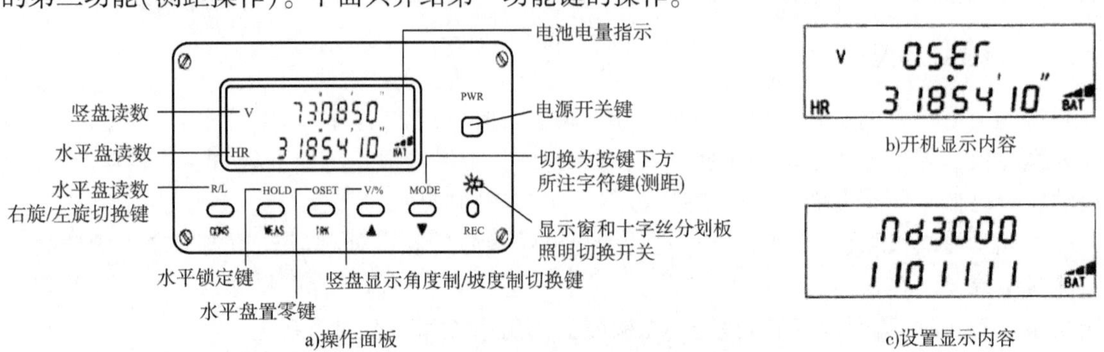

a)操作面板

b)开机显示内容

c)设置显示内容

图3-9 ET-02电子经纬仪操作面板

R/L键：显示右旋/左旋水平角选择键，按MODE键，可使仪器在右旋和左旋之间切换。右旋是仪器向右旋转时，水平盘读数增加，等价于水平度盘为顺时针注记，故一般情况下选择显示“HR”。

HOLD键：水平度盘读数锁定键。连续按HOLD键两次，当前的水平度盘读数被锁定，此时转动照准部，水平度盘读数值保持不变，再按一次HOLD键为解除锁定。该功能可将所照准目标方向的水平度盘读数配置为已知角度值。操作方法是，转动照准部，当水平度盘读数接近已知角度值时旋紧水平制动螺旋，转动水平微动螺旋，使水平度盘读数精确地等于已知角度值；连续按HOLD键两次，锁定水平度盘读数；精确照准目标后，按HOLD键解除锁定即完成水平度盘配置操作。

OSET键：水平度盘配零键。连续按OSET键两次，当前视线方向的水平度盘读数被置为0°00′00″。

V/%键：竖直角以角度制显示或以斜率百分比显示切换键。按V/%键，可使显示窗中“V”字符后的竖直角以角度制显示或以斜率百分比显示。

例如，当竖盘读数以角度制显示，盘左位置的竖盘读数为87°48′25″时按V/%键后的竖盘读数应为3.82%，转换公式为：$\tan\alpha = \tan(90° - 87°48'25'') = 3.82\%$。

☼键：显示窗和十字丝分划板照明切换开关。照明灯关闭时，按☼键为打开照明灯；

再按一次☀键,关闭照明灯。打开照明灯后10s内如没有进行任何按键操作,仪器自动关闭照明灯,以节省电源。

图3-10是苏州第一光学仪器有限公司生产的DT200系列电子经纬仪,其功能与南方ET-02基本相同,但操作界面采用中文,如图3-11所示。

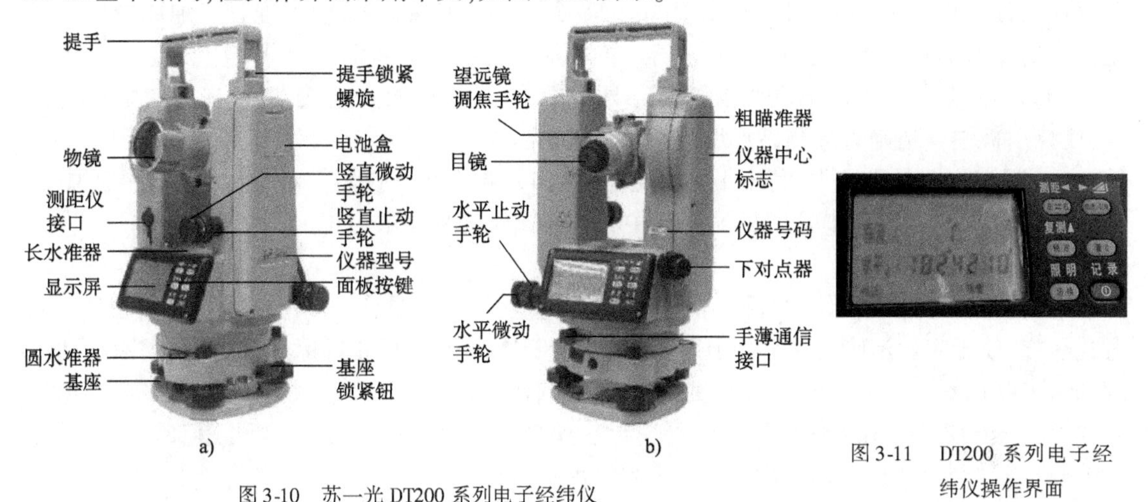

图3-10　苏一光DT200系列电子经纬仪

图3-11　DT200系列电子经纬仪操作界面

全站仪具有与经纬仪同样的测角功能,其原理与操作方法,基本与电子经纬仪相同,在此不再赘述。详细操作可参见“第七章全站仪及其使用”。

第三节　水平角测量方法

一、经纬仪/全站仪的安置、瞄准与读数

1. 经纬仪/全站仪的安置

经纬仪/全站仪的安置包括对中、整平两项。对中的目的是使经纬仪/全站仪水平度盘的中心(仪器的竖轴)与测站点位于同一铅垂线上,常用的对中方法有垂球对中、光学对中、激光对中等三种。采用垂球对中精度小于3mm;采用光学对中、激光对中精度可达1mm,目前经纬仪/全站仪多常用光学对中或激光对中的方法。整平的目的是使仪器的水平度盘处于水平位置(仪器的竖轴竖直),而整平又分为粗略整平和精确整平(简称粗平和精平)。

对中和整平工作是相互影响的,在操作上必须相结合,做到仪器既对中又整平,完成测站仪器安置工作。采用光学对中器进行仪器安置工作的具体操作步骤如下:

(1)先张开脚架,安置在测站点上,使架头大致水平,并尽可能使架头中心位于测站点的铅垂线上,同时高度要适中,以方便观测。踩实脚架腿,装上仪器,注意使三个脚螺旋的高度适中。

(2)粗略对中:转动光学对中器的目镜调光螺旋,使分划板的中心圈清晰,再拉出或推进对中器镜筒作物镜调焦,使测站点标志成像清晰;观察光学对中器,看测站点是否偏离分划板中心圈的中心,如果偏离,则以一个脚架腿为支点,移动另两个脚架腿使分划板中心对准测站点。

(3)粗平:根据圆水准器气泡在哪边,哪边高的原理,通过伸缩两个三脚架腿的高度,使圆

水准器气泡居中。

(4)精平:通过调整三个脚螺旋,使水准管气泡居中。具体过程:先旋转照准部,使水准管平行于任意两个脚螺旋①、②的连线,如图 3-12a)所示,两手同时向内或向外转动①、②两个脚螺旋,使水准管气泡居中(注:气泡移动方向与左手大拇指转动方向一致,下同)。然后将照准部水平旋转 90°,如图 3-12b)所示,用左手转动另一个脚螺旋③,使水准管气泡居中。反复进行直到照准部旋转至任意位置,水准管气泡均居中为止。

(5)观察光学对中器,若测站点偏离分划板中心,则稍微松开连接螺旋,在架头上移动仪器,使分划板中心精确对准测站点后,旋紧连接螺旋。

(6)观察仪器是否整平,若不平,则按照步骤(4),重新精平仪器。对中和整平是相互影响的,故应反复步骤(4)和步骤(5),直至对中和整平同时满足要求为止。

2. 照准与读数

照准的目的是使要照准的目标点的影像与十字丝的交点重合。照准时先调节望远镜目镜对光螺旋,使十字丝清晰。然后,利用望远镜上的瞄准器粗略照准目标点,拧紧望远镜制动螺旋和水平制动螺旋,进行物镜对光,使目标点影像清晰,并消除视差。最后,转动水平微动螺旋和望远镜微动螺旋,精确瞄准目标。可用十字丝纵丝带单丝平分目标,也可用双线夹住目标(距离远,目标较小时),如图 3-14 所示。测量水平角时,应尽量照准目标的底部。

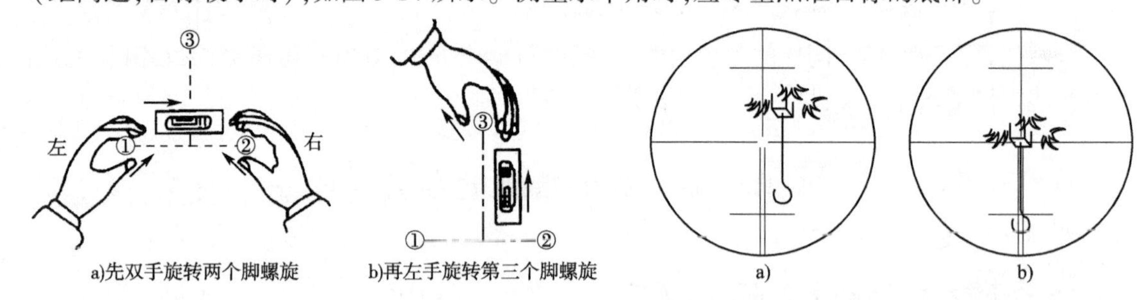

图 3-12 照准部水准管的整平

图 3-13 水平角测量瞄准照准标志的方法

读数的目的是读出指标线所指的度盘读数。光学经纬仪读数时,需先将采光镜张开成适当的角度,调节镜面朝向光源,照亮读数窗,调节读数显微镜对光螺旋,使读数窗影像清晰,然后,按第二节中所述的读数方法读取度盘读数,而电子经纬仪/全站仪则可以直接在屏幕上读数即可。

二、水平角测量方法

水平角的观测方法有多种,一般根据测角精度、所使用的仪器及观测方向的数目而定。工程上最常用的是测回法和方向观测法(也称全圆测回法)。

1. 测回法

测回法是水平角观测的基本方法,适用于两个方向之间水平角的观测。

在水平角观测中,为发现错误并提高测角精度,一般要用盘左和盘右两个位置进行观测。当观测者面对望远镜目镜时竖直度盘位于望远镜的左侧,称为盘左位置,又称为正镜;当观测者面对望远镜目镜时竖直度盘位于望远镜的右侧,称为盘右位置,又称为倒镜。如图 3-14a)所示,设 O 点为测站点(待测水平角的顶点),A、B 为观测目标点,用测回法观测水平角 $\angle AOB$ 的步骤和方法如下。

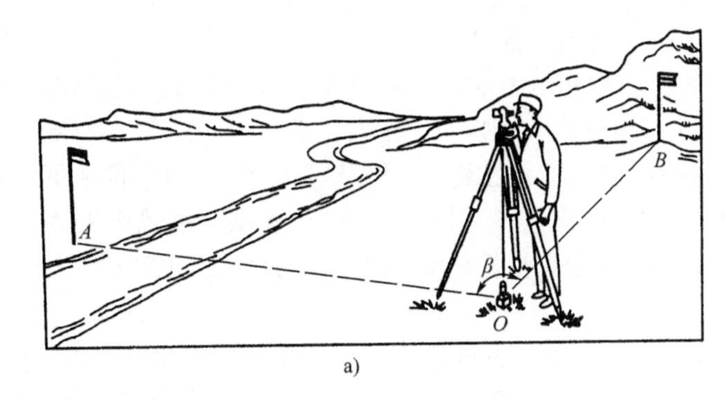

a)

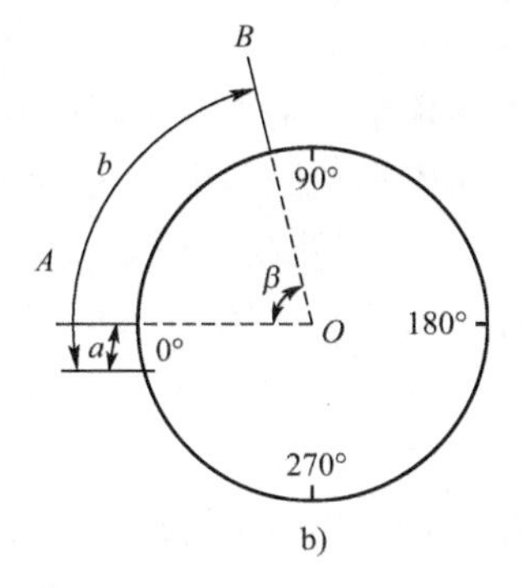

b)

图 3-14 测回法

(1)安置仪器

在测站点 O 上安置经纬仪,进行对中、整平。同时,在 A、B 点分别设置观测标志,一般是竖立花杆、测钎、觇标、棱镜等。

(2)盘左观测

使仪器处于盘左状态,先照准待测角左方目标点 A,将水平度盘读数设置为 $a_{左}$(如 0°01′24″),如图 3-14b)所示,并记入测回法观测记录表 3-1 中,然后,松开照准部制动螺旋,顺时针转动照准部照准右方目标点 B,读取水平度盘读数,记为 $b_{左}$(如 60°50′30″),并记入记录表 3-1。以上观测称为盘左半测回观测,又称上半测回观测,其观测角值按下式计算:

$$\beta_{左} = b_{左} - a_{左} \tag{3-2}$$

(3)盘右观测

纵转望远镜,使仪器处于盘右状态,先照准右方目标点 B,读取水平度盘读数,记为 $b_{右}$(如 240°50′36″),并记入记录表 3-1,然后,松开照准部制动螺旋,逆时针转动照准部照准左方目标点 A,读取水平度盘读数,记为 $a_{右}$(如 180°01′18″),并记入记录表 3-1。以上观测称为盘右半测回观测,又称下半测回观测,其观测角值按下式计算:

$$\beta_{右} = b_{右} - a_{右} \tag{3-3}$$

需要指出的是:在应用式(3-2)和式(3-3)时,若计算出的 $\beta_{左}$ 或 $\beta_{右}$ 为负值,则应在结果上加上 360°。

测回法观测记录表

表 3-1

测站	盘位	目标	水平度盘读数 (° ′ ″)	半测回角值 (° ′ ″)	一测回角值 (° ′ ″)	备 注
O	左	A	0 01 24	60 49 06	60 49 12	$\Delta\beta = \beta_{左} - \beta_{右} = -12'' < \pm 40''$
		B	60 50 30			
	右	A	180 01 18	60 49 18		
		B	240 50 36			

(4)计算水平角

盘左、盘右两个半测回合称为一个测回。在普通测量中,通常要求两个半测回观测角值之差不得超过 ±40″(即:$\Delta\beta = \beta_{左} - \beta_{右} \leqslant \pm 40''$),否则应重测。在满足要求的情况下,可取两个半测回角值的平均值作为一个测回的角值,即

$$\beta=(\beta_{左}+\beta_{右})/2 \tag{3-4}$$

当测角精度要求较高时,往往需要观测几个测回。为了减小水平度读盘分划误差的影响,各测回间应根据测回数 n,按照 $180°/n$ 的差值来变换水平度盘位置。

例如,若观测 3 个测回,$180°/3=60°$,即第一测回盘左照准左方目标点时,将水平度盘读数配置为略大于 0°00′00″;第二测回盘左照准左方目标点时,将水平度盘读数配置为略大于 60°00′00″;第三测回盘左照准左方目标点时,将水平度盘读数配置为略大于 120°00′00″。

2. 方向观测法

方向观测法通常适用于一个测站上两个以上方向之间水平角的观测。如图 3-15 所示,O 为测站点,A、B、C、D 为目标点,观测各方向之间的水平角。方向观测法的观测步骤和方法如下。

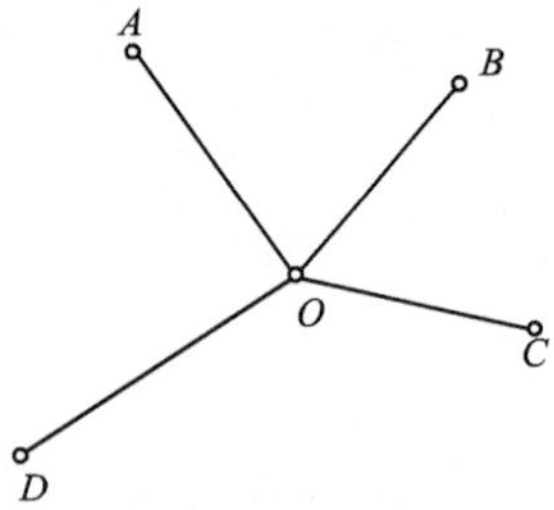

图 3-15　方向观测法

(1)安置仪器

在测站点 O 上安置经纬仪,进行对中、整平。

(2)盘左观测

使仪器处于盘左状态,先照准起始方向(或称零方向)A,将水平度盘配置为略大于0°00′00″(如:0°01′00″),并记入方向观测法观测记录表 3-2。然后按顺时针方向旋转照准部,依次照准目标点 B、C、D,分别读取水平度盘读数(如 91°54′06″、153°32′48″、214°06′12″),并记入记录表 3-2;继续顺时针转动望远镜,再次照准零方向 A,并读取水平度盘的读数(如 0°01′24″),记入记录表 3-2,再次照准 A 称为归零。此次零方向的水平度盘读数与开始照准零方向的水平度盘读数之差称为归零差,归零差不能超过限差要求($DJ_2 \leqslant \pm 12''$,$DJ_6 \leqslant \pm 18''$)。以上观测称为盘左半测回观测,又称上半测回观测。

(3)盘右观测

纵转望远镜使仪器处于盘右状态,按逆时针方向依次照准目标 A、D、C、B、A,分别读取水平度盘读数,记入记录表 3-2,并计算归零差,归零差也不能超过限差要求,以上观测称为盘右半测回观测,又称下半测回观测。盘左、盘右半测回合称一个测回。

为了提高测量精度,有时要观测多个测回,各测回的观测方法相同。需要注意的是,应和测回法一样,需将各测回盘左照准起始方向的水平度盘读数依次按按照 $180°/n$ 的差值配置。

(4)方向观测法的计算

观测过程中,需进行相关计算,以下结合表 3-2 说明方向观测法的计算。

①计算两倍照准误差 $2c$ 值:

$$2c=盘左读数-(盘右读数\pm 180°) \tag{3-5}$$

上式括号中,若盘右读数大于 180°时取"-"号,盘右读数小于 180°时取"+"号。按各方向计算出 $2c$ 值后,填入表 3-2 的第 6 栏。在同一测回中各方向 $2c$ 误差(也就是盘左、盘右两次照准误差)的差值,即 $2c$ 互差不能超过限差要求(DJ_2经纬仪为 18″,由于 DJ_6经纬仪的读数受到度盘偏心差的影响,故对 DJ_6经纬仪 $2c$ 互差只供参考,不作限差规定)。

②计算各目标的方向值的平均读数。照准某一目标时,水平度盘的读数,称为该目标的方向值。

$$方向值的平均读数=[盘左读数+(盘右读数\pm 180°)]/2 \tag{3-6}$$

式中加减号的取法同上,计算结果填入表 3-2 的第 7 栏。需要说明的是:起始方向有两个平均值,应将此两个平均值再次平均,所得值作为起始方向的方向值的平均读数,填入表 3-2 中的第 7 栏的上方,并括以括号,如本例中的 0°01′14″和 90°01′27″。

方向观测法观测记录表　　表 3-2

测站点	测回数	目标点	水平度盘读数		2c(″)	平均读数 (° ′ ″)	归零方向值 (° ′ ″)	各测回平均归零方向值 (° ′ ″)	水平角值 (° ′ ″)
			盘左 (° ′ ″)	盘右 (° ′ ″)					
1	2	3	4	5	6	7	8	9	10
O	1	*A*	00 01 00	180 01 12	−12	(00 01 14) 00 01 06	00 00 00	00 00 00	
		B	91 54 06	271 54 00	+6	91 54 03	91 52 49	91 52 47	91 52 47
		C	153 32 48	333 32 48	0	153 32 48	153 31 34	153 31 34	61 38 47
		D	214 06 12	34 06 06	+6	214 06 09	214 04 55	214 04 56	60 33 22
		A	00 01 24	180 01 18	+6	00 01 21			
	2	*A*	90 01 12	270 01 24	−12	(90 01 27) 90 01 18	00 00 00		
		B	181 54 06	01 54 18	−12	181 54 12	91 52 45		
		C	243 32 54	63 33 06	−12	243 33 00	153 31 33		
		D	304 06 26	124 06 20	+6	304 06 23	214 04 56		
		A	90 01 36	270 01 36	0	90 01 36			

③计算归零后的方向值(又称归零方向值)。将起始方向的方向值作为 0°00′00″,此时其他各目标对应的方向值称为归零方向值。计算方法可将各目标方向值的平均读数减去起始方向的方向值的平均读数(即括号内的数),即得各方向的归零方向值,填入表 3-2 中的第 8 栏。

④计算各测回归零方向值的平均值。当测回数为两个或两个以上时,从理论上讲,不同测回的同一方向归零后的方向值应相等,但由于误差的原因导致各测回之间有一定的差数,如该差数在限差(DJ_2为 12″,DJ_6为 24″)之内,可取其平均值作为该方向的最后方向值,填入表 3-2 中的第 9 栏。

⑤计算各目标间的水平角值。在表 3-2 中的第 9 栏中,显然,后一目标的平均归零方向值减去前一目标的平均归零方向值,即为两目标间的水平角值,填入表 3-2 中的第 10 栏。

第四节　竖直角测量方法

一、竖直度盘的构造

光学经纬仪的竖直度盘部分包括竖盘、竖盘指标和自动归零装置。如图 3-16 所示,竖盘垂直固定在望远镜旋转轴(横轴)的一端,随望远镜的转动而转动,而竖盘指标是不动的。在正常情况下,当自动归零装置启用(即处于"on"状态)时,竖盘指标即处于正确位置,即仪器处于盘左状态且望远镜视线水平时,指标正好指向 90°,仪器处于盘右状态且望远镜视线水平时，指标正好指向 270°。

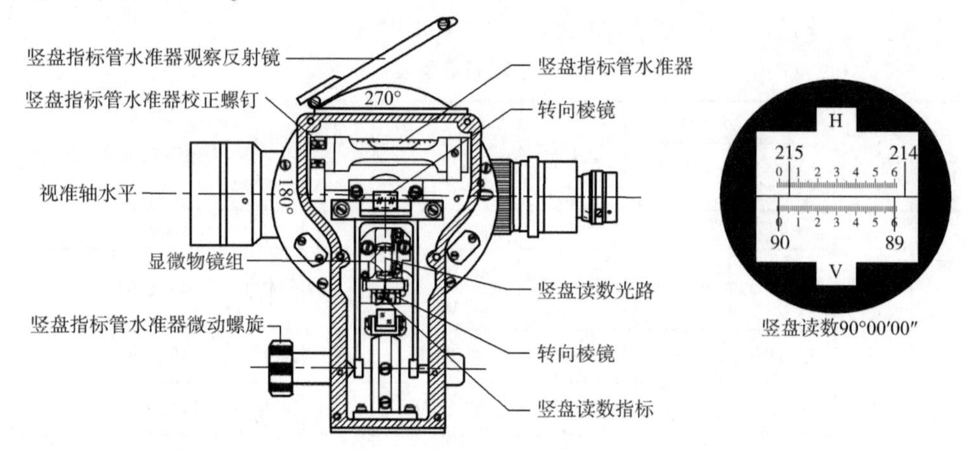

图 3-16　竖盘构造

竖盘的刻划与水平度盘基本相同，但其注记形式有顺时针注记和逆时针注记两种，如图 3-17 所示。一般情况下，经纬仪竖盘注记多采用顺时针注记形式。

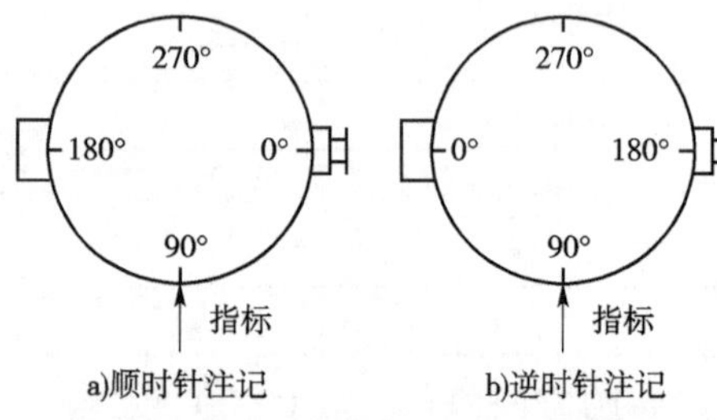

图 3-17　经纬仪竖盘注记形式

二、竖直角计算方法

根据竖盘的构造及竖直角的定义可知，竖直角计算前，必须先判定所用经纬仪（或全站仪）的竖盘注记形式是逆时针注记还是顺时针注记，然后选择相应的竖直角计算公式。判定仪器竖盘注记形式的方法如下：架设仪器，使仪器处于盘左状态，然后慢慢抬高望远镜的物镜，观察竖盘读数的变化是逐渐增大还是减小。若竖盘读数逐渐增大，说明竖盘是逆时针注记，反之，是顺时针注记。

下面以顺时针注记为例，说明竖直角度测量原理。如图 3-18a）所示，望远镜位于盘左位置，当视准轴水平、竖盘指标管水准气泡居中时，竖盘读数为 90°；当望远镜抬高 α 角度照准目标、竖盘指标管水准气泡居中时，竖盘读数设为 L，则盘左观测到竖直角为：

$$\alpha_L = 90° - L \tag{3-7}$$

如图 3-18b）所示，纵转望远镜于盘右位置，当视准轴水平、竖盘指标管水准气泡居中时，竖盘读数为 270°；当望远镜抬高 α 角度照准目标、竖盘指标管水准气泡居中时，竖盘读数设为 R，则盘右观测的竖直角为：

$$\alpha_R = R - 270° \tag{3-8}$$

若竖盘逆时针注记，竖直角按式（3-9）、式（3-10）计算：

$$\alpha_L = L - 90° \tag{3-9}$$

$$\alpha_R = 270° - R \tag{3-10}$$

式中：L——照准目标点时的竖盘盘左读数；

R——照准目标点时的竖盘盘右读数。

按式（3-7）~式（3-10）计算竖直角时，如计算结果为正值，说明所测竖直角为仰角；若为负值，则为俯角。

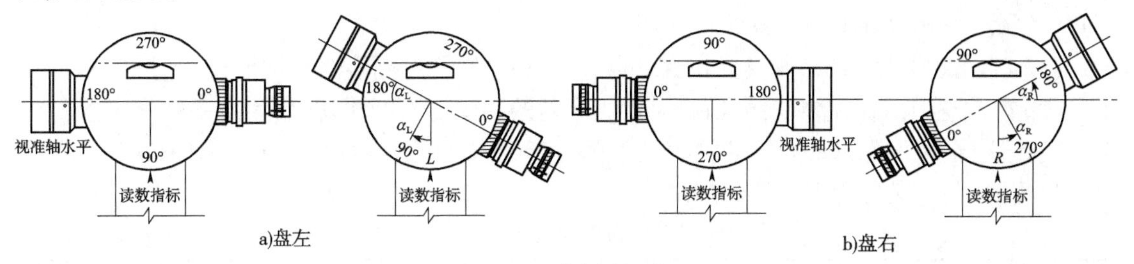

图3-18 竖直角测量原理

三、竖盘指标差

上述竖直角的计算公式是认为竖盘指标处在正确位置时得出的，是一种理想的情况，即当视线水平、自动归零装置启用时，竖盘读数为90°或270°。但实际上这种情况往往是无法实现的，而是竖盘指标与90°或270°这个整数相差一个 x 角，此 x 角称为竖盘指标差。如图3-19所示，若竖盘指标的偏移方向与竖盘注记增加方向一致，x 为正值；反之，x 为负值。

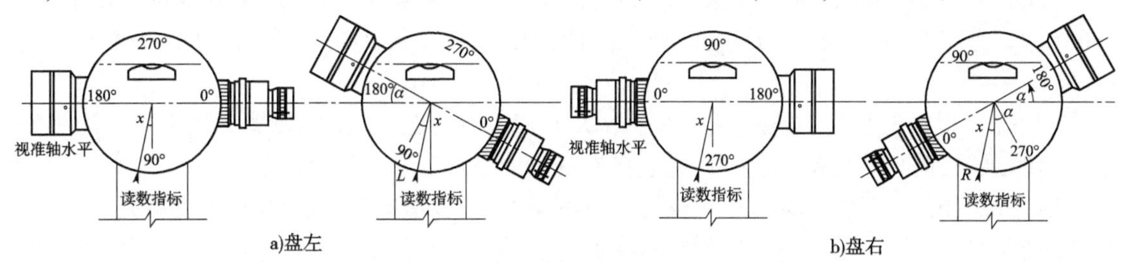

图3-19 竖盘指标差

设所测竖直角的正确值为 α，则考虑指标差 x 时的竖直角计算公式如下：

①对于竖盘顺时针注记的经纬仪，而式(3-7)、式(3-8)则应改写为：

$$\alpha = 90° + x - L = \alpha_L + x \tag{3-11}$$

$$\alpha = R - (270° + x) = \alpha_R - x \tag{3-12}$$

②对于竖盘逆时针注记的经纬仪，式(3-9)、式(3-10)应改写为：

$$\alpha = L - (90° + x) = L - 90° - x = \alpha_L - x \tag{3-13}$$

$$\alpha = 270° + x - R = \alpha_R + x \tag{3-14}$$

从式(3-11)、式(3-12)或式(3-13)、式(3-14)可以看出，在计算竖直角时，若取盘左、盘右测得的竖直角的平均值，则可以自动消除竖盘指标差的影响。因此，在竖直角观测时，一般取盘左、盘右测得的竖直角的平均值作为最后结果，有竖直角计算公式：

$$\alpha = \frac{\alpha_L + \alpha_R}{2} \tag{3-15}$$

将式(3-11)减去式(3-12)，可得竖盘指标差的计算公式：

$$x = \frac{1}{2}(\alpha_R - \alpha_L) = \frac{L + R - 360°}{2} \tag{3-16}$$

四、竖直角观测与计算

由于望远镜视准轴水平时的竖盘读数为已知常数(90°或270°)，故竖直角观测不必观测视线水平方向，只需观测目标点，并读得该倾斜视线方向的竖盘读数，即可按前述公式求得竖直角。因此，竖直角观测与计算的步骤是：

(1)安置仪器。将经纬仪安置在测站点上，对中、整平，判断竖盘注记形式。

(2)盘左观测。盘左精确照准目标，使十字丝的中丝与目标相切，启用自动归零装置(注：电子经纬仪、全站仪无自动归零装置)，读取竖盘读数 L，如 73°44′12″，并记入记录表 3-3，称为盘左半测回观测，又称为上半测回观测。

竖直角观测记录　　表 3-3

测站点	目标点	盘位	竖盘读数 (° ′ ″)	半测回竖直角 (° ′ ″)	指标差 (″)	一测回竖直角 (° ′ ″)	备注
O	A	左	73 44 12	+16 15 48	+12″	+16 16 00	竖盘为顺时针注记
		右	286 16 12	+16 16 12			
	B	左	114 03 42	−24 03 42	+18″	−24 03 24	
		右	245 56 54	−24 03 06			

(3)盘右观测。盘右精确照准目标，使十字丝的中丝与目标相切，读取竖盘读数 R，如 286°16′12″，并记入记录表。称为盘右半测回观测，又称为下半测回观测，至此，一测回观测结束。

(4)计算指标差与竖直角。将竖盘读数 L、R 代入相应公式，便可计算出竖直角。为了消除仪器的误差，提高测量精度，应取盘左、盘右观测的平均值作为最后结果。

需要说明的是：竖盘指标差属于仪器本身的误差，一般情况下，竖盘指标差的变化很小，可视为定值，如果观测各目标时计算的竖盘指标差变动较大，说明观测质量较差。通常规定 DJ_6 级经纬仪竖盘指标差的变动范围(即互差)应不超过 ±15″。

第五节　经纬仪的检验与校正

为了保证测角的精度，经纬仪各部件之间应满足一定的几何条件，即：①照准部水准管轴垂直于仪器的竖轴($LL \perp VV$)；②十字丝竖丝垂直于仪器的横轴(竖丝 $\perp HH$)；③望远镜的视准轴垂直于仪器的横轴($CC \perp HH$)；④仪器的横轴垂直于仪器的竖轴($HH \perp VV$)；⑤竖盘指标差 x 应等于零；⑥光学对中器的视准轴与仪器的竖轴重合。如图 3-20 所示。

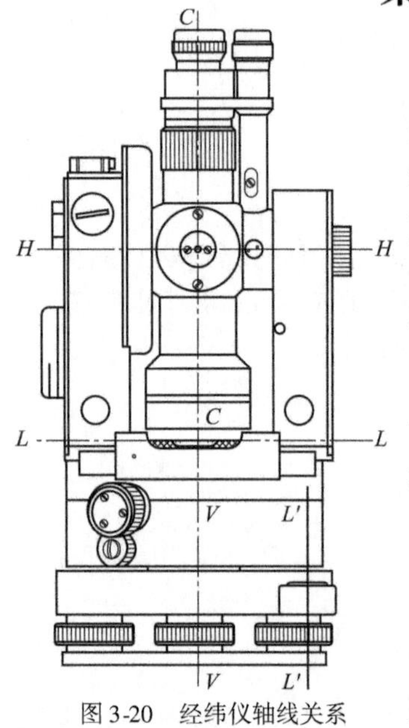

图 3-20　经纬仪轴线关系

由于仪器经过长期使用或长途运输及外界环境影响等，各部件之间的几何关系会发生一些变化，因此在使用前，应对经纬仪进行检验与校正。

一、照准部水准管的检验与校正

检校目的：使照准部水准管轴垂直于仪器的竖轴，这样可以利用调整照准部水准管气泡居中的方法使竖轴铅垂、仪器水平。

1. 检验

架设仪器，并将其粗略整平，转动照准部，使水准管平行于任意两个脚螺旋的连线，旋转这两个脚螺旋，使水准管气泡居中。将照准部旋转 180°，若水准管气泡仍然居中，说明 $LL \perp VV$，否则需要校正。如图 3-21a）和图 3-21b）所示。

2. 校正

用校正拨针拨动水准管一端的校正螺钉，使气泡向中央移动到偏离值的一半，如图3-21c）所示，余下的一半通过旋转与管水准器轴平行的一对脚螺旋完成，如图 3-21d）所示。该项校正需要反复进行几次，直至气泡偏离值在一格内为止。

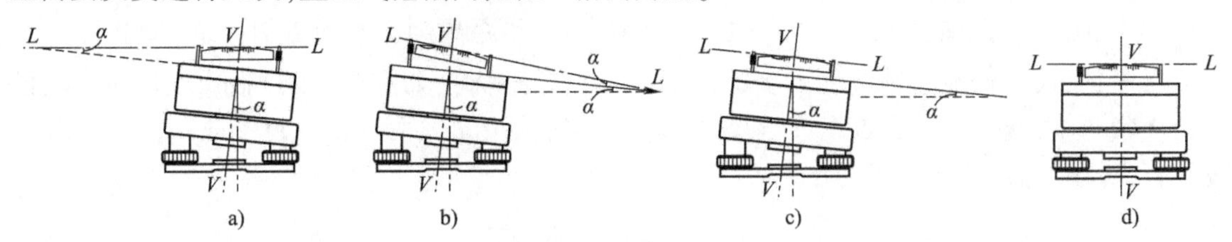

图 3-21　照准部管水准器的检验与校正

二、十字丝竖丝的检验与校正

检校目的：使十字丝竖丝垂直于横轴，这样观测水平角时，可用竖丝的任何部位照准目标；观测竖直角时，可用横丝的任何部位照准目标，以便观测。

1. 检验

架设仪器，并将其整平后，用十字丝交点精确瞄准远处一个固定的、明显的目标点，旋转望远镜微动螺旋，使望远镜物镜上下微动，若该点始终沿竖丝移动，说明条件满足，即十字丝竖丝垂直于横轴，否则需要校正，如图 3-22a）所示。

2. 校正

卸下位于目镜端十字丝护盖，旋松 4 个固定螺钉，如图 3-22b）所示，微微转动十字丝环，直到照准部水平微动时，P 点始终在横丝上移动为止，然后拧紧固定螺钉，装上十字丝护盖。

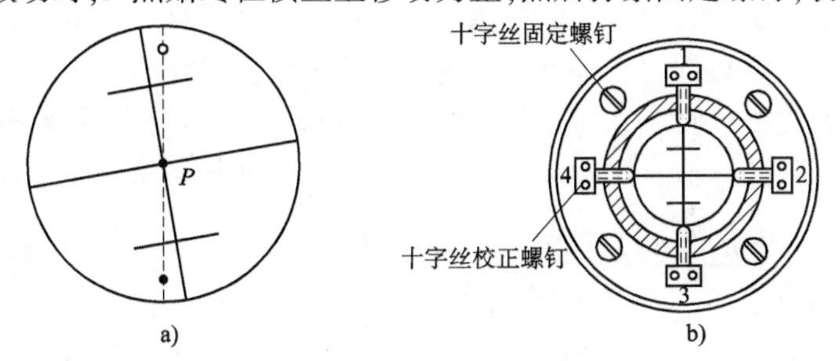

图 3-22　十字丝的检验与校正

三、视准轴的检验与校正

检校目的：使望远镜的视准轴垂直于横轴，这样才能使视准面成为平面，为其成为铅垂面奠定基础。否则，视准面将成为锥面。

视准轴是物镜光心与十字丝交点的连线。视准轴不垂直于横轴的倾角 c，称为视准轴误差（$2c$ 误差）。

1. 检验

如图 3-23 所示，在一平坦场地上，选择一直线 AB，长约 100m。经纬仪安置在 AB 的中点 O 上，在 A 点设置一个与仪器高度大致相等的标志，在 B 点与仪器高度大致相等的位置，横置一根刻有毫米分划的直尺，并使其垂直于 AB。仪器以盘左精确瞄准 A 点，纵转望远镜瞄准横放于 B 点的小尺，并读取尺上读数 B_1。旋转照准部以盘右再次精确瞄准 A 点，纵转望远镜瞄准横放于 B 点的小尺，并读取尺上读数 B_2。如果 B_1 与 B_2 相等（重合），说明视准轴垂直于横轴，否则需要校正。

2. 校正

如图 3-23 所示，在小尺上定出一点 B_3，该点与 B_2 的距离为 1/4 的 B_1B_2 长度，此时 OB_3 便垂直于横轴 HH。用校正针拨动十字丝的左右两个校正螺钉，如图 3-22b）所示，拨动时应先松一个再紧一个，使十字丝交点对准 B_3 点的读数即可，然后紧固两校正螺钉。此项检校亦需反复进行，直至 c 值不大于 10″为止。

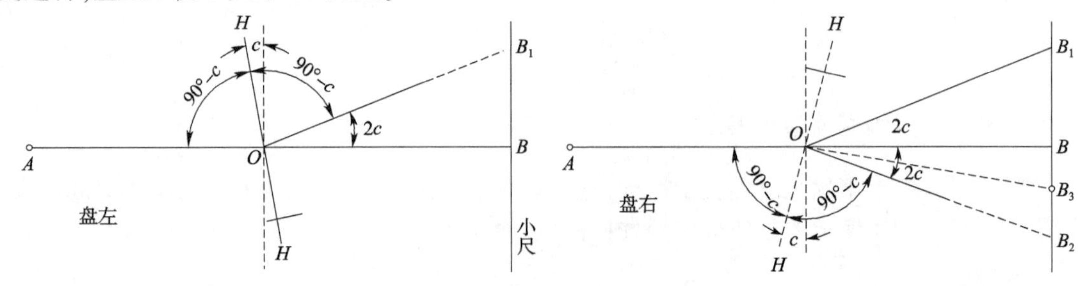

图 3-23　视准轴误差的检验与校正

四、横轴的检验与校正

检校目的：使横轴垂直于竖轴，这样，当仪器整平后竖轴铅垂、横轴水平、视准面为一个铅垂面，否则，视准面将成为倾斜面。

1. 检验

在距离高墙 20～30m 处安置经纬仪，盘左照准高处一明显目标点 M（仰角宜为 30°左右），然后将望远镜大致放平，指挥另一人在墙上标出十字丝交点的位置，设为 m_1，如图 3-24a）所示。将仪器变为盘右，再次照准 M 点，大致放平望远镜后，再次在墙上标出十字丝交点的位置，设为 m_2，如图 3-24b）所示。如果 m_1 和 m_2 两点重合，说明横轴垂直于竖轴，否则需要校正。

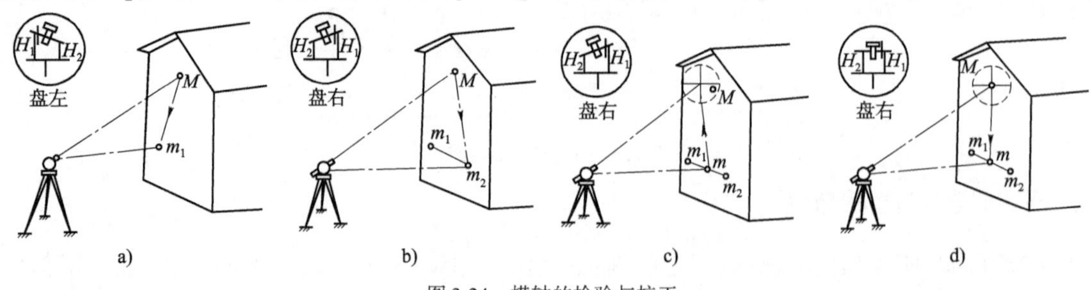

图 3-24　横轴的检验与校正

2. 校正

取 m_1 和 m_2 的中点 m，并以盘右或盘左照准 m 点，固定照准部，转动望远镜抬高物镜，此时

十字丝交点将偏离 M 点,如图 3-24c)所示。打开仪器支架护盖,调整偏心轴承环,抬高或降低横轴的一端,使十字丝交点与 M 点重合,如图 3-24d)所示。该项校正应在无尘的室内环境中,使用专用的平行光管进行操作,一般应送仪器检修部门校正。

五、竖盘指标差的检验与校正

检校目的:消除经纬仪的竖盘指标差对目标点竖直角测量的影响。取盘左盘右所测竖直角平均值的方法,可消除竖盘指标差 x 的影响,但当 x 较大时,将给竖直角计算带来不便,所以当 $x > \pm 1'$时,必须校正。

1. 检验

安置好仪器,用盘左、盘右观测远处的某个清晰目标点的竖直角一测回,根据式(3-16)计算出 x。

2. 校正

计算出消除了指标差 x 的盘右竖盘正确读数应为 $R - x$,旋转竖盘指标管水准器微动螺旋,使竖盘读数为 $R - x$,此时竖盘指标管水准气泡必然不再居中,用校正针拨动竖盘指标管水准器校正螺钉,使气泡居中。该项校正需要反复进行。

六、光学对中器的检验与校正

检校目的:使光学对中器的视准轴经棱镜折射后与仪器的竖轴重合,否则产生对中误差。

1. 检验

经纬仪架设整平后,在光学对中器下方的地面上放一张白纸,将光学对中器的分划板中心投绘在白纸上,设为 a_1 点;旋转照准部,每隔 120°用同样的方法,将光学对中器的分划板中心投绘在白纸上,设为 a_2、a_3 点;若三点重合,说明光学对中器的视准轴与仪器竖轴重合,否则需要校正。

2. 校正

在白纸上的三点构成误差三角形,绘出其外接圆圆心 a。图 3-25是位于照准部支架间的圆形护盖下的校正螺钉,松开护盖上的两颗固定螺钉,取下护盖即可看见。调节螺钉 2 可使分划板中心前后移动,调节螺钉 1 可使分划板中心左右移动,直至与 a 点重合为止。此项校正亦需反复进行。

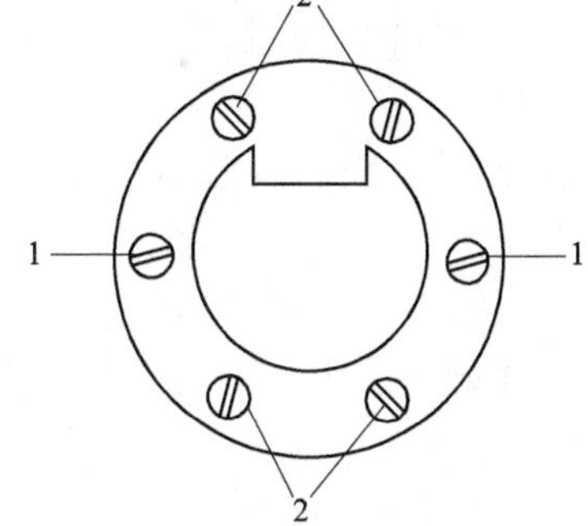

图 3-25 光学对中器的校正

由于仪器的类型不同,校正部位也不同,有的校正使视线转向的折射棱镜,有的校正分划板,有的两者均可校正。

第六节 角度测量的误差及注意事项

一、角度测量的误差

角度测量误差主要来自仪器误差、观测误差和外界条件影响三个方面。

1. 仪器误差

仪器误差,是指仪器制造、加工不完善所引起的误差或仪器虽经检校,但仍残余的误差。

主要有:视准轴误差、横轴误差、竖轴误差、照准部偏心差和度盘刻画误差等。

①视准轴误差是视准轴与横轴不垂直,存在 c 角误差,这种误差可采取盘左、盘右取平均值的方法来消除。

②横轴误差是横轴与竖轴不垂直,这种误差也可采取盘左、盘右取平均值的方法来消除。

③竖轴误差是竖轴不平行垂线而形成的误差,这种误差不能采取盘左、盘右取平均值的方法来消除,只能严格整平仪器,特别在测回之间发现水准气泡偏离一定的限差,必须重新整平仪器,以便减小竖轴误差的影响。

④照准部偏心差是指照准部旋转中心与水平度盘中心不重合,导致指标在刻度盘上读数时产生误差,这种误差可采取盘左、盘右取平均值的方法来消除。

⑤度盘刻画误差是指度盘分划不均匀所造成的误差,在水平角观测中,可采用不同测回之间变换度盘位置的方法来减小其影响。目前就现代光学经纬仪、电子经纬仪、全站仪而言,此项误差可忽略不计。

2. 观测误差

(1)对中误差

测站仪器的中心未位于测站点铅垂线上的误差,称为对中误差。对中误差对水平角观测的影响与待测水平角边长成反比,所以,当要测水平角的边长较短时,尤应注意仔细对中。

(2)整平误差

仪器安置未严格水平而产生的误差。它对测角的影响与目标的高度有关,若目标与仪器同高,其影响很小;若目标与仪器高度不同,其影响将随高差的增大而增大。因此,在丘陵、山区观测时,必须精确整平仪器。

(3)标杆倾斜误差(或称目标偏心误差)

标杆倾斜误差是指在观测中,实际瞄准的目标位置偏离地面标志点而产生的误差。其对观测方向的影响与标杆的高度成正比,与观测边长度成反比,因此为了减小该项误差对水平角观测影响,应尽量照准标杆的根部,标杆应尽量竖直或使用带有基座的棱镜(能对中、整平)作为目标点。

标杆倾斜误差对竖直角观测的影响与标杆倾斜的角度、方向、距离以及竖直角大小等因素有关。由于竖直角观测时通常均照准标杆顶部,故在观测竖直角时应特别注意竖直标杆。

(4)照准误差

影响照准精度的因素很多,如人眼的分辨角、望远镜的放大率、十字丝的粗细、目标的形状及大小、目标影像的亮度、清晰度以及稳定性和大气条件等。所以尽管观测者已经尽力照准目标,但仍不可避免地存在程度不同的照准误差。此项误差无法消除,只能选择适宜的照准目标,在其形状、大小、颜色和亮度的选择上多下工夫,改进照准方法,仔细完成照准操作。这样,方可减小此项误差的影响。

(5)读数误差

读数误差是指估读的误差,它主要取决于仪器的读数设备,也与照明情况和观测者的技术熟练程度有一定关系。例如,DJ_6 级光学经纬仪读数误差不超过 $\pm 0.1'$,即不超过 $\pm 6''$。为使读数误差控制在上述范围内,观测时必须仔细操作,准确估读。

3. 外界条件影响

外界条件的影响很多,也比较复杂。如大风会影响仪器和标杆的稳定,温度变化会影响仪器的正常状态,大气折光会导致光线改变方向,地面辐射又会加剧大气折光的影响,雾气使目标成像模糊,烈日暴晒会使仪器轴系关系发生变化,地面土质松软会影响仪器的稳定等,都会给测量带来误差。要想完全避免这些因素的影响是不可能的,为了削弱此类误差的影响,应选择有利的观测环境和观测时机,避开不利因素。例如,选择雨后多云的微风天气下观测最为适宜,在晴天观测时,要撑伞遮住阳光,防止暴晒仪器。

二、角度测量注意事项

鉴于以上分析,为了保证测角精度,观测时必须注意以下事项:

(1)观测前应先检验仪器,发现仪器有误差应立即进行校正,并在观测中采用盘左、盘右取平均值等方法,消除或减小仪器误差对观测结果的影响。

(2)安置仪器要稳定,脚架应踏牢,对中整平应仔细,短边时应特别注意对中,在地形起伏较大的地区观测时,应严格整平。

(3)目标处的标杆应竖直。

(4)观测时应严格遵守各项操作规定。例如:照准时应消除视差;水平角观测时,切勿误动度盘;竖直角观测时,应在读取竖盘读数前,启用自动归零装置等。

(5)水平角观测时,应以十字丝交点照准目标根部。竖直角观测时,应以十字丝交点照准目标顶部。

(6)读数应准确,观测时应及时记录和计算。

(7)各项误差值应在规定的限差以内,超限必须重测。

思考题与习题

1. 什么是水平角?用经纬仪瞄准同一竖直面内不同高度的两个点,在水平度盘上的读数是否相同?

2. 什么是竖直角?用经纬仪瞄准同一竖直面内不同高度的两个点,在竖盘上的读数差是否就是竖直角?

3. 试分别叙述测回法与方向观测法观测水平角的步骤,并说明二者的适用情况。

4. 如何判断经纬仪竖盘刻画注记形式?简述竖直角观测的步骤。

5. 什么是竖盘指标差?指标差的正、负是如何定义的?怎样求出竖盘指标差?

6. 测量竖直角时,为什么最好用盘左、盘右进行观测?

7. 经纬仪有哪些主要轴线?它们之间应满足哪些条件?

8. 在什么情况下,对中误差和目标偏心差对测角的影响较大?

9. 按测回法观测水平角,测一个测回,具体观测数据列于表3-4,整理计算所测水平角值。

10. 按方向观测法(全圆测回法)观测水平角,测两个测回,仪器安置于O点。具体观测数据列于表3-5,计算两相邻目标点与O点所组成的水平角值。

11. 某竖直角观测记录如表3-6所示,计算瞄准各目标时的竖直角值。

测回法观测记录 表3-4

测站	盘位	目标	水平度盘读数(° ′ ″)	半测回角值(° ′ ″)	一测回角值(° ′ ″)	备注
O	左	*A*	321 36 42			
		B	61 54 18			
	右	*A*	141 36 36			
		B	241 54 30			

方向观测法观测记录 表3-5

测站点	测回数	目标点	水平度盘读数		2*c*(″)	平均读数(° ′ ″)	归零方向值(° ′ ″)	各测回平均归零方向值(° ′ ″)	水平角值(° ′ ″)
			盘左(° ′ ″)	盘右(° ′ ″)					
1	2	3	4	5	6	7	8	9	10
O	1	*A*	0 01 06	180 01 00					
		B	51 15 42	231 15 30					
		C	131 54 12	311 54 00					
		D	182 02 24	02 02 24					
		A	0 01 12	180 01 06					
	2	*A*	90 03 30	270 03 24					
		B	141 17 00	321 16 54					
		C	221 55 42	41 55 30					
		D	272 04 00	92 03 54					
		A	90 03 36	270 03 36					

竖直角观测记录 表3-6

测站点	目标点	盘位	竖盘读数(° ′ ″)	半测回竖直角(° ′ ″)	指标差(″)	一测回竖直角(° ′ ″)	备注
O	*A*	左	72 18 18				经纬仪竖盘为顺时针注记
		右	287 42 00				
	B	左	96 32 48				
		右	263 27 30				
	C	左	64 28 24				
		右	295 31 30				

12. 用一台DJ_6级经纬仪观测一高处目标，盘左竖盘读数为81°44′24″，盘右竖盘读数为278°15′24″，试计算竖直角α和竖盘指标差x。如仍用这台经纬仪盘左瞄准另一目标，竖盘读数为87°38′12″，计算竖直角α。

第四章　距离测量

教学目标

1. 掌握直线定线方法、钢尺距离丈量的方法和量距误差分析。
2. 理解视距测量的原理，掌握视距测量方法。
3. 理解光电测距的原理与方法，掌握全站仪测距的操作和手持测距仪的使用。

确定地面点之间水平距离的工作，称为距离测量。水平距离是指地面上两点在水平面上投影的长度。常用的距离测量方法有卷尺量距、视距测量和电磁波测距等。

卷尺量距是用可卷曲的钢尺或皮尺沿地面丈量，其工具简单，但易受地形条件限制，一般适用于平坦地区的测距。

视距测量是根据几何光学原理，用经纬仪、水准仪望远镜配合水准标尺测定两点间的水平距离和高差的方法，其能克服地形条件限制，但其测距精度低于卷尺量距，适用于低精度的近距离（200m 以内）测量。

电磁波测距是通过全站仪等仪器发射光波或微波经过棱镜折射后，返回被仪器接收，根据光波或微波的传播速度及时间测定距离的方法，其能克服地形条件限制，且测程远、精度高、效率高，目前已普遍应用于各种工程测量中。

第一节　钢尺量距

一、丈量工具

1. 钢尺

钢尺又称为钢卷尺，是钢制成的带状尺。尺的宽度约 10 ~ 15mm，厚度约 0.4mm，长度有 20m、30m、50m 几种，可卷放在圆形的尺壳内，也可卷放在金属尺架上，如图 4-1a）所示。钢尺的基本分划为厘米，每厘米及每米处刻有数字注记，全长或尺端刻有毫米分划。按尺的零点刻画位置，钢尺可分为端点尺和刻线尺两种，如图 4-1b）所示。钢尺的尺环外缘作为尺子零点的称为端点尺，尺子零点位于钢尺尺身上的称为刻线尺。钢尺量距精度较高。

2. 皮尺

皮尺又称为布卷尺，是用麻线或加入金属丝织成的带状尺。长度有 20m、30m、50m 几种，可卷放在圆形的尺壳内。尺上基本分划为厘米,尺面每 10cm 和整米处刻有数字注记,尺端钢环的外端为尺子的零点,如图 4-2 所示。皮尺携带和使用都很方便,但是容易伸缩,故量距精度低,一般用于低精度的地形碎部测量和土方工程的施工放样等。

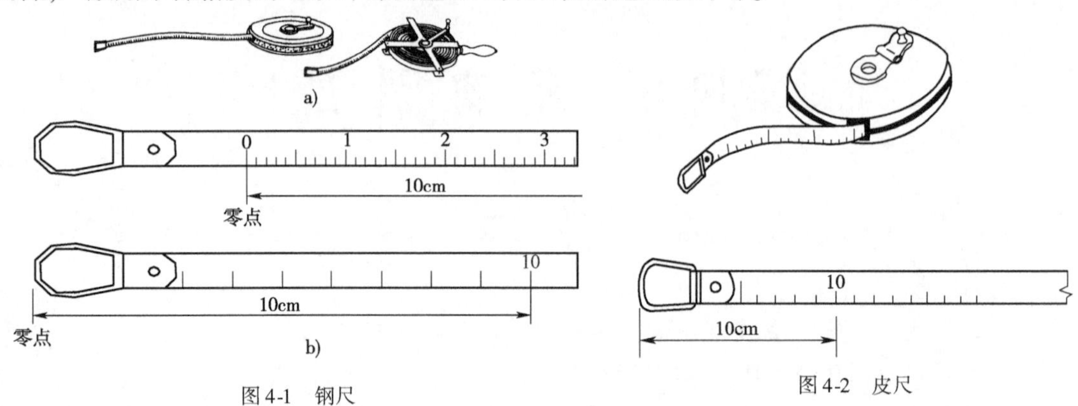

图 4-1 钢尺

图 4-2 皮尺

3. 其他辅助工具

其他辅助工具主要有标杆、测钎、垂球等,精密量距时还有弹簧秤、温度计和尺夹。

标杆又称为花杆,是由直径 3 ~ 4cm 的圆木杆制成,杆上按 20cm 间隔涂有红、白油漆,杆底部装有锥形铁脚,主要用来标点和定线,如图 4-3a)所示。测钎用粗铁丝做成,长 30 ~ 40cm,按每组 6 根或 11 根,套在一个大环上,如图 4-3b)所示,测钎主要用来标定尺段端点的位置和计算所丈量的整尺段数。垂球是由金属制成的,似圆锥形,上端系有细线,主要用于对点、标点和投点。弹簧秤用于对钢尺施加规定的拉力。温度计用于测定钢尺量距时的温度,以便对钢尺丈量的距离施加温度改正。尺夹安装在钢尺末端,以方便持尺员稳定钢尺。

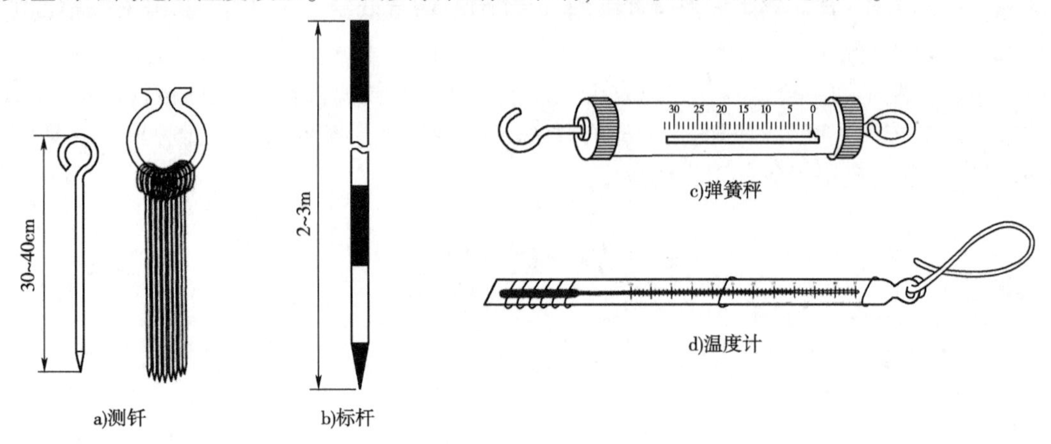

图 4-3 钢尺量距的辅助工具

二、直线定线

当地面上两点之间的距离较远或地面起伏较大时,不能用一尺段量完,要分成几段进行距离丈量,为了使所量距离为直线距离,就需要在两点所确定的直线方向上标定若干个中间点,并使这些中间点位于同一直线上,这项工作称为直线定线。直线定线的方法有花杆目测定线法和经纬仪定线法。

1. 目测定线法

目测定线适用于钢尺量距的一般方法。如图4-4所示，设 A、B 两点互相通视，要在 A、B 两点间的直线上标出1、2中间点。先在 A、B 点上竖立花杆，甲站在 A 点花杆后1～2m处，由 A 瞄向 B，构成一视线，并指挥乙在1点附近左右移动花杆，直到甲从 A 点沿花杆的同一侧看到 A、1、B 三支花杆在同一条线上为止，然后将花杆竖直地插在1点。用同样的方法可以定出直线上的2点。两点间定线，一般应由远及近进行定线。

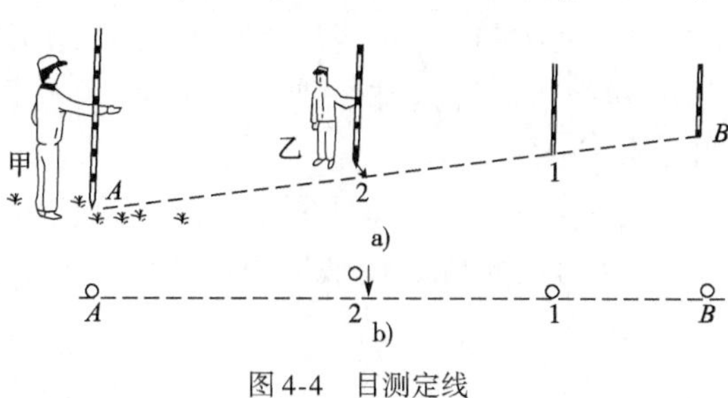

图4-4　目测定线

2. 经纬仪定线

经纬仪定线适用于钢尺量距的精密方法。设 A、B 两点相互通视，将经纬仪安置在 A 点，用望远镜竖丝瞄准 B 点，制动照准部，上下转动望远镜，指挥在两点间某一点上的人员，左右移动标杆，直至标杆像为竖丝所平分。为了减小照准误差，精密定线时，也可以用直径更细的测钎或垂球线代替标杆。

三、距离丈量

用钢尺或皮尺进行距离丈量的方法基本上是相同的，以下介绍钢尺量距的方法。

1. 一般量距方法

当量距精度要求在1/1000～1/5000时用一般量距方法。钢尺量距一般需要3个人，分别担任前尺手、后尺手和记录员。

(1)平坦地面的丈量方法

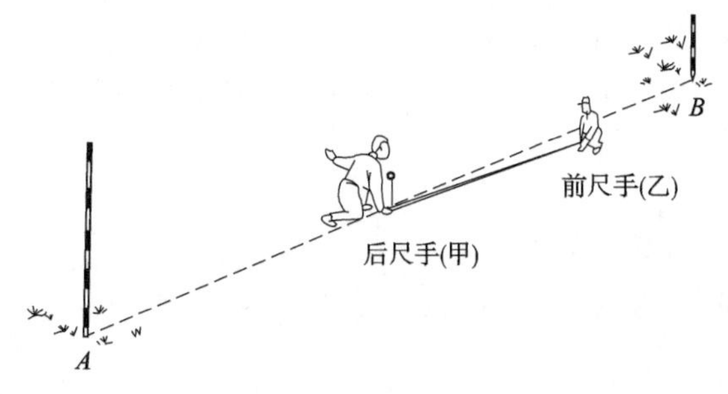

图4-5　平坦地面的距离丈量

如图4-5所示，要丈量 A、B 两点间的距离，丈量前，先进行直线定线，丈量时，后尺手甲拿着钢尺的末端在起点 A，前尺手乙拿钢尺的零点一端沿直线方向前进，使钢尺通过定线时的中间点，保证钢尺在 AB 直线上，不使钢尺扭曲，将尺子抖直、拉紧、拉平。甲、乙拉紧钢尺后，甲把尺的末端分划对准起点 A 并喊“预备”，同时乙准备好测钎，当尺拉稳拉平后，甲喊一声“好”，乙在听到“好”的同时，把测钎对准钢尺零点刻画垂直地插入地面，这样就完成了第一整尺段的丈量。甲、乙两人抬尺前进，用同样的方法，继续向前量第二、第三、…、第 n 整尺段。量完每一尺段时，后尺手甲将插在地面上的测钎拔出收好，用来计算量过的整尺段数。最后丈量不足一整尺段的距离时，乙将尺的零点刻画对准 B 点，甲在钢尺上读取不足一整尺段值，则 A、B 两点间的水平距离为：

$$D_{AB} = nl + q \tag{4-1}$$

式中：n——整尺段数；

l——整尺段长；

q——不足一整尺段值。

(2)斜地面的丈量方法

①平量法。如图4-6所示,当地面坡度不大时,可将钢尺抬平丈量。如丈量 AB 间的距离,将尺的零点对准 A 点,将尺抬高,并由记录员目估使尺拉水平,然后用垂球将尺的末端投于地面上,再插以测钎,若地面倾斜度较大,将整尺段拉平有困难时,可将一尺段分成几段来平量,如图4-6中的 MN 段。

②斜量法。如图4-7所示,当地面倾斜的坡度比较均匀时,可以沿斜坡量出 AB 的斜距 L,测出 AB 两点的高差 h,或测出倾斜角 α,然后根据式(4-2)或式(4-3)计算 AB 的水平距离 D。

$$D = \sqrt{L^2 - h^2} \tag{4-2}$$

$$D = L \cdot \cos\alpha \tag{4-3}$$

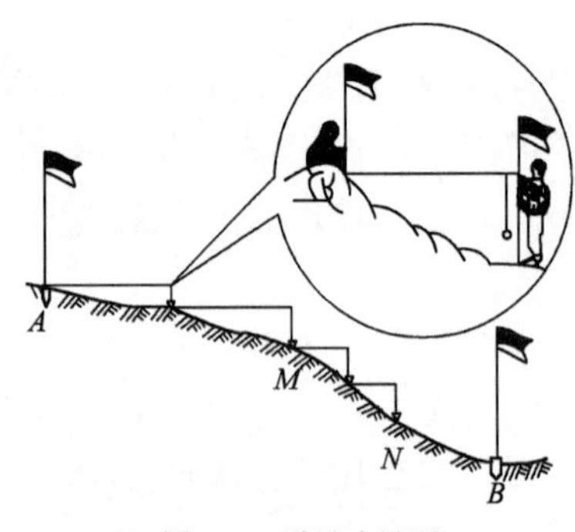

图4-6　平量法量距

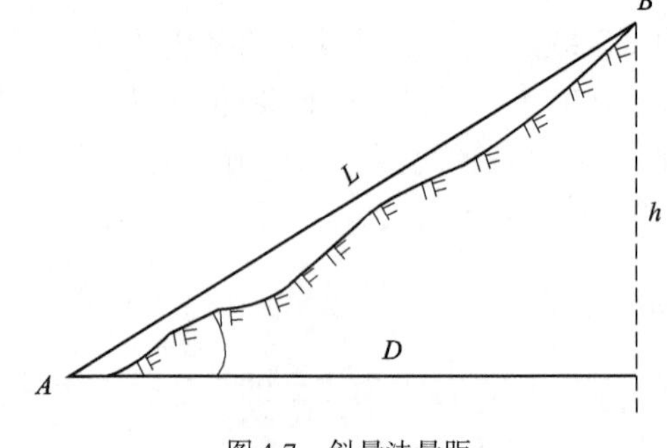

图4-7　斜量法量距

(3)成果处理与精度评定

为了避免错误和提高丈量精度,距离丈量一般要求往返测量,在符合精度要求时,取往返丈量的平均值作为丈量结果。

距离丈量的精度,是用相对误差 K 来评定的。所谓相对误差,是往、返丈量的较差($\Delta D = D_{往} - D_{返}$)的绝对值与往、返丈量的平均距离之比,最后化成分子为1,分母取两位有效数字的分数形式。即:

$$K = \frac{|\Delta D|}{D_{平均}} = \frac{1}{D_{平均}/|\Delta D|} \tag{4-4}$$

相对误差的分母愈大,说明量距的精度愈高。通常,平坦地区的钢尺量距精度应高于1/2000,在山区也应不低于1/1000。

表4-1是在平坦地面上丈量 AB 两点间的水平距离,根据观测值可以计算出的丈量的相对精度和 AB 的水平距离。

一般量距记录计算表　　表4-1

测段		观测值			精度	平均值	备注
		整尺段	非整尺段	总长			
AB	往测	5×30	13.863	163.863	1/2400	163.829	
	返测	5×30	13.795	163.795			

2.精密量距方法

当量距精度要求达到1/10000以上时,需采用精密量距方法。精密方法量距的主要工具为:钢尺、弹簧秤、温度计、尺夹等。其中钢尺应经过检验,得到其检定的尺长方程式,再根据测得的气温和高差，对量距成果经三项改正（尺长改正、温度改正、倾斜改正）后，得到精密距离。随着全站仪的普及，现在已经很少使用钢尺精密量距方法丈量距离，在此不做详细介绍。

四、钢尺量距的误差分析

钢尺量距的主要误差来源有以下几方面。

（1）尺长误差。如果钢尺的名义长度和实际长度不符，则产生尺长误差。尺长误差是累积的，误差累积的大小与丈量距离成正比。往返丈量不能消除尺长误差，只有加入尺长改正数才能消除。因此，新购置的钢尺必须经过鉴定，以求得尺长改正数。

（2）温度误差。钢尺的长度随温度而变化，当丈量时的温度和标准温度不一致时，将产生温度误差。钢的膨胀系数按 1.25×10^{-5} 计算，温度每变化1℃，其影响为丈量长度的1/80000。一般量距时，当温度变化小于10℃时，可以不加改正，但精密量距时，必须加温度改正数。

（3）钢尺倾斜误差。由于丈量时尺子没有拉水平，而是倾斜的，将使量得的距离比实际的要大，即产生倾斜误差。因此，在量距时要特别注意使尺子水平。精密量距时，采用水准仪测量两点间的高差，进行斜距的倾斜改正。

（4）钢尺垂曲误差。由于地面高低不平，钢尺沿地面丈量时，如果尺面出现垂曲而成曲线，将使量得的长度比实际的要大。因此，丈量时，必须注意使尺子水平，整尺段悬空时，中间应有人托一下尺子，否则会产生不容忽视的垂曲误差。

（5）定线误差。由于丈量时尺子没有准确地放在所量距离的直线方向上，使所丈量距离不是直线而是一组折线的误差称为定线误差。一般丈量时，要求花杆目测定线偏差不大于0.1m，经纬仪定线偏差不大于5～7cm。

（6）拉力误差。钢尺在丈量时所受拉力应与检定时拉力相同，否则将产生拉力误差，拉力的大小将影响尺长的变化。对于钢尺，若拉力变化70N，尺长将改变1/10000，故在一般丈量中，只要保持拉力均匀即可。而对于精密量距，则需使用弹簧秤。

（7）对点投点误差。丈量过程中，在用测钎在地面上标定尺段端点位置时，若前、后尺手配合不佳，则插测钎不准，或在斜地面距离丈量时，垂球投点不准，都会引起丈量误差。因此，在丈量中应配合协调，尽量做到对点准确，测钎直立，投点要准。

第二节　视距法测距

视距法测距相对误差约为1/300，低于钢尺量距，但这种方法操作简便、迅速、受地形条件限制小，且精度能满足一般碎部测量的要求，因此，视距测量广泛应用于地形测量的碎部测量中。

一、视距测量原理

1. 视线水平时

如图4-8所示，A、B 为地面上两点，为测定该两点间的水平距离 D 和高差 h，在 A 点安置仪器，B 点竖立视距标尺（水准尺）。由于视线水平，则视准轴与标尺垂直。由图4-8可知 A、B 两点的水平距离为：

$$D=d+f+\delta \tag{4-5}$$

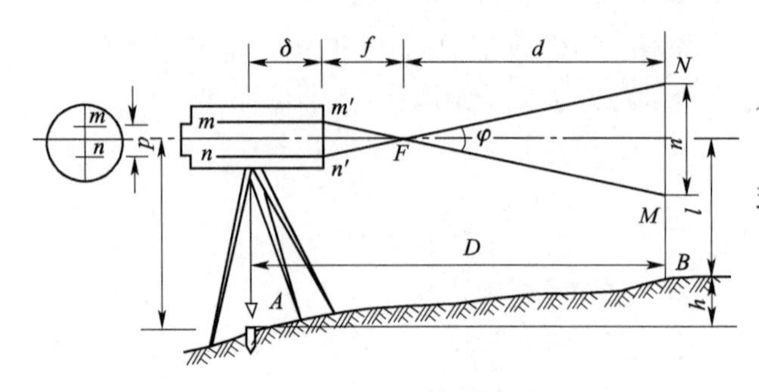

图 4-8　视线水平时的视距测量

由 $\triangle MFN \backsim \triangle m'Fn'$ 得：$d = f \cdot n/p$，代入上式得：

$$D = f \cdot n/p + f + \delta$$

式中：f——望远镜物镜的焦距；

n——视距丝（上、下丝）在 B 点的视距标尺上读数之差；

p——望远镜内视距丝（上、下丝）的间距；

δ——望远镜物镜的光心至仪器中心的距离。

令：$K = f/p$，称为视距乘常数；$C = f + \delta$，称为视距加常数。则 A、B 两点的水平距离可写为：

$$D = Kn + C \tag{4-6}$$

目前，大多数厂家在对光学仪器设计制造时，使 $K = 100$，$C = 0$。

因此，当视线水平时的视距计算公式为：

$$D = Kn + C = 100n \tag{4-7}$$

式(4-7)中，n 为标尺上的上、下丝读数之差。而 A、B 两点高差 h 的计算式可写为：

$$h = i - l \tag{4-8}$$

式中：i——仪器高；

l——标尺上的中丝读数。

2. 视线倾斜时

如图 4-9 所示，由于地形和通视条件的限制，通常观测时视线是倾斜的，在此情况下不能用式(4-7)和式(4-8)来计算水平距离和高差。设立在 B 点的视距尺绕 O 点旋转一个 α 角后而与视线垂直，此时若能把实测的视距间隔 $n(MN)$ 换算成旋转后的相应值 $n'(M'N')$，则可应用公式(4-7)。由于 φ 角很小（约为 35′），则 $\angle NN'O$ 和 $\angle MM'O$ 可视为直角，因此有：

$$N'M' = NO \cdot \cos\alpha + OM \cdot \cos\alpha = MN \cdot \cos\alpha \tag{4-9}$$

即　　$$n' = n\cos\alpha$$

应用公式(4-7)可得：

$$D' = 100 \cdot n' = 100 \cdot n \cdot \cos\alpha$$

因此当视线倾斜时的视距计算公式为：

则：　$$D = D'\cos\alpha = 100 \cdot n \cdot \cos^2\alpha \tag{4-10}$$

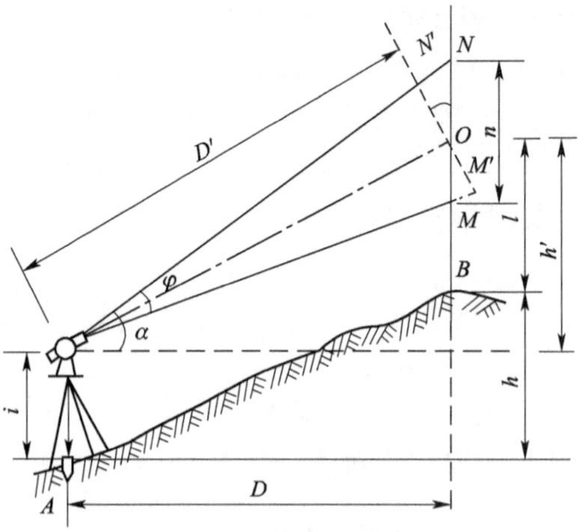

图 4-9　视线倾斜时的视距测量

式(4-10)中，n 为标尺上的上、下丝读数之差。

计算出两点的水平距离 D 后，可以根据测得的竖直角 α、量得的仪器高 i 以及望远镜十字丝中丝读数 l，按下式计算 A、B 两点的高差 h：

$$h = D\tan\alpha + i - l = \frac{1}{2} \times 100 \cdot n \cdot \sin2\alpha + i - l \tag{4-11}$$

对于竖直角 α 来说，若 α 为仰角，即 α 为正，$D\tan\alpha$ 也为正；若 α 为俯角，即 α 为负，$D\tan\alpha$ 也为负。

二、视距测量的观测与计算

视距测量主要用于地形测量，以测定测站点至碎部点的水平距离和碎部点的高程。视距测量的观测步骤如下：

(1)在已知控制点上安置经纬仪，作为测站点，量取仪器高 i。

(2)在测点上竖立视距尺，并使视距尺竖直，尺面朝向仪器。

(3)视距测量一般只需经纬仪在盘左状态下进行观测，在观测前首先求得经纬仪竖盘指标差 x。盘左瞄准视距尺，消除视差，读取下丝读数 a、上丝读数 b 和中丝读数 l。

(4)读取竖盘读数，考虑竖盘指标差 x，求出竖直角 α。

(5)按式(4-10)、式(4-11)计算出测站点与测点的水平距离和高差，记入表 4-2。至此，一个测点的观测与计算即已完成。

然后重复上述步骤，观测计算其他测点。

视距测量观测记录与计算　　表 4-2

观测点	视距尺读数(m)			中丝读数(m)	竖直角(° ′)	仪器高 i(m)	$i-l$ (m)	高差 h(m)	测站高程(m)	测点高程(m)	水平距离 D(m)
	上丝读数	下丝读数	视距间隔								
1	0.660	2.182	1.522	1.420	+5 27	1.42	0	+14.39	21.40	35.79	150.83
2	1.377	1.627	0.250	1.502	+2 45	1.42	-0.082	+1.12	21.40	22.52	24.94
3	1.862	2.440	0.578	2.151	-1 35	1.42	-0.731	-2.33	21.40	19.07	57.76

第三节　全站仪与手持激光测距仪的电磁波法测距

电磁波测距(Electro-magnetic Distance Measuring，简称 EDM)是用电磁波(光波或微波)作为载波传输测距信号，以测量两点间距离的一种方法。电磁波测距仪按其所采用的载波可分为：①用微波段的无线电波作为载波的微波测距仪；②用激光作为载波的激光测距仪；③用红外光作为载波的红外测距仪，后两者又统称光电测距仪。

微波和激光测距仪多属于长程测距，距程可达 60km，一般用于大地测量；而红外测距仪属于中、短测距仪(测程为 15km 以下)，一般用于小地区控制测量、地形测量、地籍测量和工程测量等。

一、电磁波测距的基本原理

1. 光电测距仪的基本原理

如图 4-10 所示，光电测距仪是通过测量光波在待测距离 D 上往、返传播一次所需要的时间 t_{2D}，依式(4-12)来计算待测距离 D：

$$D=\frac{1}{2}C\cdot t_{2D} \tag{4-12}$$

式中：C——光在大气中的传播速度，$C=\frac{C_0}{n}$，$C_0=(299792458\pm1.2)\text{m/s}$，为光在真空中的传

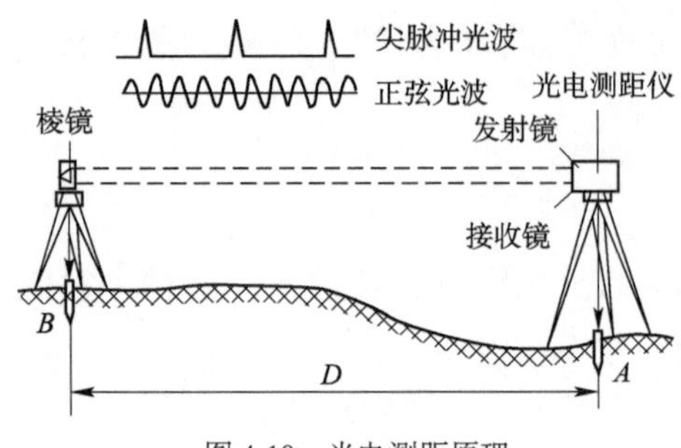

图 4-10　光电测距原理

播速度；n 为大气折射率（$n \geq 1$）。

根据测量传播时间 t_{2D} 方法的不同，光电测距仪可分为脉冲式和相位式两种。

脉冲式光电测距仪是将发射光波的光强调制成一定频率的尖脉冲，通过测量发射的尖脉在待测距离上往返传播的时间来计算距离。由于石英晶振频率难以提高，使脉冲测距仪达到毫米级的测距精度是困难的。

为了提高测距精度，通过测定测距仪所发出的连续调制光波在待测距离上往返传播所产生的相位移间接测定时间 t，这种测距仪又称相位式光电测距仪。高精度的光电测距仪一般都采用"相位法"间接测定时间。

2. 脉冲式光电测距仪

脉冲式光电测距仪是将发射光波的光强调制成一定频率的尖脉冲。通过测量发射的尖脉在待测距离上往返传播的时间来计算距离。如图 4-11 所示，在尖脉冲光波离开测距仪发射镜的瞬间，触发打开电子门，此时，时钟脉冲进入电子门填充，计数器开始计数。在仪器接收镜接收到由棱镜反射回来的尖脉冲光波的瞬间，关闭电子门，计数器停止计数。

通常应用石英晶体振荡器（简称石英晶振）来产生时钟脉冲频率。由于制造技术上的原因，目前石英晶振频率难以提高，使脉冲测距仪达到毫米级的测距精度比较困难。

3. 相位式光电测距仪

为了提高测距精度，通过测定测距仪所发出的连续调制光波在待测距离上往返传播所产生的相位移间接测定时间 t，这种测距仪又称相位测距仪。高精度的光电测距仪一般都采用"相位法"间接测定时间。

如图 4-12 所示，由光源发出的光通过调制器后，成为光强随调制信号变化的调制光，经发射器发射出去沿待测距离传播至反射器后返回，由接收器接收得到测距信号。测距信号经放大、整形后送到相位计，与发射时刻送到相位计的起始信号（基准信号或参考信号）进行相位比较，得出发射时刻与接收时刻调制光波的相位差，然后计算距离值。

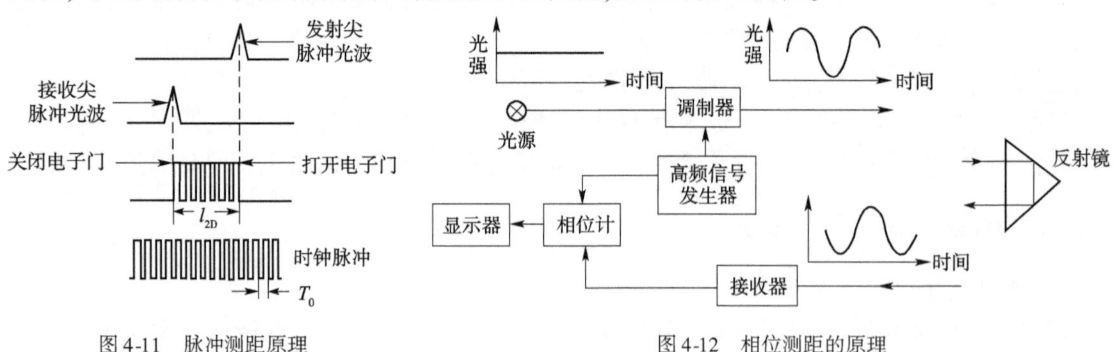

图 4-11　脉冲测距原理

图 4-12　相位测距的原理

二、全站仪测距方法

全站仪可以完成角度、距离、坐标测量、点位放样、交会定点、悬高测量、对边测量等多项测量工作，本节以南方 NTS-660 系列全站仪为例，介绍其距离测量功能。

1. 参数设置

用全站仪进行距离测量前，应对仪器进行气象改正数、棱镜常数（PSM）、测距模式等参数的设置，其方法如下。

（1）气象改正数（PPM）的设置：在显示屏右侧的键盘上按☆键进入测量参数设置，屏幕显示如图4-13所示。按［F5］键进入该菜单的第2页后，按［F4］键，显示现有设置值，如图4-14所示。

屏幕中的第一项为温度（Temp），第二项为气压（Press），第三项为气象改正数（PPM），其中气象改正数（PPM）的设置可采用两种方法。方法一：在屏幕第一项、第二项处，输入当前温度、气压后，仪器自动计算出气象改正数并显示在"PPM"一栏中；方法二：查看全站仪的使用说明书，通过计算直接在第三项，输入气象改正数"PPM"的值。例如：南方NTS-660系列全站仪的PPM值的计算公式为：$PPM = 273.8 - \frac{0.2904 \cdot P}{1 + 0.003661 \cdot t}$；索佳SET50RX系列全站仪的PPM值的计算公式为：$PPM = 282.59 - \frac{0.2942 \cdot P}{1 + 0.003661 \cdot t}$。其中$P$为当前大气压力，单位为hPa；$t$为当前温度，单位为℃。

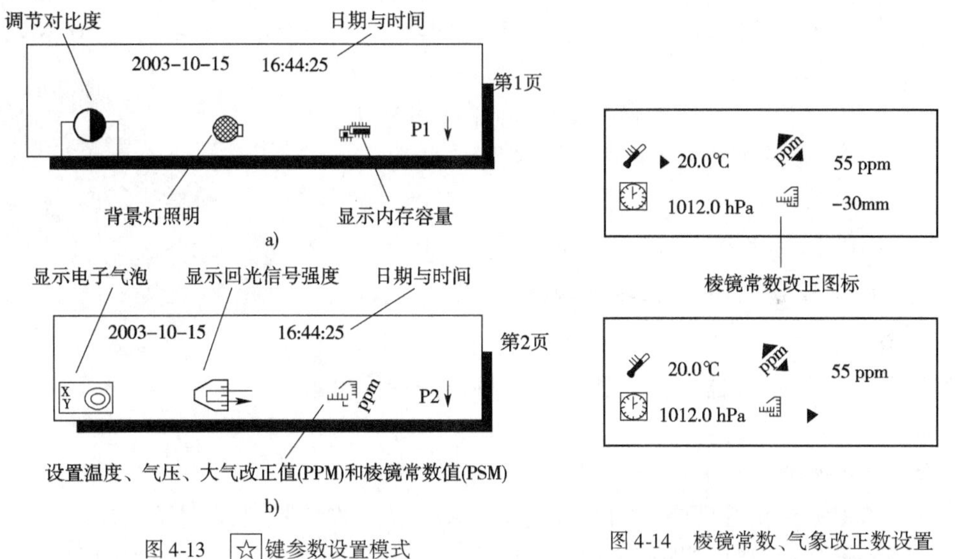

图4-13　☆键参数设置模式

图4-14　棱镜常数、气象改正数设置

（2）棱镜常数（PSM）的设置：可在屏幕中的第四项的提示处输入所用的棱镜常数。不同的棱镜具有不同的棱镜常数，使用时应查看相应棱镜使用说明书，输入其棱镜常数。例如国产圆棱镜，其棱镜常数为-30mm。在所有参数设置完毕后，按Esc结束，屏幕显示测量模式。

（3）测距模式的设置：在斜距（或平距）测量模式下，选择测量模式，其中：F——精测模式，T——跟踪模式，R——连续（重复测量模式），S——单次测量模式，N——N次测量模式，若要改变测量模式，按［F2］（模式）键，每按下一次，测量模式就改变一次，一般选择精测模式。

2. 距离测量

在测量模式下，选择斜距或平距测量模式，照准目标点的棱镜中心，按［F1］测量键，测距开始，几秒后伴随蜂鸣声提示测距完成，屏幕上显示出待测距离。如图4-15所示。

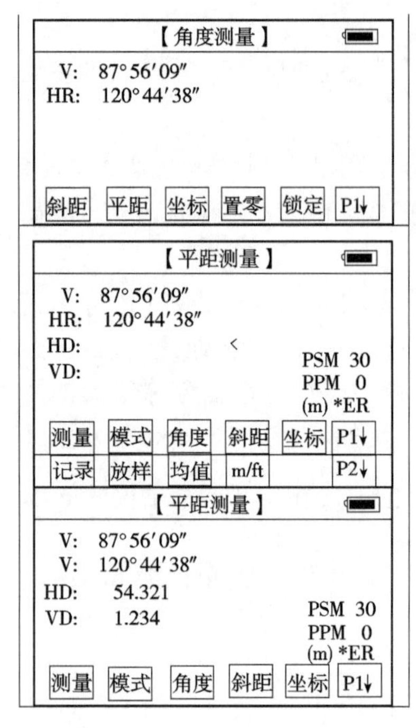

图 4-15 距离测量

三、手持激光测距仪简介

在土木工程测量中，经常需要测量距离、面积和体积，使用手持激光测距仪可以方便、快速地实现。图 4-16 为德国喜利得(HILTI)公司生产的 PD30 系列手持激光测距仪，按键功能及屏幕显示内容的意义，请参见相关使用说明书。

1. HILTIPD30 系列手持激光测距仪的主要技术参数

(1)最大发射功率：<1mW。

(2)激光：2 级红色可见激光，波长 620 ~ 690nm。

(3)测量误差：1.5mm + 20ppm。

(4)测程：0.5 ~ 200m，其中干砌石墙面为 70m，水泥面和砖墙面为 50m，当测距表面太粗糙无法测距时需使用 PDA50 面板，目标板背面有三块磁铁片可以将其吸附在钢铁物的表面。

(5)激光束光斑直径：6/30/60mm(10/50/100m)。

(6)测量时间："正常测距/跟踪测距"0.5s/0.16s。

(7)电源：一对 2 × 1.5V 的 AA 电池可供测量 15000 次，一对 2 × 1.2V 的镍氢可充电电池可供测量 8000 次。

图 4-16 喜利得 PD30 系列手持激光测距仪

2. 距离单位的设置

按"开关键"2s 后开机，多次按[+]键，可使测距蜂鸣器在 on/off 间转换；多次按[-]键可使距离测量单位在 m、mm、in、in1/8、in1/16、Ft、yd 间切换，面积、体积的单位也作对应切换。完成菜单设置后关机，仪器保存设置结果；以后开机时，以最近一次的设置显示。

3. 测距基准点的设置

用户可以根据测量的需要，将 PD30 的测距基准点，在后端、前端和延长片尾端三者间进行切换。当延长片扳出时，测距基准点自动设置为"延长片尾端"；当延长片未扳出时，测距基准点自动设置为"后端"。

4. 距离、面积与体积测量

(1)距离测量操作。开机后屏幕显示上次关机时的测量结果并自动进入距离模式。PD30 能自动记忆最多 5 次距离、面积或体积的测量结果，按[+]键为向前翻页查看记忆结果，按[-]键为向后翻页查看记忆结果，按[▲]键，PD30 发射一束红色激光供用户指示测距的目标点，再按[▲]键开始测距，屏幕显示 PD30 的基准边至激光点的距离测量值。

完成第一次测距后，根据需要可以使用[+]键进行距离相加或使用[-]键进行距离相减操作。按[+]键，PD30 发射一束红色激光，按[▲]键测距并将结果加到最近的距离值中，该功能可用于周长测量;按[-]键,PD30发射一束红色激光,按[▲]键测距并从最近的距离值中减去本次测距值。[+]与[-]可以多次交替使用。

按住[▲]键2s进入跟踪测量模式,此时,屏幕显示的距离值随着激光光斑的移动实时变化。

(2)面积测量操作。按"面积键"进入面积测量模式,照准第1个点,按[▲]屏幕显示测出的第1个距离;将PD30旋转90°,照准第2个点,按[▲]屏幕显示测出第2个距离及这两个距离相乘的面积。

(3)体积测量操作。按"体积键"进入体积测量模式,类似面积测量,分别照准、测量三条相互垂直的边长后,屏幕显示测量的边长值及其构成的立方体体积。

思考题与习题

1. 距离测量的主要方法有哪些?各有什么优缺点?

2. 简述用钢尺在平坦地面量距的步骤。

3. 用钢尺丈量AB两点间的距离,往测为172.32m,返测为172.35m,试计算量距的相对误差?

4. 用钢尺丈量AB及AC两段直线,记录见表4-3,求两直线的距离及丈量精度。

距离丈量记录 表4-3

测段		整尺段(m)	非整尺段(m)		总计(m)	较差(m)	平均值(m)	精度	备注
			一	二					
AB	往测	9×30	12.35						
	返测	9×30	12.43						
AC	往测	11×30	14.61	9.37					
	返测	11×30	9.44	14.44					

5. 用钢尺丈量一直线段距离,往测丈量的长度为326.40m,返测丈量的长度为326.50m,规定其相对误差不应大于1/2000,试问:(1)此测量成果是否满足精度要求?(2)按此规定精度要求,若丈量500m的距离,往返丈量最大可允许相差多少?

6. 用经纬仪进行视距测量,记录见表4-4,经纬仪竖盘为顺时针注记,试完成表中计算。

经纬仪视距测量记录计算表 表4-4

测站点:*O*点;测站点高程:78.567m;仪器高:1.47m

测点	视距丝读数(m)			中丝读数(m)	竖盘读数(° ′ ″)	视线倾角(° ′ ″)	平距(m)	高差(m)	高程(m)
	上丝	下丝	视距间隔						
1	1.473	0.909		1.190	85 24 18				
2	1.575	0.946		1.263	81 38 54				
3	2.425	1.428		1.927	96 37 36				
4	1.818	1.028		1.425	98 50 30				

7. 简述全站仪测距中的参数设置方法。

第五章　测量误差基本知识

教学目标

1. 理解测量误差的来源与分类，偶然误差与系统误差的特性。
2. 掌握精度指标——中误差、相对误差、极限误差的概念与计算方法。
3. 能应用误差传播定律，进行函数的中误差计算。

第一节　测量误差概述

测量工作的实践表明，不论是距离、角度还是高差测量，无论所使用的仪器多么精密、所采用的方法多么合理、所处环境多么有利、观测者多么仔细，但观测值之间总存在差异。如重复观测某一角度，观测结果都不会一致；再如测量某一平面三角形的三个内角，其观测值之和常常不等于理论值180°。这些现象都说明了测量结果不可避免存在误差。

任何一个观测量，客观上总是存在一个能代表其真正大小的数值，这一数值称为该观测量的真值。设某测量的真值为 $\tilde{L}$，对其观测了 n 次，得到 n 个观测值 L_1、L_2、…、L_n，则定义第 i 个观测值的真误差 Δ_i 为观测值与观测值真值的差值，即

$$\Delta_i = L_i - \tilde{L} \quad (i = 1、2、\cdots、n) \tag{5-1}$$

在测量中，某些量很难得到真值，甚至得不到真值，此时真误差也就无法知道，这时常采用多次观测值的平均值 $\bar{X}$ 作为该观测量的最可靠值，称为该值的似真值或者最或然值。

一、测量误差的来源

测量误差产生的原因，概括起来主要包括以下三个方面。

(1)仪器误差。由于仪器构造上的不完善、制造和装配的误差、检验校正的残存误差、运输和使用过程中仪器状况的变化等，必然对观测结果产生误差。

(2)观测误差。由于观测者感官分辨能力的限制、技术水平的高低、工作态度的好坏、观测习惯与心理影响等，会在仪器安置、照准、读数诸方面产生误差。

(3)外界条件的影响。测量时所处的外界条件(温度、湿度、气压、风力、明亮度、大气折光和地球曲率等)发生变化，也会使观测成果产生误差。

上述仪器误差、观测误差、外界条件三个方面的影响是引起测量误差的主要原因，通常称

为观测条件。显然，观测条件的好坏与观测成果的质量密切相关。因此，把观测条件相同的各次观测称为等精度观测；把观测条件不同的各次观测称为不等精度观测，严格来说，等精度观测是不存在的。

二、测量误差的分类

根据表现形式的不同，通常将测量误差分为偶然误差、系统误差两种。

1. 偶然误差（accident error）Δ_a

在相同的观测条件下，对某量进行一系列观测（等精度观测），如果误差的符号和大小均不一定，呈偶然性，这种误差称为偶然误差。单个偶然误差没有规律，大量的偶然误差则有统计规律。水准测量时，在 cm 分划的水准标尺上估读至 mm 位，估读的数值有时偏大，有时偏小；使用经纬仪测量水平角时，大气折光使望远镜中目标的成像不稳定，引起瞄准目标有时偏左，有时偏右，这些都是偶然误差。通过多次观测取平均值，可以削弱偶然误差的影响，但不能完全消除偶然误差的影响。

2. 系统误差（system error）Δ_s

在相同的观测条件下，对某量进行一系列观测（等精度观测），如果误差的符号和大小保持不变，或按照一定的规律变化，这种误差称为系统误差。例如，钢尺丈量距离时，若使用没有经过鉴定的名义长度为 30m 而实际长度为 30.002m 的钢尺丈量，每丈量一整尺段距离就量短了 0.002m，即产生 −0.002 的量距误差。显然，各整尺段的量距误差大小都是 0.002m，符号都是负，不能抵消，具有累积性，丈量的距离越大，整尺段越多，误差就越大。

系统误差对观测值的影响具有一定的规律性，如能找到规律，就可以通过对观测值改正的方法，来消除或削弱系统误差的影响。

有些学者认为测量误差分为三种，除偶然误差、系统误差外，还包括粗差（gross error）Δ_g。它表示测量中的错误，通常指测量成果超出限差范围。在测量工作中出现粗差的观测值应该舍弃，重新观测。

规范规定：测量仪器在使用前应进行检验和校正；操作时应严格按规范的要求进行。一般认为，当严格按规范要求进行测量工作时，系统误差和粗差是可以被消除或削弱到很小的，此时可以认为误差 $\Delta \approx \Delta_a$。以后凡提到误差，通常认为它只包含偶然误差。

三、偶然误差的特性

对单个偶然误差，观测前我们不能预知其出现的符号和大小，但随着观测次数的增加，偶然误差的统计规律愈明显。若将一个三角形内角和闭合差的观测值定义为：

$$\omega_i = (\beta_1 + \beta_2 + \beta_3)_i - 180° \tag{5-2}$$

则它的真值为 $\tilde{\omega}_i = 0$，根据真误差的定义可以求得 ω_i 的真误差为：

$$\Delta_i = \omega_i - \tilde{\omega}_i = \omega_i \tag{5-3}$$

式（5-3）说明，任一三角形内角和闭合差的真误差就等于其闭合差本身。

设在相同的观测条件下共观测了 358 个三角形的全部内角，将计算出的 358 个三角形闭合差划分为正误差、负误差，分别在正、负误差中按照绝对值由小到大排列，以误差区间

$d\Delta=\pm3''$统计误差个数 k,并计算其相对个数 $k/n(n=358)$,k/n 也称为频率,结果列于表 5-1。

三角形闭合差的统计结果　　表 5-1

误差区间 $d\Delta('')$	负误差		正误差		误差绝对值	
	k	k/n	k	k/n	k	k/n
0～3	45	0.126	46	0.128	91	0.254
3～6	40	0.112	41	0.115	81	0.226
6～9	33	0.092	33	0.092	66	0.184
9～12	23	0.064	21	0.059	44	0.123
12～15	17	0.047	16	0.045	33	0.092
15～18	13	0.036	13	0.036	26	0.073
18～21	6	0.017	5	0.014	11	0.031
21～24	4	0.011	2	0.006	6	0.017
24 以上	0	0	0	0	0	0
k	181	0.505	177	0.495	358	1.000

为了更直观地表示偶然误差的分布情况,以 Δ 为横坐标,以 $y=\frac{k/n}{d\Delta}$为纵坐标作表 5-1 的直方图,如图 5-1 所示,图中任一长条矩形的面积为 $yd\Delta=\frac{k}{nd\Delta}d\Delta=k/n$,等于频率。

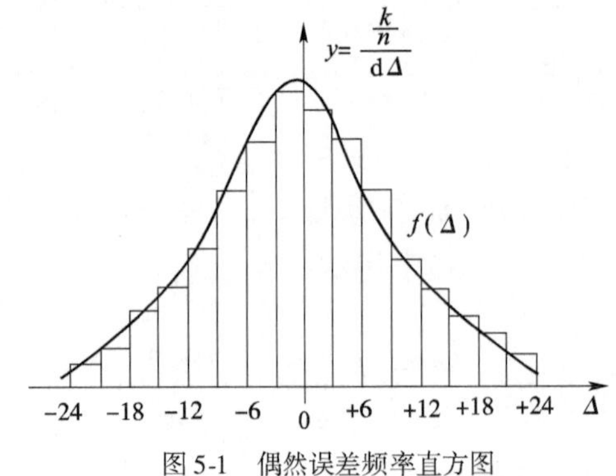

图 5-1　偶然误差频率直方图

由图 5-1 可以总结出偶然误差的统计规律,即特性如下:

①偶然误差有界,或说在一定观测条件下的有限次观测中,偶然误差的绝对值不会超过一定的限值;

②绝对值较小的误差出现的频率较大,绝对值较大的误差出现的频率较小;

③绝对值相等的正、负误差出现的频率大致相等;

④观测次数 $n\to\infty$时,偶然误差的平均值趋近于零,即有

$$\lim_{n\to\infty}\frac{[\Delta]}{n}=0 \tag{5-4}$$

其中,$[\Delta]=\Delta_1+\Delta_2+\Delta_3+\cdots+\Delta_n=\sum_{i=1}^{n}\Delta_i$。在测量中,常用[ ]表示括号中数值的代数和。

当误差的个数 $n\to\infty$,误差区间 $d\Delta\to0$ 时,图 5-1 中各小长条矩形顶边的折线将变成一条光滑的曲线。该曲线在概率论中称为正态分布曲线,曲线的函数式为:

$$y=f(\Delta)=\frac{1}{\sqrt{2\pi}\sigma}e^{-\frac{\Delta^2}{2\sigma^2}} \tag{5-5}$$

称式(5-5)为正态分布概率密度函数,它是德国科学家高斯(Gauss)于 1794 年研究误差规律时发现的。

实践证明,偶然误差不能用改正的方法简单地加以清除,只能根据其特性综合处理观测数据,削弱偶然误差影响,以提高观测成果的精度。

第二节　评定精度的指标

一、精度及相关概念

精确度是准确度与精密度的总称,可用来评价观测成果的优劣。准确度表示测量结果中的系统误差的大小程度,即观测值与其真值间的离散程度;精密度表示测量结果中的偶然误差大小的程度,主要取决于偶然误差的分布,即各观测值之间的离散程度,若观测值非常密集则精度高,反之则低。

对于基本排除系统误差,而以偶然误差为主的一组观测值,通常用精(密)度来评价该观测值质量的优劣,即误差大,精度低;误差小,精度高。

以射击为例,如图5-2所示,靶心相当于真值,弹孔相对于靶心的位置距离视为观测值。图5-2a)所示弹孔普遍距靶心较远,这说明系统误差大,准确度低;而弹孔与弹孔之间比较密集,说明偶然误差小,精密度高。图5-2b)所示弹孔分布情况,说明系统误差小,准确度高;但偶然误差大,精密度低。图5-2c)所示弹孔分布情况,说明系统误差和偶然误差都小,精确度高。精密度好精确度不一定好,准确度好精密度也不一定好,但精确度好,则精密度好与准确度都好。

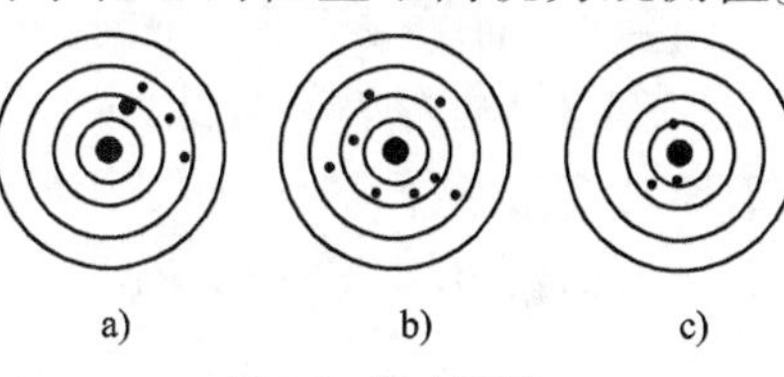

图5-2　射击靶图

二、衡量精度的标准

在相同的观测条件下,对某量所进行的一组观测,在统计学中对应着同一种误差分布,每一个观测值具有相同的精度。故为了衡量观测值精度的高低,可以采用表5-1的误差分布表或图5-1的频率直方图来评定,但这样做十分不方便,因此,需要建立一个统一衡量精度的标准,给出一个数值,使其能反映出误差分布的离散或密集的程度,称为衡量精度的指标。测量上常见的精度指标有中误差(mean square error)、相对误差(relative error)与极限误差(limit error)。

1. 中误差

测量上常用中误差来衡量在相同观测条件下观测结果的精度,中误差越大,观测值的精度就越低;反之,精度越高。

(1)利用真误差计算中误差。设对某真值 $\tilde{l}$ 进行了 n 次等精度独立观测,得观测值 l_1、l_2、…、l_n、各观测量的真误差为 Δ_1、Δ_2、…、Δ_n($\Delta_i = l_1 - \tilde{l}$),则该组观测值的标准差为

$$\sigma = \pm\lim_{n\to\infty}\sqrt{\frac{[\Delta\Delta]}{n}} \tag{5-6}$$

在生产实践中,观测次数 n 总是有限的,这时,根据式(5-6)只能求出标准值的估计值 $\hat{\sigma}$(estimating),测量上通常将 $\hat{\sigma}$ 称为中误差(mean square error),用 m 表示,即有

$$\hat{\sigma} = m = \sqrt{\frac{[\Delta\Delta]}{n}} \tag{5-7}$$

【**例 5-1**】 某段距离使用铟瓦基线尺丈量的长度为 49.984m，因丈量的精度很高，可以视为真值。现使用 50m 钢尺丈量该距离 6 次，观测值列于表 5-2，试求该钢尺一次丈量 50m 的中误差。

钢尺丈量的中误差计算 表 5-2

观测次序	观测值(m)	Δ(mm)	ΔΔ	计　算
1	49.988	+4	16	$m = \pm\sqrt{\frac{[\Delta\Delta]}{n}}$
2	49.975	-9	81	$= \pm\sqrt{\frac{151}{6}}$
3	49.981	-3	9	$= \pm 5.02\text{mm}$
4	49.978	-6	36	
5	49.987	+3	9	
6	49.984	0	0	
Σ			151	

【**解**】 计算见表 5-2 中的“计算”栏，若使用 Excel 软件，计算方法见图 5-3。

在 D3 单元格输入公式“=(C3 - B3) * 1000”，再将其复制到 D4 ~ D8 这 5 个单元格；在 E3 单元格输入公式“=D3^2”，再将其复制到 E4 ~ E8 这 5 个单元格；最后在 E9 单元格输入公式“=SQRT(SUM(E3:E8)/A8)”。

	A	B	C	D	E
1	**利用真误差计算中误差**				
2	观测次序	真值	观测值(m)	Δ(mm)	ΔΔ(mm²)
3	1	49.984	49.988	4	16
4	2	49.984	49.975	-9	81
5	3	49.984	49.981	-3	9
6	4	49.984	49.978	-6	36
7	5	49.984	49.987	3	9
8	6	49.984	49.984	0	0
9				中误差m=	5.02

图 5-3　使用 Excel 计算中误差(已知真误差)

(2)利用改正数计算中误差。当观测量的真值 $\tilde{l}$ 已知时，每个观测量的真误差 Δ_i 可以求出，进而求得一次观测的中误差 m，但在大部分情况下，观测量的真值 $\tilde{l}$ 是不知道的，但由于算术平均值 $\bar{l}$ 是真值 $\tilde{l}$ 的最可靠值，所以应该可以使用 $\bar{l}$ 代替 $\tilde{l}$ 计算 m。定义观测量 l_i 的改正数 v_i 为：

$$v_i = l_i - \bar{l} \tag{5-8}$$

式(5-8)中，l_i 为各个观测量，$\bar{l}$ 为各个观测量的算术平均值，有：

$$\bar{l} = \frac{l_1 + l_2 + \cdots + l_n}{n} \tag{5-9}$$

当观测次数 n 有限时，有：

$$m = \pm\sqrt{\frac{[VV]}{n-1}} \tag{5-10}$$

式(5-10)即为等精度独立观测时,利用观测量的改正数计算中误差的公式,称为白塞尔公式(Bessel formula)。

【例5-2】 设用全站仪测量某个水平角6个测回,观测值列于表5-3中,试求观测值的中误差。

用全站仪测量的某水平角的中误差计算　　表5-3

观测次序	观　测　值	改正数 $V('')$	$VV(''^2)$	计　　算
1	36°50′30″	4	16	$m=\pm\sqrt{\frac{[VV]}{n-1}}$ $=\pm\sqrt{\frac{34}{6-1}}$ $=\pm 2.6$
2	36°50′26″	0	0	
3	36°50′28″	−2	4	
4	36°50′24″	−2	4	
5	36°50′25″	−1	1	
76	36°50′23″	−3	9	
	$\bar{l}=36°50'26''$	$[V]=0$	$[VV]=34$	

【解】 计算见表5-3中的"计算"栏,若使用Excel软件,计算方法见图5-4。

	A	B	C	D	E	F	G
1	利用改正数计算中误差						
2	观测次序	观测值				改正数V(″)	VV(″²)
3		度(°)	分(′)	秒(″)	换算成秒		
4	1	36	50	30	16206	4	16
5	2	36	50	26	16202	0	0
6	3	36	50	28	16204	2	4
7	4	36	50	24	16200	−2	4
8	5	36	50	25	16201	−1	1
9	6	36	50	23	16199	−3	9
10	平均值:	36	50	26	16202	中误差m=	2.61

图5-4　使用Excel计算中误差(已知改正数)

在B10单元格输入公式"=AVERAGEA(B4:B9)",再将其复制到C10、D10单元格;在E4单元格输入公式"=B4*366+C4*60+D4",再将其复制到E5~E10;在F4单元格输入公式"=E4-E10",再将其复制到F5~F9;在G4单元格输入公式"=F4^2",再将其复制到G5~G9;最后在G10单元格输入公式"=SQRT(SUM(G4:G9)/(A9-1))"。

2. 极限误差

由偶然误差的特性可知,在一定的观测条件下,偶然误差的绝对值不会超过一定限值,这个限值就是极限误差。怎样估计出极限误差呢?我们知道,观测值的中误差只是衡量观测精度的一种指标,它并不代表某一个别观测值的真误差的大小,但从统计意义上来讲,它们却存在着一定的联系。在一组等精度观测值中,真误差的绝对值大于一倍中误差的个数约占整个误差个数的32%,大于两倍中误差的个数约占4.5%,大于三倍中误差的个数只占0.3%。即1000个真误差中,只有三个绝对值可能超过三倍中误差,出现的概率很小,故测量规范中,通常以三倍或二倍中误差为真误差的容许值,该允许值称为极限误差(简称限差)或容许误差。

$$\Delta_{容}=3m \text{ 或 } \Delta_{容}=2m \tag{5-11}$$

式中:$\Delta_{容}$——极限误差或容许误差;

m——中误差。

当某观测值中出现大于限差的偶然误差时,则认为该观测值不可靠,应舍去不用或重测。从式(5-11)中可以看出,前者要求较宽,后者要求较严。

3. 相对误差

上述的真误差、中误差、限差,都是绝对误差,它们有符号和单位。但单纯用绝对误差有时不能客观反映精度的高低。例如距离测量中,若测量长度约100m和1000m的两段距离,中误差皆为±5mm,显然不能认为这两段距离的测量精度是相等的,这时采用相对误差就比较合理。相对误差K等于绝对误差的绝对值与相应观测值D之比,它是无量纲的值,通常用分子为1,分母为一较大的整数的分数来表示,分母越大,相对误差越小,精度越高。

$$\text{相对误差}\ K=\frac{|\text{绝对误差}|}{\text{观测值}\ D}=1/T \tag{5-12}$$

相对误差对应地分为相对真误差、相对中误差和相对极限误差。当上式中绝对误差为中误差m_{D}时,K称为相对中误差,即:

$$K_{\text{中误差}}=\frac{|m_{\mathrm{D}}|}{D}=\frac{1}{\dfrac{D}{|m_{\mathrm{D}}|}} \tag{5-13}$$

测量中常取相对极限误差(又称相对容许误差)为相对中误差的两倍,即:

$$K_{\text{限}}=2K_{\text{中误差}}=\frac{1}{\dfrac{D}{|2m_{\mathrm{D}}|}} \tag{5-14}$$

在距离测量往返测量的相对较差要小于相对极限误差,相对较差是往返测较差与均值之比,故相对较差K即相对误差,又称往返较差率,可用来检核距离测量的内部符合精度。

$$K=\frac{|D_{\text{往}}-D_{\text{返}}|}{D_{\text{平均}}}=\frac{|\Delta D|}{D_{\text{平均}}}=\frac{1}{\dfrac{D_{\text{平均}}}{|\Delta D|}} \tag{5-15}$$

第三节 误差传播定律

前面已经阐述了以中误差作为衡量一组等精度观测值的精度指标,但在实际工作中,有许多未知量不能直接测得,需要有一个或几个观测值所确定的函数关系间接计算出来。例如,欲测量两点间的水平距离D,可以用光电测距仪直接测量出斜距S,并用经纬仪测出竖直角α,以函数关系$D=S\cos\alpha$来计算出水平距离。在此情况下,函数D的中误差与观测值S及α的中误差之间,必定有一定的关系。如何根据观测值的中误差推求观测值函数的中误差,就是本节要讨论的问题。在测量上,把这种阐述独立观测值中误差和函数值中误差之间关系的定律,称为误差传播定律。

一、一般函数形式误差传播定律的计算公式

设Z是由独立观测值x_1、x_2、…、x_n组成的函数,即:

$$Z=f(x_1、x_2、\cdots、x_n)$$

其中,观测值x_1、x_2、…、x_n的中误差分别为m_1、m_2、…、m_n,当各观测值x_i的真误差为Δ_i

时，函数 Z 也必然产生真误差 Δz，故：

$$\Delta z = f(x_1 + \Delta_1, x_2 + \Delta_2, \cdots, x_n + \Delta_n)$$

由于 Δ_i 很小，对函数取全微分，并用真误差代替微分，则有：

$$\Delta z = \frac{\partial f}{\partial x_1}\Delta_1 + \frac{\partial f}{\partial x_2}\Delta_2 + \cdots + \frac{\partial f}{\partial x_n}\Delta_n$$

其中，$\frac{\partial f}{\partial x_i}$为原函数的偏导数，其值由观测值代入求得。将其转化为用中误差表示的传播定律的通用形式：

$$m_z^2 = \left(\frac{\partial f}{\partial x_1}\right)^2 m_1^2 + \left(\frac{\partial f}{\partial x_2}\right)^2 m_2^2 + \cdots + \left(\frac{\partial f}{\partial x_n}\right)^2 m_n^2$$

即：

$$m_z = \pm\sqrt{\left(\frac{\partial f}{\partial x_1}\right)^2 m_1^2 + \left(\frac{\partial f}{\partial x_2}\right)^2 m_2^2 + \cdots + \left(\frac{\partial f}{\partial x_n}\right)^2 m_n^2} \tag{5-16}$$

二、常见几种函数的误差传播定律应用

1. 和差函数

函数表达式为：

$$Z = x_1 + x_2 + \cdots + x_n$$

其中，x_1、x_2、$\cdots$、x_n 为独立观测量，中误差分别为 m_1、m_2、$\cdots$、m_n，根据误差传播定律式：

$$m_z = \pm\sqrt{m_1^2 + m_2^2 + \cdots + m_n^2} \tag{5-17}$$

进一步可知，若在同精度观测条件下，$m_1 = m_2 = \cdots = m_n = m$，则：

$$m_z = \pm\sqrt{n}m \tag{5-18}$$

【例 5-3】　在水准测量中，后视读数 a 与前视读数 b 的中误差分别为 $m_a = \pm 3\text{mm}$，$m_b = \pm 4\text{mm}$，则高差 h 的中误差 m_h 等于多少？

【解】　高差计算公式为 $h = a - b$，故根据和差函数的误差传播定律可知：

$$m_h = \pm\sqrt{m_a^2 + m_b^2} = \pm\sqrt{(\pm 3)^2 + (\pm 4)^2} = \pm 5\text{mm}$$

2. 倍数函数

函数表达式为：$Z = kx$，k 为任意常数，x 为独立观测量，其中误差为 m_x，根据误差传播定律可得：

$$m_z = \pm k m_x \tag{5-19}$$

【例 5-4】　在 1∶500 的地形图上，量得某两点间的距离 $d = 234.5\text{mm}$，其中误差为 $m_d = \pm 0.2\text{mm}$，求该两点对应的地面水平距离 D 的中误差 m_D。

【解】　实地距离计算公式为：$D = Md$，其中，M 为地形图比例尺分母。根据倍数函数的误差传播定律可知：

$$m_D = \pm M m_d = \pm 500 \times 0.2\text{mm} = \pm 0.10\text{m}$$

3. 线性函数

线性函数的一般形式为：$Z = k_1x_1 + k_2x_2 + \cdots + k_nx_n$。上面叙述的和差函数和倍数函数都是线性函数的特殊形式，根据误差传播定律可得：

$$m_z = \pm \sqrt{k_1^2 m_1^2 + k_2^2 m_2^2 + \cdots + k_n^2 m_n^2} \tag{5-20}$$

【例 5-5】 对某量等精度独立观测了 n 次,得观测值 l_1、l_2、…、l_n,设一次观测中误差为 m,试求其算术平均值的中误差。

【解】 算术平均值的函数关系式为:

$$\bar{l} = \frac{l_1 + l_2 + \cdots + l_n}{n} = \frac{1}{n}l_1 + \frac{1}{n}l_2 + \cdots + \frac{1}{n}l_n$$

根据线性函数的误差传播定律,有:

$$m_{\bar{l}}^2 = \frac{1}{n^2}m^2 + \frac{1}{n^2}m^2 + \cdots + \frac{1}{n^2}m^2 = \frac{m^2}{n}$$

由此得:

$$m_{\bar{l}} = \frac{m}{\sqrt{n}} \tag{5-21}$$

由例 5-5 可以看出,n 次等精度独立观测量的算术平均值的中误差只有一次观测中误差的 $1/\sqrt{n}$。

表 5-4 列出了误差传播定律的主要公式。

误差传播定律主要公式 表 5-4

函数名称	函数式	函数中误差
和差函数	$Z = x_1 + x_2 + \cdots + x_n$	$m_z = \pm \sqrt{m_1^2 + m_2^2 + \cdots + m_n^2}$
倍数函数	$Z = kx$	$m_z = \pm km_x$
线性函数	$Z = k_1x_1 + k_2x_2 + \cdots + k_nx_n$	$m_z = \pm \sqrt{k_1^2 m_1^2 + k_2^2 m_2^2 + \cdots + k_n^2 m_n^2}$
一般函数	$Z = f(x_1, x_2, \cdots, x_n)$	$m_z = \pm \sqrt{(\frac{\partial f}{\partial x_1})^2 m_1^2 + (\frac{\partial f}{\partial x_2})^2 m_2^2 + \cdots + (\frac{\partial f}{\partial x_n})^2 m_n^2}$

【例 5-6】 设有函数关系 $h = D\tan\alpha$,测得水平距离 $D = 120.25\text{m}$,竖直角 $\alpha = 12°47'$,若距离测量的中误差 $m_D = \pm 0.05\text{m}$,竖直角的测量中误差 $m_\alpha = \pm 0.5'$,求 h 值及其中误差 m_h。

【解】 $h = D\tan\alpha = 120.25\tan12°47' = 27.28\text{m}$

应用误差传播定律,有:

$$\frac{\partial f}{\partial D} = \tan\alpha = \tan12°47' = 0.2269$$

$$\frac{\partial f}{\partial \alpha} = D\sec^2\alpha = 120.25\sec^2 12°47' = 126.4403$$

$$\begin{aligned} m_h^2 &= \tan^2\alpha \cdot m_D^2 + (D\sec^2\alpha)^2 \cdot (m'_\alpha/\rho')^2 \\ &= (0.2269)^2 \cdot (0.05)^2 + (126.4403)^2 \cdot (\frac{0.5'}{3438'})^2 \\ &= 4.6685 \times 10^{-4} \end{aligned}$$

得:$m_h = \pm 0.022$。

其中,ρ' 为角度制的"分"化"弧度"的换算单位,$\rho' = 3438'$。所以,$m_h = \pm 0.02\text{m}$,最后结果可以写为 $h = 27.28 \pm 0.022\text{m}$。

思考题与习题

1. 测量误差产生的原因有哪些？

2. 什么是观测条件？什么是等精度观测？

3. 测量误差分哪些？各有何特征？在测量工作中如何消除或削弱？

4. 何谓精度？衡量精度的指标有哪些？

5. 测得一长方形场地的长和宽分别为 $a=60.600\text{m}$、$b=13.800\text{m}$，它们的中误差分别为 $m_a=\pm0.024\text{m}$，$m_b=\pm0.006\text{m}$，试计算：(1) 该场地的周长 S 及其中误差和相对中误差；(2) 该场地的面积 A 及其中误差。

6. 设有一 n 边形，每个内角的观测中误差为 $m=\pm10''$，求该 n 边形内角和的中误差。

7. 量得一圆的半径 $R=31.3\text{mm}$，其中误差为 $\pm0.3\text{mm}$，求圆面积及其中误差。

8. 等精度观测某边长 9 次，观测值分别为：687.481m、687.486m、687.478m、687.483m、687.475m、687.483m、687.482m、687.479m、687.484m。试求该边长的算术平均值及其中误差、相对中误差。

第六章　工程控制测量

教学目标

1. 理解平面与高程控制网由高级网向低级网逐级加密的原则布设。
2. 掌握坐标方位角推算、坐标正反算公式与应用。
3. 掌握导线的布设形式、导线外业观测及内业数据处理的计算方法。
4. 理解前方交会、后方交会等测量方法与计算方法。
5. 掌握三、四等水准测量的观测与记录计算方法,并熟悉四、五等三角高程测量的观测与计算方法。

第一节　控制测量概述

为了限制测量误差的累积与传播,确保区域测量成果的精度分布均匀,并加快测量工作进度,测量工作必须遵循"从整体到局部、由高级到低级、先控制后碎部"的原则。也就是说,在进行局部测量或碎部测量之前,先要进行整体的控制测量。首先在整个测区范围内选定若干个具有控制作用的点,称为控制点;这些控制点所组成的几何图形,称为控制网,然后用精密的测量仪器和工具,采用一定的测量方法,精确测定各控制点的平面位置(平面坐标)和高程,这项工作称为控制测量。控制测量包括平面控制测量和高程控制测量,测定控制点坐标(x,y)的工作,称为平面控制测量,这样的控制点称为平面控制点;测定控制点高程(H)的工作,称为高程控制测量,这样的控制点称为高程控制点。

在全国范围内建立的控制网,称为国家控制网。它是为全国工程基础建设、地形图测绘、地球科学研究等,提供基本控制服务的。国家控制网是用精密测量仪器和方法依照《国家三角测量和精密导线测量规范》、《全球定位系统(GPS)测量规范》、《国家一、二等水准测量规范》、《国家三、四等水准测量规范》按一、二、三、四等四个等级、由高级到低级逐级加密点位建立的。

一、平面控制测量

我国国家平面控制网主要用三角测量法布设,在西部困难地区采用导线测量法。一等三角锁沿经线和纬线布设成纵横交叉的三角锁系,锁长 200 ~ 250km,构成 120 个锁环。一等三角锁内由近于等边的三角形组成,边长为 20 ~ 30km。

如图 6-1 所示,二等三角测量由两种布网形式,一种是由纵横交叉的两条二等基本锁将一等锁环划分成4个大致相等的部分，这4个空白部分用二等补充网填充，称为纵横锁系布网方案；另一种是在一等锁环内布设全面二等三角网，称为全面布网方案。二等基本锁的边长为20～25km，二等网的平均边长为13km。一等锁的两端和二等网的中间，都要测定起算边长、天文经纬度和方位角。国家一、二等网合称为天文大地网，我国天文大地网于1951年开始布设，1961年基本完成，1975年修补测工作全部结束。三、四等三角网为在二等三角网内的进一步加密。

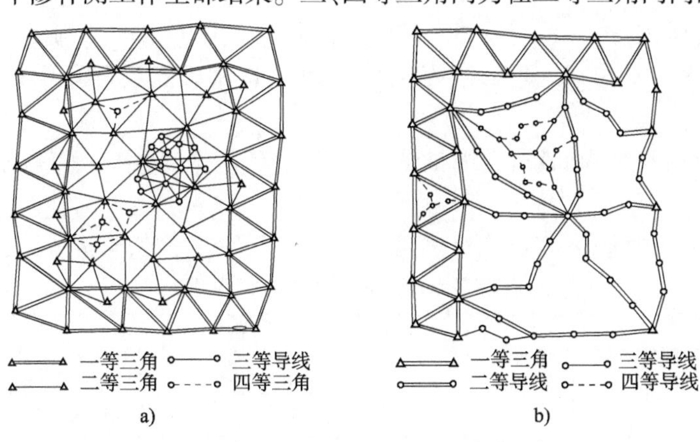

图6-1　国家三角网(锁)的布设及导线网的布设

城市或工程建设中，一般应在上述国家等级控制点的基础上，根据城市规划、工程施工的需要，布设不同等级的平面控制网，直接为工程建设项目服务，常称为工程控制网。《工程测量规范》规定，平面控制网的布设，可采用GNSS卫星定位测量(如GPS测量)、导线测量、三角形网测量方法。其中GPS测量的技术要求参见第八章"GPS测量方法与操作"中的第三节"GPS静态定位的组织与实施，各等级导线测量、三角形网测量的主要技术要求应符合表6-1、表6-2的规定。

各等级导线测量的主要技术要求　　表6-1

等级	导线长度(km)	平均边长(km)	测角中误差(″)	测距中误差(mm)	测距相对中误差	测回数			方位角闭合差(″)	导线全长相对闭合差
						1″级仪器	2″级仪器	6″级仪器		
三等	14	3	1.8	20	1/150000	6	10	—	$3.6\sqrt{n}$	≤1/55000
四等	9	1.5	2.5	18	1/80000	4	6	—	$5\sqrt{n}$	≤1/35000
一级	4	0.5	5	15	1/30000	—	2	4	$10\sqrt{n}$	≤1/15000
二级	2.4	0.25	8	15	1/14000	—	1	3	$16\sqrt{n}$	≤1/10000
三级	1.2	0.1	12	15	1/7000	—	1	2	$24\sqrt{n}$	≤1/5000

注：表中的n为导线的边数。

各等级三角形网测量的主要技术要求　　表6-2

等级	平均边长(km)	测角中误差(″)	测边相对中误差	最弱边边长相对中误差	测回数			三角形最大闭合差(″)
					1″级仪器	2″级仪器	6″级仪器	
二等	9	1	1/250000	1/120000	12	—	—	3.5
三等	4.5	1.8	1/150000	1/70000	6	9	—	7
四等	2	2.5	1/100000	1/40000	4	6	—	9
一级	1	5	1/40000	1/20000	—	2	4	15
二级	0.5	10	1/20000	1/10000	—	1	2	20

二、高程控制测量

高程控制测量的方法主要有水准测量、三角高程测量、GNSS(如GPS)拟合高程测量。《工程测量规范》规定，各等级高程控制宜采用水准测量，四等及以下等级可采用电磁波测距三角高程测量，五等也可采用GNSS拟合高程测量。

在全国领土范围内，由一系列按国家统一规范测定高程的水准点构成的网称为国家水准网，水准点上设有固定标志，以便长期保存，为国家工程基础建设和科学研究提供高程基准资料。

国家水准网按由高级到低级，分级布设为一、二、三、四等，其中一、二等水准测量称为精密水准测量。

《工程测量规范》规定，各等级水准测量的主要技术要求，应符合表6-3的规定。

各等级水准测量的主要技术要求 表6-3

等级	每公里高差全中误差(mm)	路线长度(km)	水准仪型号	水准尺	观测次数		往返较差、附合或环线闭合差	
					与已知点联测	附合或环线	平地(mm)	山地(mm)
二等	2	—	DS_1	铟瓦	往返各一次	往返各一次	$4\sqrt{L}$	—
三等	6	≤50	DS_1	铟瓦	往返各一次	往一次	$12\sqrt{L}$	$4\sqrt{n}$
			DS_3	双面		往返各一次		
四等	10	≤16	DS_3	双面	往返各一次	往一次	$20\sqrt{L}$	$6\sqrt{n}$
五等	15	—	DS_3	单面	往返各一次	往一次	$30\sqrt{L}$	—

注：①结点之间或结点与高级点之间，其路线长度，不应大于表中规定的0.7倍。

②L为往返测段、附合环线的水准路线长度(km)，n为测站数。

③数字水准仪测量的技术要求与同等级光学水准仪相同。

第二节 工程平面控制测量

国家控制网、城市控制网等由于密度较稀，不能满足各项工程建设的需要，为此在工程项目(如铁路、公路、城镇开发、建筑、水利、电力等)建设中，还必须在国家控制网的基础上，为工程项目建立专门的测量控制网，称为工程控制网。

对于面积在15km^{2}以下的工程平面控制网，可采用导线形式分两级布设。采用一级导线作为首级控制，再在首级控制基础上，采用导线加密，形成图根控制；对于面积在0.5km^{2}以下的测区，图根控制可作为首级控制。

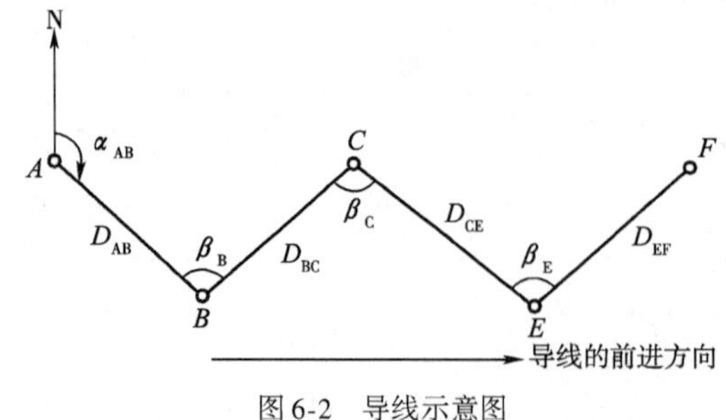

图6-2 导线示意图

导线测量是常用的平面控制测量方法之一，其主要用于隐蔽地区(如城建区、地下工程)、线状工程、带状地区(如铁路、公路、电力、管道、线路、水利)等。如图6-2所示，将测区内相邻控制点连成直线而构成的折线，称为导线。构成导线的控制点A、B、C、D、E、F称为导线点；由水平距离D_{AB}、D_{BC}、

D_{CE}、D_{EF}组成的折线边称为导线边。水平角 β_B、β_C、β_E 称为转折角，其中 β_B、β_E 在导线前进方向的左侧，称为左角；β_C 在导线前进的方向的右侧，称为右角。起始点 A 的坐标$A(x_A, y_A)$及起始边 D_{AB}的坐标方位角 α_{AB}，一般为已知值，称为起算数据。

导线测量就是测定导线边长及其转折角，推算各边的坐标方位角，然后根据起算数据，从而求出各导线点的坐标。

一、坐标方位角

为了确定地面点的平面位置，不但要已知直线的长度，并且要已知直线的方向。确定直线的方向简称直线定向，而确定直线方向首先要有一个共同的基本方向（标准方向），此外还要确定直线与基本方向之间的角度关系。

1. 标准方向

直线定向时，常用的标准方向线有：真子午线方向（真北方向）、磁子午线方向（磁北方向）和坐标纵轴线方向（轴北方向）。

（1）真子午线方向

过地球南北极的平面与地球表面的交线称为真子午线，通过地球表面某点的真子午线的切线方向，称为该点的真子午线方向，又称真北方向。其可以用天文测量法或陀螺经纬仪测定。指向北极星的方向可近似作为真子午线方向。

（2）磁子午线方向

磁子午线方向是磁针在地球磁场的作用下，自由静止时磁针轴线指向北端的方向称为磁子午线方向，又称磁北方向。磁北方向可用罗盘仪测定。

由于地磁的两极与地球的两极并不一致，北磁极约位于西经 100.0°北纬 76.1°；南磁极约位于东经 139.4°南纬 65.8°，所以同一地点的磁子午线方向与真子午线方向不一致，其夹角称为磁偏角，用符号 δ 表示，其大小随地点、时间而异，在我国磁偏角的变化约在 +6°（西北地区）到 -10°（东北地区）之间。由于地球磁极的位置不断地在变动，以及磁针受局部吸引等影响，所以磁子午线方向不宜作为精确定向的基本方向。但由于用磁子午线定向方法简便，所以在独立的小区域测量工作中仍可采用。

（3）坐标纵轴方向

不同点的真子午线方向或磁子午线方向都是不平行的，这使直线方向的计算很不方便。采用坐标纵轴方向作为标准方向，这样各点的标准方向都是平行的，使方向的计算十分方便。

在高斯平面直角坐标系统中，我们采用 X 轴方向作为坐标纵轴正方向，即中央子午线作为坐标纵轴（X 轴）方向，又称轴北方向。在一定范围内，通常取测区内某一特定的子午线方向作为坐标纵轴方向。

2. 方位角的分类及关系

测量中常用方位角表示直线定向，其定义为：由直线起点的标准方向北端起，顺时针方向量到直线的水平角称为该直线的方位角，其取值范围为 0° ~ 360°。由于标准方向的不同，方位角也有三种。设地表有直线 PQ，则 PQ 的三种方位角分别如下：

（1）真方位角 A

由 P 点的真北方向起，顺时针到 PQ 的水平夹角，称为 PQ 的真方位角 A_{PQ}。

(2)磁方位角 A_m

由 P 点的磁北方向起,顺时针到 PQ 的水平夹角,称为 PQ 的磁方位角 A_{mPQ}。

根据磁偏角的定义,磁方位角 A_m 与真方位角 A 的关系如下:

$$A_m = A + \delta \tag{6-1}$$

式中,δ 为该点的磁偏角,磁子午线方向在真子午线方向以东称为东偏,δ 为正;以西称为西偏,δ 为负。

(3)坐标方位角 α

由 P 点的轴北方向起,顺时针到 PQ 的水平夹角,称为 PQ 的坐标方位角 α_{PQ}。

在实际工作中,坐标方位角用得最多,不作特别说明的话,常常将坐标方位角简称为方位角。坐标方位角 α 一般可由以下三种方法得到:由该直线上两个点的坐标通过坐标反算计算得到;或由相邻边的方位角及其水平夹角推算得到;或由其与真方位角 A 的关系得到。

$$A_{PQ} = \alpha_{PQ} + \gamma_P \tag{6-2}$$

式中,γ_P 为 P 点的子午收敛角,其正负定义为:以真北方向为基准,坐标纵轴方向偏东,则 γ_P 为正,偏西,则 γ_P 为负。子午收敛角 γ_P 可下列近似公式计算得到。

$$\gamma_P = (L_P - L_0) \cdot \sin B_P \tag{6-3}$$

式中,L_0 为 P 点所在投影带中央子午线的经度;L_P、B_P 分别为 P 点的大地经度、大地纬度。

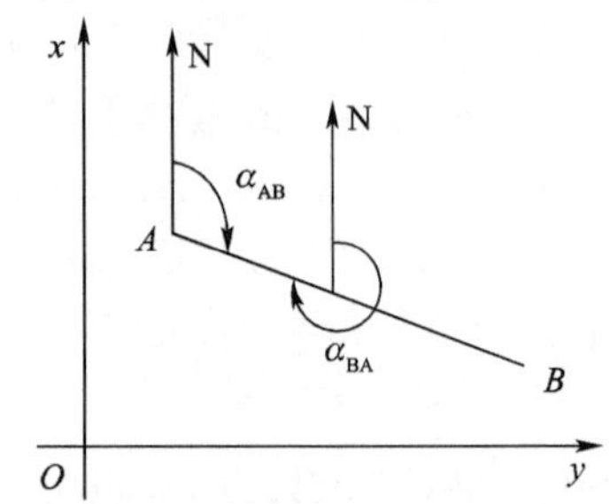

图6-3 正反坐标方位角关系

3. 坐标方位角

(1)正反坐标方位角的关系

测量工作中的直线都是具有一定方向的,一条直线存在正、反两个方向,如图 6-3 所示,我们把直线前进方向称为直线的正方向。就直线 AB 而言,点 A 是起点,B 点是终点。通过起点 A 的坐标纵轴北方向与直线 AB 所夹的坐标方位角 α_{AB} 称为直线 AB 的正坐标方位角;过终点 B 的坐标方位角 α_{BA},称为直线 AB 的反坐标方位角(是直线 BA 的正坐标方位角)。

正、反坐标方位角互差 180°,即

$$\alpha_{正} = \alpha_{反} \pm 180° \tag{6-4}$$

(2)坐标方位角的推算

如图 6-4 所示,设 A、B、C 为导线点,AB 边的坐标方位角 α_{AB} 为已知,导线点 B 的左角为 $\beta_{左}$,推算 BC 边的方位角 α_{BC}。

从图中可以看出:

$$\alpha_{BC} = \alpha_{AB} + (180° - \beta_{右}) \tag{6-5}$$

而 $\beta_{右} = 360° - \beta_{左}$,代入式(6-5)得:

$$\alpha_{BC} = \alpha_{AB} + \beta_{左} - 180° \tag{6-6}$$

根据上述推导,得到导线边坐标方位角的一般推算公式,如图 6-5 所示,有:

$$\begin{cases} \alpha_{前} = \alpha_{后} + \beta_{左} \pm 180° \\ \alpha_{前} = \alpha_{后} - \beta_{右} \pm 180° \end{cases} \tag{6-7}$$

式中,$\alpha_{前}$、$\alpha_{后}$ 是导线点的前边方位角和后边方位角。

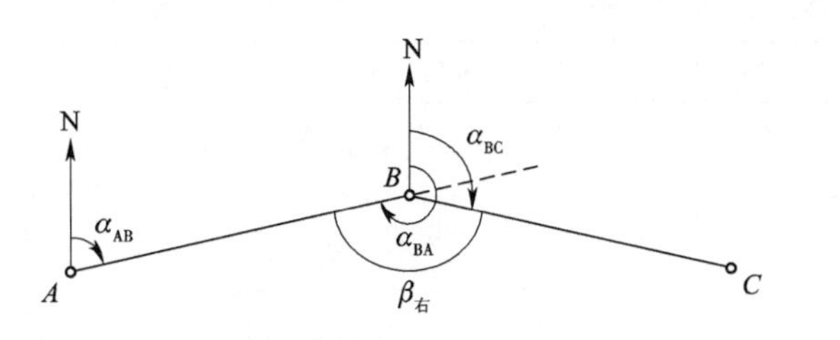

图 6-4　坐标方位角推算原理

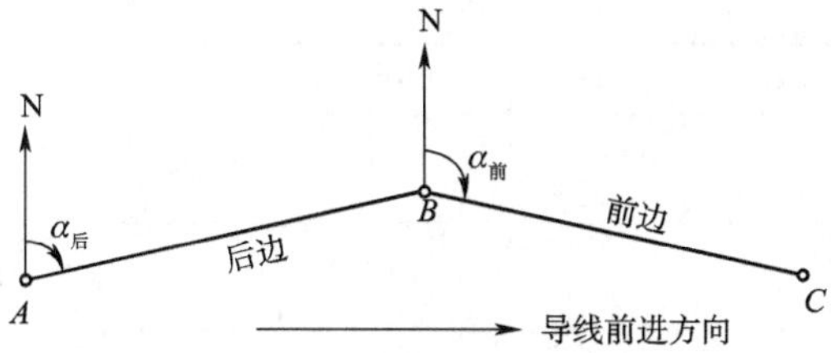

图 6-5　坐标方位角推算

其规律为：当采用左转角时，导线前一边的坐标方位角等于后一边的坐标方位角加左转角再加或减 180°；当采用右转角时，导线前一边的坐标方位角等于后一边的坐标方位角减右转角再加或减 180°。

必须注意，由于坐标方位角的范围是 0° ~ 360°，故当用式（6-7）推算出的方位角大于 360°，则应减去 360°；若为负值，则应加上 360°。

4. 坐标正、反算

（1）坐标正算

根据已知点的坐标，已知边长（水平距离）及该边的坐标方位角，计算未知点的坐标的方法，称为坐标正算。

如图 6-6 所示，已知 A 点的坐标（x_A，y_A）及至未知点 B 的距离 D_{AB} 和坐标方位角 α_{AB}，求未知点 B 的坐标（x_B，y_B）。

A、B 两点的坐标值之差，称为坐标增量，用 Δx_{AB}、Δy_{AB} 表示。

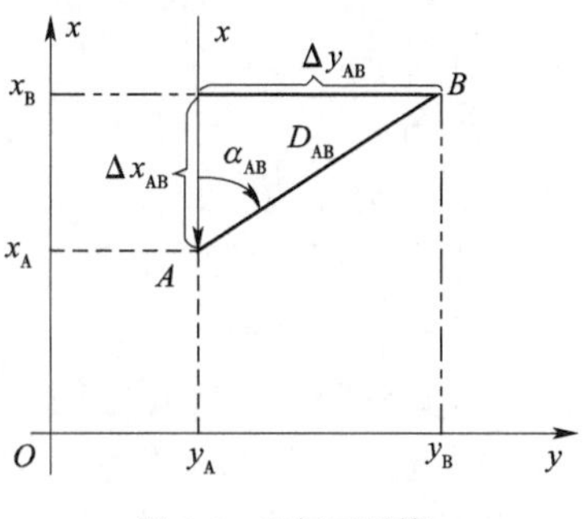

图 6-6　坐标正反算

坐标增量的计算公式为：

$$\Delta x_{AB} = x_B - x_A = D_{AB}\cos\alpha_{AB} \tag{6-8a}$$

$$\Delta y_{AB} = y_B - y_A = D_{AB}\sin\alpha_{AB} \tag{6-8b}$$

则 B 点坐标的计算公式为：

$$x_B = x_A + \Delta x_{AB} = x_A + D_{AB}\cos\alpha_{AB} \tag{6-9a}$$

$$y_B = y_A + \Delta y_{AB} = y_A + D_{AB}\sin\alpha_{AB} \tag{6-9b}$$

（2）坐标反算

如图 6-6 所示，假设已知 A、B 两点的平面直角坐标值，则可以由此计算出 A、B 两点间的水平距离 D_{AB} 和方位角 α_{AB}，这项工作称之为坐标反算。

由图 6-6 可知：

$$D_{AB} = \sqrt{\Delta x_{AB}^2 + \Delta y_{AB}^2} \tag{6-10}$$

$$\alpha_{AB} = \arctan\left(\frac{\Delta y_{AB}}{\Delta x_{AB}}\right) \tag{6-11}$$

需要特别说明的是，式（6-11）等式左边的坐标方位角，其值域为 0° ~ 360°，而等式右边的 arctan 函数，其值域为 −90° ~ +90°，两者是不一致的。故按式（6-11）的反正切函数计算坐标方位角时，不能直接使用计算器上得到的角值，必须根据坐标增量 Δx、Δy 的符号，按表 6-4 判断其所在象限，再换算成相应的坐标方位角。

坐标增量符号与坐标方位角的关系 表 6-4

Δx	Δy	判断所在象限	坐标方位角角值范围	用 arctan 函数计算坐标方位角的公式
+	+	Ⅰ	0° ~90°	$\alpha=\arctan(\frac{\Delta y}{\Delta x})$
-	+	Ⅱ	90° ~180°	$\alpha=180°+\arctan(\frac{\Delta y}{\Delta x})$
-	-	Ⅲ	180° ~270°	$\alpha=180°+\arctan(\frac{\Delta y}{\Delta x})$
+	-	Ⅳ	270° ~360°	$\alpha=360°+\arctan(\frac{\Delta y}{\Delta x})$

二、导线测量

1. 导线测量的布设形式

根据测区的情况和要求,导线可以布设成以下几种常用形式。

(1)闭合导线

起讫于同一已知点的导线称为闭合导线。如图 6-7a)所示,导线从已知高级控制点 B 和已知方向 α_{BA} 出发,经过导线点 1、2、3、4,又终止于起始点 B,形成一闭合多边形。其有 3 个检核条件:一个多边形内角和条件和两个坐标增量条件。

(2)附合导线

布设在两个已知点之间的导线称为附合导线。如图 6-7c)所示,导线起始于一个已知高程控制点 B 和已知方向 α_{BA},经过导线点 1、2、3,终止于另一个已知高程控制点 C 和已知方向 α_{CD}。其也有 3 个检核条件:一个坐标方位角条件和两个坐标增量条件。

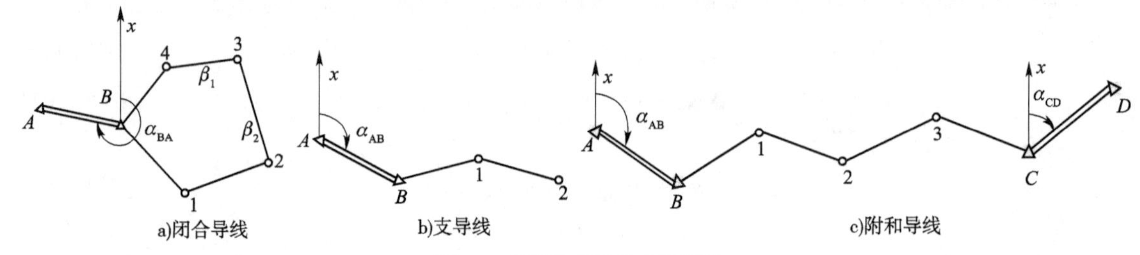

图 6-7 导线的布置形式示意图

(3)支导线

由一个已知高级控制点出发,既不附合到另一已知点上,又不用回到原起始点的导线称为支导线,如图 6-7b)所示。由于支导线无检核条件,故一般不宜采用。个别情况用于测站点的加密,其点数一般不超过两个。施测时必须加强校核,防止出现错误。

2. 导线测量的外业工作

导线测量的外业工作包括:踏勘选点及建立标志、量边、测角和联测。

(1)踏勘选点及建立标志

选点前,应调查搜集测区已有地形图和高一级的控制点的成果资料,把控制点展绘在地形图上,然后在地形图上拟订导线的布设方案,最后到野外去踏勘,实地核对、修改、落实点位和建立标志。如果测区没有地形图资料,则需详细踏勘现场,合理地选定导线点的位置。实地选点时,应注意以下几点:

①相邻导线点间应通视良好,以便于角度测量和距离测量。如采用钢尺量距丈量导线边长,则沿线地势应较平坦,无障碍物遮挡。

②点位应选在土质坚实并便于保存之处。

③点位上视野应开阔,便于测绘周围的地物和地貌。

④导线边长应参照表 6-1 的规定,最长不超过平均边长的两倍,相邻边长尽量不使其长短相差悬殊。

⑤导线点应有足够的密度,分布较均匀,便于控制整个测区。

导线点选定后,要在每一点位上打一大木桩,其周围浇灌一圈混凝土,如图 6-8a)所示,桩顶钉一小钉,作为临时性标志。若导线点需要保存的时间较长,就要埋设混凝土桩或石桩,如图 6-8b)所示,桩顶刻"十"字,作为永久性标志。导线点应统一编号,为了便于寻找,应量出导线点于附近固定而明显的地物点的距离,绘草图,注明尺寸,称为点之记,如图 6-9 所示。

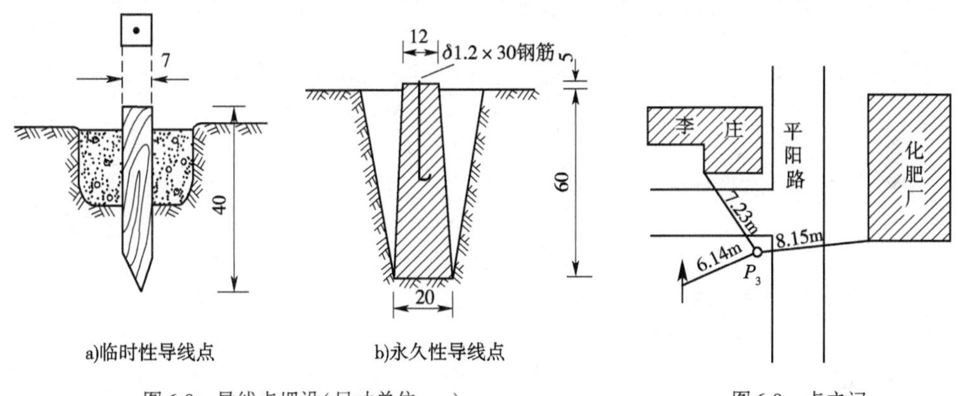

图 6-8　导线点埋设(尺寸单位:cm)　　　　图 6-9　点之记

(2)量边

图根导线边长可以使用检定过的钢尺丈量或经检定的光电测距仪、全站仪测量。钢尺量距宜采用双次丈量方法,其较差的相对误差不应大于1/3000。钢尺的尺长改正数大于1/10000时,应加尺长改正;量距时,平均尺温与检定时温度相差大于 ±10℃时,应进行温度改正;尺面倾斜大于 1.5% 时,应进行倾斜改正。

(3)测角

导线转折角(traverse angle)是指在导线点上由相邻导线边构成的水平角。导线转折角分为左角和右角。在导线前进方向左侧的水平角称为左角,右侧的水平角称为右角。如果观测没有误差,在同一个导线点测得的左角与右角之和应等于 360°。

图根导线(mapping traverse)的转折角可以使用 DJ_6 经纬仪测回法观测一测回。

(4)联测

如图 6-10 所示,导线与高级控制点连接,必须观测连接角 β_B、β_1,连接边 D_{B1},作为传递坐标方位角和坐标之用。

参照角度和距离测量的记录格式,做好导线测量的外业记录,并要妥善保管。

3. 导线测量的内业计算

导线测量内业计算的目的是检查外业观测成果的精度,分配各项闭合差之后求出导线点的平面直角坐标。内业计算的原始资料是外业测量的记录,为保证内业计算能够顺利进行,在计算之前,必须对外业观测记录作全面检查,发现问题及时纠正。然后做好计算准备工作,包括在导线略图上注明起算数据、各观测角度和边长,以便进行计算。

导线内业计算中数字取值的精度要求,对于一级以下的导线,角值取至 1″,边长及坐标取至 1mm。

(1)闭合导线测量计算

如图 6-11 所示闭合导线,已知 1 点坐标(x_1,y_1)和 1→2 边的坐标方位角 α_{12},如果令导线前进的方向 1→2→3→4→1,则图中观测的 4 个水平角均为左角。内业计算的目的是求出 2、3、4 点的平面坐标,全部计算在表 6-5 中进行,计算方法与步骤介绍如下:

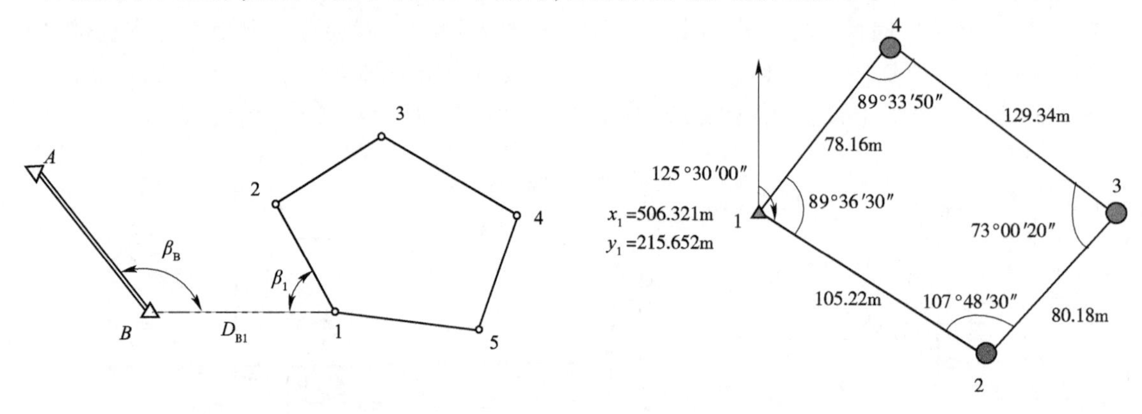

图 6-10 导线联测

图 6-11 闭合导线略图

①角度闭合差的计算与调整。

根据平面几何原理,设 n 边形闭合导线的各内角分别为 β_1、β_2、…、β_n,则内角和的理论值应为:

$$\sum\beta_{理} = (n-2) \times 180° \qquad (6\text{-}12)$$

因为水平角观测有误差,致使内角和的观测值 $\sum\beta_{测}$ 不等于理论值 $\sum\beta_{理}$,其角度闭合差 f_β 定义为:

$$f_\beta = \sum\beta_{测} - \sum\beta_{理} \qquad (6\text{-}13)$$

对图根光电测距导线,角度闭合差的允许值为 $f_{\beta允} = \pm 40''\sqrt{n}$;对图根钢尺量距导线,角度闭合差的允许值为 $f_{\beta允} = \pm 60''\sqrt{n}$。

如果 $f_\beta \leqslant f_{\beta允}$,则将角度闭合差 f_β 按"反号平均分配"的原则,计算各角度的改正数 v_β 如下:

$$v_\beta = -\frac{f_\beta}{n} \qquad (6\text{-}14)$$

然后将 v_β 加至各观测角 β_i 上,求出改正后的角值为:

$$\hat{\beta}_i = \beta_i + v_\beta \qquad (6\text{-}15)$$

对改正后的各观测角,再次求和:

$$\sum\hat{\beta}_i = (n-2) \times 180°$$

角度改正数和改正后的角值计算在表 6-5 的第 3、4 列中进行。

②坐标方位角的推算。

根据已知边的坐标方位角 α_{12} 和改正后的角度值 $\hat{\beta}_i$ 推算各边长的坐标方位角，计算公式为

$$\begin{cases}\alpha_{前}=\alpha_{后}-\hat{\beta}_{右}\pm180° \\ \alpha_{前}=\alpha_{后}+\hat{\beta}_{左}\pm180°\end{cases} \tag{6-16}$$

因为坐标方位角的范围是 0°～360°，所以当计算出的 $\alpha_{前}<0°$ 时，$\alpha_{前}+360°$；当 $\alpha_{前}>360°$ 时，$\alpha_{前}-360°$。

③坐标增量的计算和坐标增量闭合差的调整。

求出边长 D_{ij} 的坐标方位角 α_{ij} 后，依下式计算其坐标增量 Δx_{ij}、Δy_{ij}：

$$\begin{cases}\Delta x_{ij}=D_{ij}\cos\alpha_{ij} \\ \Delta y_{ij}=D_{ij}\sin\alpha_{ij}\end{cases} \tag{6-17}$$

坐标增量计算结果填入表 6-5 的第 7、8 列。

导线边的坐标增量和导线点坐标的关系如图 6-12 所示。由图可知，闭合导线各边纵、横坐标增量代数和的理论值应分别等于零，即有

$$\begin{cases}\sum\Delta x_{理}=0 \\ \sum\Delta y_{理}=0\end{cases} \tag{6-18}$$

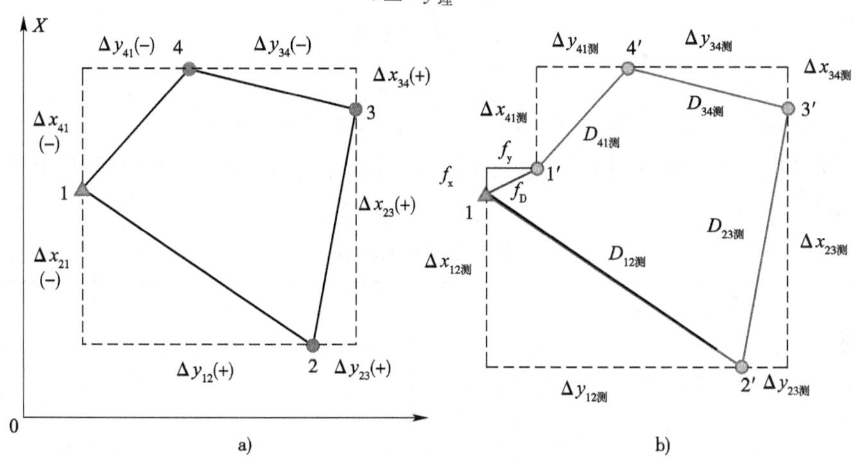

图 6-12　导线闭合差

由于边长观测值和调整后的角度值有误差，造成坐标增量也有误差。设纵、横坐标增量闭合差分别为 f_x、f_y，则有：

$$\begin{cases}f_x=\sum\Delta x_{测}-\sum\Delta x_{理}=\sum\Delta x_{测} \\ f_y=\sum\Delta y_{测}-\sum\Delta y_{理}=\sum\Delta y_{测}\end{cases} \tag{6-19}$$

如图 6-12b）所示，坐标增量闭合差 f_x、f_y 的存在，使导线在平面上不能闭合，即由已知点 1 出发，沿导线前进方向 1→2→3→4→1′推算出的 1′点的坐标不等于 1 点的坐标，其长度值 f_D 称为导线全长闭合差，计算公式为：

$$f_D=\sqrt{f_x^2+f_y^2} \tag{6-20}$$

导线相对闭合差的定义为：

$$K=\frac{f}{\sum D}=\frac{1}{\sum D/f} \tag{6-21}$$

对图根级光电测距导线，$K_{允}=1/4000$；对图根钢尺测距导线，$K_{允}=1/2000$。当 $K \leqslant K_{允}$ 时，可以分配坐标增量闭合差 f_x、f_y，其原则是“反号与边长成正比分配”，故边长 D_{ij} 的坐标增量改正数为：

$$\begin{cases} \delta\Delta x_{ij} = -\dfrac{f_x}{\sum D} D_{ij} \\ \delta\Delta y_{ij} = -\dfrac{f_y}{\sum D} D_{ij} \end{cases} \tag{6-22}$$

其计算在表 6-5 的第 7、8 列中进行，改正后的坐标增量为：

$$\begin{cases} \hat{\Delta} x_{ij} = \Delta x_{ij} + \delta\Delta x_{ij} \\ \hat{\Delta} y_{ij} = \Delta y_{ij} + \delta\Delta y_{ij} \end{cases} \tag{6-23}$$

计算在表 6-5 第 9、10 列中进行。

④导线点坐标推算。

设两相邻导线点为 i、j，利用 i 点的坐标和调整后的 i 点至 j 点的坐标增量推算 j 点坐标的计算公式：

$$\begin{cases} x_j = x_i + \hat{\Delta} x_{ij} \\ y_j = y_i + \hat{\Delta} y_{ij} \end{cases} \tag{6-24}$$

导线点坐标推算在表 6-5 的第 11、12 列中进行。本例中，闭合导线从 1 号点开始，依次推算 2、3、4 点的坐标，最后返回到 1 号点，计算结果应与 1 号点的已知坐标是否相同，以此作为推算正确性的检核。

闭合导线坐标计算 表 6-5

点号	观测角 (° ′ ″)	改正数 (″)	改正角 (° ′ ″)	坐标方位角 (° ′ ″)	距离 (m)	坐标增量 Δx(m)	坐标增量 Δy(m)	改正后的坐标增量 $\hat{\Delta}x$(m)	改正后的坐标增量 $\hat{\Delta}y$(m)	坐标值 $\hat{x}$(m)	坐标值 $\hat{y}$(m)	点号
1	2	3	4	5	6	7	8	9	10	11	12	13
1										506.321	215.652	1
				125 30 00	105.22	−0.02 −61.10	+0.02 +85.66	−61.12	+85.68			
2	107 48 30	+13	107 48 43							445.20	301.33	2
				53 18 43	80.18	−0.02 +47.90	+0.02 +64.30	+47.88	+64.32			
3	73 00 20	+12	73 00 32							493.08	365.65	3
				306 19 15	129.34	−0.03 +76.61	+0.02 −104.21	+76.58	−104.19			
4	89 33 50	+12	89 34 02							596.66	261.46	4
				215 53 17	78.16	−0.02 −63.32	+0.01 −45.82	−63.34	−45.81			
1	89 36 30	+13	89 36 43							506.321	215.652	1
				125 30 00								
2												2
Σ	359 59 10	+50	360 00 00		392.90	+0.09	−0.07	0.00	0.00			

$f_\beta = \sum\beta_{测} - \sum\beta_{理} = 359°59'10'' - 360°00'00'' = -50''$

$f_{\beta允} = \pm 60''\sqrt{n} = \pm 120''$；$f_\beta \leqslant f_{\beta允}$

$f_x = \sum\Delta x_{测} = +0.09\text{m}$；$f_y = \sum\Delta y_{测} = -0.07\text{m}$；$f_D = \sqrt{f_x^2 + f_y^2} = 0.11\text{m}$

$K = \dfrac{f}{\sum D} = \dfrac{1}{\sum D/f} \approx \dfrac{1}{3500}$；$K_{允} = \dfrac{1}{2000}$；$K \leqslant K_{允}$

(2)附合导线测量计算

附合导线内业计算与闭合导线基本相同,两者的主要差异在于角度闭合差f_{β}和坐标增量闭合差f_x、f_y的计算。下面以图6-13所示的附合导线为例进行讨论。

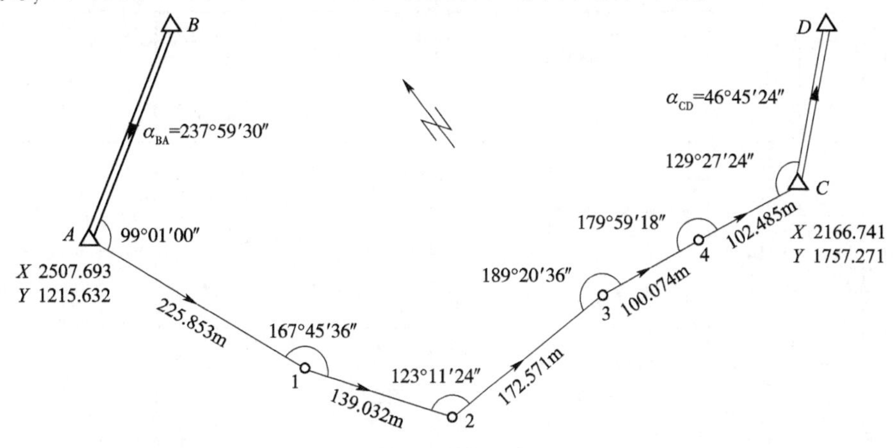

图6-13　附合导线略图

①角度闭合差/坐标方位角闭合差f_{β}的计算。

附合导线的角度闭合差是指坐标方位角闭合差。如图6-13所示,由已知边长BA坐标方位角α_{AB},观测的转折角β_A、β_1、β_2、β_3、β_4、β_C,可以依次推算边长$A1$、12、23、34、$4C$、CD的坐标方位角,设推算出的CD边的坐标方位角α'_{CD},则方位角闭合差f_{β}为:

$$f_{\beta} = \alpha'_{CD} - \alpha_{CD} \tag{6-25}$$

按"反号平均分配"的原则,角度改正数为:

$$\nu_{\beta} = \pm \frac{f_{\beta}}{n} \tag{6-26}$$

其中右角取"+";左角取"-"。

②坐标增量闭合差f_x、f_y的计算。

设计算出的边长$A1$、12、23、34、$4C$的坐标增量之和为$\sum \Delta x_{测}$、$\sum \Delta y_{测}$,而它们的理论值应为:

$$\begin{cases} \sum \Delta x_{理} = x_C - x_A \\ \sum \Delta y_{理} = y_C - y_A \end{cases} \tag{6-27}$$

则坐标增量闭合差f_x、f_y按下式计算:

$$\begin{cases} f_x = \sum \Delta x_{测} - \sum \Delta x_{理} = \sum \Delta x_{测} - (x_C - x_A) \\ f_y = \sum \Delta y_{测} - \sum \Delta y_{理} = \sum \Delta y_{测} - (y_C - y_A) \end{cases} \tag{6-28}$$

计算结果见表6-6所示。

③附合导线的坐标计算示例。

(3)导线测量错误的检查

导线测量计算中,如果发现闭合差超限($f_{\beta} > f_{\beta允}$或$K > K_{允}$),应首先复查导线测量外业观测记录、内业计算的数据抄录和计算,如果没有发现错误,则说明导线外业观测的边长或角度值存在错误,应去现场返工重测。在去现场重测之前,如果先通过分析能判断出错误可能发生的位置,则可以提高重测的效率。理论上说,只有当测错一个转折角或一条边长时,才可以准确地定位错误发生的位置。

图根级附合导线坐标计算 表 6-6

点号	观测角(左角)(° ′ ″)	改正数(″)	改正角(° ′ ″)	坐标方位角(° ′ ″)	距离(m)	坐标增量		改正后的坐标增量		坐标值		点号
						Δx(m)	Δy(m)	$\hat{\Delta x}$(m)	$\hat{\Delta y}$(m)	$\hat{x}$(m)	$\hat{y}$(m)	
1	2	3	4	5	6	7	8	9	10	11	12	13
B												
				237 59 30								
A	99 01 00	+6	99 01 06							2507.869	1215.632	A
				157 00 36	225.853	+0.045 -207.914	-0.046 +88.212	-207.869	+88.166			
1	167 45 36	+6	167 45 42							2299.282	1303.798	1
				144 46 18	139.032	+0.028 -113.570	-0.028 +80.199	-113.542	+80.171			
2	123 11 24	+6	123 11 30							2186.282	1383.969	2
				87 57 48	172.571	+0.035 +6.133	-0.035 +172.462	+6.618	+172.427			
3	189 20 36	+6	189 20 42							2192.450	1556.396	3
				97 18 30	100.074	+0.020 -12.730	-0.020 +99.261	-12.710	+99.241			
4	179 59 18	+6	179 59 24							2179.740	1655.637	4
				97 17 54	102.485	+0.020 -13.019	-0.021 +101.655	-12.999	+101.634			
C	129 27 24	+6	129 27 30							2166.741	1757.271	C
				46 45 24								
D												
Σ	888 45 18	+36	888 45 54		740.015	-341.100	+541.788	-340.952	+541.639			

辅助计算:

$x_C - x_A = -340.952$; $y_C - y_A = 541.639$

$\alpha'_{CD} = 46°44'48''$; $\alpha_{CD} = 46°45'24''$

$f_\beta = \alpha'_{CD} - \alpha_{CD} = -36''$

$f_{\beta允} = \pm 60''\sqrt{n} = \pm 147''$

$f_x = \sum \Delta x_{测} - (x_C - x_A) = -0.148\text{m}$; $f_y = \sum \Delta y_{测} - (y_C - y_A) = +0.149\text{m}$

$f = \sqrt{f_x^2 + f_y^2} = +0.210\text{m}$

$K = \dfrac{f}{\sum D} = \dfrac{1}{\sum D/f} \approx \dfrac{1}{3521}$

$K \leq K_{允}$

①一个角度测错的查找方法。

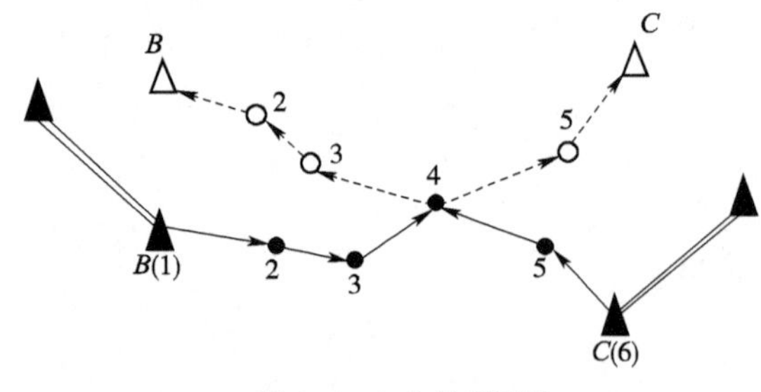

图 6-14 一个角度测错

在图 6-14 中,设附合导线的第 4 点上的转折角的错误,使角度闭合差超限。如果分别从导线两端的已知坐标方位角推算各边方位角,则到测错角度的第 4 点为止推算的坐标方位角仍然是正确的。经过第 4 点的转折角以后,导线边的坐标方位角开始向错误方向偏转,而且会愈来愈大。

因此,一个转折角测错的查找方法为:分别从导线两端的已知点坐标方位角出发,按支导线计算导线各点的坐标,得到两套坐标。如果某一个导线点的两套坐标值非常接近,则该点的转折角最有可能测错。

对于闭合导线,查找方法也相类似,只是从同一个已知点及已知坐标方位角出发,分别沿顺时针方向和逆时针方向计算出两套坐标，去寻找两套坐标值最为接近的导线点。

②一条边测错的查找方法。

当角度闭合差在允许范围以内而坐标增量闭合差超限时，说明边长测量有错误。在图6-15中，假设导线边23中发生错误ΔD。由于其他各边和角没有发生错误，因此，从第3点开始及以后各点均产生一个平行于23边的位移量ΔD。

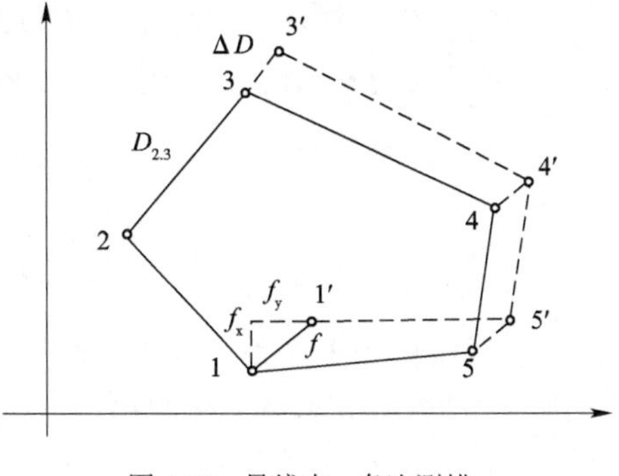

图6-15　导线中一条边测错

如果其他各边、各角中的偶然误差可以忽略不计，则计算的导线全长闭合差f即等于ΔD：

$$f=\sqrt{f_x^2+f_y^2}=\Delta D \tag{6-29}$$

测错边的象限角为：

$$R_f=\arctan\frac{f_y}{f_x} \tag{6-30}$$

再根据f_x、f_y的正负号判断R_f在第几象限，进而求得测错边的坐标方位角α_f。

凡坐标方位角与α_f或$\alpha_f\pm180°$相接近的导线边，是可能发生量边错误的边。根据这个原理，可以查找出有可能发生量距错误的导线边。

三、交会定点

平面控制测量时，如果导线点或三角点密度不能满足测图或工程需要，可利用已知的控制点及其坐标采用交会法进行个别点的加密。交会法分为测角交会、距离交会、边角联合后方交会。

测角交会分前方交会、侧方交会和后方交会三种。如图6-16a）所示，已知A、B两点的坐标，为了计算未知点P的坐标，只观测水平角α和β，就可求出未知点P的平面坐标，此称为前方交会。如果通过观测水平角α和γ或者β和γ来测定未知点P的平面坐标如图6-16b）所示，称为侧方交会。如果为求得未知点P的坐标，在P点上瞄准A、B、C三个已知点，测得水平角α和β如图6-16c）所示，此称为后方交会；若既测得了水平角α、β，又测了距离PA、PB、PC，则称为边角联合后方交会。

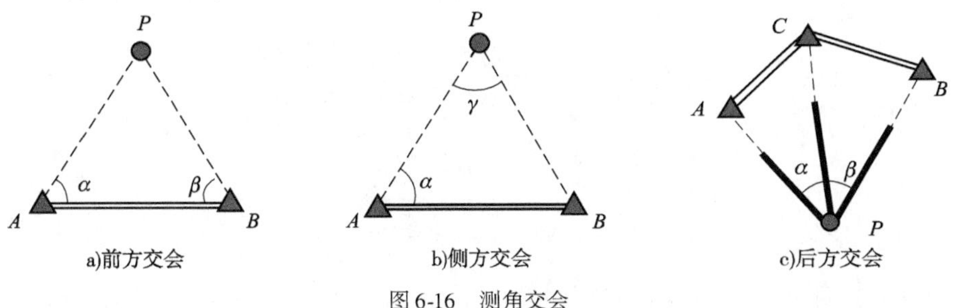

图6-16　测角交会

距离交会是通过测量边长，由已知点的坐标计算未知点的坐标。如图6-17所示，采用测量边长D_a和D_b的方法测定未知点P的坐标。

实际工作中，具体采用哪种交会方法，需根据点的分布、仪器设备情况等选定。由于侧方交会的计算方法与前方交会相同，下面重点介绍前交会、后方交会、距离交会和边角联合后方交会的计算方法。

1. 前方交会

如图 6-16a)所示,已知点 A、B 的坐标分别为(x_A,y_A)和(x_B,y_B)。在 A、B 两点安置仪器,测出水平角 α、β。则 P 点的坐标为(推导从略):

$$\begin{cases} x_P = \dfrac{x_A\cot\beta + x_B\cot\alpha + (y_B - y_A)}{\cot\alpha + \cot\beta} \\ y_P = \dfrac{y_A\cot\beta + y_B\cot\alpha - (x_B - x_A)}{\cot\alpha + \cot\beta} \end{cases} \tag{6-31}$$

为了校核和提高 P 点精度,前方交会通常是在三个已知点上进行观测,求得两组 P 点坐标进行比较,满足要求取两组坐标平均值作为最后的结果。

2. 后方交会

如图 6-18 所示,在待定点 P 上安置仪器,向三个已知点 A、B、C 进行观测,测定水平角 α、β、γ,然后根据所测角度和已知点的坐标计算 P 点坐标。

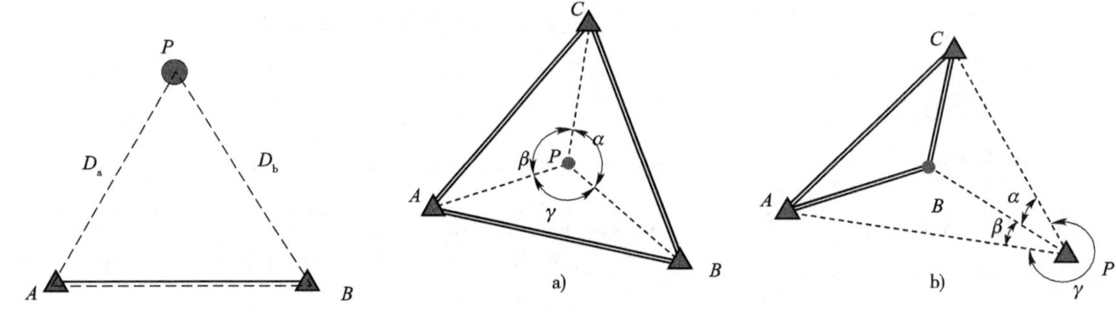

图 6-17 距离交会

图 6-18 后方交会

后方交会点位坐标计算公式较多,一般采用仿权计算法,未知点 P 的坐标计算公式为:

$$\begin{cases} x_P = \dfrac{P_A x_A + P_B x_B + P_C x_C}{P_A + P_B + P_C} \\ y_P = \dfrac{P_A y_A + P_B y_B + P_C y_C}{P_A + P_B + P_C} \end{cases} \tag{6-32}$$

式中:

$$\begin{cases} P_A = \dfrac{1}{\cot\angle A - \cot\alpha} = \dfrac{\tan\alpha\tan\angle A}{\tan\alpha - \tan\angle A} \\ P_B = \dfrac{1}{\cot\angle B - \cot\beta} = \dfrac{\tan\beta\tan\angle B}{\tan\beta - \tan\angle B} \\ P_C = \dfrac{1}{\cot\angle C - \cot\gamma} = \dfrac{\tan\gamma\tan\angle C}{\tan\gamma - \tan\angle C} \end{cases} \tag{6-33}$$

利用式(6-32)和式(6-33)计算时要注意以下几点:

①未知点 P 上的三个角 α、β、γ 必须分别与已知点 A、B、C 按图 6-18a)所示的关系相对应,其和应等于 360°;$\angle A$、$\angle B$、$\angle C$ 为三个已知点构成的三角形的内角,其值根据三条已知边的方位角计算。

②若 P 点选取在三角形任意两边延长线夹角之间,如图 6-18b)所示,应用式(6-32)计算

坐标时,α、β、γ 均以负值代入式(6-33)。

③另外,在选定 P 点时,应特别注意 P 点不能位于或接近三个已知点的外接圆上,否则 P 点坐标为不定解或计算精度低。

3. 距离交会

交会定点时,若测距较为方便,可选用距离交会的方法求点的坐标。如图 6-17 所示,已知 A、B 两点的坐标分别为(x_A, y_A)、(x_B, y_B),实测水平距离方别为 D_a、D_b。设未知点 P 的坐标为(x_P, y_P),可采用解方程的方法求得:

$$\begin{cases}(x_P - x_A)^2 + (y_P - y_A)^2 = D_b^2 \\ (x_P - x_B)^2 + (y_P - y_A)^2 = D_a^2\end{cases} \tag{6-34}$$

4. 边角联合后方交会

目前全站仪具有同时测角和测边的功能,在铁路、公路、建筑等工程施工工地,经常需要在任意一点架设全站仪,通过观测几个已知点,现场得到测站点的坐标。在观测几个已知点的过程中,既像后方交会一样,观测水平角;又像距离交会一样,观测水平距离,因此常称为边角联合后方交会,又称“全站仪自由测站”。

传统的后方交会在未知点 P 上,向 A、B、C 三个已知点观测得到两个水平夹角,根据所得角度和三个已知点坐标计算出 P 的坐标,其有一个前提:待定点 P 不能位于 A、B、C 三点所决定的外接圆圆周上,否则无法确定 P 的唯一性,此外接圆称为“危险圆”。而边角后方交会,则是待定点 P 上,向多个已知控制点(至少 2 个,可以多至 10 个)观测方向和距离,并根据最小二乘原理,按间接平差方法计算出 P 点的坐标,无需顾虑“危险圆”。如图 6-19 所示,是以两个后视点 A、B 为例的边角联合后方交会,其计算方法如下。

全站仪测距功能得到 D_{PA}、D_{BP},再由 A、B 的坐标推算出 AB 的方位角 α_{AB} 和水平距离 D_{AB},再通过余弦定理得到:

$$D_{AB}^2 + D_{PA}^2 - 2D_{AB}D_{PA}\cos\angle A = D_{BP}^2 \tag{6-35}$$

$$\angle A = \arccos\left(\frac{D_{AB}^2 + D_{PA}^2 - D_{BP}^2}{2D_{AB}D_{PA}}\right) \tag{6-36}$$

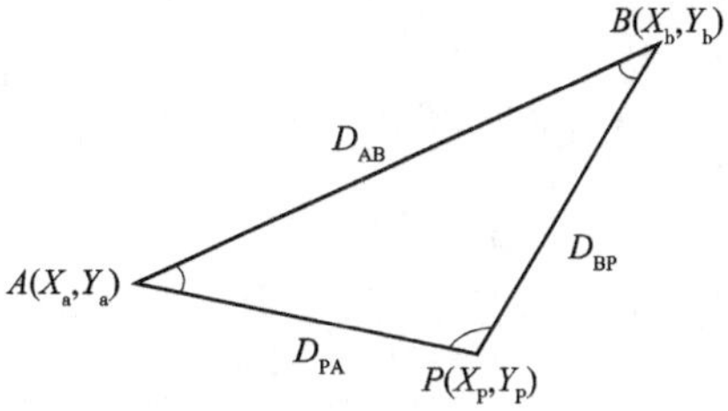

图 6-19　边角联合后方交会

由坐标正算公式,由 A 点坐标,可推算出 P 点坐标(X_{P1}, Y_{P1})为:

$$\begin{cases}X_{P1} = X_a + D_{PA}\cos\angle\alpha_{AP} \\ Y_{P1} = Y_a + D_{PA}\sin\angle\alpha_{AP}\end{cases} \tag{6-37}$$

其中,$\angle\alpha_{AP} = \angle\alpha_{AB} + \angle A$。

同理,由 B 点坐标,也可推算出 P 点坐标(X_{P2}, Y_{P2})为:

$$\begin{cases}X_{P2} = X_b + D_{BP}\cos\angle\alpha_{BP} \\ Y_{P2} = Y_b + D_{BP}\sin\angle\alpha_{BP}\end{cases} \tag{6-38}$$

其中,$\angle\alpha_{BP} = \angle\alpha_{AB} + 180° - \angle B$。

对比两式计算结果,参照全站仪给出的误差,如果在允许范围内,取两者平均值作为 P 点坐标(针对仅有两个已知点的情况)。若观测 2 个以上的已知控制点,则根据最小二乘原理,计算出 P 点的坐标。

第三节　工程高程控制测量

一、三、四等水准测量

三、四等水准测量除用于国家高程控制网的加密外，还可用于建立直接为工程项目建设服务的工程高程控制网的首级控制。三、四等水准路线一般应从附近的一、二等水准点引测，布设成附合水准路线或闭合水准测量的形式。《工程测量规范》规定，三、四等水准测量的主要技术要求，应符合表6-7和表6-8的规定。

三、四等水准测量技术要求(一)　　表6-7

等级	水准仪型号	视线长度(m)	前后视距差(m)	前后视距累积差(m)	视线高地面最低高度(m)	基本分划、辅助分划(黑红面)读数差(mm)	基本分划、辅助分划(黑红面)高差之差(mm)
三	DS_1	100	3	6	0.3	1.0	1.5
	DS_3	75				2.0	3.0
四	DS_3	100	5	10	0.2	3.0	5.0

注：当进行三、四等水准观测，采用单面标尺变更仪器高度时，所测两高差，应与黑红面所测高差之差的要求相同。

三、四等水准测量技术要求(二)　　表6-8

等级	水准仪型号	水准尺	线路长度(km)	观测次数		每公里高差中误差(mm)	往返较差、附合或闭合高差闭合差	
				与已知点连测	附合或环线		平地(mm)	山地(mm)
三	DS_1	铟瓦	≤50	往返各一次	往一次	6	$12\sqrt{L}$	$4\sqrt{n}$
	DS_3	双面			往返各一次			
四	DS_3	双面	≤16	往返各一次	往一次	10	$20\sqrt{L}$	$6\sqrt{n}$

注：L为往返测段、附合或闭合的水准路线长度(单位为km)，n为测站数。

1. 三、四等水准测量的观测和记录方法

(1)双面尺法。采用一对水准尺为配对的双面尺法(一把红面起点注记4.787m，一把红面起点注记4.687m)，在测站应按以下顺序观测读数，读数应填入记录表的相应位置(表6-9)。

①后视黑面，读取上、下、中丝读数，记入(1)、(2)、(3)中；

②前视黑面，读取上、下、中丝读数，记入(4)、(5)、(6)中；

③前视红面，读取中丝读数，记入(7)；

④后视红面，读取中丝读数，记入(8)。

以上(1)、(2)、…、(8)表示观测与记录的顺序。这样的观测顺序简称为“后(黑)—前(黑)—前(红)—后(红)”，其优点是可以大大减弱仪器下沉误差的影响。四等水准测量测站观测顺序一般为“后—前—前—后”，但也可为“后(黑)—后(红)—前(黑)—前(红)”的观测顺序。

三、四等水准测量记录(双面尺法)　　表 6-9

测站编号	点号	后尺 上丝 / 下丝 后视距 视距差 d(m)	前尺 上丝 / 下丝 前视距 $\sum d$(m)	方向及尺号	水准尺中丝读数(m) 黑面(m)	水准尺中丝读数(m) 红面(m)	K+黑-红(mm)	平均高差(m)	备注
		(1)	(4)	后	(3)	(8)	(14)		
		(2)	(5)	前	(6)	(7)	(13)		
		(9)	(10)	后-前	(15)	(16)	(17)	(18)	
		(11)	(12)						
1	BM1-TP1	1.536	1.030	后5	1.242	6.030	-1		
		0.947	0.442	前6	0.736	5.422	+1		
		58.9	58.8	后-前	+0.506	+0.608	-2	+0.5070	
		+0.1	+0.1						
2	TP1-TP2	1.954	1.277	后6	1.664	6.350	+1		K为常数; $K5$=4.787m $K6$=4.687m
		1.373	0.694	前5	0.985	5.773	-1		
		58.1	58.3	后-前	+0.679	+0.577	+2	+0.6780	
		-0.2	-0.1						
3	TP2-TP3	1.389	1.939	后5	1.024	5.811	0		
		0.903	1.449	前6	1.622	6.308	+1		
		48.6	49.0	后-前	-0.598	-0.497	-1	-0.5975	
		-0.4	-0.5						
4	TP3-A	1.479	0.982	后6	1.171	5.859	-1		
		0.864	0.373	前5	0.678	5.465	0		
		61.5	60.9	后-前	+0.493	+0.394	-1	+0.4935	
		+0.6	+0.1						
每页校核		$\sum$(9) - $\sum$(10) = 227.1 - 227.0 = +0.1 = 第4站(12) $\sum$[(3)+(8)] - $\sum$[(6)+(7)] = 2$\sum$(18) = +2.16m $\sum$(15) + $\sum$(16) = 2$\sum$(18) = +2.162m 总视距$\sum$(9) + $\sum$(10) = 454.1m							

(2)单面尺法。四等水准测量时,如果采用单面尺观测,则可按变更仪器高法进行检核。观测顺序为“后(黑)—前(黑)—变仪器高—前(黑)—后(黑)”,变高前按三丝读数,以后按中丝读数。在每一测站上应变动仪器高10cm以上。

2.测站计算与检核

以双面尺法为例,说明测站计算与检核如下:

(1)在每一测站,应进行以下计算与检核工作。

①视距计算如下:

后视距离(9) = |(1) - (2)| × 100

前视距离(10) = |(4) - (5)| × 100

前、后视距离(11) = (9) - (10)。三等水准测量,不得超过 ±3m;四等水准测量时,不得超过 ±5m。

前后视距差累积值(12)=前站之(12)+本站之(11)。三等水准,不得超过±6m;四等水准,不得超过±10m。

②同一水准尺黑、红面中丝读数的检核。同一水准尺红、黑面中丝读数之差,应等于该尺红、黑面的常数K(4.687m或4.787m),其差值为:

前视尺:(13)=(6)+K-(7)

后视尺:(14)=(3)+K-(8)

(13)、(14)的大小,三等水准测量不得超过±2mm;四等水准测量不得超过±3mm。

③高差计算及检核如下:

黑面高差(15)=(3)-(6)

红面高差(16)=(8)-(7)

黑、红面高差之差:(17)=(15)-(16)±0.100=(14)-(13)

三等水准不得超过±3mm,四等水准不得超过±5mm。式中0.100为单、双号两根水准尺红面底部注记之差,以m为单位。

平均高差$(18)=\frac{1}{2}\left\{(15)+[(16)\pm 0.100]\right\}$

(2)记录手簿每页应进行的计算与检核。

①视距计算检核。后视距总和减前视距总和等于末站视距差累积差,即

$\Sigma(9)-\Sigma(10)=$末站(12)

检核无误后,算出总视距为:

总视距$=\Sigma(9)+\Sigma(10)$

②高差计算检核。红、黑面后视总和减红、黑面前视总和应等于红、黑面高差总和,还应等于平均高差总和的两倍。

当一对水准尺严格按表6-9中的顺序交替使用且测站数为偶数时,有:

$\Sigma[(3)+(8)]-\Sigma[(6)+(7)]=\Sigma[(15)+(16)]=2\Sigma(18)$

当一对水准尺严格按表6-9中的顺序交替使用且测站数为奇数时,有:

$\Sigma[(3)+(8)]-\Sigma[(6)+(7)]=\Sigma[(15)+(16)]=2\Sigma(18)\pm 0.100$

用双面尺法进行三、四等水准测量的记录、计算及检核实例见表6-10。

(3)水准路线成果的整理计算。外业成果经验核无误后,按第二章水准测量成果计算的方法,经高差闭合差的调整后,计算各水准点的高程。

二、三角高程测量

在地面起伏较大的地区及位于较高建筑物上的控制点,用水准测量方法测定控制点的高程较为困难,通常采用三角高程测量的方法。随着光电测距仪器的普及,电磁波测距三角高程测量也得到广泛应用。《工程测量规范》对其技术要求做了规定,其高程测量精度可以达到四等水准测量的精度。

1. 三角高程测量的原理

三角高程测量是根据已知点高程及两点间的竖直角和距离,计算两点间的高差,求出未知点的高程。如图6-20所示,已知A点高程H_A,欲测定B点高程H_B,可在A点安置仪器,在B

点立棱镜，用望远镜中丝瞄准棱镜中心，测得竖直角 α，量取仪器高 i 和棱镜高 v。若用测距仪或全站仪测得 AB 之间的斜距 S 或平距 D，即可算出 A、B 两点间的高差为：

$$h_{AB}=D\tan\alpha+i-v \quad 或 \quad h_{AB}=S\sin\alpha+i-v \tag{6-39}$$

B 点的高程为：

$$H_B=H_A+h_{AB}=H_A+D\tan\alpha+i-v$$

或

$$H_B=H_A+h_{AB}=H_A+S\sin\alpha+i-v \tag{6-40}$$

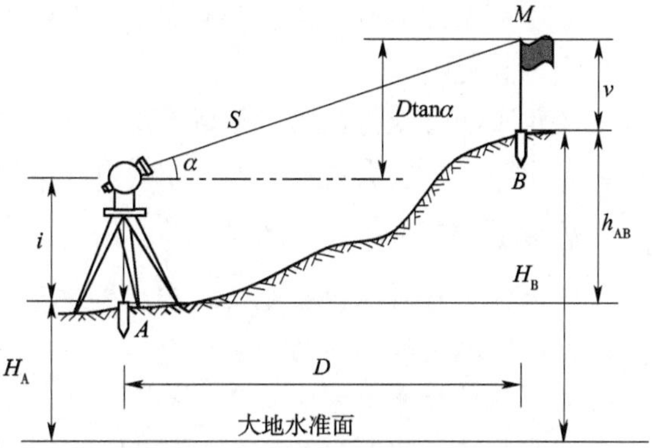

图 6-20　三角高程测量原理

当两点距离较远时，应考虑地球曲率和大气折光的影响，故公式（6-40）一般只适用于两点距离小于 200m 的三角高程计算。

三角高程测量一般应进行往返观测，即由 A 向 B 观测（称为直觇），再由 B 向 A 观测（称为反觇），称为对向观测（或双向观测）。取对向观测的高差平均值作为高差最后成果时，可以抵消地球曲率和大气折光的影响，所以三角高程测量大多采用对向观测法。

2. 三角高程测量的观测与计算

三角高程测量根据使用仪器不同而分为光电测距（全站仪）三角高程测量与经纬仪三角高程测量。对于光电测距三角高程控制测量，测量规范分为两级，即四等和五等三角高程测量。三角高程控制宜在平面控制点的基础上布设成三角高程网或高程导线，也可以布置为闭合或附合高程路线。光电测距三角高程测量主要技术要求，根据《工程测量规范》规定，应符合表 6-10、表 6-11 的规定。

光电测距三角高程测量的主要技术要求　　表 6-10

等级	每公里高差全中误差（mm）	边长（km）	观 测 次 数	对向观测高差较差（mm）	符合或环形闭合差（mm）
四等	10	≤1	对向观测	$40\sqrt{D}$	$20\sqrt{\sum D}$
五等	15	≤1	对向观测	$60\sqrt{D}$	$30\sqrt{\sum D}$

经纬仪三角高程观测的主要技术要求　　表 6-11

等级	竖直角观测				距 离 测 量	
	仪 器 精 度	测 回 数	竖盘指标差较差	测回间较差	仪 器 精 度	观 测 次 数
四等	2″级	3	≤7″	≤7″	≤10mm 级	往返各一次
五等	2″级	2	≤10″	≤10″	≤10mm 级	往一次

三角高程测量的观测与计算如下：

①测站上安置仪器，量仪器高 i 和标杆或棱镜高度 v，读数至毫米。

②用经纬仪或全站仪采用测回法观测竖直角 1～3 个测回。前后半测回之间的较差及指标差若符合表 6-11 中的规定，则取其平均值作为结果。

③应用式（6-40）进行三角高程计算。采用对向观测法且对向观测高差较差符合表 6-10 要求时，取其平均值作为高差结果。

采用全站仪进行三角高程测量时,可先将大气折光改正数参数及其他参数输入仪器,然后直接测定高程。

④对于闭合或符合的三角高程路线,应利用对向观测的高差平均值计算路线高差闭合差,符合表6-10中的附合或环形闭合差限值规定时,进行高差闭合差调整计算,推算出各点的高程。

思考题与习题

1. 为什么在测区内首先应进行控制测量?

2. 简述测量控制网的分类。

3. 导线的分布形式有哪几种?

4. 已知 A 点坐标(5327.638,6752.352)、B 点坐标(4879.955,3874.334),试计算 AB 的方位角 α_{AB} 及边长 D_{AB}。

5. 如图6-21所示,为一闭合导线 $ABCDA$ 的观测数据,已知 $X_A=500.00\text{m}$,$Y_A=1000.00\text{m}$,试用计算表格的形式,计算各导线点坐标。

6. 如图6-22所示的附合导线 $B23C$ 中,已标出已知数据和观测数据,试用计算表格的形式计算2、3两点的坐标。

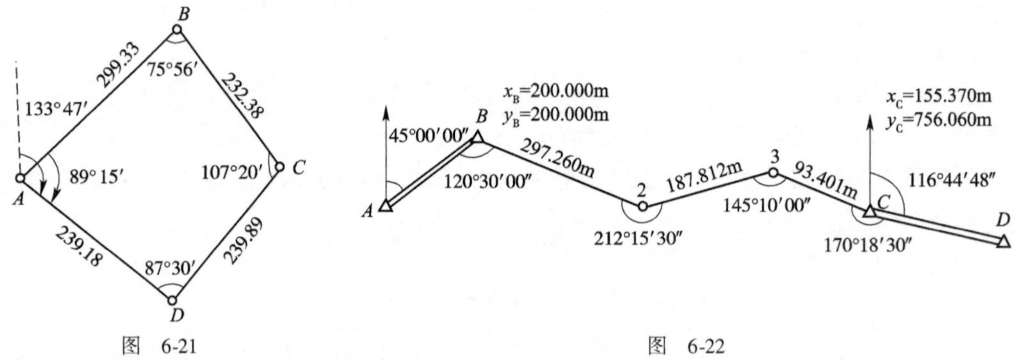

图 6-21　　图 6-22

7. 如图6-23所示,为前方交会,已知坐标为:$x_A=500.000$,$y_A=500.000$,$x_B=526.825$,$y_B=433.160$,观测值 $\alpha=90°03'24''$,$\beta=50°35'23''$。试求 P 点坐标。

8. 如图6-24所示,为距离交会,已知 A、B 点的坐标为:$x_A=500.000$,$y_A=500.000$,$x_B=615.825$,$y_B=596.160$。试计算 P 点坐标。

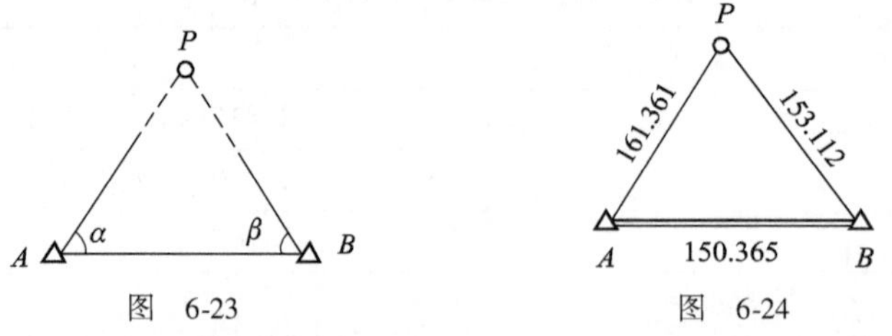

图 6-23　　图 6-24

9. 用三、四等水准测量建立高程控制时,如何观测?如何记录和计算?

10. 在什么情况下采用三角高程测量?如何观测和计算?

11. 三角高程测量时,已知 A、B 两点间平距为375.11m。在 A 点观测 B 点的竖直角 $\alpha=+4°30'$,仪器高 $i=1.50\text{m}$,棱镜高 $v=1.80\text{m}$;在 B 点观测 A 点的竖直角 $\alpha=-4°18'$,仪器高 $i=1.40\text{m}$,棱镜高 $v=2.40\text{m}$。求 A、B 两点间的高差。

第七章　全站仪及其使用

教学目标

1. 了解全站仪的基本结构及其性能指标。
2. 理解并掌握全站仪的角度测量、距离测量、坐标测量、点位放样、数据传输等基本功能。
3. 能熟练操作 DOS 操作系统全站仪和 WIN 操作系统全站仪进行测量与放样工作。

第一节　全站仪概述

全站仪,即全站型电子速测仪(Electronic Total Station),是一种由电子测水平角竖直角、光电测距、微处理器和机载软件组合而成的智能光电测量仪器。其广泛应用于工程建设、地理信息采集等多个领域。

一、基本结构

全站仪能在照准目标后,通过微处理器的控制,自动完成距离测量、水平方向读数、竖直角计算、观测数据显示、数据存储等工作,较好地实现了野外测量和处理过程的电子化、程序化和一体化。

全站仪按数据存储方式,分为内存型与电脑型。内存型全站仪所有程序固化在存储器中,不能添加或改写,也就是说只能使用全站仪提供的功能,无法扩充;而电脑型全站仪则内置 Microsoft WinCE 等操作系统,所有程序均运行于其上,根据实际需要,可通过添加程序来扩充功能,使操作者成为全站仪功能的开发者,以便更好地为工程建设服务。

如图 7-1 所示的左半部分是四大光电测量系统,即水平角、竖直角测量系统,测距系统和水平补偿系统。该系统测角部分相当于电子经纬仪,可以测定水平角、竖直角,并设置方位角;测距部分相当于光电测距仪,可测量仪器与目标点之间的斜距,进而计算出平距及高差;全站仪的测量内容通过总线传递至微处理器进行数据处理。

图 7-1 所示的右半部分是微处理器,主要由中央处理单元(CPU)、存储器、输入输出设备(I/O)组成,是全站仪进行数据处理的核心部件,其主要功能是根据键盘指令启动仪器进行测量、检核和数据的传输、处理、显示及存储等工作,保证光电测量及数据处理工作有条不紊地进行。输入输出部分包括键盘、显示器及数据接口,可实现输入操作指令、设置参数、显示结果、与电脑数据交换等功能。

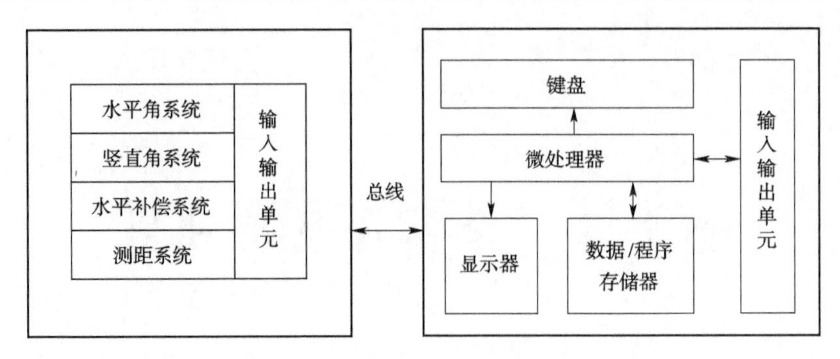

图 7-1　全站仪的系统组成

二、性能指标

全站仪的性能指标有:精度(测角及测距)、测程、测距时间、程序功能、补偿范围等。表7-1中列出了部分进口全站仪的主要性能指标。

几种进口品牌全站仪的主要性能指标　　表 7-1

指标项目 \ 型号		拓普康 GTS—311	索佳 PowerSet2000	徕卡 TC1610
分类		内存型	电脑型	内存型
放大倍率		30 ×	30 ×	30 ×
最短视距(m)		1.3	1.3	1.7
角度标准差		±2″	±2″	±1.5″
双轴自动补偿范围		±3′	±3′	±3′
最大测程(km)	单棱镜	2.7	2.7	2.5
	三棱镜	3.5	3.5	3.5
测距精度		$\pm(3\text{mm}+2\times10^{-6}\times D)$	$\pm(2\text{mm}+2\times10^{-6}\times D)$	$\pm(2\text{mm}+2\times10^{-6}\times D)$
测距时间(精测)(s)		3	2	4

三、主要产品

目前,市场上全站仪的产品主要有:瑞士徕卡(Leica)公司的 TC 系列,美国天宝(Trimble)公司的 S 系列,日本拓普康(Topcon)公司的 GTS 系列、Sokkia SET 系列,日本的尼康(Nivo)DTM 系列等,还有中国南方测绘公司的 NTS 系列,原苏州光学仪器厂和原北京光学仪器厂生产的苏光全站仪、北光全站仪等。如图 7-2 所示。

全站仪的主要外部构件由望远镜、电池、显示器及键盘、水准器、制动与微动螺旋、基座、手柄等组成。

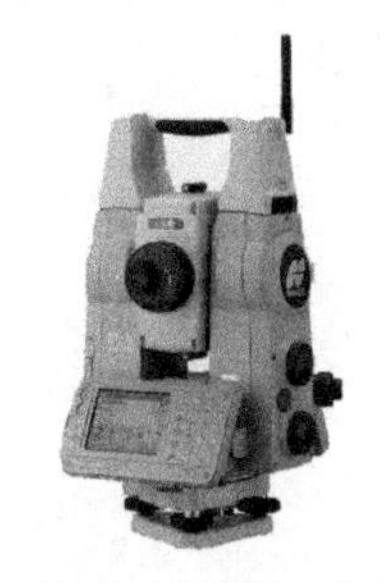

a)拓普康(Topcon)MS系列

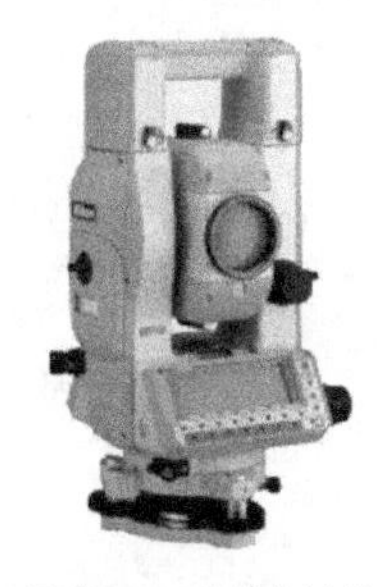

b)尼康DTM系列全站仪

c)南方NTS系列全站仪

d)苏光RTS系列全站仪

图 7-2　国内外主要品牌的全站仪

第二节　全站仪功能介绍

根据其构造,全站仪具有电子经纬仪、光电测距仪的功能,同时全站仪具有数据处理功能,因此通过内置的软件功能,可以实现坐标测量、三角高程测量、点位放样、数据采集、对边测量、悬高测量、面积测量、边角联合后方交会等多项功能,从而大大降低人员的劳动强度,提高了工作效率。

在使用任何一种全站仪前,请认真阅读仪器使用说明书,了解各种仪器各部件功能、操作要点及注意事项。尽管全站仪的品牌和型号很多,但仪器的基本操作和基本功能,差异性不大,下面分别从最基本的角度测量、距离测量、坐标测量、点位放样、程序测量 5 个方面进行功能介绍。

一、角度测量

1. 功能

可进行水平角、竖直角的测量。

2. 方法

与经纬仪相同。若要测出水平角$\angle AOB$,则有:

(1)半测回(精度要求不高时):瞄准 A 点—置零(0 SET)—瞄准 B 点,记下水平度盘 HR 的大小。

(2)测回法(精度要求高时):操作步骤同用经纬仪操作一样,只是配置度盘时,按“置盘”(H SET),每次瞄准后,记下水平度盘 HR 的大小。

二、距离测量

1. 功能

可测量平距 HD、高差 VD 和斜距 SD(全站仪镜点至棱镜镜点间高差及斜距)。

2. 方法

测量前先进行棱镜常数(PSM)、大气改正数(PPM)的设置,再照准棱镜点,按“测量”(MEAS)键。PSM、PPM 的设置方法可见第四章距离测量第三节电磁波测距。

(1)棱镜常数(PSM)的设置

不同的棱镜具有不同的棱镜常数,使用时应查看相应棱镜使用说明书,输入其棱镜常数。

例如国产圆棱镜,其棱镜常数为 -30mm。

(2)大气改正数(PPM)的设置

输入测量时的气温(TEMP)、气压(PRESS),或根据仪器说明书提供的计算公式,计算出PPM值后,输入。

注:全站仪的距离测量、坐标测量、点位放样、程序测量等,都与测距有关,故均要进行PSM、PPM的设置。

三、坐标测量

1. 功能

可测量目标点的三维坐标,即平面坐标(X,Y)和高程(H)。

2. 测量原理

(1)平面坐标

如图7-3所示,若输入方位角α_{SB},测站点S的坐标(X_S,Y_S);测得水平角β和平距D_{ST}。则有:

边长ST的方位角:$\alpha_{ST}=\alpha_{SB}+\beta$

待测点T点的坐标:$\begin{cases}X_T=X_S+D_{ST}\cdot\cos\alpha_{ST}\\Y_T=Y_S+D_{ST}\cdot\sin\alpha_{ST}\end{cases}$

(2)高程

如图7-4所示,若输入测站S的高程H_S,测得仪器高i,棱镜高v,平距D_{ST},竖直角θ_{ST},则可得待测点T点的高程为:

$$H_T=H_S+i+D_{ST}\cdot\tan\theta_{ST}-v$$

3. 操作方法

输入测站S三维坐标(X_S,Y_S,H_S),仪器高i,棱镜高v→瞄准后视点B,将水平度盘读数设置为α_{SB}或输入后视点坐标B(X_B,Y_B)→瞄准目标棱镜点T,按"测量",即可显示点T的三维坐标。

四、点位放样

1. 功能

根据设计的待放样点P的坐标,在实地标出P点的平面位置及填挖高度。

2. 放样原理

(1)如图7-5所示,在大致位置立棱镜,测出当前位置的坐标。

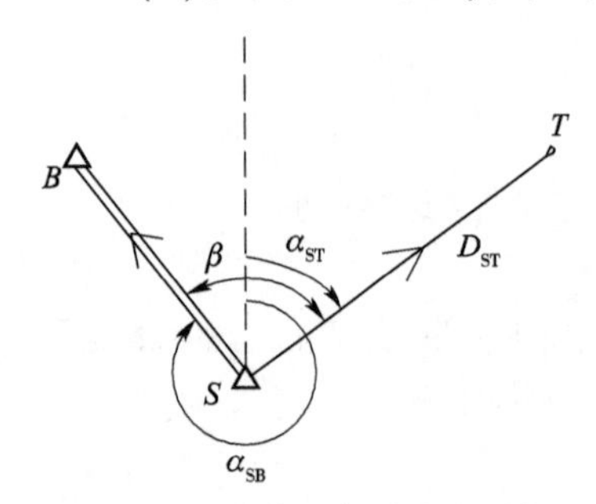

图7-3 全站仪坐标测量原理图

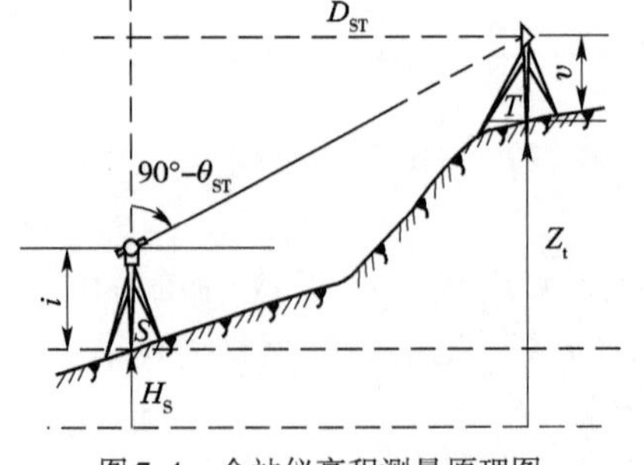

图7-4 全站仪高程测量原理图

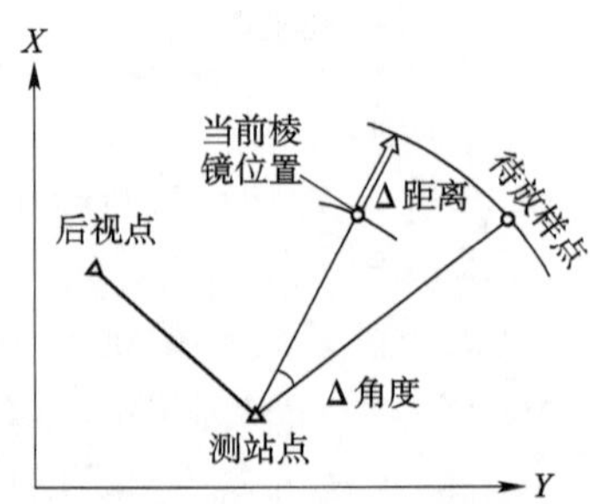

图7-5 全站仪点位放样原理

(2)将当前坐标与待放样点的坐标相比较,得距离差值 dD 和角度差 dHR 或纵向差值 ΔX 和横向差值 ΔY。

(3)根据显示的 dD、dHR 或 ΔX、ΔY,逐渐找到放样点的位置。

五、其他功能

全站仪的其他功能,主要还有数据采集(Data Collecting)、对边测量(MLM)、悬高测量(REM)、面积测量(AREA)、后方交会(RESECTION)等程序测量以及数据传输、查阅、存储管理等,可参阅相关说明书。

第三节　DOS 操作系统的 TOPCON300 系列全站仪使用

TOPCON300 系列全站仪是日本拓普康公司推出的 DOS 操作系统全站仪,其具有机身小、操作简捷、防尘性能好等特点。其各部件的名称如图 7-6 中注释,操作面板如图 7-7 所示。

一、仪器面板外观和功能说明

1. 仪器外观(图 7-6)

a) 正面

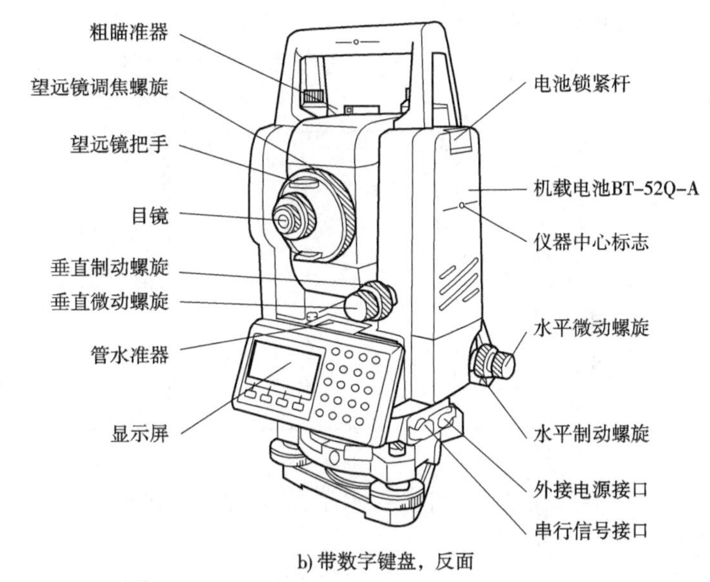

b) 带数字键盘，反面

图 7-6　TOPCON300 系列全站仪

2. 面板上按键功能(图 7-7)

⊿(坐标键)——进入坐标测量模式。

◢(距离键)——进入距离测量模式。

ANG——进入角度测量模式。

MENU——进入主菜单测量模式。

ESC——用于中断正在进行的操作,退回到上一级菜单。

POWER——电源开关键。

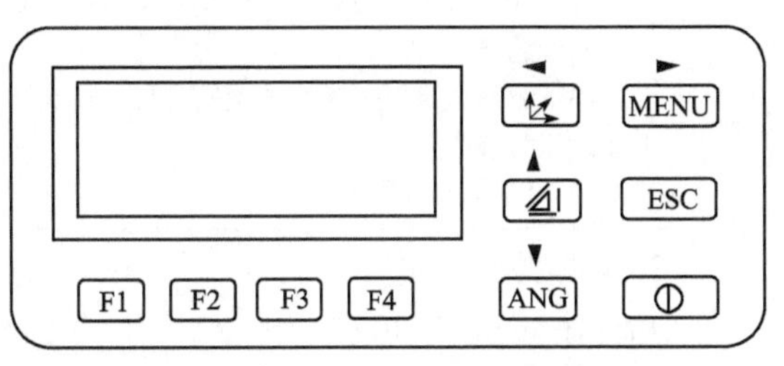

图 7-7　TOPCON300 系列全站仪操作面板

◀ ▶——光标左右移动键。

▲ ▼——光标上下移动、翻屏键。

F1、F2、F3、F4——软功能键,其功能分别对应显示屏上相应位置显示的命令。

3. 显示屏上显示符号的含义

V——竖盘读数(即天顶距)。

HR——水平读盘读数(右向,即顺时针读数增大)。

HL——水平读盘读数(左向,即逆时针读数增大),一般情况下,水平读盘取 HR 状态。

HD——水平距离。

VD——仪器望远镜至棱镜间高差。

SD——斜距。

*——正在测距。

N——北坐标,相当于 x。

E——东坐标,相当于 y。

Z——天顶方向坐标,相当于高程 H。

4. 全站仪几种测量模式介绍

(1)角度测量模式

功能:按 ANG 进入,可进行水平角、竖直角测量,倾斜改正开关设置。见表 7-2。

角度测量模式 表 7-2

第 1 页	F1 OSET:设置水平读数为 0°00′00″。 F2 HOLD:锁定水平读数。 F3 HSET:设置任意大小的水平读数。 F4 P1↓:进入第 2 页
第 2 页	F1 TILT:设置倾斜改正开关。 F2 REP:复测法。 F3 V%:竖直角用百分数显示。 F4 P2↓:进入第 3 页
第 3 页	F1 H-BZ:仪器每转动水平角 90°时,是否要蜂鸣声。 F2 R/L:右向水平读数 HR/左向水平读数 HL 切换,一般用 HR。 F3 CMPS:天顶距 V/竖直角 CMPS 的切换,一般取 V。 F4 P3↓:进入第 1 页

(2)距离测量模式

功能:按◢进入,可进行水平角、竖直角、斜距、平距、高差测量及 PSM、PPM、距离单位等设置。见表 7-3。

距离测量模式 表 7-3

第 1 页	F1 MEAS:进行测量。 F2 MODE:设置测量模式,Fine/coarse/tragcking(精测/粗测/跟踪)。 F3 S/A:设置棱镜常数改正值(PSM)、大气改正值(PPM)。 F4 P1↓:进入第 2 页
第 2 页	F1 OFSET:偏心测量方式。 F2 SO:距离放样测量方式。 F3 m/f/i:距离单位米/英尺/英寸的切换。 F4 P2↓:进入第 1 页

(3)坐标测量模式

功能:按⊾进入,可进行坐标(N,E,H)、水平角、竖直角、斜距测量及 PSM、PPM、距离单位等设置。见表 7-4。

坐标测量模式　　表7-4

第1页		第2页	F1　R. HT:输入棱镜高。 F2　INS. HT:输入仪器高。 F3　OCC:输入测站坐标。 F4　P2↓:进入第3页
	F1　MEAS:进行测量。 F2　MODE:设置测量模式,Fine/Coarse/Tracking。 F3　S/A:设置棱镜改正值(PSM),大气改正值(PPM)常数。 F4　P1↓:进入第2页	第3页	F1　OFSET:偏心测量方式。 F2　—— F3　m/f/i:　距离单位米/英尺/英寸切换。 F4　P3↓:进入第1页

(4)主菜单模式

功能:按MENU进入,可进行数据采集、坐标放样、程序测量(对边、悬高、面积、后方交会等)、内存管理(数据文件编辑、传输及查询)、参数设置等。

二、TOPCON300系列全站仪功能简介

对中整平后,按开关键[⊙]开机后,上下转动望远镜几周,然后使仪器水平盘转动几周,完成仪器初始化工作,直至显示水平度盘角值HR、竖直度盘角值V为止。

参数设置——按◢|或↯键,进入距离测量或坐标测量模式,再按第1页的S/A(F3)。

①棱镜常数PRISM的设置——一般国产圆棱镜设置为-30mm(可参见棱镜说明书)。

②大气改正值PPM的设置——按"T-P",分别在"TEMP."和"PRES."栏,输入测量时的气温、气压。(或者按照说明书中的公式计算出PPM值后,按"PPM"直接输入)。

说明:参数设置后,在没有新设置前,仪器将保存现有设置。

1.测回法水平角测量

按ANG键,进入测角模式(开机后默认的模式)。

如图7-8所示,测量水平角<*AOB*。盘左瞄准左边目标*A*点→配置水平度盘,若要置零(配至0°00′00″)则按0SET(F1)→顺时针旋转瞄准右边*B*点,记下水平度盘HR的大小→倒镜成盘右,瞄准右边*B*点,记下HR的大小→逆时针旋转瞄准左边*A*点,记下HR的大小。

注:若要配至0°02′30″,则按HSET(F3)→按INPUT"0.0230"→ENT。

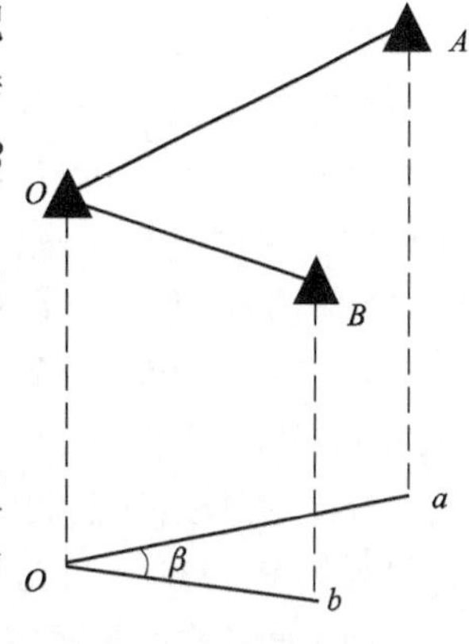

图7-8　水平角测量示意图

2.距离测量

按◢|键,进入测距模式,瞄准棱镜后,按F1(MEAS),记录下仪器测站点至棱镜点间的平距HD、镜头与镜头间的斜距SD和镜头与镜头间的高差VD。

3.坐标测量

如图7-9所示,*A*点、*O*点为已知点,若在*O*点架设全站仪,要测量*B*点的坐标,则有:

(1)按ANG键,进入测角模式,瞄准后视点*A*。

(2)按HSET,输入测站*O*至后视点*A*的坐标方位角α_{OA}(如:输入65.4839,回车,即输入了65°48′39″),或输入*A*点平面坐标(x_A,y_A)。

(3)按坐标键,进入坐标测量模式。按 P↓,进入第 2 页。

(4)按 OCC,分别在 N、E、Z 输入测站坐标(x_0,y_0,H_0)。

(5)按 P↓,进入第 2 页,在 INS. HT 栏,输入仪器高。

(6)按 P↓,进入第 2 页,在 R. HT 栏,输入 B 点处的棱镜高。瞄准待测量点 B,按 MEAS,得 B 点的(x_B,y_B,H_B)。

4. 零星点的坐标放样

如图 7-9 所示,A 点、O 点为已知点,又已知 B 点、C 点的设计坐标,现在 O 点架设全站仪,要在实地放样出 B 点和 C 点的位置,则有:

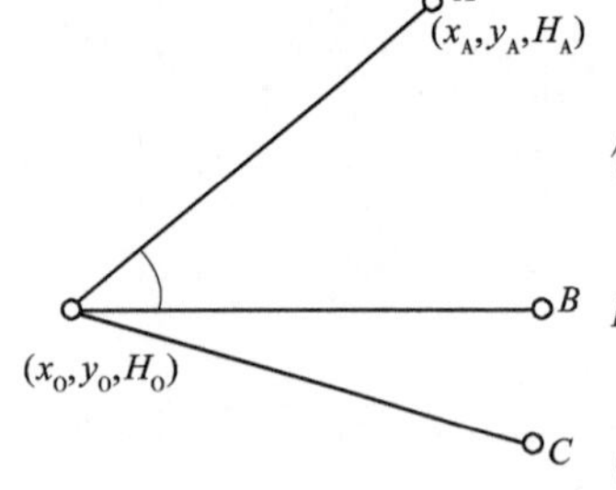

图 7-9　零星点坐标测量、点位放样示意图

(1)按 MENU,进入主菜单测量模式。

(2)按 LAYOUT,进入放样程序,再按 SKP,略过使用文件,即不使用文件。

(3)按 OOC. PT(F1),再按 NEZ,输入测站 O 点的坐标(x_0,y_0,H_0);并在 INS. HT 一栏,输入仪器高。

(4)按 BACKSIGHT(F2),再按 NE/AZ,输入后视点 A 的坐标(x_A,y_A);若不知 A 点坐标而已知坐标方位角 α_{OA} = 88°29′40″,则可再按 AZ,在 HR 项输入 88.2940,则输入了方位角 α_{OA} = 88°029′40″。瞄准 A 点,按 YES。

(5)按 LAYOUT(F3),再按 NEZ,输入待放样点 B 的坐标(x_B,y_B,H_B)及测杆单棱镜的镜高后,按 ANGLE(F1)。使用水平制动和水平微动螺旋,使显示的 dHR = 0°00′00″,即找到了 OB 方向,指挥持测杆单棱镜者移动位置,使棱镜位于 OB 方向上。

(6)按 DIST,进行测量,根据显示的 dHD 来指挥持棱镜者沿 OB 方向移动,若 dHD 为正,则向 O 点方向移动;反之若 dHD 为负,则向远处移动,直至 dHD = 0 时,立棱镜点即为 B 点的平面位置。其所显示的 dZ 值即为立棱镜点处的填挖高度,正为挖,负为填。

(7)按 NEXT——反复(5)、(6)两步,放样下一个点 C。

5. TOPCON300 系列全站仪与计算机的通信

全站仪一般都带有可以存储几千至几万个点数据的内存,为了使全站仪中的数据能与计算机中的数据进行快速、准确地交换(全站仪测量数据的下载和电脑已知坐标数据的上传),就必须实现全站仪与计算机之间的通信。

目前,全站仪与计算机之间的通信的方式主要有三种:一是采用 RS-232(Recommended Standard)接口与计算机串行 COM 口相连;二是采用 USB 接口与计算机 USB 接口相连;三是采用 CF 卡,从全站仪上取出后,直接插入计算机 CF 卡插口。下面对拓普康 TOPCON300 系列全站仪采用 RS-232 接口与计算机 COM 串口相连的数据通信方法作简单介绍。

(1)通信软件与通信线缆

TOPCON300 系列全站仪与计算机之间实现数据通信,需要在计算机上安装相应的数据通信软件,如 T-COM 软件。进行通信前,应先连接好通信线缆,线缆一端 6 针的圆形插头是用来连接全站仪的“SIG”口,另一端 9 针 D 型插头是用来接连电脑的串行口的(一般连接 COM1 口)。

(2)通信参数设置

全站仪与计算机的串行通信方式,要做到正确地传送数据,必须在全站仪与计算机上分别

设置好通信参数,保证两者参数一致。通信参数主要包括:

①波特率(Baud Rate)。波特率是指每秒数据传送速率的位数,是数据传送速率的反映。全站仪通信的波特率一般为 50~38400。在通信时,计算机应与全站仪设置相同的波特率,一般设置为“9600”。

②校验位(Parity)。也称奇偶性校验位,是检验数据传输是否正确的一种方法。主要包括:无校验(None)(即不检查奇偶性)、偶校验(Even)(即所有高电平位总数若是偶数,则校验位为 0,奇数则校验位是 1)、奇校验(Odd)(即所有高电平位总数若是奇数,则校验位为 0,偶数则校验位为 1)。一般设置为“无校验(None)”。

③停止位(Stop Bit)。处于最后一个数据位或校验位之后,用来表示该字符的结束,其宽度有 1 和 2。在全站仪与计算机进行数据通信时,二者应设置相同的停止位,一般设置为“停止位 1 位”。

④回答方式(Protocol)。若接收设备能接收和处理更多的数据,则就通知发送器发送数据;若不能,则发送器就中止数据库发送,这就叫做回答方式。ACK/NAK 是指当内部数据缓冲器满时,接收器发出一个 NAK 信号,直至发送器收到一个 ACK 信号后再恢复传送。一般应设置为“ACK/NAK 方式”。

(3)使用 T-COM 软件将电脑中数据文件的上载(UPLOAD)的操作

①在电脑上用文本编辑软件(如 Windows 附件的“写字板”程序),输入点的坐标数据,格式为“点名,Y,X,H”;保存类型为“文本文档”。具体如图 7-10 所示。

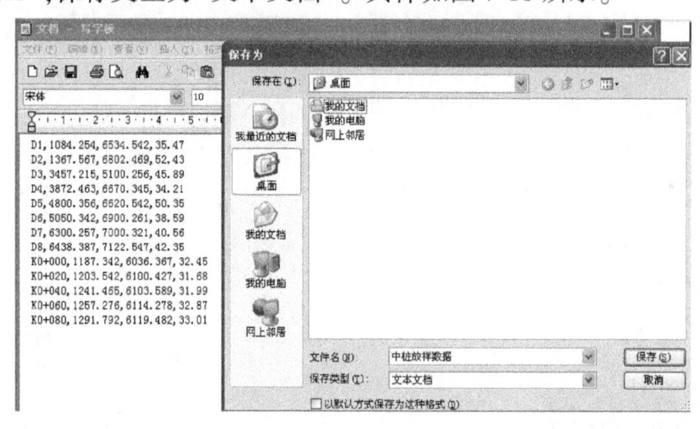

图 7-10　编辑上载的数据文件

②用“写字板”程序打开文本格式的坐标数据文件,并打开 T-COM 软件,将坐标数据文件复制到 T-COM 的编辑栏中。

③用通信电缆将全站仪的“SIG”口与电脑的串口(如 COM1)相连,在全站仪上,按 MENU—MEMORY MGR.—DATA TRANSFER,进入数据传输,先在“COMM. PARAMETER”(通信参数)中分别设置“PROTOCOL”(议协)为“ACK/NAK”;“BAUD RATE”(波特率)为 9600;“CHAR./PARITY”(校检位)为“8/NONE”;“STOP BITS”(停止位)为“1”。

④在 T-COM 软件中,点击按钮,出现“Current data are saved as:030624. pts”对话框时,点“OK”,出现如图 7-11 所示的通信参数设置对话框。按全站仪上的相同配置进行设置并选择“Read text file”后,点“GO”将刚保存的文件 030624. pts 打开,出现 Point Details(点描述)

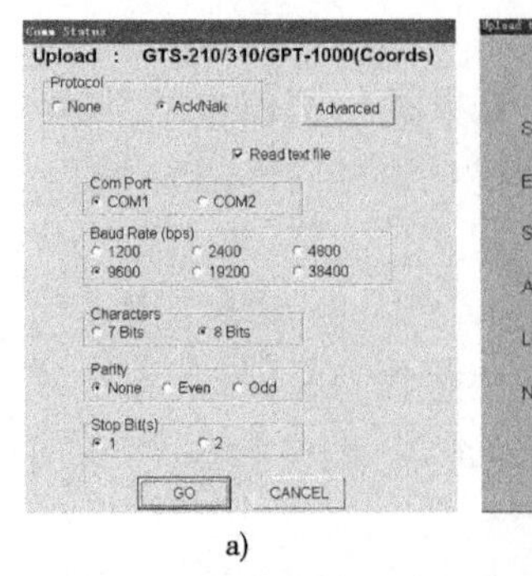

a)

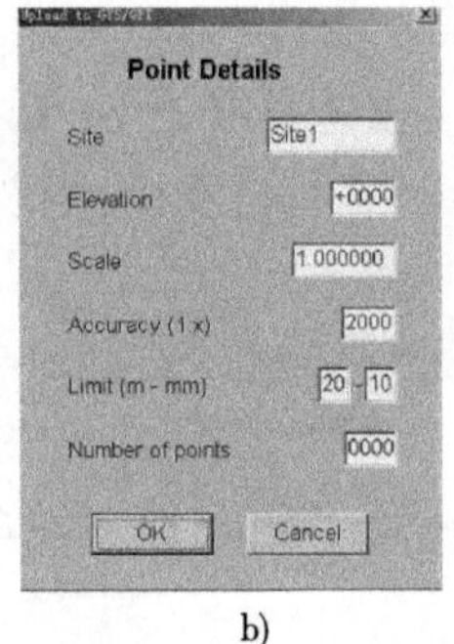

b)

图 7-11 上载的数据文件

对话框。

⑤回到全站仪主菜单 MENU 中的 MEMORY MGR.—DATA TRANSFER—LOAD DATA—COORD. DATA 。用 INPUT 为上传的坐标数据文件输入一个文件名后,点“YES”使全站仪处于等待数据状态(Waiting Data),再在电脑 Point Details 对话框中点“OK”。

注:可以直接在 T-COM 软件编辑栏中按“点名,Y,X,H”的格式编辑待上载的坐标数据文件。

(4)使用 T-COM 软件将全站仪中数据文件的下载(DOWNLOAD)至电脑的操作

同上载一样,进行电缆连接和通信参数的设置。点击软件中的按钮,设置通信参数并选择“Write text file”后,再在全站仪上选择下载数据文件的类型(测量数据文件或坐标数据文件)。先在电脑上按“GO”,处于等待状态,再在全站仪上按“确定”,即可将全站仪中的数据下载至电脑。出现“Current data are saved as 03062501. gt6”及“是否转换”时对话框时,点击“Cancel”。点击按钮“ ”,将下载的数据文件取名后保存(保存时下载的测量数据文件及坐标数据文件均要加上扩展名 gt6)。

第四节 WIN 操作系统的南方 NTS360 系列全站仪使用

南方 NTS-360 系列全站仪包括 NTS360/NTS360L/NTS360R。NTS360 全站仪装有红外发光测距仪,NTS360L 全站仪装有红外激光测距仪,NTS360R 全站仪装有可见红色激光测距仪,可无需棱镜测量,测程 300m。NTS360 系列全站仪具备丰富的测量程序,同时具有数据存储功能、参数设置功能,功能强大,适用于各种专业测量和工程测量。图 7-12 为 NTS-360 系列全站仪结构,图 7-13 为操作面板。

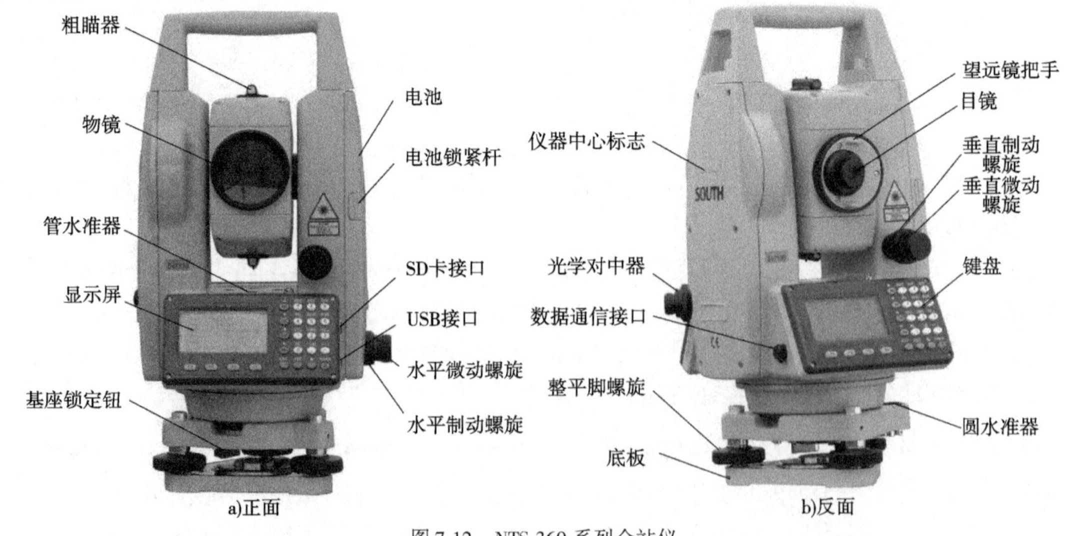

图 7-12 NTS-360 系列全站仪

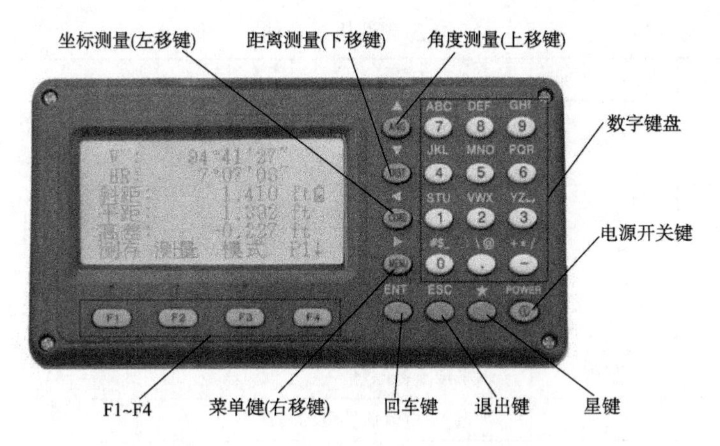

图 7-13　NTS-360 系列全站仪操作面板

一、键盘功能及信息显示

键盘符号及其功能如表 7-5 所示。

NTS—360 系列全站仪操作面板符号及功能　　表 7-5

按　键	名　称	功　能
ANG	角度测量键	进入角度测量模式(▲光标上移或向上选取选择项)
DIST	距离测量键	进入距离测量模式(▼光标下移或向下选取选择项)
CORD	坐标测量键	进入距离测量模式(◀光标左移)
MENU	菜单键	进入菜单键(▶光标右移)
ENT	回车键	确认数据输入或存入该行数据并换行
ESC	退出键	取消前一操作,返回到前一个显示屏或前一个模式
POWER	电源键	控制电源的开关
F1 ~ F4	软键	功能参见所显示的信息
0 ~ 9	数字键	输入数字和字母或选择菜单项
· ~ -9	符号键	输入符号、小数点、正负号
★	星键	用于仪器若干常用功能的操作

二、角度测量

1. 角度测量模式

角度测量界面菜单如图 7-14 所示,角度测量模式功能如表 7-6 所示。操作方法,如表 7-7 所示。

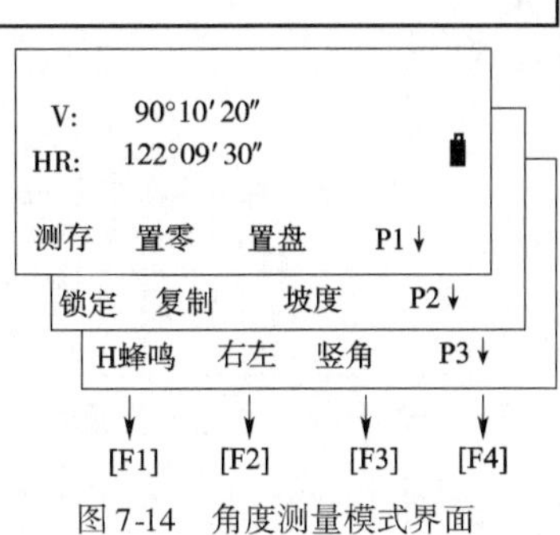

图 7-14　角度测量模式界面

角度测量模式功能　　表 7-6

页　数	软　键	显示符号	功　　能
第 1 页（P1）	F1	测存	启动坐标测量，将测量数据记录到相对应的文件中（测量文件和坐标文件在数据采集功能中选定）
	F2	置零	水平角置零
	F3	置盘	通过键盘输入设置一个水平角
	F4	P1↓	显示第 2 页软键功能
第 2 页（P2）	F1	锁定	水平角读数锁定
	F2	复测	水平角重复测量
	F3	坡度	垂直角/百分比坡度的切换
	F4	P2↓	显示第 3 页软键功能
第 3 页（P3）	F1	H 蜂鸣	仪器转动至水平角 0°、90°、180°、270°是否蜂鸣的设置
	F2	右左	水平角右角/左角的转换
	F3	竖角	垂直角显示格式（高度角/天顶距）的切换
	F4	P3↓	显示第 1 页软键功能

角度观测操作步骤　　表 7-7

操作过程	操　作　键	显　　示
①照准第一个目标 *A*	照准 *A*	V:　82°09′30″ HR:　90°09′30″ 测存　置零　置盘　P1↓
②按[F2]（置零）键和[F4]（是）键，将设置目标 *A* 的水平角为 0°00′00″	[F2] [F4]	水平角置零吗? [否]　[是] V:　82°09′30″ HR:　0°00′00″ 测存　置零　置盘　P1↓
③照准第二个目标 *B*，显示目标 *B* 的 V/H	照准目标 *B*	V:　92°09′30″ HR:　67°09′30″ 测存　置零　置盘　P1↓

2. 水平角（右角/左角）切换

处于角度测量模式下对左右角进行切换（注意：一般保持右角状态），如表 7-8 所示。

水平角(右角/左角)切换　　表 7-8

操作过程	操作键	显示
①按[F4](↓)键两次转到第 3 页功能	[F4]两次	V: 122°09′30″ HR: 90°09′30″ 测存 置零 置盘 P1↓ 锁定 复测 坡度 P2↓ H蜂鸣 右左 竖角 P3↓
②按[F2](右左)键。右角模式(HR)切换到左角模式(HL)	[F2]	V: 122°09′30″ HL: 269°50′30″ H蜂鸣 右左 竖角 P3↓
③再按[F2]键则以右角模式进行显示*		
*每次按[F2](右左)键,HR/HL 两种模式交替切换		

3. 水平角的设置

确认处于角度测量模式的状态下,通过[锁定]键进行设置,操作步骤如表 7-9 所示。

水平角的设置　　表 7-9

操作过程	操作键	显示
①利用水平微动螺旋转到所要设置的水平角	显示角度	V: 122°09′30″ HR: 90°09′30″ 测存 置零 置盘 P1↓
②按[F4]键,转到第 2 页功能	[F4]	V: 122°09′30″ HR: 90°09′30″ 锁定 复测 坡度 P2↓
③按[F1]锁定键	[F1]	水平角锁定 HR: 90°09′30″ >设置? [否] [是]
④照准目标点	照准	
⑤按[F4](是)键完成水平角设置,屏幕返回到测角模式,显示如右图所示*	[F4]	V: 122°09′30″ HR: 90°09′30″ 锁定 复测 坡度 P2↓
*若要返回上一个模式,可按[F3](否)键		

三、距离测量模式

NTS360R 系列全站仪在测量过程中,应该避免在红外测距模式及激光测距条件下,对准强反射目标(如交通灯)进行距离测量。因为其所测量的距离要么错误,要么不准确。

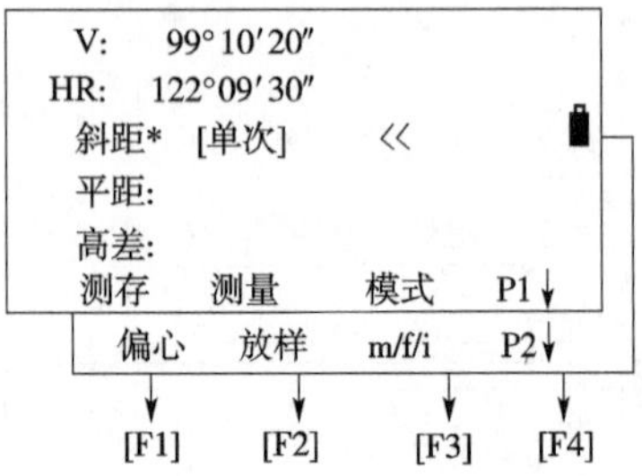

V: 99°10′20″
HR: 122°09′30″
斜距* [单次] <<
平距:
高差:
测存 测量 模式 P1↓
偏心 放样 m/f/i P2↓
[F1] [F2] [F3] [F4]

图 7-15 距离测量模式界面

当按下测量键时,仪器将对在光路内的目标进行距离测量。当测距进行时,如有行人、汽车、动物、摆动的树枝等通过测距光路,会有部分光束反射回仪器,从而导致距离结果的不准确。

1. 距离测量模式

距离测量模式界面如图 7-15 所示,其功能如表 7-10 所示。

距离测量模式功能 表 7-10

页 数	软 键	显示符号	功 能
第 1 页 (P1)	F1	测存	启动坐标测量,将测量数据记录到相对应的文件中(测量文件和坐标文件在数据采集功能中选定)
	F2	测量	启动坐标测量
	F3	模式	设置测量模式单次精测/N 次精测/重复精测/跟踪的转换
	F4	P1↓	显示第 2 页软键功能
第 2 页 (P2)	F1	偏心	偏心测量模式
	F2	放样	坐标放样模式
	F3	m/f/i	设置距离单位米/英尺/英尺・英寸
	F4	P2↓	显示第 1 页软键功能

操作步骤,如表 7-11 所示。

距离测量操作步骤 表 7-11

操作过程	操作键	显 示
①按[DIST]键,进入测距界面,距离测量开始①	[DIST]	V: 90°10′20″ HR: 170°09′30″ 斜距*[单次] << 平距: 高差: 测存 测量 模式 P1↓
②显示测量的距离②,③		V: 90°10′20″ HR: 170°09′30″ 斜距* 241.551m 平距: 235.343m 高差: 36.551m 测存 置零 模式 P1↓

续上表

操作过程	操作键	显示
③按[F1](测存)键启动测量,并记录测得的数据,测量完毕,按[F4](是)键,屏幕返回到距离测量模式。一个点的测量工作结束后,程序会将点名自动+1,重复刚才的步骤即可重新开始测量④	[F1] [F4]	V:　90°10′20″ HR:　170°09′30″ 斜距*　241.551m 平距:　235.343m 高差:　36.551m >记录吗?　[否]　[是] 点名:1 编码:SOUTH V:　90°10′20″ HR:　170°09′30″ 斜距:　241.551m <完成>
①当光电测距(EDM)正在工作时,"*"标志就会出现在显示屏上。 ②距离的单位表示为:"m"(米)、"ft"(英尺)、"fi"(英尺·英寸),并随着蜂鸣声在每次距离数据更新时出现。 ③如果测量结果受到大气抖动的影响,仪器可以自动重复测量工作。 ④记录方式参阅"数据采集设置"		

2. 设置测量模式

NTS360R 系列全站仪提供单次精测/*N* 次精测/重复精测/跟踪测量 4 种测量模式,用户可根据需要进行选择。

若采用 *N* 次精测模式,当输入测量次数后,仪器就按照设置的次数进行测量,并显示出距离平均值。如表 7-12 所示。

设置测量模式　　表 7-12

操作过程	操作键	显示
①按[DIST]键,进入测距界面,距离测量开始	[DIST]	V:　90°10′20″ HR:　170°09′30″ 斜距*[单次]　<< 平距: 高差: 测存　置零　模式　P1↓
②当需要改变测量模式时,可按[F3](模式)键,测量模式便在单次精测/*N* 次精测/重复精测/跟踪测量模式之间切换	[F3]	V:　90°10′20″ HR:　170°09′30″ 斜距*[3次]　<< 平距: 高差: 测存　置零　模式　P1↓ V:　90°10′20″ HR:　170°09′30″ 斜距*　241.551m 平距:　235.343m 高差:　36.551m 测存　置零　模式　P1

3. 距离放样

该功能可显示出测量的距离与输入的放样距离之差。

测量距离 - 放样距离 = 显示值

放样时可选择平距(HD),高差(VD)和斜距(SD)中的任意一种放样模式,如表7-13所示。

放　样　　表7-13

操作过程	操作键	显示
①在距离测量模式下按[F4](P1↓)键,进入第2页功能	F4	V:　90°10′20″ HR:　170°09′30″ 斜距*[单次]　<< 平距: 高差: 测存　测量　模式　P1↓ 偏心　放样　m/f/i　P2↓
②按[F2](放样)键,显示出上次设置的数据	F2	放样 平距:　0.000 平距　高差　斜距
③通过按[F1]~[F3]键选择放样测量模式。F1:平距;F2:高差;F3:斜距。例如:水平距离,按[F1](平距)键	[F1]	放样 平距:　_　0.000 回退　确认
④输入放样距离(例如:3.500m),输入完毕,按[F4](确认)键	输入3.500 F4	放样 平距:　3.500 回退　确认
⑤照准目标(棱镜)测量开始,显示出测量距离与放样距离之差	照准 *P*	V:　99°46′02″ HR:　160°52′06″ 斜距:　2.164m dhd:　-.367m 高差:　-0.367m 偏心　放样　m/f/i　P2↓
⑥移动目标棱镜,直至距离差等于0m为止		V:　99°46′02″ HR:　160°52′06″ 斜距:　2.164m dhd:　0.000m 高差:　-0.367m 偏心　放样　m/f/i　P2↓

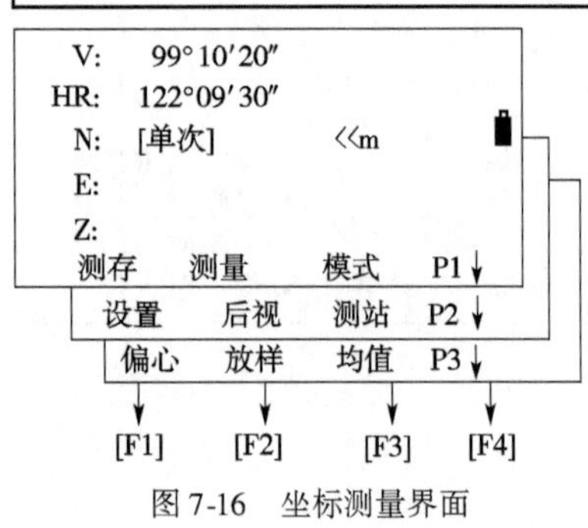

图7-16　坐标测量界面

四、坐标测量模式

1. 界面菜单

坐标测量模式共有三个界面菜单,如图7-16所示,其功能如表7-14所示。

坐标测量界面菜单功能　　表 7-14

页　数	软　键	显示符号	功　　能
第 1 页（P1）	F1	测存	启动坐标测量，将测量数据记录到相对应的文件中（测量文件和坐标文件在数据采集功能中选定）
	F2	测量	启动坐标测量
	F3	模式	设置测量模式单次精测/N 次精测/重复精测/跟踪的转换
	F4	P1↓	显示第 2 页软键功能
第 2 页（P2）	F1	设置	设置目标高和仪器高
	F2	后视	设置后视点的坐标
	F3	测站	设置测站点的坐标
	F4	P2↓	显示第 3 页软键功能
第 3 页（P3）	F1	偏心	偏心测量模式
	F2	放样	坐标放样模式
	F3	均值	设置 N 次精测的次数
	F4	P3↓	显示第 1 页软键功能

2. 坐标测量的步骤

（1）测站点坐标的设置

仪器（测站点）的坐标设置，如表 7-15 所示。

测站点坐标的设置　　表 7-15

操作过程	操　作　键	显　　示
①在坐标测量模式下，按［F4］（P1↓）键，转到第二页功能	［F4］	V: 95°06′30″ HR: 86°01′59″ N: 0.168m E: 2.430m Z: 1.782m 测存　测量　模式　P1↓ 设置　后视　测站　P2↓
②按［F3］（测站）键	［F3］	设置测站点 N0　0.000　m E0:　0.000　m Z0:　0.000　m 回退　　确认
③输入 N 坐标，并按［F4］确认键	输入数据 ［F4］	设置测站点 N0　36.976　m E0:　_　0.000　m Z0:　0.000　m 回退　　确认
④按同样方法输入 E 和 Z 坐标，输入完毕，屏幕返回到坐标测量模式		V: 95°06′30″ HR: 86°01′59″ N: 36.976m E: 30.008m Z: 47.112m 设置　后视　测站　P2↓

(2)仪器高和目标高的设置

仪器高和待测目标点的棱镜高的设置,如表7-16所示,此项功能用于获取Z坐标值,电源关闭后,可保存目标高。

仪器高和目标高设置 表7-16

操作过程	操作键	显示
①在坐标测量模式下,按[F4]键,进入第2页功能	[F4]	V: 95°06′30″ HR: 86°01′59″ N: 0.168m E: 2.430m Z: 1.782m 测存 测量 模式 P1↓ 设置 后视 测站 P2↓
②按[F1](设置)键,显示当前的仪器高和目标高,将光标分别移到仪器高和目标高	[F1]	输入仪器高和目标高 仪器高: 2.000 m 目标高: _ 0.000 m 回退 确认
③输入仪器高和目标高,并按[F4](确认)键	输入目标高 [F4]	输入仪器高和目标高 仪器高: 2.000 m 目标高: 1.500 m 回退 确认

(3)测量待测点的三维坐标

瞄准后视已知点A,设置测站点至后视点A的坐标方位角后,再瞄准待测目标点B的棱镜后,按测量键,即可测得待测点B的三维坐标,如表7-17所示。

三维坐标测量操作步骤 表7-17

操作过程	操作键	显示
①瞄准已知点A,并设置测站至A点的方位角	设置方位角	V: 276°06′30″ HR: 90°00′30″ 测存 置零 置盘 P1↓
②照准目标B,按测量键	照准棱镜测量	V: 276°06′30″ HR: 90°09′30″ N*[单次] -< m E: m Z: m 测存 测量 模式 P1↓
③开始测量,按[F2](测量)键可重新开始测量	[F2]	V: 276°06′30″ HR: 90°09′30″ N: 36.001m E: 49.180m Z: 23.834m 测存 测量 模式 P1↓

续上表

操作过程	操作键	显示
④按[F1](测存)键启动坐标测量,并记录测得的数据,测量完毕,按[F4](是)键,屏幕返回到坐标测量模式。一个点的测量工作结束后,程序会将点名自动+1,重复刚才的步骤即可重新开始测量	[F1]	V: 276°06′30″ HR: 90°09′30″ N: 36.001m E: 49.180m Z: 23.834m >记录吗? [否] [是] 点名:1 编码:SOUTH N: 36.001m E: 49.180m Z: 23.834m <完成>

五、数据采集

NTS360 系列可将测量数据存储在内存中,内存可划分为测量数据文件和坐标数据文件。数据采集菜单的操作:按[MENU]键,仪器进入主菜单 1/2 模式,按数字键[1](数据采集),如图 7-17 所示。

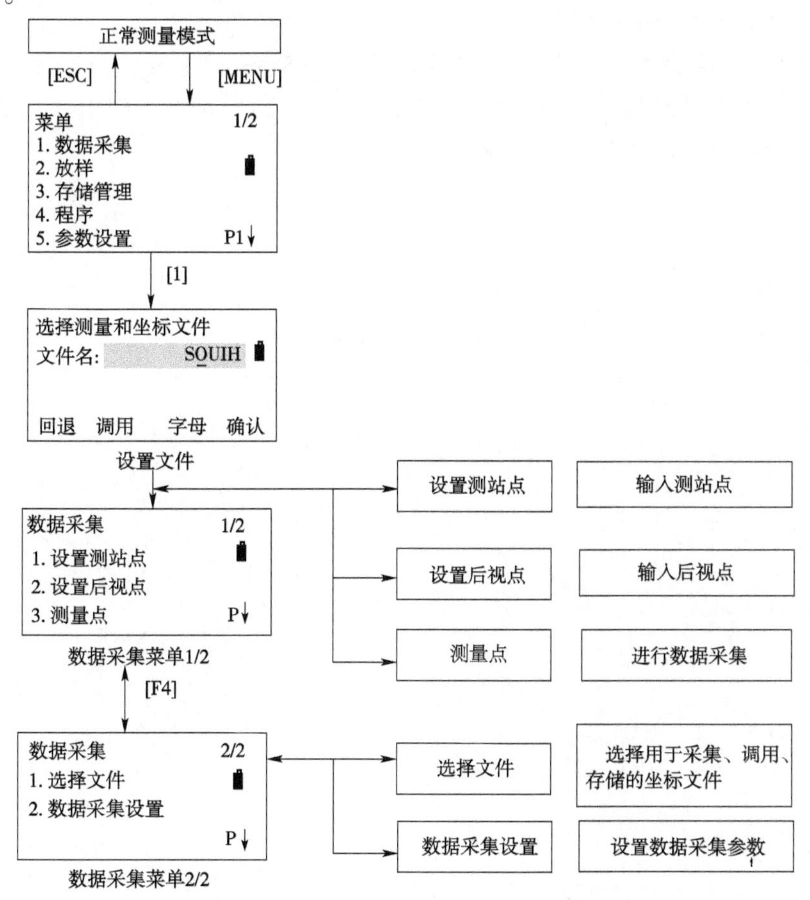

图 7-17　NTS360R 系列全站仪数据采集流程

操作步骤如下：

(1)选择数据采集文件,使其所采集数据存储在该文件中。

(2)选择存储坐标文件,将原始数据转换成的坐标数据存储在该文件中。

(3)选择调用坐标数据文件,可进行测站坐标数据及后视坐标数据的调用。当无需调用已知点坐标数据时,可省略此步骤。

(4)置测站点,包括仪器高和测站点号及坐标。

(5)置后视点,通过测量后视点进行定向,确定方位角。

(6)置待测点的目标高,开始采集,存储数据。

思考题与习题

1. 简述全站仪的结构组成及主要功能。

2. 全站仪性能的重要指标有哪些?

3. 简述 TOPCON300 全站仪进行角度测量的步骤。

4. 简述 TOPCON300 全站仪进行距离测量的步骤。

5. 全站仪进行坐标测量和坐标放样的基本原理是什么?

6. 简述使用 TOPCON300 系列全站仪进行坐标测量和坐标放样的步骤。

7. 简述使用南方 NTS360 系列全站仪进行距离放样的操作步骤。

8. 全站仪与计算机进行数据通信时,主要需要设置哪些通信参数?

9. 用“写字板”软件编辑一个名为“上传坐标.txt”文件,再使用 T-COM 软件,将此文件上传至 TOPCON300 全站仪,并改名为“SCZb”。

第八章　GPS 测量方法与操作

教学目标

1. 了解 GPS 的概念、系统组成、坐标系统等。
2. 理解 GPS 的伪距法定位、载波相位定位、差分定位的基本原理。
3. 掌握 GPS 定位的组织与实施。

GNSS 是全球导航卫星系统(Global Navigation Satellite System)的缩写。目前 GNSS 主要包括美国的 GPS(Global Positioning System)、俄罗斯的 GLONASS、中国的 Compass、欧盟的 Galileo 系统,空中可用的卫星数目前达 100 多颗,目前已投入商业运行的主要有 GPS 和 GLONASS,我国的 Compass 系统已初步具备亚太地区区域服务能力,预计到 2020 年左右具备覆盖全球的服务能力。本章以美国的 GPS 为例,介绍 GNSS 测量基本方法。

第一节　GPS 概述

GPS(全球定位系统)是"授时与测距导航/全球定位系统"(Navigation Timing and Ranging/Global Positioning System)的简称,它是一种可以授时和测距的空间交会定点的导航系统,可向全球用户提供连续、实时、高精度的三维位置、速度和时间信息。

一、GPS 概况

1964 年前苏联发射了人类第一颗人造地球卫星,美国科学家在对其跟踪研究中,发现了多普勒平移现象,并利用该原理促成了子午卫星导航定位系统(TRANSIT)的建成,但其卫星高度低,信号频率低,轨道精度难以提高,美国从 1973 年开始筹建全球定位系统。该系统经方案论证、系统试验,于 1994 年全部建成、投入使用。

GPS 的研制最初主要用于军事目的。如为陆海空三军提供实时、全天候和全球性的导航服务,并用于情报收集、核爆检测、应急通信和爆破定位等方面,其作用已在 1991 年海湾战争中得到了证实。随着 GPS 系统步入实用阶段,其定位技术的高度自动化及所达到的高精度和巨大潜力,引起了各国政府的普遍关注,同时激发了广大科技工作者的极大兴趣。近些年,GPS 定位技术在应用基础的研究、新应用领域的开拓、软硬件的开发等方面都取得了迅速发展。目前 GPS 精密定位技术已广泛地渗透到了经济建设和科学技术的许多领域,在土木工程领域，其在城市轨道交通、铁路、公路、水利等控制测量、变形监测、数据采集及工程施工放样等方面都充分显示出了其广阔的应用前景。GPS 卫星定位技术与常规测量技术相比，具有以下优点：

(1)GPS 点之间不要求相互通视，对 GPS 网的几何图形也没有严格要求，因而使 GPS 点位的选择更为灵活，可以自由布设。

(2)定位精度高。目前采用静态定位方法，精度可达10^{-6}级。

(3)观测速度快。目前利用静态定位方法，一般约为(0.5～1)h。如果采用快速静态相对定位技术，观测时间可缩短至数分钟。若采用实时动态定位观测，时间可缩至数秒。

(4)功能齐全。GPS 可同时测量点的平面位置和高程。其静态定位和动态定位可进行不同等级的控制测量，其实时动态定位可进行数字地形图的测绘及工程施工放样。

(5)操作简便。GPS 测量的自动化程度很高，作业人员在观测中只需安置和开启、关闭仪器、量取天线高度、监视仪器的工作状态及采集环境的气象资料，其他工作如跟踪卫星、观测数据的记录等均由仪器自动完成。

(6)全天候、全球性作业。GPS 卫星在地球上任何地点、任何时刻均可连续同步观测到 4 颗以上卫星，因此在地球上的任何地点、任何时刻均可进行 GPS 测量，一般不受日夜、天气状况的影响。

20 世纪 90 年代，国家测绘局为适应我国科学研究的发展及现代化的需要，组织建立了全国高精度的 GPS A 级网和 B 级网，分别由均匀分布在中国内地的 30 个、760 余个点构成，平均边长分别为 650km、150km，其中大部分点位均用水准测量进行了联测，同时不少网点也和原有用经典方法测量的大地点和沿海的验潮站等进行了联测。

二、GPS 的组成

GPS 由空间 GPS 卫星、地面控制和用户设备三部分组成。

1. 空间部分

GPS 空间部分是指 GPS 卫星星座，其由 21 颗工作卫星和 3 颗备用卫星组成。如图 8-1 所示，工作卫星均匀分布在 6 个相对于赤道面的倾角为 55°的近似圆形的轨道面上，轨道面间的夹角为 60°，每条轨道均匀分布 4 颗卫星，相邻轨道之间的卫星彼此叉开 44°，轨道平均高度为 20200km，运行周期约为 11 小时 58 分钟，这样的布局是为了保证在地球上任何地区、任何时刻都能同时接收到 4 颗以上的卫星信号，以满足精密导航和定位的需要。

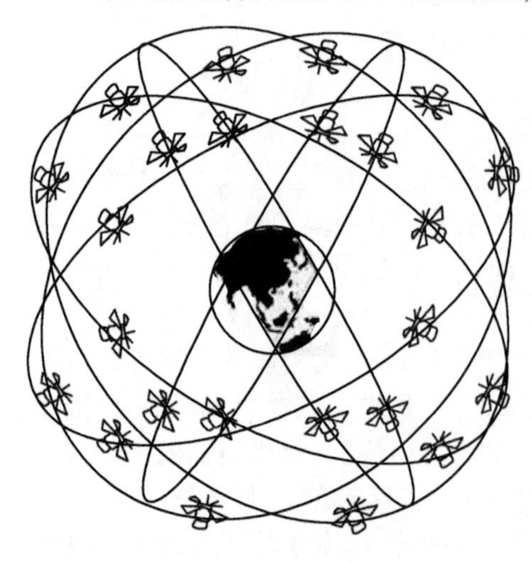

图 8-1 GPS 空间部分

GPS 卫星的主体呈圆柱形，直径约为 1.5m，重约 774kg，卫星的基本功能是：

(1)执行地面监控站的控制指令，接收和储存由地面监控站发来的导航信息。

(2)向 GPS 用户发送导航电文，提供导航和定位信息。

(3)通过高精度原子钟,向用户提供精密的时间标准。

2. 地面控制部分

GPS 系统的地面监控部分由分布在全球的 5 个地面站组成,按其功能分为主控站、注入站和监控站三种。除主控站外均无人值守,各站间用通信系统联系,在原子钟和计算机的驱动和精确控制下,各项工作实现了高度的自动化和标准化。

(1)主控站 1 个,设在美国的科罗拉多的联合空间执行中心。主控站除协调、管理地面所有监控系统的工作外,其主要任务还有:

①根据各监测站提供的观测资料推算编制各颗卫星的星历、卫星钟差和大气层修正参数等,并把这些资料传送到注入站。

②提供全球定位系统的时间基准。各监测站和 GPS 卫星的原子钟,均应与主控站的原子钟同步或测出其间的钟差,并将钟差信息编入导航电文送到注入站。

③调整偏离轨道的卫星,使之沿预定的轨道运行。

④启用备用卫星以取代失效的工作卫星。

(2)注入站 3 个,分别设在印度洋的叠哥加西亚、南大西洋的阿松桑群岛和南太平洋的卡瓦加兰。注入站的主要设备,包括一台直径为 3.6m 的天线,一台 C 波段发射机和一台计算机。其主要任务是在主控站的控制下,将主控站推算和编制的卫星星历、钟差、导航电文和其他控制指令等注入到相应卫星的储存系统中,并监测注入信息的正确性。

(3)监控站 5 个。1 个主控站、3 个注入站兼作监控站,另外 1 个设在夏威夷。每个监控站均设有 GPS 接收机,对每颗可见卫星连续进行观测,并采集气象要素等资料。其主要任务是为主控站编算导航电文提供观测资料。

3. 用户设备部分

用户设备部分由 GPS 接收机硬件和相应的数据处理软件组成。GPS 接收机硬件包括接收机主机、天线和电源(目前多数接收机已整合成一体机),它的主要功能是接收 GPS 卫星发射的信号,以获得必要的导航和定位信息及观测量,并经简单数据处理而实现实时导航和定位。GPS 软件是指各种后处理软件包,它通常由厂家提供,其主要作用是对观测资料进行精加工,以便获得精密定位结果。

GPS 接收机的类型,根据其用途,一般可分为导航型、测地型和授时型三类。测量上使用的 GPS 接收机一般为大地型。其根据接收的卫星信号频率,又可分为单频接收机(仅使用载波 L_1)和双频接收机(能使用载波 L_1 和 L_2)。在精密定位测量中,单频接收机一般用于 10km 以下距离的精密定位,而双频接收机可用于短距离和长距离的精密定位工作。

三、GPS 卫星信号的组成

卫星信号包含载波、测距码(C/A 码和 P 码)、数据码(导航电文或称 D 码),它们都是在同一个原子钟频率 $f_0 = 10.23\text{MHz}$ 下产生的,如图 8-2 所示。

1. 载波和测距码

载波信号频率使用的是无线电中 L 波段的两种不同频率的电磁波,其频率和波长为:

L_1 载波:　$f_1 = 154 \times f_0 = 1575.42\text{MHz}, \lambda_1 = 19.03\text{cm}$　(8-1)

L_2 载波:　$f_2 = 120 \times f_0 = 1227.60\text{MHz}, \lambda_2 = 24.42\text{cm}$　(8-2)

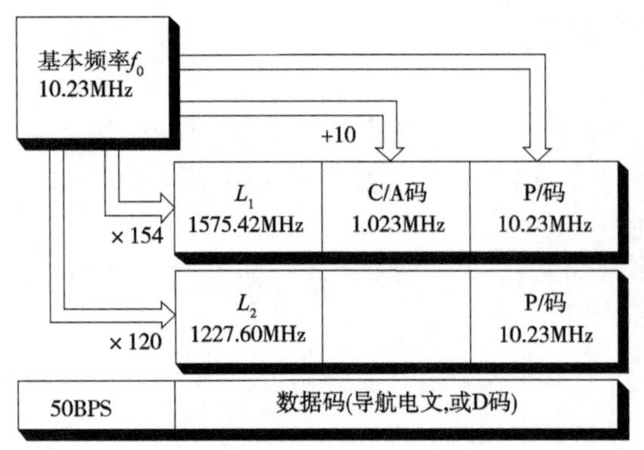

图 8-2　卫星信号频率的产生原理

在载波 L_1 上调制有 C/A 码、P 码和数据码,在载波 L_2 上只调制有 P 码和数据码。

测距码是二进制编码,由“0”和“1”组成。在二进制中,一位二进制数称为一比特(bit)或一个码元,每秒钟传输的比特数称为数码率。卫星采用的两种测距码 C/A 和 P 码均属于伪随机码,它们具有良好的自相关特性和周期性,可以容易地复制。

使用测距码测距的原理是:卫星在自身的时钟控制下发射某一结构的测距码,经过 Δt 时间的传播后,到达 GPS 接收机;而 GPS 接收机在自己的时钟控制下产生一组结构完全相同的测距码(也称复制码),复制码通过一个时间延迟器使其延迟时间映营后与接收到的卫星测距码比较,通过调整延迟时间 τ 使两个测距码完全对齐,此时自相关系数 $R(t)=1$,则复制码的延迟时间 τ 就等于要测量的卫星信号的传播时间 Δt。

C/A 码码元宽度对应的距离值为 293.1m,如果卫星与接收机的测距码对齐精度为1/100,则测距精度为 2.9m;P 码码元宽度对应的距离为 29.3m,则测距精度为 0.29m。显然 P 码的测距精度高于 C/A 码 10 倍,因此又称 C/A 码为粗码,P 码为精码。P 码受美国军方控制,一般用户无法得到,只能利用 C/A 码进行测距。

2. 数据码

数据码也称 D 码或导航电文,它包含了卫星星历、卫星工作状态、时间系统、卫星时钟运行状态、轨道摄动改正、大气折射改正和由 C/A 码捕获 P 码的信息等。导航电文也是二进制码,依规定的格式按帧发射,每帧电文的长度为 1500bit,播送速率为 50bit/s。

四、GPS 的坐标系统

在过去的常规大地测量中,世界各国根据本国大地水准面的特点,建立了本国自己的坐标系统,如我国的“1954 北京坐标系统”、“1980 西安坐标系统”。由于 GPS 是全球性的定位导航系统,其坐标系统也必须是全球性的。

1. WGS-84 大地坐标系统

WGS-84 大地坐标系是一个协议地心坐标系统,即坐标原点取地球的质心(属于地心坐标系),由美国国防部研制,自 1987 年 1 月 10 日开始使用。其定义是:原点地球质心 M 为国际协议原点,简称 CIO(Conventional International Origin),z 轴指向 $BIH_{1984.0}$(BIH 为国际时间局)定义的协议地极 CTP(Conventional Terrestrial Pole),x 轴指向 $BIH_{1984.0}$ 定义的零子午面与 CTP 相对应的赤道的交点,y 轴垂直于 zxM 平面且与 z、x 轴构成右手坐标系统,如图 8-3 所示。

2. 国家大地坐标系统

我国目前采用的大地坐标系统,一般为 1980 国家大地坐标系(简称 C_{80})或 1954 北京坐标系(简称 P_{54})。此两个大地坐标系统均属于参心坐标系统,即坐标原点在参考椭球的中心。由于参考椭球的中心一般与地球质心不一致,故参心坐标系又称为非地心坐标系或局部坐标系。

(1)1954 北京坐标系。建国初期,为了迅速发展我国的测绘事业,鉴于当时的实际情况,将前苏联 1942 普尔科沃坐标系的坐标作为起算数据传算过来,建立了我国的大地坐标系统,定名为 1954 北京坐标系。其椭球采用克拉索夫斯基椭球。它在技术上存在着椭球参数不够精确,参考椭球面与我国的大地水准面拟合较差等缺点。

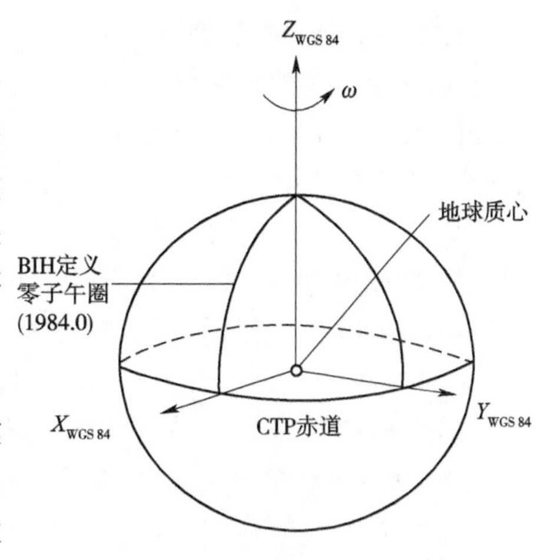

图 8-3 WGS-84 坐标系统

(2)1980 国家大地坐标系(西安坐标系)。该坐标系是根据椭球定位的基本原理和我国的实际地理位置而建立的,其大地原点设在我国中部陕西省泾阳县的永乐镇。Z 轴平行于地球质心指向地级原点($JYD_{1968.0}$)的方向,大地零子午面平行于格林尼治平均天文台子午面,x 轴在大地零子午面内与 z 轴垂直指向经度 0°方向,y 轴与 z 轴、x 轴构成右手坐标系。其椭球采用 IUGG 第 17 届大会的推荐椭球。

现将 WGS-84 大地坐标系统与我国的 1980 国家大地坐标系统的基本大地参数比较,见表 8-1。

WGS-84 大地坐标系统与我国的 1980 国家大地坐标系统基本大地参数比较 表 8-1

基本大地参数	WGS-84	C_{80}
地球椭球长半径 a(m)	6378137	6378140
地球自转角速度 ω(rad · s^{-1})	7.292115×10^{-5}	7.292115×10^{-5}
地心引力常数与地球质量的乘积 GM(m^3 · s^{-2})	3.986005×10^{14}	3.986005×10^{14}
地球椭球扁率 f	1/298.257223563	1/298.257

3. GPS 成果的坐标转换

由于 GPS 定位成果属于 WGS-84 系(地心坐标系),而我国使用的是国家大地坐标系统(C_{80}、P_{54})或地方独立坐标系(参心坐标系),因此 GPS 成果的坐标转换是必要的。解决坐标转换目前有两种方法:

(1)进行 GPS 基线向量(坐标差)的约束平差或进行 GPS 基线向量网与地面网常规观测量的联合平差。

约束平差就是利用两坐标系的公共点(既有 WGS-84 系坐标,又有我国国家或地方坐标系坐标的点,称为公共点),以国家或地方坐标系统中公共点的坐标、边长和方位角为约束条件,在国家(或地方)坐标系统中进行数据处理(平差)。

联合平差是指除了 GPS 基线向量和上述约束资料外,还有地面常规观测量(如边长、方向、高差等)一并进行的平差。

约束平差和联合平差由于是在国家(或地方)大地坐标系统中进行的平差,平差完成后,网点坐标已属于国家(或地方)坐标系,因而是目前解决 GPS 网成果转换的有效方法。坐标成果的转换必然产生误差,误差的大小主要取决于两坐标系公共点的数量、分布、坐标精度以及数据处理的方法。

（2）建立全国性高精度的GPS控制网。这种方法是在全国范围内利用相对定位方法布设高精度的GPS大地控制网，在该网中的点具有精密的WGS-84坐标系坐标，同时该网中有许多也是国家大地坐标系统中的高级控制点，这样的控制点亦称为公共点。利用这些公共点坐标及坐标转换模型即可精确解算出WGS-84坐标系统与国家大地坐标系统之间的转换参数。

如果我们在某一地区进行GPS相对定位测量，在网中至少选择一点为高精度GPS网点，以高精度GPS网点坐标作为起算数据对该地区性GPS网进行整体平差，即可获得各网点的WGS-84地心坐标，然后利用WGS-84坐标系与国家大地坐标系之间的转换参数，将该地区性GPS网的WGS-84地心坐标转换至国家大地坐标。

这个高精度的GPS网点，可以选择我国现已建成的全国性高精度GPS网点（A级网点30个、B级网点760余个），当无高精度GPS网点时，可采用绝对定位的方法，测出一点的WGS-84地心坐标。

五、GPS时间系统

在GPS卫星定位中，时间系统有着重要的意义。作为观测目标的GPS卫星以每秒几公里的速度运动，在由跟踪站对卫星进行定轨时，当要求GPS卫星位置误差小于1cm时，相应的时刻误差应小于2.6μs；GPS接收机接收卫星发射的信号，测定观测站至卫星的距离（信号传播时间，再乘以光速）时，时间的测定误差应小于0.03ns。

时间系统与坐标系统一样，应有其尺度（时间单位）和原点（历元）。只有把尺度与原点结合起来，才能给出时刻的概念。实践中，由于所选用的周期运动现象不同，便产生了不同的时间系统。主要有世界时UT（以平太阳时为基准）、原子时ATI（以原子时秒为基准）、协调世界时UTC（秒长采用原子时的秒长，时刻采用世界时时刻，采用跳秒来“协调”的计时方法，目前几乎所有国家发播的时号，均以协调世界时为准）和GPS时GPST等。

GPS时采用原子时ATI秒长作为时间基准，其由主控站按照美国海军天文台（USNO）的协调时UTC进行调整。1980年1月6日UTC 0时，两个时系对齐，也是GPS时的时间起算的原点。因此GPST与UTC相似，都属于原子时，所不同的是协调时在年末（必要时在6月30日）可能通过跳秒来保持与世界时接近；而为了导航的连续性，GPST不能跳秒，若有必要，可由主控站对卫星钟的速度进行调整，使GPST与世界时保持一致。

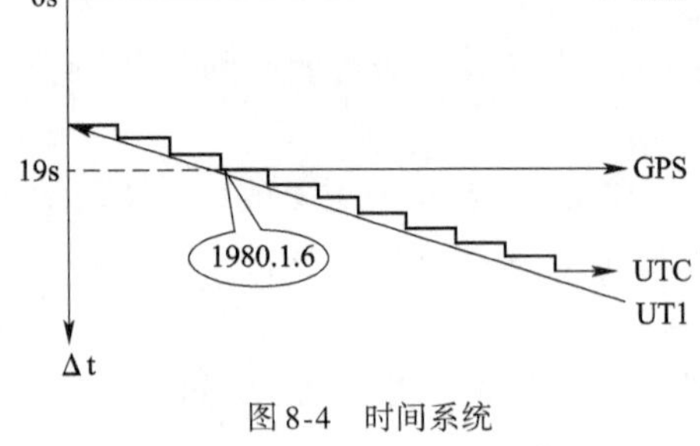

图8-4 时间系统

GPS时与协调时的关系为：

$$GPST = UTC + 1^{S} \times n - 19^{S} \tag{8-3}$$

式(8-3)中，n为调整参数，其值由国际地球自转服务组织（IERS）发布，因此简单认为北京时间比GPS时间提前8个小时，是不严密的。GPS时间系统与各种时间系统的关系如图8-4所示。

第二节 GPS定位的基本原理

GPS定位原理是空间距离交会法。GPS定位方法若按接收机在测量中所处的状态划分，可分为静态定位和动态定位;若按定位的结果来划分,可分为绝对定位和相对定位;若按测距原理划分,主要分为伪距法定位、载波相位测量定位和差分定位。

静态定位是指在定位过程中,接收机位置处于静止状态,即 GPS 接收机安置在该点上观测数分钟乃至数十分钟;而动态定位是指在定位过程中,接收机处于运动状态,其定位结果是连续变化的。

绝对定位又称单点定位,是指利用一台 GPS 接收机独立确定观测点在 WGS-84 坐标系中的绝对位置;相对定位是指将两台或两台以上 GPS 接收机分别安置在两个或两个以上的观测点上,通过同步接收相同的卫星信号,确定观测点间的相对位置。

各种定位方法可有不同的组合,如静态绝对定位、静态相对定位、动态绝对定位、动态相对定位、伪距绝对定位、伪距相对定位等。下面就目前应用广泛的伪距绝对(单点)定位、载波相位相对定位和实时动态差分定位的基本原理进行介绍。

一、伪距单点定位原理

伪距单点定位,就是利用 GPS 接收机在某一时刻同时测定的 4 颗以上 GPS 卫星的伪距,及从卫星导航电文中获得的卫星位置,采用距离交会法求出 GPS 接收机所在测站点的 WGS-84 坐标系的三维坐标。如图 8-5 所示,为了测定地面某点 P 在图中空间直角坐标系 $Oxyz$(WGS-84 坐标系)中的三维坐标(x_P,y_P,z_P)。

将 GPS 接收机安置在 P 点,通过接收卫星发射的测距码信号,得到测距码从卫星传播到接收机的时间 Δt,乘以光速 c 并加上卫星时钟与接收机时钟不同步改正就可以计算出卫星至接收机的空间距离 $\tilde{\rho}$:

$$\tilde{\rho}=c\Delta t+c(v_T-v_t) \tag{8-4}$$

式中:v_t——卫星钟差;

v_T——接收机的钟差。

卫星广播中包含有卫星钟差 v_t,故它可以认为是已知的,而接收机钟差 v_T 却是未知数,需要通过观测方程解算。

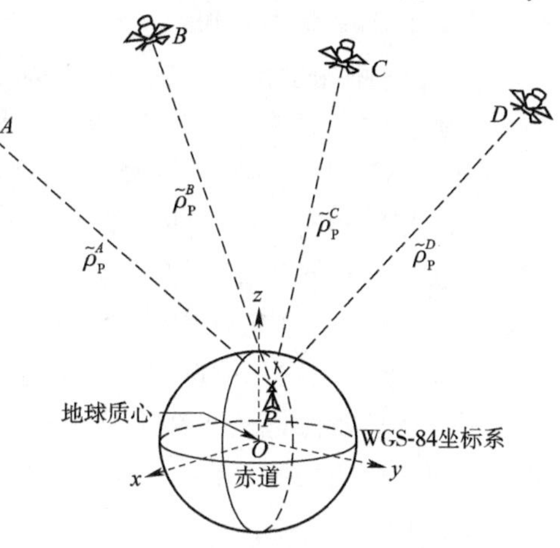

图 8-5　GPS 绝对定位原理

式(8-4)中的距离 $\tilde{\rho}$ 没有考虑大气电离层和对流层折射误差的影响,因而并不是卫星至接收机的真实几何距离,通常称其为伪距。

在测距时刻 t_i,接收机通过接收卫星 S_i 的广播星历(broadcast ephemeris)可以解算出 S_i 在 WGS-84 坐标系中的三维坐标(x_i,y_i,z_i),则 S_i 卫星与 P 点的几何距离为:

$$R_P^i=\sqrt{(x_P-x_i)^2+(y_P-y_i)^2+(z_P-z_i)^2} \tag{8-5}$$

由此可得伪距观测方程为:

$$\tilde{\rho}=c\Delta t_{iP}+c(v_t^i-v_T)+\delta_{PI}+\delta_{PT}=R_P^i=\sqrt{(x_P-x_i)^2+(y_P-y_i)^2+(z_P-z_i)^2} \tag{8-6}$$

式(8-6)中 δ_{PI} 为电离层延迟改正,δ_{PT} 为对流层改正,可由接收到的卫星星历文件提供的修正模型得到,为已知量,故方程中仅有 x_P、y_P、z_P、v_T4 个未知数,为了解算这 4 个未知数,应同时锁定 4 颗卫星进行观测。图 8-5 中对 A、B、C、D4 颗卫星进行观测的伪距方程为:

$$\begin{cases} \tilde{\rho}_P^A = c\Delta t_{AP} + c(v_i^A - v_T) = \sqrt{(x_P - x_A)^2 + (y_P - y_A)^2 + (z_P - z_A)^2} \\ \tilde{\rho}_P^B = c\Delta t_{BP} + c(v_i^B - v_T) = \sqrt{(x_P - x_B)^2 + (y_P - y_B)^2 + (z_P - z_B)^2} \\ \tilde{\rho}_P^C = c\Delta t_{CP} + c(v_i^C - v_T) = \sqrt{(x_P - x_C)^2 + (y_P - y_C)^2 + (z_P - z_C)^2} \\ \tilde{\rho}_P^D = c\Delta t_{DP} + c(v_i^D - v_T) = \sqrt{(x_P - x_D)^2 + (y_P - y_D)^2 + (z_P - z_D)^2} \end{cases} \tag{8-7}$$

解式(8-7),就可以计算出 P 点的坐标(x_P,y_P,z_P)。若同时锁定的卫星数大于 4 个,则用最小二乘法求解。

由于受电离层、对流层折射误差、星历误差等误差的影响,伪距法单点定位的精度不高。用 C/A 码定位精度一般为 25m,用 P 码定位精度一般为 10m;但其具有速度快、无多值性、作业环境要求低等优点,故在运动载体的导航定位中得到了广泛的应用。

二、载波相位相对定位

在伪距单点定位中,由于测距码码元较长,测距分辨率低,故定位精度低;而载波 L_1、L_2 的频率比测距码的频率高得多,其波长就比测距码短很多,如果测量 L_1 载波相位移的误差为 S1/100,则伪距测量精度可达 19.03cm/100 = 1.9mm。可见利用载波计算伪距,可获得很高的测距精度。由于载波信号是正弦信号,相位测量时只能测出其不足一个整周期的相位移部分 $\Delta\varphi$($\Delta\varphi < 2\pi$),因此存在整周数 N_0不确定问题,称 N_0为整周模糊度。

载波相位相对定位一般是使用两台 GPS 接收机,分别安置在两个测点,两个测点的连线称为基线。通过同步接收卫星信号,利用相同卫星相位观测值的线性组合来解算基线向量在 WGS-84 坐标系中的坐标增量(Δx,Δy,Δz)进而确定它们的相对位置。如果其中一个测点的坐标已知,就可以据此推算出另一个测点的坐标。

根据相位观测值的线性组合形式,载波相位相对定位又分为单差法、双差法和三差法三种。下面介绍前两种。

1. 单差法

如图 8-6a)所示,将安置在基线端点上的两台 GPS 接收机对同一颗卫星进行同步观测。

考虑到接收机到卫星的平均距离为 20200km,而基线的距离远小于它,可以认为基线两端点的电离层和对流层改正基本相等,故将 P_1 对 S_i 的观测方程与 P_2 对 S_i 的观测方程相减得到的单差方程式消除了卫星钟差改正数 v_t。

2. 双差法

如图 8-6b)所示,将安置在基线端点上的两台 GPS 接收机对同两颗卫星进行同步观测,将 P_1、P_2 对 S_i 的单差方程与 P_1、P_2 对 S_j 的单差方程再相减,得到的双差方程式消除了基线端点两台接收机的相对钟差改正数 $v_{T1} - v_{T2}$。

综上所述,载波相位定位时采用差分法,可以减少平差计算中的未知数数量,消除或减弱测站间一些共同误差的影响,提高了定位精度。

目前载波相位相对定位,多采用双差法观测方程求解。为了提高相对定位精度,同步观测的时间应比较长,具体时间与基线长度、所使用的接收机类型(单频机还是双频机)和解算方法有关。在小于 15km 的短基线上使用双频机,采用快速处理软件,野外每个测点同步观测时间只需要 10 ~ 15min 就可以使测量的基线长度值达到 5mm + 1ppm 的精度。

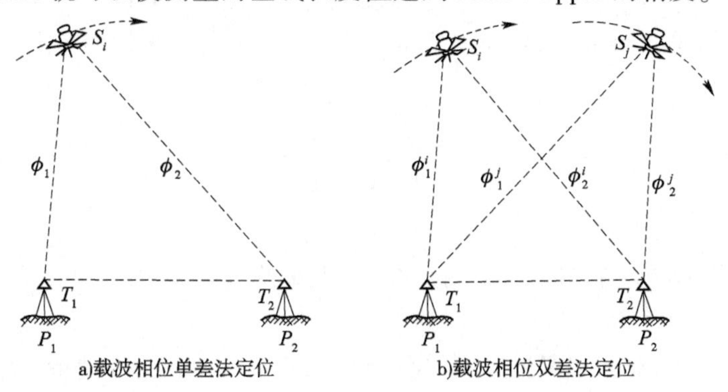

图 8-6 载波相位定位

三、实时差分定位

实时差分定位(Real Time Differential Positioning)是在已知坐标的点上安置一台 GPS 接收机(称为基准站),利用已知坐标和卫星星历计算出观测值的校正值,并通过无线电通信设备(称数据链)将校正值发送给运动中的 GPS 接收机(称为移动站),移动站应用接收到的校正值对自身的 GPS 观测值进行改正,以消除卫星钟差、接收机钟差、大气电离层和对流层折射误差的影响,实时解算出移动站的坐标,故 GPS 实时差分定位系统由基准站、流动站和数据链三部分组成,其工作原理与方法如图 8-7 所示。

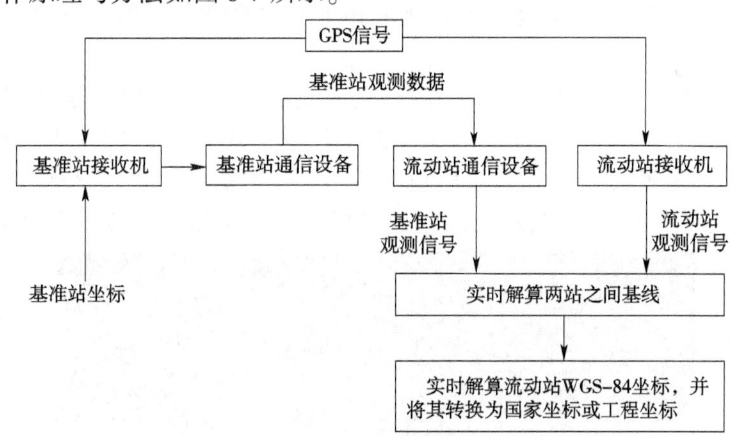

图 8-7 实时差分定位的工作原理与方法

现介绍常用的 3 种实时动态差分定位方法。

1. 位置差分

基准站的已知坐标与 GPS 伪距单点定位获得的坐标值进行差分,通过数据链由基准站向移动站传送坐标改正值,移动站用接收到的坐标改正值修正其测量得到的坐标。

设基准站的已知坐标为(x_B^0,y_B^0,z_B^0),使用 GPS 伪距单点定位测得的基准站的坐标为(x_B,y_B,z_B),通过差分求得基准站的坐标改正值为:

$$\begin{cases}\Delta x_{\mathrm{B}} = x_{\mathrm{B}}^{0} - x_{\mathrm{B}} \\ \Delta y_{\mathrm{B}} = y_{\mathrm{B}}^{0} - y_{\mathrm{B}} \\ \Delta z_{\mathrm{B}} = z_{\mathrm{B}}^{0} - z_{\mathrm{B}}\end{cases} \tag{8-8}$$

设移动站使用 GPS 伪距单点定位测得的坐标为(x_i, y_i, z_i),则使用基准站坐标改正值修正后的移动站坐标为:

$$\begin{cases}x_i^{0} = x_i + \Delta x_{\mathrm{B}} \\ y_i^{0} = y_i + \Delta y_{\mathrm{B}} \\ z_i^{0} = z_i + \Delta z_{\mathrm{B}}\end{cases} \tag{8-9}$$

位置差分要求基准站与移动站同步接收相同卫星的信号。

2. 伪距差分

利用基准站的已知坐标和卫星星历计算卫星到基准站间的几何距离 R_{BO}^{i},并与使用伪距单点定位测得的基准站伪距值 $\tilde{\rho}_{\mathrm{B}}^{i}$ 进行差分,得到伪距改正数为:

$$\Delta \tilde{\rho}_{\mathrm{B}}^{i} = R_{\mathrm{BO}}^{i} - \tilde{\rho}_{\mathrm{B}}^{i} \tag{8-10}$$

通过数据链向移动站传送 $\Delta \tilde{\rho}_{\mathrm{B}}^{i}$,移动站用接收的 $\Delta \tilde{\rho}_{\mathrm{B}}^{i}$ 修正其测得的伪距值。基准站只要观测 4 颗以上的卫星并用 $\Delta \tilde{\rho}_{\mathrm{B}}^{i}$ 修正其至各卫星的伪距值就可以进行定位,所以它不要求基准站与移动站接收的卫星完全一致。

3. 载波相位实时动态差分(RTK)

前面两种差分法都是使用伪距定位原理进行观测,而载波相位实时动态差分是使用载波定位原理进行观测,其简称 RTK(Real Time Kinenatic),是 GPS 测量技术发展中的一个新突破,目前应用很广泛。

图 8-8 所示为 RTK GPS 接收机的工作原理,它由基准站和移动站组成,移动站数量可根据工程需要配置,个数不限。载波相位实时差分的原理与伪距差分类似,因为是使用载波相位信号测距,所以其伪距观测值的精度高于伪距定位法观测的伪距值。由于要解算整周模糊度,所以要求基准站与移动站同步接收相同的卫星信号,且两者相距一般不应大于 30km,其定位

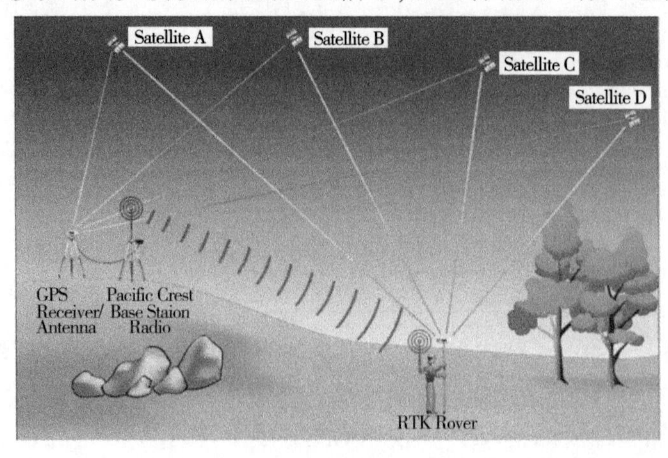

图 8-8　RTK 工作原理

精度可达到 1 ~ 2cm。

四、GPS 定位的误差来源

在 GPS 定位中，影响测量精度的主要误差来源有与 GPS 卫星有关的误差、与信号传播有关的误差、与接收机设备有关的误差、与几何图形强度有关的误差。

1. 与 GPS 卫星有关的误差

(1) 卫星星历误差。在进行 GPS 定位时，计算在某时刻 GPS 卫星位置所需的卫星轨道参数是通过各种类型的星历提供的，但不论采用哪种类型的星历，所计算出的卫星位置都会与其真实位置有所差异，这就是星历误差。在相对定位中，随着基线长度的增加，卫星星历误差将成为影响定位精度的主要因素。在 GPS 精密定位中可采用精密星历的方法来减小这种误差对定位结果的影响。

(2) 卫星钟差。在 GPS 测量中，要求卫星钟与接收机钟保持严格同步。实际上，尽管 GPS 卫星均设有高精度的原子钟，但它们与 GPS 标准时间之间仍存在一定误差，即卫星钟差。卫星钟差可用钟差模型改正，经改正后的残差，在相对定位中可以通过观测量求差的方法消除。

(3) 卫星信号发射天线相位中心偏差。卫星信号发射天线相位中心偏差是 GPS 卫星上信号发射天线的标称相位中心与其真实相位中心不重合所产生的误差。

(4) 相对论效应。由于卫星钟和接收机钟所处的状态不同而引起的卫星钟和接收机钟之间产生相对钟误差的现象。卫星钟在高 20200km 的轨道上运行时，其频率与地面接收机钟相比，将发生频率偏移，这在精密定位中不可忽略。

2. 与传播路径有关的误差

(1) 电离层延迟。电离层即地球上空大气圈的上层，距离地面高度在 50 ~ 1000km 之间的大气层。GPS 信号通过电离层时，信号的传播路径将发生变化(电离层折射)，传播速度也发生变化。在 GPS 定位中通常采用的措施有：①利用双频机进行观测；②采用相对定位方法，测站同步求差；③对于单频机一般采用导航电文中提供的电离层延迟模型加以改正，但该模型最多可消除 75% 的影响。

(2) 对流层延迟。对流层即高度在 50km 以下的大气底层。由于离地面更近，其大气密度比电离层更大，大气状态变化也更复杂。对流层折射与大气压力、温度和湿度有关，其影响可分为干分量和湿分量两部分。干分量主要与大气的温度和压力有关，而湿分量主要与信号传播路径上的大气湿度和高度有关。在 GPS 定位中通常采用的措施主要有：①采用对流层延迟模型加以改正；②采用相对定位方法，测站同步求差。这一方法在精密相对定位中被广泛应用，不过随着同步观测站之间距离的增大，大气状况相关性减弱，当距离 >50 ~ 100km 时，对流层折射的影响就成为制约 GPS 定位精度提高的重要因素。

(3) 多路径效应。接收机天线除直接收到卫星信号外，可能收到天线周围地物反射的卫星信号，如图 8-9 所示，多种信号叠加就会引起测量参考点(相位中心)位置的变化，这种由于多路径的信号传播所引起的干涉时延效应，称为多路径效应。通常采用的措施有：①选设点位时应避开较强的反射物，如远离大面积水域、玻璃建筑物、汽车等；②选择多路径、屏蔽性良好的特殊天线。

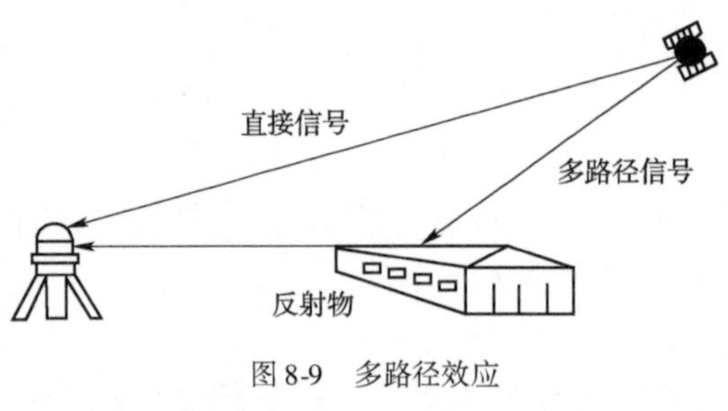

图 8-9 多路径效应

3. 接收机设备有关的误差

(1)接收机钟差。GPS 接收机钟的钟面时与 GPS 标准时之间的差值。减弱接收机钟差比较有效的方法是：将每个时刻的接收机钟差当作一个独立的未知数，在数据处理中与测站的位置参数一并求解。伪距单点定位就是根据这一原理进行的。此外还可以通过在卫星间求一次差来减弱接收机钟差的影响。

(2)接收机天线相位中心偏差。在 GPS 测量中，观测值都是以接收机天线的相位中心位置为准的，所以天线的相位中心应该与其几何中心保持一致。但实际上天线的相位中心位置随信号输入的强度和方向不同会发生变化，使其偏离几何中心。这种偏差视天线性能的好坏可达数毫米至数厘米。在相对定位中，若使用同一类型天线，在相距不远的多个测站同步观测同一组卫星，可以通过观测值求差的方法来减弱相位中心偏移的影响，不过此时各测站的天线均应按天线附有的方位标志进行定向，根据仪器说明书的要求，罗盘指向磁北极，其定向偏差应在 3°以内。

4. 与几何图形强度有关的误差

前面所述与 GPS 卫星、传播路径、接收机设备有关的各种误差，其对 GPS 定位的综合影响可用一个精度指标来表示，这就是等效距离误差。等效距离误差也就是各项误差投影到测站至卫星方向上的具体数值，如果认为各项误差之间相互独立，就可以求出总的等效距离误差，并用 σ_0 表示。σ_0 可以作为 GPS 定位时衡量观测精度的客观标准。

GPS 定位的精度除了取决于等效距离误差 σ_0 外，还取决于空间后方交会的几何图形强度。即：GPS 星座与测站所构成的几何图形不同，即使相同精度的观测值所求得的点位精度也不相同。为此需要研究卫星星座几何图形与定位精度的关系。通常用图形强度因子 DOP (Dilution of Precision) 来表示几何图形强度，其定义为：

$$m_x = \text{DOP} \cdot \sigma_0 \tag{8-11}$$

式中，m_x 为某定位元素的标准差；σ_0 为等效距离的标准差；DOP 为图形强度因子，可见 DOP 是一个直接影响定位精度，但又独立于观测值和其他误差之外的一个量，其值恒大于 1，最大值可达 10，其大小随时间和测站位置而变化，在 GPS 测量中，希望 DOP 值越小越好。

实际工作中，图形强度因子 DOP 又分为平面位置图形强度因子(HDOP)、高程图形强度因子(VDOP)、空间位置图形强度因子(PDOP)、接收机钟差图形强度因子(TDOP)和几何图形强度因子(GDOP)。其中 PDOP 值使用最广泛，《全球定位系统城市测量技术规程》中规定，二等至二级的 GPS 静态、快速静态定位，PDOP 值必须小于 6。

第三节　GPS 静态定位的组织与实施

在使用 GPS 进行控制测量时，常使用其以载波相位观测量为根据的静态相对定位方法，简称静态定位(含快速静态定位)功能。静态定位的组织与实施可分为方案技术设计、外业组织与观测、内业数据处理。

一、GPS 静态定位的方案技术设计

GPS 控制网的方案技术设计是进行 GPS 测量工作的第一步，其主要内容包括精度指标的合理确定，观测基本技术要求，网的图形设计等。用户可以根据测量成果的用途选择相应的 GPS 测量规范，如《全球定位系统(GPS)测量规范》、《全球定位系统城市测量技术规程》和《公路全球定位系统(GPS)测量规范》等。

1. 精度指标

GPS 测量控制网一般是使用载波相位静态相对定位法，使用两台或两台以上的接收机同时对一组卫星进行同步观测。控制网的精度指标是以网中相邻点间的距离误差 m_D 来定义，有：

$$m_D = \sqrt{a^2 + (b \cdot D)^2} \tag{8-12}$$

式中：m_D——网中相邻点间的距离误差(mm)；

a——固定误差(mm)；

b——比例误差系数(ppm)；

D——相邻点间的距离(km)。

《工程测量规范》规定，各等级控制网的主要技术指标，应符合表 8-2 的规定。

GPS 各等级控制网的主要技术要求　　表 8-2

等　级	相邻点间平均距离(km)	固定误差 a(mm)	比例误差系数 b(ppm)	约束平差后最弱边相对中误差
二等	9	≤10	≤2	1/12 万
三等	4.5	≤10	≤5	1/7 万
四等	2	≤10	≤10	1/4 万
一级	1	≤10	≤20	1/2 万
二级	0.5	≤10	≤40	1/1 万

2. 观测基本技术要求

同步观测时，测站从开始接收卫星信号记录数据到停止接收卫星信号的数据记录的时段称为观测时段；卫星与接收机天线的连线相对水平面的夹角称为卫星高度角。卫星高度角太小，各种误差影响大，但其分布范围大，其 PDOP 值小，故综合起来考虑，一般取卫星高度角设置≥15°，PDOP 值不大于 6。《工程测量规范》规定，各等级 GPS 控制测量作业的基本技术要求，应符合表 8-3 的规定。

3. 网形设计

GPS 网的图形设计要根据下达的测量任务书、GPS 测量规范或规程进行，总的原则是，在满足用户需求的情况下，尽可能减少物资、人力和时间的消耗，对此要充分考虑以下因素。

(1)网形设计的一般原则

①GPS 网一般应布设成由独立观测边构成的闭合图形，如三角形、多边形等，以增加检核条件，提高网的可靠性。

②网中相邻点间基线向量的精度应分布均匀。

GPS 各等级控制测量作业的基本技术要求 表 8-3

等级		二等	三等	四等	一级	二级
接收机类型		双频或单频	双频或单频	双频或单频	双频或单频	双频或单频
仪器标称精度		10mm + 2ppm	10mm + 5ppm	10mm + 5ppm	10mm + 5ppm	10mm + 5ppm
观测量		载波相位	载波相位	载波相位	载波相位	载波相位
卫星高度角（°）	静态	≥15	≥15	≥15	≥15	≥15
	快速静态	—	—	—	≥15	≥15
有效观测卫星数	静态	≥5	≥5	≥4	≥4	≥4
	快速静态	—	—	—	≥5	≥5
观测时段长度(min)	静态	≥90	≥60	≥45	≥30	≥30
	快速静态	—	—	—	≥15	≥15
数据采样间隔(s)	静态	10 ~ 30	10 ~ 30	10 ~ 30	10 ~ 30	10 ~ 30
	快速静态	—	—	—	5 ~ 15	5 ~ 15
PDOP		≤6	≤6	≤6	≤8	≤8

③GPS 网点应尽可能与原有地面控制网点相重合。重合点(公共点)一般不应少于 3 个，不足时应进行联测。而且公共点在网中的分布要均匀。这是为了可靠地确定 GPS 网与地面网之间的坐标转换参数。

④GPS 网点应考虑与水准点相重合,对于不能重合的点,可根据精度要求,用水准测量方法或三角高程测量方法进行联测,取得大地高与正常高的转换参数(高程异常)。

⑤为了便于 GPS 测量实施,GPS 网点一般应设在视野开阔和交通便利的地方。

⑥GPS 测量不要求 GPS 网点之间相互通视,但是为了便于以后用常规测量方法进行联测和加密,可在 GPS 网点附近布设通视良好的方位点,以提供联测方向。方位点与其网点之间的距离,一般应不小于 300m。

(2)异步网方案

一般 GPS 测量投入作业的接收机数目多于两台,可以在同一时段内几个测站上的接收机共同观测相同的卫星,此时由同步观测边所构成的几何图形,称为同步网(环)。在城市、工程控制网中,由于需观测的控制点的数目较多,数目多于接收机的台数,难以选择同步环的方案,此时必须将多个同步环相互连接,构成统一整体的 GPS 控制网。这种由多个同步环相互连接的 GPS 网,称为异步网(环)。

多台接收机进行的异步环的测设方案,取决于投入作业的接收机的数量和同步网之间的连接方式。不同接收机数量决定了同步网的网形结构,而同步网间的不同连接方式又决定了不同异步网的网形结构。由于 GPS 网的平差及精度评定,主要是由不同时段观测的基线组成异步闭合环的多少及闭合差的大小所决定的,而与基线边长度和其间所夹角度无关,所以异步网的网形结构与精度密切相关。多台接收机异步网中的同步网的连接方式主要有点连式、边连式和混连式、星形网等几种。

①点连式。同步网之间仅有一点相连接的异步网,称为点连式异步网。图 8-10 是 3 台接收机分别在 3 条边上依次作同步观测,且同步网间只有一个点相连,连接点上设站两次,其余

点只设站一次。可以看出在点连式异步网中没有重复基线出现。

②边连式。同步网之间由一条基线边相连接的异步网,称为点连式异步网。如图8-11a)、b)分别是 3、4 台接收机在 3 条、4 条边上依次作同步观测,且同步网间有一条公共基线边相连接,公共基线在相连的同步环中分别测量两次,因此存在重复基线。同时可以看出,采用边连式,使用 4 台接收机的工作效率,是使用 3 台接收机工作效率的 2 倍。

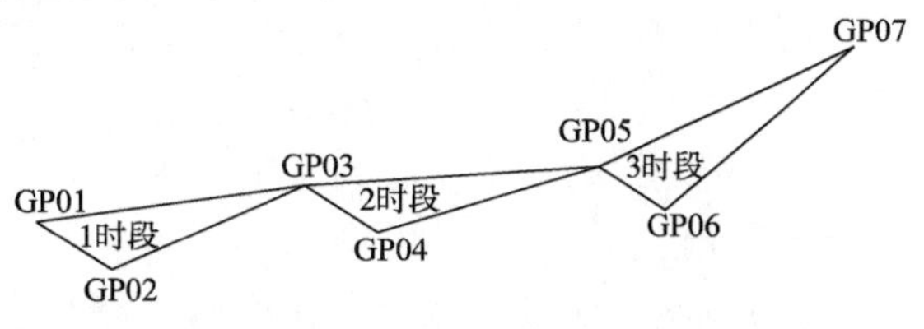

图 8-10　点连式异步网(3 台接收机)

③混连式。混连式是点连式与边连式的一种混合连接方式,如图 8-12 是 3 台接收机在 3 条边上依次作同步观测,构成的混连式异步网。

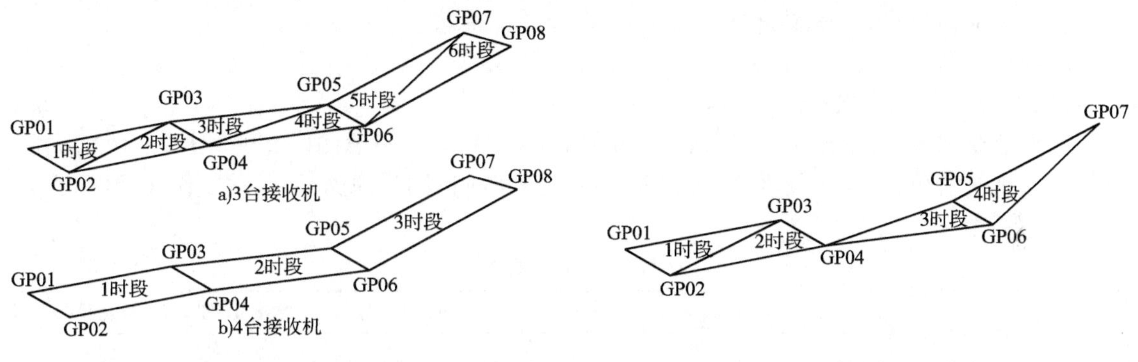

图 8-11　边连式异步网

图 8-12　混连式异步网(3 台接收机)

上述三种连接方案中,点连式工作量最小,但无重复基线检核,当网的精度和可靠性要求不高时采用。边连式工作量最大,检核条件也最多,当网的精度和可靠性要求较高时采用,如铁路、公路线路控制网,就常采用边连式。混连式工作量和检核条件适中,适用于网的精度和可靠性要求一般时采用。

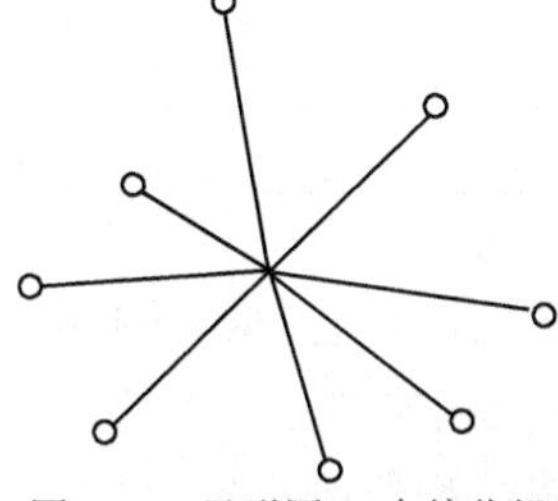

图 8-13　星形网(2 台接收机)

④星形网。如图 8-13 所示,星形网的几何图形简单,其直接观测边之间一般不构成闭合图形,所以星形网的检核能力差。但由于这种网形在观测中一般只需要两台 GPS 接收机,作业简单,常用于快速静态定位和 RTK 定位等快速作业模式中。星形网广泛用于精度要求不高的工程测量、地籍测量、碎部测量、施工放样等工作中。

二、静态定位外业组织与观测

在进行 GPS 测量之前,必须做好各项准备工作,以保证整个外业工作的顺利实施。新购置或经过维修后的 GPS 接收机,应按规定进行全面检验,合格后方能参加作业。GPS 静态定位的外业工作,主要有选点、外业观测和成果检核等。

1. 选点、埋石

由于 GPS 测量观测站之间不必相互通视,而且网的图形选择也比较灵活,所以选点工作较一般控制测量的选点工作简便。但由于点位的选择对于保证观测工作顺利进行具有重要意义,因此在选点工作开始之前,应充分收集和了解有关测区的地理情况,以及原有测量标志点

的分布及保存情况,以便确定适宜的观测站位置。选点工作通常应遵循的原则有:

(1)观测站应远离大功率的无线电发射台和高压输电线,以避免其周围磁场对 GPS 卫星信号的干扰。接收机天线与其距离一般不得少于 200m。

(2)观测站附近不应有大面积的水域或对电磁波反射及吸收强烈的物体,以减弱多路径效应的影响。

(3)观测站应设在易于安置接收设备的地方,并且视场要开阔。在视场内周围障碍物的高度角,一般应小于 10°~15°。

(4)观测站应选在交通方便的地方,并且便于用其他测量手段联测和扩展。

(5)对于基线较长的 GPS 网,还应考虑观测站附近应具有良好的通信设施和电力供应,以供观测站之间的联络和设备用电。

(6)埋石方法与其他控制点埋设方法相似,并绘制点之记。

2. 外业观测

(1)编排作业调度表

在外业组织上,要依据接收机台数和点位分布特点,充分考虑测区交通和地理环境,提前根据卫星预报情况,选择最佳观测时段,安排好多台接收机同步观测计划,编排作业调度表,如表 8-4,以提高工作效率。

GPS 作业调度表 表 8-4

时段编号	观测时间	测站号/名	测站号/名	测站号/名	测站号/名	测站号/名
		机　号	机　号	机　号	机　号	机　号
0						
1						
2						
3						
4						

(2)天线安置

①天线安置应使用三脚架,严格进行整平、对中。只有在特殊情况下,方可进行偏心观测。若进行偏心观测时,要精密测定归心元素。

②天线的定向标志线应指向正北,并考虑当地磁偏角的影响,以及减弱相位中心偏差的影响。定向的误差依定位的精度要求不同而异,一般不应超过 ±(3°~5°)。

③安置仪器后,应在各观测时段的前、中、后,各量取天线高一次。量测的方法严格按仪器的操作说明进行,3 次量测结果之差不应超过 3mm,并取其平均值。

④雷雨天气安置天线时,应注意将其底盘接地,以防雷击。

(3)观测作业

根据作业调度表中同步观测几台接收机约定的时间,开机。将测量模式设置为“静态”,并完成卫星高度角和采样间隔的设置。以中海达 V30 GPS 接收机为例,操作如下:

①同时按下接收机 F1、F2 键,直到两个灯同时亮时,反复单击 F1,可以进行“基准站”、“移动站”、“静态”三个模式的切换,选择“静态”模式,按电源键确定。

②在“静态”模式下,长按 F1 键,进行卫星高度角设置,再单击 F1 键,可在 5°、10°、15°卫

星高度角中选择,一般选择 10°或 15°,按电源键确定;长按 F2 键,进行采样间隔选择,再单击 F2 键,在 1s、5s、10s 采样间隔中选择,一般选择 5s,按电源键确定。

③根据作业调度表约定的时间,关机停止数据采集。

(4)观测记录

在外业观测过程中,所有的观测数据和资料均须完整记录。记录通过以下两种途径完成。

①自动记录。观测数据记录由 GPS 接收机自动完成,其主要内容包括载波相位观测值及相应的观测历元、测距码伪距测值、卫星星历及卫星钟差参数、实时绝对定位结果、测站及接收机工作状态信息等。

②手工记录。手工记录是由操作者在观测过程中随时填写的测量手簿,观测记录栏应记载观测过程中发生的重要问题,问题出现的时间及其处理方式。如表 8-5,测量手簿必须在作业过程中随时填写,不得事后补记。

GPS 静态定位外业观测手簿 表 8-5

日期:______年______月______日 天气:______ 组号:______ 工程名:____________
观测者:__________ 记录者:__________ 参加者:__________
测站名:__________ 时段号:__________ 开始时间:__________ 结束时间:__________
仪器型号:__________ 机身编号:__________
天线高/仪器高(m):
1.__________ 2.__________ 3.__________ 平均值:__________
测站近似坐标:
经度 E:__________ 纬度 N:__________ 高程:__________
观测情况记录:

3.成果检核与整理

观测成果的外业检核是确保外业观测质量,实现预期定位精度的重要环节。所以,当观测任务结束后,必须在测区及时对外业观测数据进行检核,计算同步观测环闭合差、异步环闭合差及重复边的较差等。并根据情况采取淘汰或必要的重测、补测措施。

三、内业数据处理

外业观测数据下载后,首先进行基线解算,对解算结果要进行同步环、异步环和重复边三项核检核合格后,方可进行平差计算,一般是先进行 GPS 无约束平差,再进行 GPS 的约束平差,得到各点在我国国家(城市)坐标系中的坐标,数据处理的基本流程如图 8-14 所示。

内业数据处理一般使用设备厂家提供的 GPS 数据后处理软件。下面以中海达后数据处理软件 HDS2003 为例,介绍静态数据后处理的操作步骤。

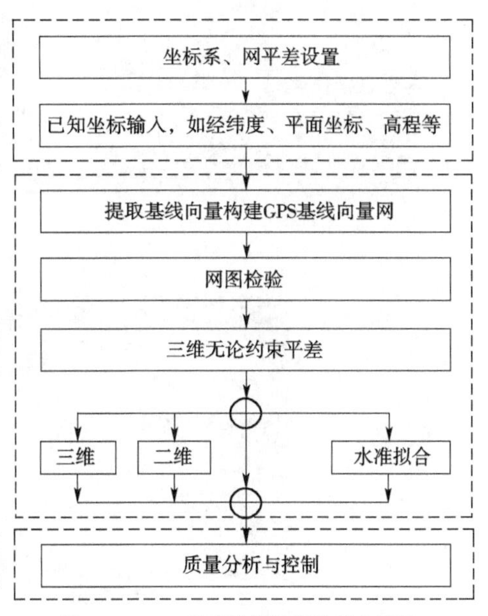

图 8-14 GPS 静态数据处理的基本流程

1. 数据下载

用 Y 型数据线,一头连接电脑 USB,一头连接接收机底部 8 芯插孔。连接后电脑自动出现一个“RTK_V30”新盘符,如同 U 盘,可对相应文件直接进行拷贝。选择下载的 * . ZHD 静态文件。该后缀为 ZHD 的静态文件名,共八位字符,如:_0071410. ZHD,第 1 位为下划线,第 2、3、4 位为接收机机身号的最后两位,第 5、6、7 位为年积日,第 8 位为接收机当日采集的次数,故第 5 ~ 8 位中四位数字相同的数据文件则标志这些数据文件是同步环观测的数据文件。若严格按照 GPS 作业调度计划(表 8-4)进行采集,则第一次为 0 时段,第二次为 1 时段,以此类推;若在作业过程中出现重新采集的情况,则要根据 GPS 静态定位外业观测手簿(表 8-5)记录的实际情况,修改时段数。

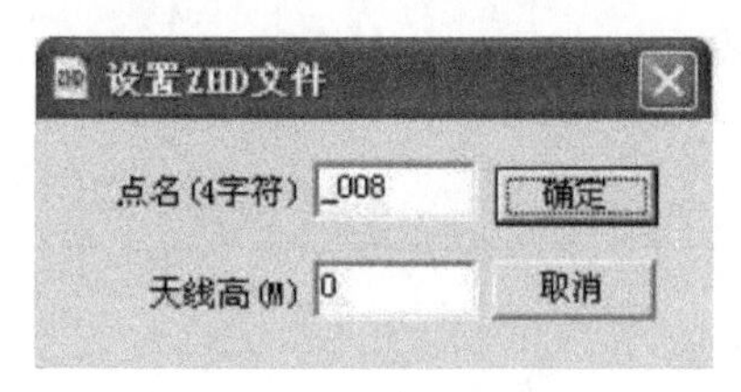

图 8-15 中海达 * . ZHD 静态文件点名及天线高的修改

双击该文件,弹出如图 8-15 对话框,修改点名(如:在 GP03 点上进行的观测,则将_008 修改为 GP03),输入天线高,点击“确定”。

2. 新建项目

双击,打开“HDS2003 数据处理软件包”,如图 8-16 所示,选择“项目”→“新建项目”进入任务设置窗口。在“项目名称”中输入项目名称,可以选择项目存放的文件夹,“项目文件”中显示的是现有项目文件的路径,按“确定”完成新项目的创建工作。系统将弹出项目属性设置对话框,用户可以设置项目的细节,坐标系统和七参数等。

3. 导入数据

任务建完后,开始加载 GPS 数据观测文件。选择“文件”→“导入”,在弹出的对话框中选择需要加载的数据类型,按“确定”或者双击选择进入文件选择对话框,如图 8-17 所示。

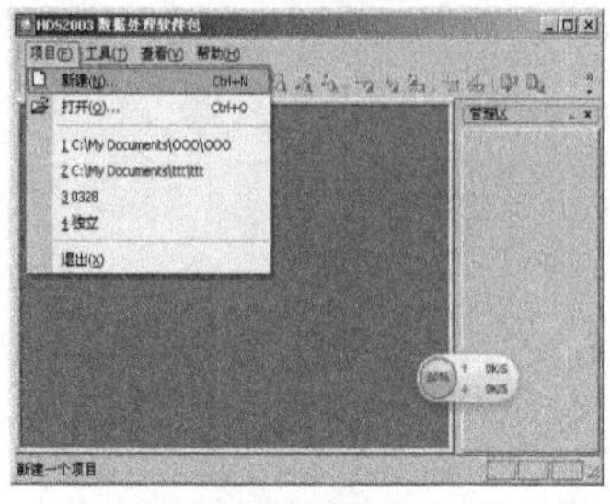

a)新建项目

b)项目设置

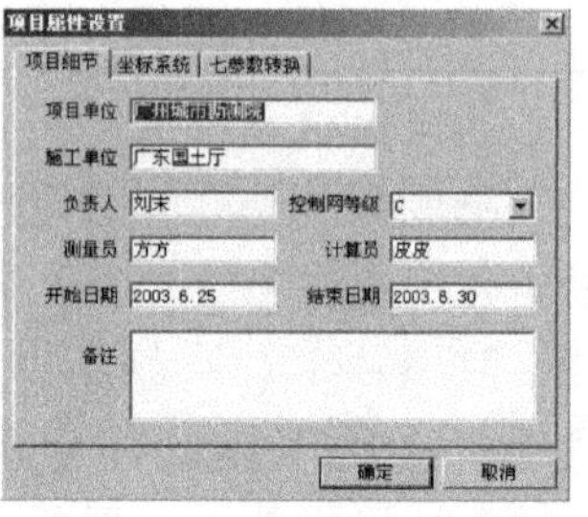

c)项目属性

图 8-16 新建项目

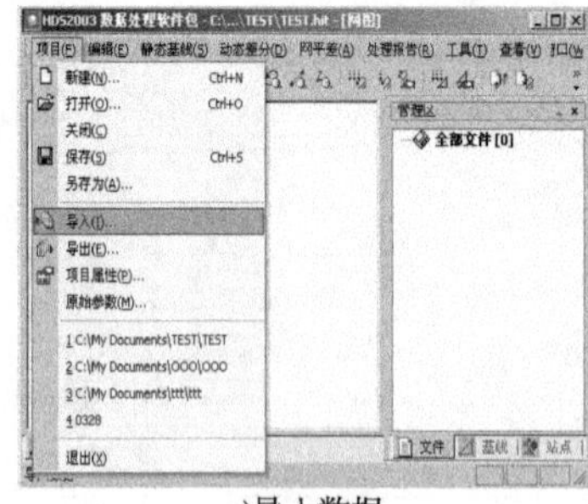

a)导入数据

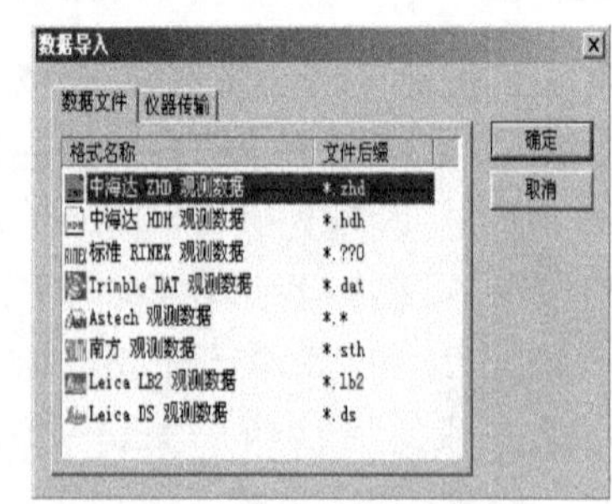

b)导入中海达格式数据

图 8-17 导入 GPS 数据

选择 *.ZHD 文件或者 GPS 标准数据格式文件 RINEX,可以按“CTRL”或“SHIFT”键进行多选,单击“打开”,将数据文件读入。录入数据后的窗口如图 8-18 所示。

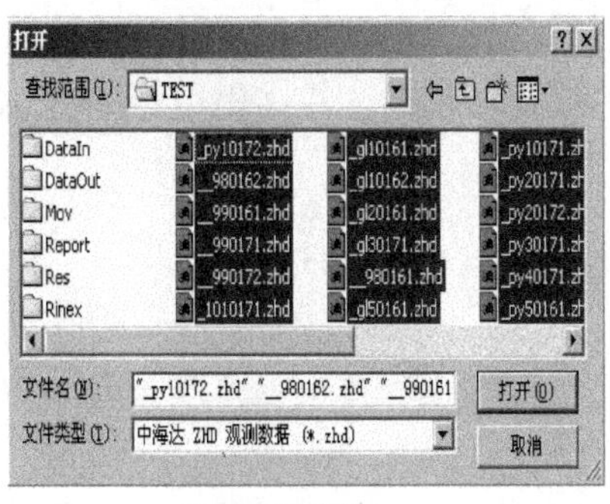

a)选择ZHD数据

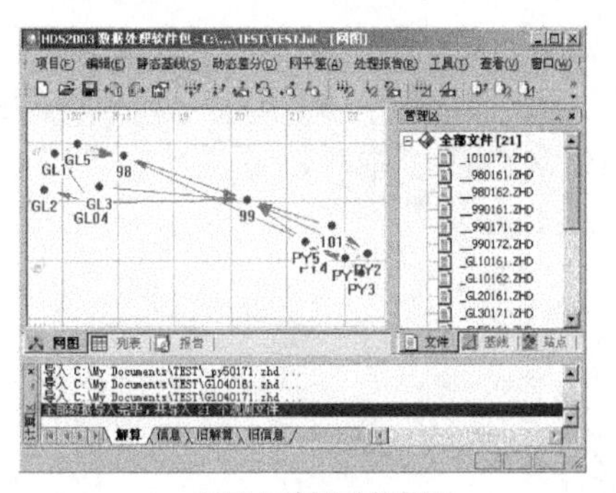

b)录入数据后的窗口

图 8-18　数据录入窗口

4. 处理基线

当数据加载完成后,系统会显示所有的 GPS 基线向量,各条基线的有相关信息暂时为空。同时,综合网图会显示整个 GPS 网的情况。单击菜单“静态基线”→“静态处理设置”,在此处可以将高度角修改为 10°或 15°,将采样间隔修改为 5s;再单击菜单“静态基线”→“处理全部基线”,如图 8-19a)所示,系统将处理所有的基线向量。

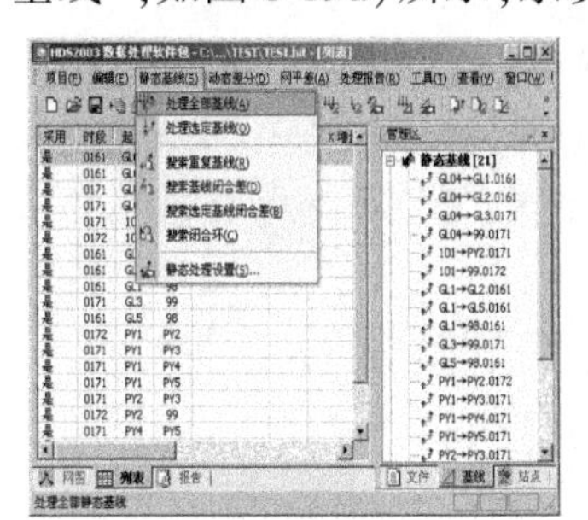

a)处理全部基线

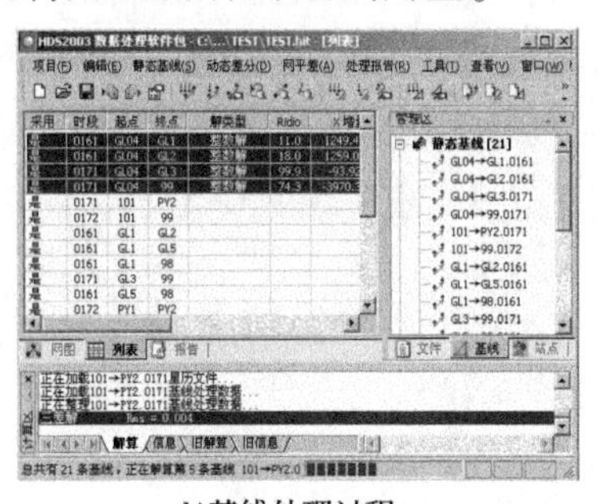

b)基线处理过程

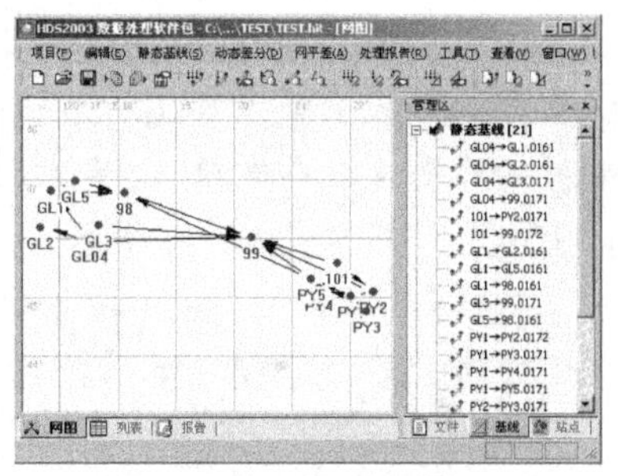

c)基线解算后的结果

图 8-19　GPS 基线处理

处理过程中,显示整个基线处理过程的进度,如图 8-19b)所示。从中也可以看出每条基线的处理情况。

基线解算的时间由基线的数目、基线观测时间的长短、基线处理设置的情况,以及计算机的速度决定。处理全部基线向量后,基线列表窗口中会列出所有基线解的情况,网图中原来未解算的基线也由原来的浅色改变为深色,如图 8-19c)所示。

基线解算后,可以通过 RATIO、RDOP、RMS 和数据删除率等质量指标来衡量基线解算的质量。通常认为,若 RMS 偏大,则说明观测值质量较差。若 RDOP 值较大则说明观测条件较差。需要说明的是,它们只具有某种相对意义,即它们数值的高低不能绝对的说明基线质量的高低。

处理完毕后,查看静态基线,如图 8-19b)“整数解”,看其后的 RATIO(方差比)是否都大于 3,如果小于 3,表明此基线的固定双差解不合格,适当改变基线处理设置中的有关值(如改变高度角的大小或剔除该基线),单击选中此条基线,执行“处理当前基线”(或按 F2),最后把所有基线都处理合格。更详细的检查应通过查看基线详解文件进行。

5. 闭合环及重复基线检验

(1)闭合差的定义

闭合环可分为同步环、异步环。闭合环的闭合差在理论上应为0,在实际测量中,允许偏离一定的值。环的闭合差有以下几类。

①分量闭合差:

$$\begin{cases}\omega_{\Delta X}=\sum \Delta X \\ \omega_{\Delta Y}=\sum \Delta Y \\ \omega_{\Delta Z}=\sum \Delta Z\end{cases} \tag{8-13}$$

②环闭合差:

$$\omega=(\omega_{\Delta X}^2+\omega_{\Delta Y}^2+\omega_{\Delta Z}^2)^{1/2} \tag{8-14}$$

③环相对闭合差:

$$K_\omega=\frac{\omega}{\sum S} \tag{8-15}$$

式(8-15)中,$\sum S$ 为环长。

(2)同步环闭合差

同步环闭合差是由同步观测基线所组成的闭合环的闭合差。由于同步观测基线间具有一定的内在联系,从而使得同步环闭合差在理论上应为0。如果同步环闭合差超限,则说明组成同步环的基线中至少存在一条基线向量是错误的。但反过来,如果同步环闭合差没有超限,只能认为静态基线在质量上,绝大部分情况下是合格的,还不能说明组成同步环的所有基线在质量上绝对合格,如图8-20所示。

《全球定位系统(GPS)测量规范》规定,同步环的分量闭合差和环闭合差为:

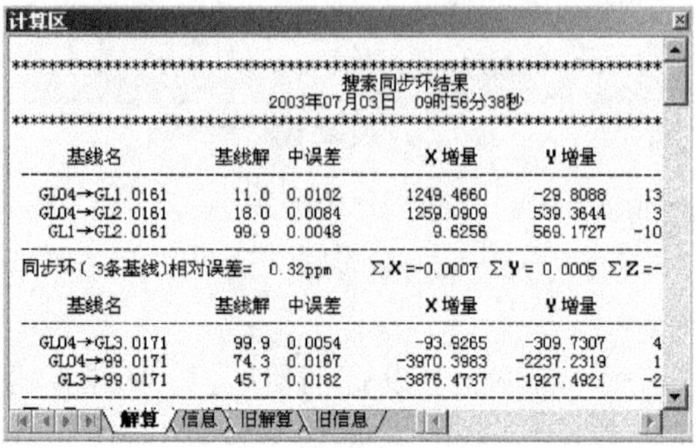

```
计算区
******************************************************************
                          搜索同步环结果
                    2003年07月03日   09时56分38秒
******************************************************************
    基线名            基线解  中误差        X增量        Y增量
------------------------------------------------------------------
  GL04→GL1.0161        11.0  0.0102    1249.4660     -29.8088    13
  GL04→GL2.0161        18.0  0.0084    1259.0909     539.3644     3
   GL1→GL2.0161        99.9  0.0048       9.6256     569.1727   -10
------------------------------------------------------------------
同步环( 3条基线)相对误差=  0.32ppm    ΣX=-0.0007  ΣY= 0.0005  ΣZ=-
    基线名            基线解  中误差        X增量        Y增量
------------------------------------------------------------------
  GL04→GL3.0171        99.9  0.0054     -93.9265    -309.7307     4
   GL04→99.0171        74.3  0.0167   -3970.3983   -2237.2319     1
    GL3→99.0171        45.7  0.0182   -3876.4737   -1927.4921    -2
------------------------------------------------------------------
 解算 信息 旧解算 旧信息
```

图8-20 同步闭合环

$$\begin{cases}\omega_{\Delta X}\leqslant\dfrac{\sqrt{n}}{5}\sigma \\ \omega_{\Delta Y}\leqslant\dfrac{\sqrt{n}}{5}\sigma \\ \omega_{\Delta Z}\leqslant\dfrac{\sqrt{n}}{5}\sigma \\ \omega\leqslant\dfrac{\sqrt{3n}}{5}\sigma\end{cases} \tag{8-16}$$

式中:n——闭合环中的边数;

σ——相应等级GPS网规定的标准差,有:

$$\sigma=\sqrt{a^2+(b\cdot d)^2} \tag{8-17}$$

式中:σ——衡量GPS网精度的重要指标,其含义是相邻点间弦长的标准差(mm);

d——相邻点间的距离(km);

a——固定误差(mm);

b——比例误差系数($\times10^{-6}$)。

各级GPS控制网的 a、b 取值,见表8-2。

(3)异步环闭合差

不是完全由同步观测基线所组成的闭合环称为异步环。异步环的闭合差称为异步环闭合差。当异步环闭合差满足限差要求时,则表明组成异步环的基线向量的质量是合格的。当异步环闭合差不满足限差要求时,则表明组成异步环的基线向量中至少有一条基线向量的质量不合格。可以通过多个相邻的异步环或重复基线来确定哪些基线向量的质量不合格,如图8-21所示。

《全球定位系统(*GPS*)测量规范》规定,异步环的分量闭合差和环闭合差为:

$$\begin{cases} \omega_{\Delta X} \leqslant 3\sqrt{n} \cdot \sigma \\ \omega_{\Delta Y} \leqslant 3\sqrt{n} \cdot \sigma \\ \omega_{\Delta Z} \leqslant 3\sqrt{n} \cdot \sigma \\ \omega \leqslant 3\sqrt{3n} \cdot \sigma \end{cases} \tag{8-18}$$

式(8-18)中,n、σ、a、b、d 的含义与式(8-16)、式(8-17)相同。

图 8-21　异步环闭合差

(4)重复基线

不同观测时段对相同的两个测站的观测结果就是重复基线。这些观测结果之间的差异就是重复基线较差。换而言之,同一基线不同时段间的差值,即重复基线较差。重复基线较差 $ds \leqslant 2\sqrt{2}\sigma$mm。如图 8-22 所示。

通过静态基线菜单下的各个闭合差功能,可以实现如图 8-23 所示的各项功能。

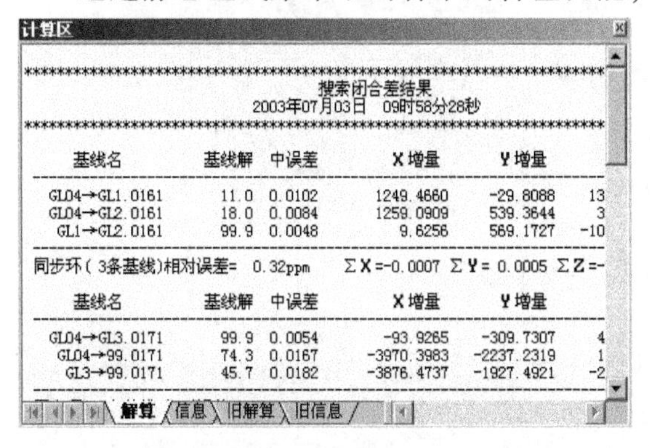

图 8-22　重复基线

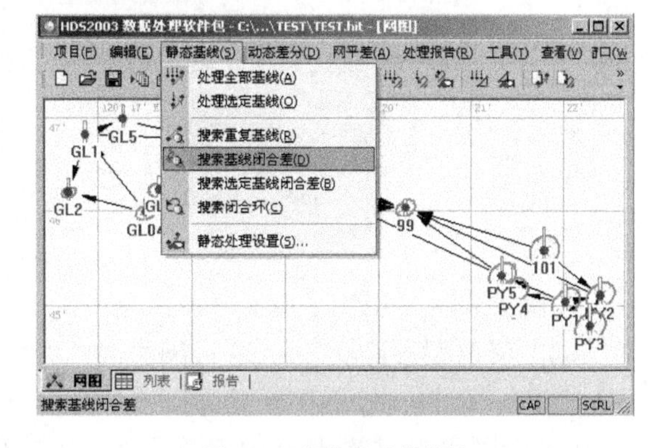

图 8-23　闭合差功能菜单

闭合差结果保存在闭合差文件中,闭合差文件为文本文件,存放在项目目录下,其名称为“项目名.ISC”。

注意:每搜索一次闭合差,其闭合差的计算结果会随着每次解算结果依次添加到闭合差文件的末尾,以方便用户寻找不合格基线及比较各次基线处理结果。所以,当不需要以前的结果时,可以选择清除闭合差记录。

6. 平差前的设置

基线解算合格后,就可以开始网平差前的设置。首先在管理区中切换到“站点”,在树形视图右边双击“观测站点”中的已知点,再在属性区中选择“修改”标签,进入测站坐标设置,如果是采用二维平差，则固定方式采用“xy”或“xyH”方式输入，如果是三维平差，则选中“BL”或“BLH”方式输入。如果只做高程拟合，则选择“H”，选择好后在对应的格中输入已知的坐标值，相应的精度可以填在后面，并将是否固定中选择“是”（不选择表示固定坐标不能生效，网平差时将不使用）。选择二维平差，如图8-24所示。选择点“98”——“是否固定”选“是”，“固定方式”选“xy”，输入点“98”的 $x=3074093.849$、$y=529663.107$。

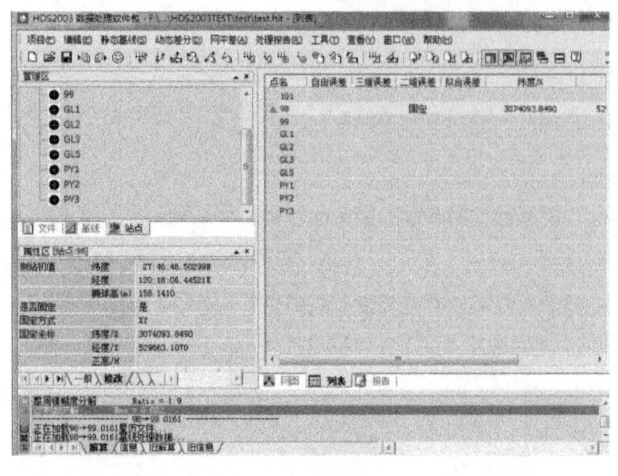

图8-24　二维平差输入已知点

同样方法把所有的已知点坐标都输入完毕，如图8-25a）所示。

选择菜单“网平差”→“网平差设置”，进入“网平差设置”窗口，确认选择了“二维平差”选项，若需要进行高程拟合，则需确认选择“水准高程拟合”，如图8-25b）所示。需要注意的是：中央子午线的设置必须正确，其可以在菜单“项目”→“坐标系管理”→新建“坐标系统”中，来设置中央子午线等参数。

a)观测站点设置

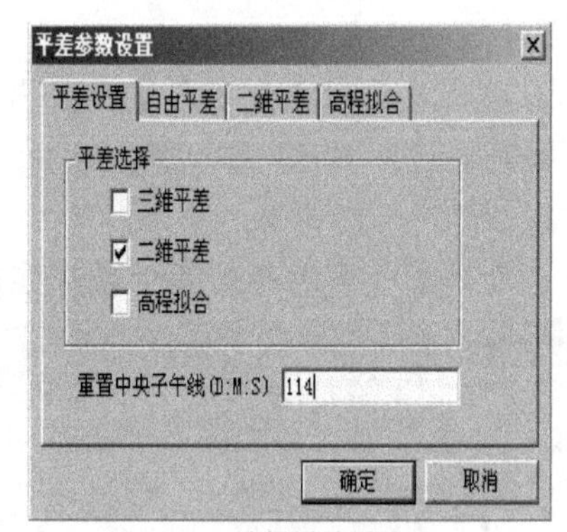

b)选择平差项目

图8-25　平差前的设置

7. 网平差

点击菜单“网平差”→“进行网平差”。“观测站点”窗口下对应的每一个观测站点中，“自由误差”为自由网平差结果误差，“二维误差”为二维平差结果误差，“三维误差”为三维平差结果误差，“拟合误差”为水准高程拟合结果误差，如图8-26所示。

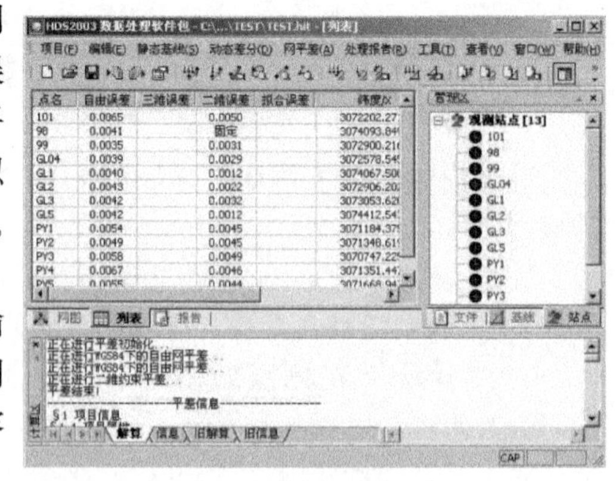

图8-26　平差结果显示

8. 成果输出

网平差结果若满足用户要求，可将其打印输出，并作为成果提交。点击菜单“处理报告”→“网平差”，如图8-27a）所示。平差结果中的全部内容输出成一个HTML报告形式，如图8-27b）所示。

点击右键，选择打印。软件还提供了其他的成果输出方式。这样,静态基线控制网的数据处理便完成了。

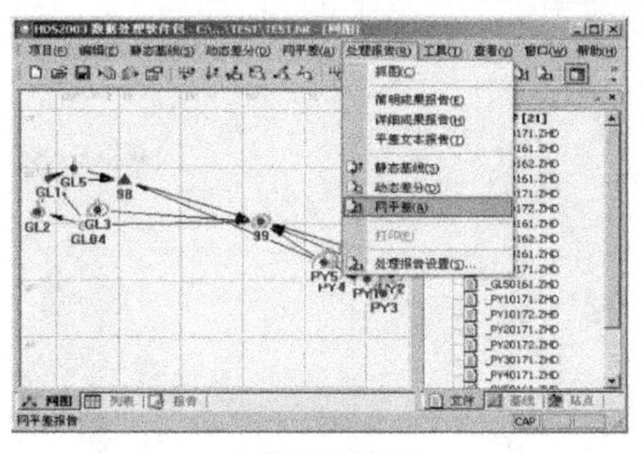

a)生成网平差报告

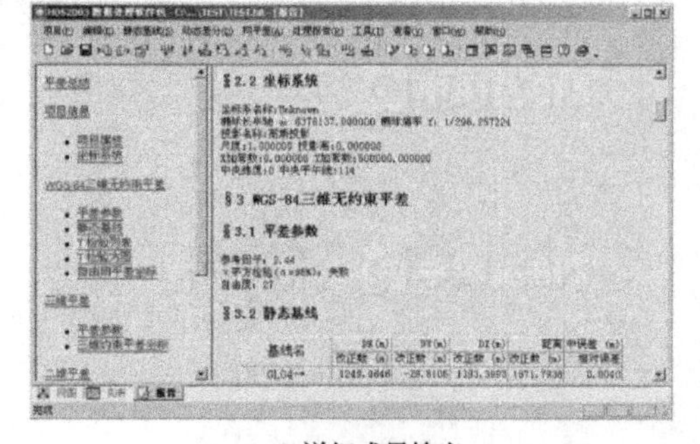

b)详细成果输出

图 8-27　成果输出

第四节　实时动态定位 RTK 及网络 RTK 的实施

一、RTK 工作原理

RTK(Real Time Kinematic)是 GPS 实时载波相位差分的简称,是一种将 GPS 测量技术与无线数据传输技术相结合,实时数据处理,在 1～2s 时间内得到高精度位置信息的技术,20 世纪 90 年代这项技术问世,拓展了 GPS 的应用空间,使 GPS 不仅可以应用于控制测量领域,还可以广泛应用于工程测量领域。

其原理是:将 1 台接收机置于基准站上,另 1 台或几台接收机置于流动站上,基准站和流动站同时接收相同的 GPS 卫星信号,基准站将获得的观测值与已知位置信息进行比较,得到 GPS 差分改正值。然后将这个改正值及时通过数据链(无线电台)或无线网络传递给流动站,流动站经实时进行整周模糊度、坐标转换等数据处理,得到经差分改正后的流动站较准确的实时位置。本节以中海达 V30 GNSS RTK 系统为例,介绍 RTK 系统组成与实施。

二、RTK 系统的组成

RTK 测量系统一般由 GPS 接收设备、数据链(基准站的发射电台与流动站的接收电台,或使用中国移动等网络运营商的无线通信网络)、软件系统三部分组成。RTK 除具有 GPS 测量的优点外,还具有观测时间短、能实现坐标实时解算的优点,因此工作效率高,其采用快速静态测量模式,在 15km 范围内,定位精度可达 1～2cm。

1. 基准站组成

基准站由基准站 GPS 接收机及卫星天线、数据链及发射天线等组成。根据数据链的不同,可选择使用外挂电台模式、内置电台(UHF)模式、内置网络(GSM)模式三类基准站,如图 8-28所示。其中使用 GSM 模式,需要在主机上插入开通网络的手机 SIM 卡。

2. 流动站组成

流动站由 GPS 接收机及卫星天线、数据链及接收天线、电子手簿(PDA 掌上电脑)等组成。使用外挂电台模式或内置电台(UHF)模式、内置网络(GSM)模式的流动站,如图 8-29 所示。

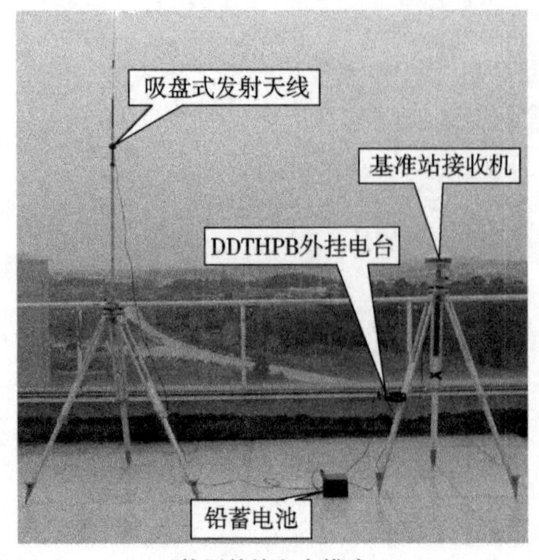

a)使用外挂电台模式

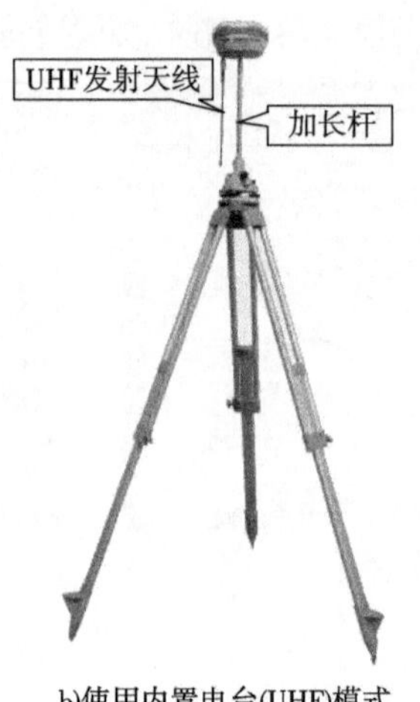

b)使用内置电台(UHF)模式

c)使用内置网络(GSM)模式

图 8-28　基准站

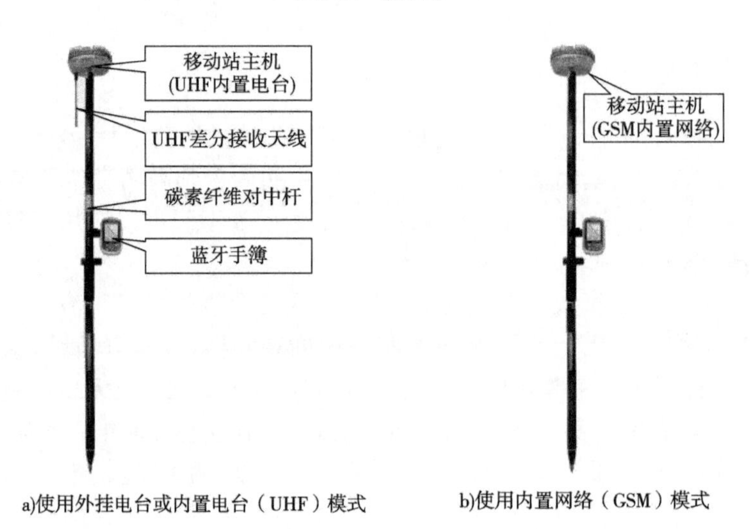

a)使用外挂电台或内置电台（UHF）模式　　b)使用内置网络（GSM）模式

图 8-29　流动站

三、RTK 测量的实施

以工程中使用较广泛的“平面四参数转换 + 高程拟合法”，介绍中海达 V30“内置网络(GSM)模式”的 RTK 测量实施步骤。此方案在 RTK 测量区域内至少需要两个已知点，已知点可以是任意坐标系中的坐标。

1. 架设基准站

(1)基准站可架设在已知点或未知点上，基准站位置要开阔、无电磁波干扰。若架设在未知点，也应做好标志，以便下次再架在此位置处，使用上次求解好的转换参数。

(2)将基准站、移动站的接收机装上开通网络功能的手机 SIM 卡。

(3)同时按下接收机 F1、F2 键，直到两个灯同时亮时，反复单击 F1，可以进行“基准站”、“移动站”、“静态”三个模式的切换，根据语音提示，选择“基准站”，按电源键确定。

(4)设置 GSM 数据链。双击 F2 键,有“UHF”、“GSM”、“外挂”三种数据链模式的切换,根据语音提示选择 GSM 模式,按电源键确定。

(5)量取基准站天线高(斜高)3 次,做基准站相关记录。

(6)将手簿(GIS +)开机,双击手簿桌面的“Hi – RTK 道路版”,打开程序软件主界面。

①点击主界面“1. 项目”→“新建”→输入 20121208→点击“√”。

②点击左上角“项目信息”→“坐标系统”,如图 8-30 所示。

“椭球”标签:源椭球,选“WGS84”;当地椭球可选北京 54、国家 80、国家 2000 等。一般若是自定义坐标系,则可以选择默认值“北京 54”即可。

“投影”标签:选择“高斯自定义”→输入“中央子午线经度”。即指测区已知点的中央子午线经度,若自定义坐标系,则输入该测区的平均经度,误差一般要求小于 30′(注:经度可用 GPS 实时测出,手簿通过蓝牙连接上 GPS,在程序软件主界面上点击“2. GPS”→“位置信息”中获得)。此处输入“114:30:00. 00000E”→“保存”→关闭各界面,回到程序软件主界面。

③手簿与基准站主机连接。在软件主界面下,双击“2. GPS”→“连接 GPS”,如图 8-31a)所示,GPS 类型选 V30/V50/F61/F62→“连接”按钮,出现图 8-31b)的蓝牙设备名称→根据基准站主机的序列号,选择基准站主机后,点击“连接”按钮。如果连接成功,在接收机信息窗口将显示连接 GPS 的机号。

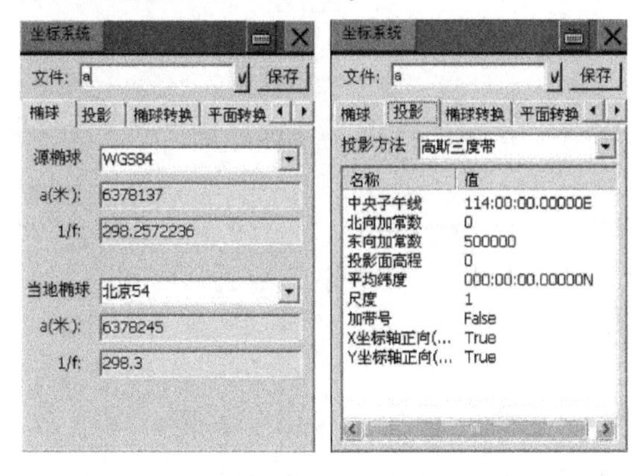

图 8-30　手簿(GIS +)“Hi-RTK 道路版”软件坐标系统的设置

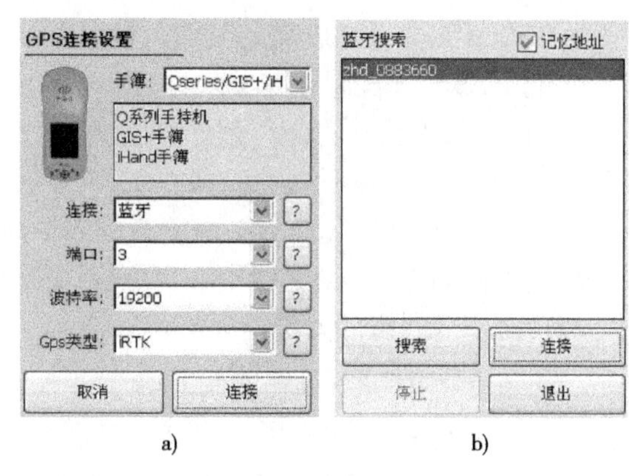

图 8-31　蓝牙连接 GPS 与基准站主机

④点击“基准站设置”→输入基准站点名,基准站天线高→“平滑”,平滑完成后点击右上角的“√”,如图 8-32 所示(说明:如果基准站架设在已知点上,且知道其转换参数,则可不点击“平滑”,直接输入该点的 WGS-84 的 BLH,或事先打开转换参数,输入该点的当地坐标 xyh,这样基准站就以该点的 WGS-84 的 BLH 坐标为参考,发射差分数据)。

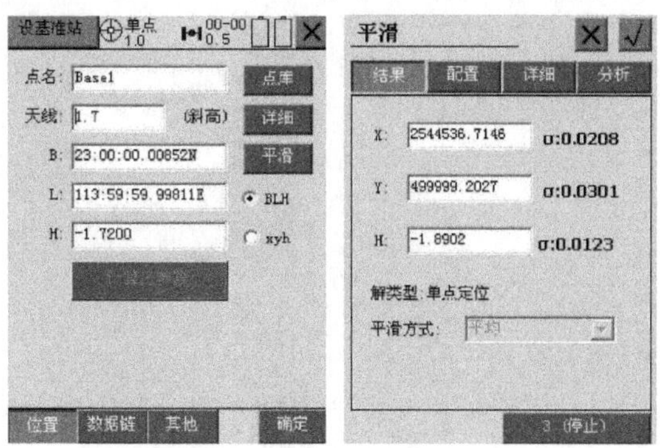

图 8-32　基准站设置

⑤点击“数据链”标签,在“数据链”栏选择“内置网络”。“运营商”栏若选择中国移动的 GPRS,则输入“CMNET”,在“网络”栏建议选择

"ZHD"(中海达),"端口"栏选"9000","服务器 IP"栏选择中海达 ZHD 对应的"202.96.185.34"→"分组号"和"小组号",可以任意设置,但几台接收机必须保持一致,另外"小组号"值超过255。→确定,软件提示设置成功→点击左上角菜单,点击"断开 GPS",断开手簿与基准站 GPS 主机的连接。

2. 架设流动站

(1)将已装好手机 SIM 卡的移动站 GPS 主机开机→同时按下接收机 F1、F2 键,直到两个灯同时亮时,反复单击 F1,根据语音提示,选择"移动站"模式,按电源键确定→设置 GSM 数据链。双击 F2 键,有"UHF"、"GSM"、"外挂"三种数据链模式提示,选择 GSM 模式,按电源键确定,等待移动站锁定卫星。

(2)在软件"Hi-RTK 道路版"主界面下,双击"2. GPS"→点击"连接 GPS"按钮,将手簿与移动站 GPS 主机连接。如果连接成功,在接收机信息窗口将显示连接 GPS 的机号。连接方法与基准站连接方法类似。

(3)使用"移动站设置"菜单:在"数据链"界面,保持参数与基准站一致(说明:如果是 CORS 用户,则在"网络"选项,选择 CORS 以取代 ZHD,输入 CORS 的 IP、端口号,点击右方的"设置"按钮,输入源列表名称、用户名、密码)。在"其他"界面,选择与基准站一致的参数,修改移动站天线高(说明:如果是 CORS 用户,则在"其他"下,在选中"发送 GGA",发送间隔通常设为 1s)。点击右下角"确定"按钮,软件提示移动站设置成功,关闭,回退到软件主界面。

(4)采集已知控制点的源坐标

将移动站主机安置在已知控制点 *A* 上,整平,对中。在程序软件主界面点击"5. 测量"→"碎部测量"→"1. 碎部测量",如图 8-33 所示。

出现"固定解"时,点击右下角的→或手簿键盘"F2",保存坐标→输入点名和天线高,将此点坐标将存入记录点坐标库中。再在已知控制点 *B* 上进行同样的操作。若还有已知控制点 *C*、*D*…,则采取同样的方法。

(5)求解转换参数和高程拟合参数

回到软件主界面,点击"3. 参数"→"坐标系统"→"参数计算"→"添加",如图 8-34 所示,分别输入两个已知控制点的源坐标和目标坐标。如:点击☰,从坐标点库中提取 *A* 点的坐标(GPS 采集到的 WGS84 系坐标),再输入 *A* 点的工程坐标,点"保存",再重复添加,完成 *B* 点等已知控制点的坐标输入→点击右下角"解算",弹出求解好的四参数→点击"运用",如图 8-35 所示。

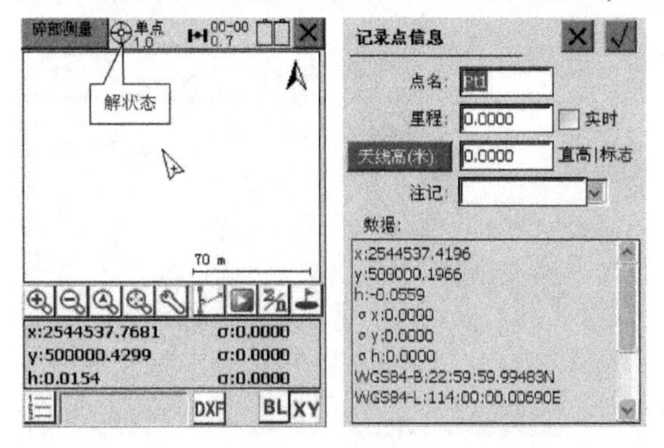

图 8-33 流动站采集已知控制点的源坐标

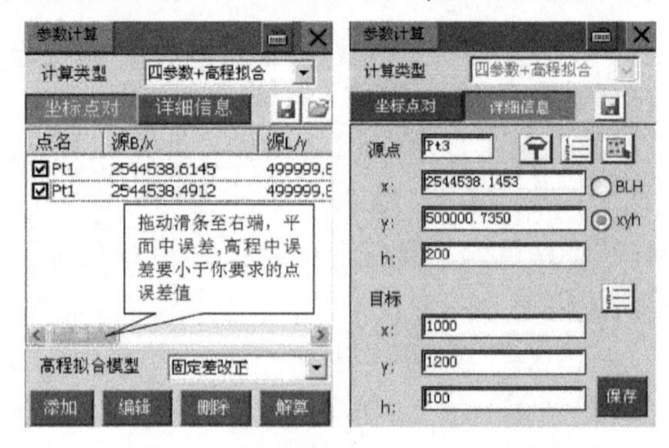

图 8-34 输入已知控制点的源坐标和目标坐标

说明：四参数中的“缩放”值，应为一非常接近 1 的数字，越接近 1 越可靠，一般为 0.999x 或 1.000x；平面和高程残差如果超限，说明测量点的原始坐标或当地坐标不准确。小于 3 个已知点，高程只能作固定差改正，大于等于 3 个已知点，则可作平面拟合，大于等于 6 个已知点，可作曲面拟合。而作平面或曲面拟合时，必须在求转换参数前预先进入“参数”→“高程拟合”菜单进行设置。

(6)碎部测量与放样

到待测量的点上，立移动站 GPS 接收机，点击软件主界面的“5. 测量”→“碎部测量”→“1. 碎部测量”，出现固定解时，点击右下角的或手簿键盘“F2”，保存坐标，点击，可查看所采集的记录点坐标。

若使用 RTK 进行坐标点位放样时，则点击软件主界面的“5. 测量”→“碎部测量”→“2. 点放样”，如图 8-36 所示。

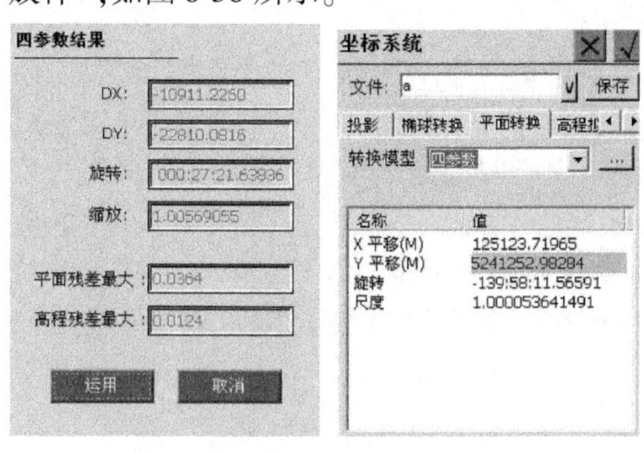

图 8-35　四参数转换参数的计算与运用

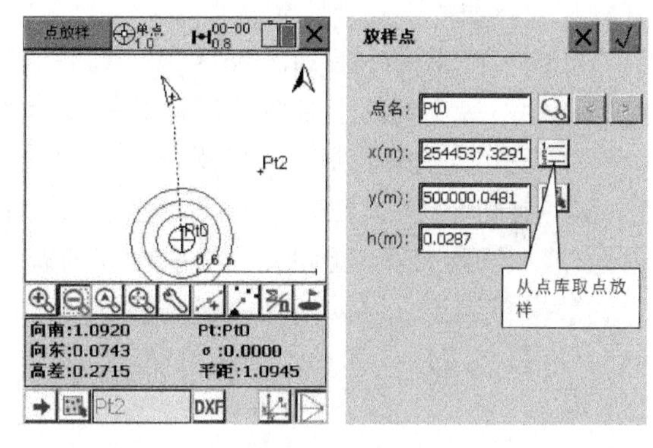

图 8-36　RTK 坐标放样

输入待放样点的坐标或点击“点库”，从坐标库取待放样点的坐标。根据图示指引，找到待放样点。当前点放样完成后，点击➡，放样下一点。

四、CORS 网络 RTK 技术

RTK 技术应用广泛，但它受到电离层和对流层延迟的影响，使原始数据产生系统误差并具有以下缺点：①用户需要架设参考站；②精度及可靠性随距离的增加而降低，误差增长使流动站和参考站的距离受到限制，一般小于 15km。GPS 网络 RTK 技术的出现，弥补了 RTK 的缺点，代表了未来 GPS 发展方向。

网络 RTK 技术就是利用连续运行参考站系统 CORS(Continuously Operating Reference System)各个参考站原始观测信息，以 CORS 网络体系结构为基础，建立精确的差分信息解算模型，解算出高精度的差分改正信息，然后通过无线网络将差分改正信息发送给用户。网络 RTK 技术集 internet 技术、无线通信技术、计算机网络管理技术和 GNSS 定位技术于一体，是 CORS 网络服务系统和核心支持技术的解决方案。

1. CORS 网络 RTK 的组成

CORS 网络 RTK 主要由控制中心、固定参考站、数据通信和用户部分组成。

(1)控制中心是整个系统的核心，既是通信控制中心，也是数据处理中心。它通过通信线(光缆、ISDN、电话线等)与所有的固定参考站通信，通过无线网络(GSM、CDMA、GPRS 等)与移动站用户通信。由计算机实时系统控制整个控制中心。

(2)固定参考站是固定的GNSS接收系统,分布在整个网络中,一个CORS网络可以包含无数个固定参考站,但最少需要3个固定参考站,站间距可达70km。固定参考站与控制中心之间用通信线连接,其观测数据实时传送到控制中心。

(3)数据通信部分,包括固定参考站到控制中心的通信及控制中心到移动用户的通信。

(4)用户部分就是移动用户的接收机,加上无线通信的调制解调器及相关的设备。

2. CORS网络RTK的技术分类

CORS网络RTK技术,主要有虚拟参考站系统VRS、区域改正参数FKP、主辅站技术3类,目前天宝和南方测绘、中海达公司使用VRS技术,徕卡公司使用主辅站技术,拓普康公司则在3个技术中任意切换。国内很多省市已建成CORS网络,用户可使用这些CORS网络进行测量,但需要支付一定年费和手机流量费用。下面重点介绍VRS技术。

3. VRS技术

如图8-37所示,在VRS网络中,各固定参考站不直接向移动用户发送任何改正信息,而是将参考站接收到的卫星数据通过数据通信线发给控制中心。移动站用户在工作前,先通过GSM的短信功能向控制中心发送一个概略坐标,控制中心收到这个位置信息后,根据用户位置,由计算机自动选择最佳的一组固定基准站,根据这些站发来的信息,整体改正GNSS的轨道误差、电离层、对流层和大气折射引起的误差,将高精度的差分信号发给移动站。该差分信号的效果相当于在移动站旁边,生成了一个虚拟的参考基站,从而解决了RTK作业距离的限制问题,提高了用户移动站的定位精度。

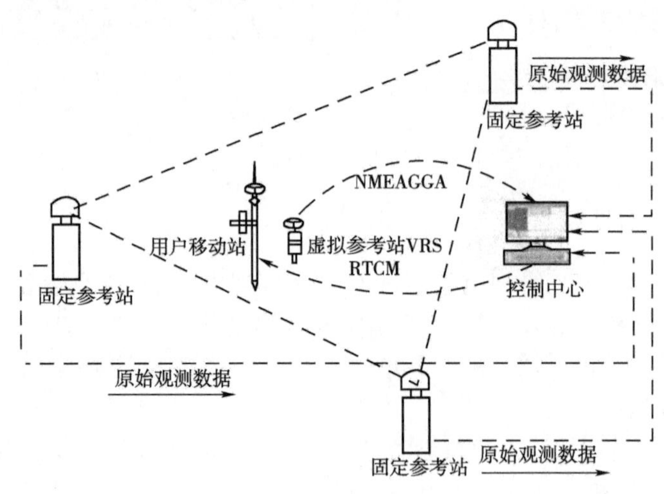

图8-37 VRS技术原理图

VRS的优点是:用户不需要购置与设置基准站,也不需要进行数据处理,只需增加一个数据接收设备(流动站GNSS接收机),降低了成本;接收机的兼容性比较好;控制中心应用整个网络的信息来计算电离层和对流层的复杂模型,成果的可靠性和定位精度在有效覆盖范围内大致均匀,与离开最近参考站的距离没有明显的相关性。

VRS技术要求双向数据通信,流动站既要接收数据,也要发送自己的定位结果和状态,每个流动站和控制中心交换的数据都是唯一的,这对系统数据处理的控制中心的数据处理能力和数据传输能力有很高的要求。

4. CORS 网络 RTK 技术的操作

以中海达 V30 GNSS RTK 系统为例，网络 RTK 操作，只需将一张手机 SIM 卡插入主机，类似前面介绍的 RTK 移动站的设置一样，将其设置为“移动站”模式；再将数据链选项设置为“GPRS 网络”，并向城市或单位 CORS 控制中心申请一个 IP 地址即可进行测量与放样。

思考题与习题

1. GPS 卫星定位技术与常规测量相比，有哪些优点？
2. 简述 GPS 系统的组成。
3. 简述 GPS 信号的组成。
4. GPS 的坐标系统与我国国家坐标系统有何区别？
5. 什么是伪距？简述伪距单点定位的原理。
6. 什么是同步观测？什么是卫星高度角？
7. 简述 GPS 定位误差来源。
8. GPS 静态定位异步网的方案主要有哪些？
9. 简述 GPS 静态定位后处理软件解算的步骤。
10. 简述 RTK 工作原理、系统组成及实施程序。
11. 简述 CORS 网络 RTK 的技术分类。

第九章　地形图的识读与测绘方法

教学目标

1. 熟悉地形图的基本组成。
2. 掌握地物、地貌在地形图上的表示方法。
3. 掌握大比例尺地形图测绘方法及地形图的应用。

地形图是指按一定的比例尺,用规定的符号表示地物、地貌平面位置和高程的正射投影图,具体来讲,是将地面上的地物和地貌按水平投影的方法(沿铅垂线方向投影到水平面上),并按一定的比例尺缩绘到图纸上,同时按要求标注测点高程。测绘地形图的方法主要有解析测图法和数字测图法。

第一节　地形图基本知识

地形图客观反映了地物、地貌的现实情况,有着丰富的信息,因此,在铁路、公路、水利等土木工程规划设计中,地形图是不可缺少的重要资料。

一、地形图基本组成部分

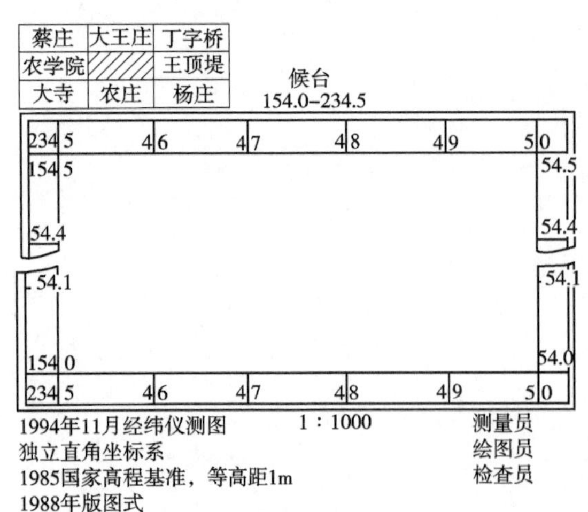

图 9-1　地形图基本组成部分

一幅地形图由图框外注记部分和图框内的地物地貌部分组成。图框外注记部分由图号、图名、接图表、图廓、投影方式、坐标系统、高程系统、比例尺等组成,如图 9-1 所示。

1. 图名和图号

图名就是本幅图的名称,常用本图幅内最著名的地名、最大的村庄或厂矿企业的名称来命名。图号即图的编号,对于大比例地形图采用图廓西南角坐标公里数进行编号,x 坐标在前,y 坐标在后。1:500 地形图取至 0.01km,如 10.40—21.75;1:1000、1:2000 地形图取至 0.1km,如 154.0—234.5。图名和图号标在图廓上方的中央。

2. 接图表

说明本图幅与相邻图幅的关系，供索取相邻图幅时使用。通常是中间一格画有斜线的代表本图幅，四邻分别注明相应的图号或图名，并绘注在图廓的左上方，如图 9-1 所示。

3. 图廓和坐标格网线

图廓是图幅四周的范围线。矩形图幅有内图廓和外图廓之分。内图廓是地形图分幅时的坐标格网线，也是图幅的边界线。外图廓是距内图廓以外一定距离绘制的加粗平行线，仅起装饰作用，如图 9-1 所示。

4. 投影方式、坐标系统、高程系统

地形图测绘完成后，都要在图上标注本图的投影方式、坐标系统和高程系统，以备日后使用时参考。

5. 比例尺

地形图上使用的比例尺，常用数字比例尺和图示比例尺两种形式来表示。

(1) 数字比例尺

图上某一线段的长度 d 与地面上相应的水平距离 D 之比称为比例尺。直接用数字表示的称为数字比例尺，常以分子为 1、分母为整数的分数来表示，即

$$\frac{d}{D}=\frac{1}{M}\text{或 }1:M \tag{9-1}$$

若地面某地物长度为 100m，其地形图上表示该段距离的长度为 2cm，则该地形图的数字比例尺为：

$$\frac{2}{10000}=\frac{1}{\frac{10000}{2}}=\frac{1}{5000}\text{或 }1:5000 \tag{9-2}$$

若同样长度 100m，在 1:500 地形图上表示该段距离的长度就为 20cm，由此可见，比例尺分母愈小，比例尺愈大。

(2) 图示比例尺

如图 9-2 所示，在保存纸制地形图时，有时为了减小由于图纸伸缩所引起的误差，常在地形图下面绘制与该图比例尺相一致的图示比例尺，即直线比例尺。

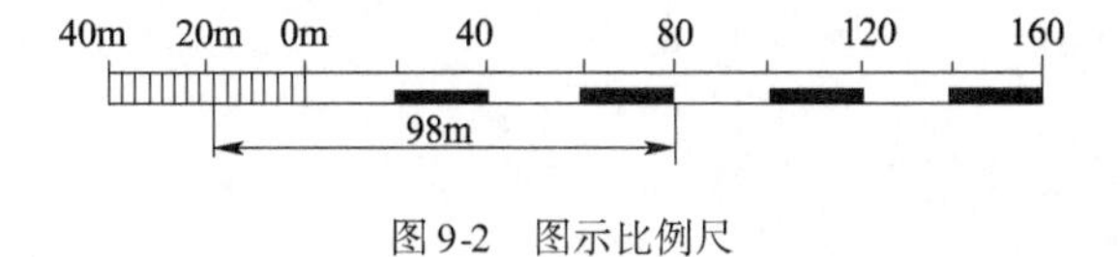

图 9-2　图示比例尺

(3) 比例尺精度

一般正常人的眼睛在图上能分辨出最小距离为0.1mm，因此，地形图上 0.1mm 长度所代表的实地水平距离，称为比例尺精度。不同比例尺地形图，其精度是不相同的。例如1:2000比例尺地形图，图上 0.1mm 代表实地水平距离为 0.1 × 2000 = 200mm = 0.2m，此 0.2m 即为 1:2000比例尺的精度，表明测量 1:2000 的地形图时，量距精度只需达到 0.2m，小于 0.2m 的长度即可忽略不量。同样可知 1:500 比例尺精度为 0.05m，1:1000 比例尺精度为 0.1m，1:5000

比例尺精度为0.5m。可见比例尺越大,比例尺精度越高,表示地物、地貌越详尽,但测量时所耗人力、物力及时间自然也越多。

地形图按比例尺可分为大比例尺地形图、中比例尺地形图和小比例尺地形图。我国大比例尺地形图通常指1:500、1:1000、1:2000、1:5000的地形图;中比例尺地形图常指1:10000、1:25000、1:50000、1:100000的地形图;小比例尺地形图常指1:200000、1:500000、1:1000000的地形图。在土木工程规划设计工作中,常使用大比例尺地形图。

二、地物符号和地貌符号

地形图是用规定的符号和注记表示地物、地貌的。为了使地形图具有通用性和易读性,国家测绘管理部门颁布了各种比例尺的地形图图式。它是测绘和使用地形图的重要工具,是地形图上表示地物和物貌的标准。地形图图式中的符号有:地物符号(含注记符号)、地貌符号两类。

1.地物符号

地物符号是地形图上表示地物的符号。其分为比例符号、非比例符号、半比例符号和注记符号。

(1)比例符号。测绘地形图时,有些地物的轮廓较大,如大部分房屋、道路、桥梁、田地等,其形状和大小可以按测图比例尺缩绘在图上,此类地物符号称为比例符号。

(2)半比例符号。一些线状延伸的地物,如小路、围墙、电力线等,其长度能按比例尺描绘,而宽度不能按比例尺描绘,需要用一定的符号绘制,此类符号称为半比例符号。半比例符号只表示地物的中心线位置和延伸长度,不表示其宽度。

比例符号、半比例符号、非比例符号的界限是相对的。例如铁路、乡村公路等,在大于1:2000的地形图上使用比例符号绘制,而在1:5000的地形图上则用半比例符号绘制。

(3)非比例符号。有些地物轮廓较小,如测量控制点、烟囱、消防栓、路灯等,无法按比例尺在图上表示其大小,或不便于按比例尺表示,这类地物均按规定的符号表示,称为非比例符号。非比例符号只表示地物的中心位置,不表示其形状和大小。

(4)注记符号。除了用各种规定的符号表示地物的位置、形状和大小外,有些地物符号还需要用文字或数字进行注记和说明,统称为地物注记,如控制点的点号、高程、厂矿、机关、村镇的名称,房屋的层数,河流的名称、流向等。表9-1摘录了《1:500　1:1000　1:2000比例尺地形图图式》中的部分内容。

2.地貌符号

地貌形态多种多样,可按其起伏的变化的程度分成平地、丘陵地、山地、高山地。它们通常用等高线进行表示。

(1)等高线

①等高线定义。等高线是地面上高程相同的相邻点连成的闭合曲线。如图9-2所示,设想有一座高出平静水面的小山头,山顶被水淹没时的水面高程为100m,小山与水面相交形成的水涯线为一闭合线,曲线的形状随小山与水面相交的位置而定,曲线上各点的高程相等。将这些水涯线垂直投影到水平面 H 上,并按一定的比例尺缩绘在图纸上,就形成了小山的等高线。

常见的地物符号　　表 9-1

编号	符号名称	图例
1	坚固房屋 4-房屋层数	坚4　1.5
2	普通房屋 2-房屋层数	2　1.5
3	窑洞 (1)住人的 (2)不住人的 (3)地面下的	(1) 2.5 2.0　(2)　(3) m
4	台阶	0.5　0.5　0.5
5	花圃	1.5　1.5　10.0　10.0
6	草地	1.5　0.8　10.0　10.0
7	经济作物地	0.8　3.0　蔗　10.0　10.0
8	水生经济作物地	3.0　藕　0.5
9	水稻田	2.0　10.0　10.0
10	旱地	1.0　2.0　10.0　10.0
11	灌木林	0.5　1.0
12	菜地	2.0　2.0　2.0　10.0　10.0
13	高压线	4.0
14	低压线	4.0
15	电杆	1.0
16	电线架	
17	砖、石及混凝土围墙	10.0　(0.5　10.0　0.3)
18	土围墙	10.0　0.5
19	栅栏、栏杆	1.0　10.0
20	篱笆	1.0　1.0
21	活树篱笆	3.5　0.5　10.0　1.0　0.8
22	沟渠 (1)有堤岸的 (2)一般的 (3)有沟堑的	(1)　(2)　0.3　(3)
23	公路	0.3　0.3　沥　砾
24	简易公路	8.0　2.0
25	大车路	0.15　0.3　碎石
26	小路	0.3　4.0　1.0
27	三角点 凤凰山—点名 394.468 高程	凤凰山 / 394.468　3.0
28	图根点 (1)埋石的 (2)不埋石的	(1)2.0 N16 / 84.46 (2)1.5 25 / 62.74
29	水准点	2.0 Ⅱ京石5 / 32.084
30	旗杆	1.5　4.0　1.0　1.0
31	水塔	2.0　3.0　1.0　1.2

续上表

编号	符号名称	图例
32	烟囱	3.5 1.0
33	气象站(台)	3.0 4.0 1.2
34	消火栓	1.5 2.0
35	阀门	1.5 1.5 2.0
36	水龙头	3.5 2.0 1.2
37	钻孔	3.0 1.0
38	路灯	1.5 1.0
39	独立树 (1)阔叶 (2)针叶	1.5 (1)3.0 0.7 (2)3.0 0.7
40	岗亭,岗楼	90° 3.0 1.5
41	等高线 (1)首曲线 (2)计曲线 (3)间曲线	0.15 87 (1) 0.3 85 (2) 0.15 6.0 1.0 (3)
42	示坡线	
43	高程点及其注记	0.5 •163.2 75.4
44	滑坡	
45	陡崖 (1)土质的 (2)石质的	(1) (2)
46	冲沟	

②等高距与等高线平距。相邻等高线之间的高差称为等高距或等高线间隔,常以 h 表示。如图 9-3 中的等高距是 10m。在同一幅地形图上,等高距是相同的。

相邻等高线之间的水平距离称为等高线平距,常以 d 表示。等高线平距 d 的大小与地面的坡度有关。等高线平距越小,地面坡度越大;平距越大,则坡度越小;坡度相同,平距相等。因此,可根据地形图上等高线的疏、密判定地面坡度的缓、陡,如图 9-4 所示。

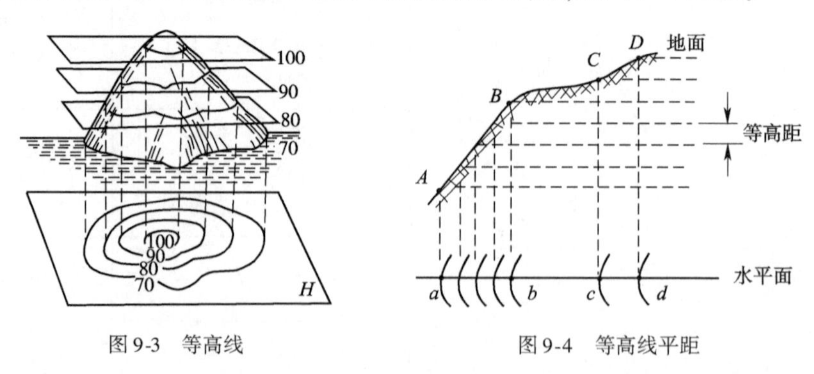

图 9-3　等高线　　　图 9-4　等高线平距

等高距选择过小,会成倍地增加测绘工作量。对于山区,有时会因等高线过密从而影响地形图清晰。等高距的选择应根据地形类型和比例尺大小,并按照相应的规范执行。表 9-2 是比例尺地形图基本等高距参考值。

大比例尺地形图的基本等高距(m)　　表9-2

地貌类别	比例尺			
	1:500	1:1000	1:2000	1:5000
平坦地	0.5	0.5	1	2
丘陵地	0.5	1	2	5
山　地	1	1	2	5
高山地	1	2	2	5

(2)等高线的分类

①首曲线。即按规定等高距描绘的等高线,亦称基本等高线。大比例尺地形图上首曲线的线划直径为0.15mm的实线,其上不注记高程。

②计曲线。也称加粗等高线,为便于读图,高程起算面起,每隔4条首曲线(即基本等高距的5倍)用粗线绘出。其上注有高程。

③间曲线。用基本等高线不足以表示局部地貌特征时,可以按1/2基本等高距用虚线加绘半距等高线,称为间曲线,间曲线可仅画出局部线段,可不闭合。

④助曲线。又称辅助等高线,是按1/4基本等高距而绘制的等高线,用短虚线表示。

首曲线与计曲线是图上表示地貌必须描绘的曲线,而间曲线与助曲线视需要而定,实际工作中应用较少,如图9-5所示。

(3)等高线的特性

①同一条等高线上各点的高程相等。

②等高线是闭合曲线,不能中断,如果不在同一幅图内闭合,则必定在相邻的其他图幅内闭合。

③等高线只有在绝壁或悬崖处才会重合或相交。

④等高线经过山脊或山谷时改变方向,因此山脊线与山谷线应和改变方向处等高线的切线垂直相交。

⑤同一幅地形图中,基本等高距是相同的,等高线越密,坡度越陡。

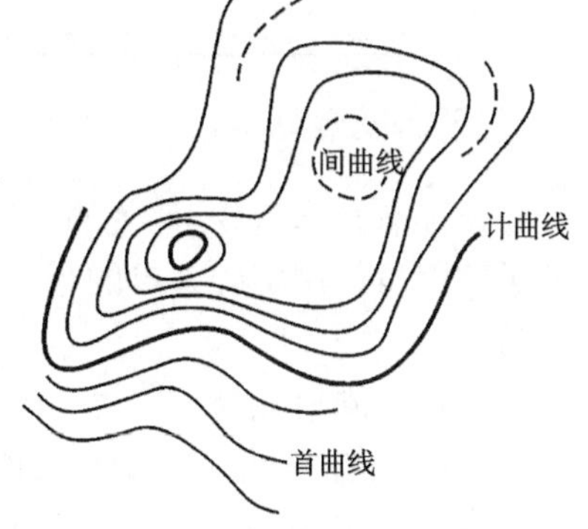

图9-5　等高线的分类

第二节　大比例尺地形图的解析测绘方法

大比例尺地形图的测绘方法有解析测图法和数字测图法,解析测图法又有多种方法,本节介绍经纬仪配合量角器测绘法,下节介绍数字测图法。大比例尺地形图的解析法测图包括准备工作、碎部点测量、地形图的绘制、检查与整饰等。

一、测图前的准备工作

1. 图纸准备

一般选用无色透明的聚酯薄膜或质地较好的白图纸。聚酯薄膜具有透明度好、伸缩性小等优点,但在使用保管过程中应注意防火、防折。

2. 绘制坐标网格

聚酯薄膜图纸分空白图纸和印有坐标网格的图纸(50cm×50cm 的正方形分幅和 50cm×40cm 的矩形分幅两种规格)。如果购买的是空白的聚酯薄膜图纸或白图纸,则需在图纸上精确绘制坐标方格网,每个方格的尺寸 10cm×10cm。绘制方法主要有对角线法、绘图仪法、坐标格网尺法等。

3. 展绘控制点

根据测区所在图幅的位置和比例尺,将图幅内所有控制点展绘在图纸上,并根据图例注记。最后用比例尺量出各相邻控制点之间的距离,与相应的实地距离比较,其图纸上的尺寸差值不应超过图上 0.3mm。

4. 图根控制点的密度

为了保证地形图的精度,测区内应有一定数目的图根控制点。《工程测量规范》规定,测区内解析图根点的个数应达到表 9-3 的规定。

一般地区大比例尺地形图测绘　解析图根点的个数　　　　表 9-3

测图比例尺	图幅尺寸(cm)	解析图根点(个)		
		全站仪测图	GPS RTK 测图	经纬仪平板测图
1:500	50×50	2	1	8
1:1000	50×50	3	1~2	12
1:2000	50×50	4	2	15

二、碎部点测量

碎部点是指地物、地貌的特征点。碎部点选择是否正确恰当是影响成图质量和测图效率的关键因素。测定碎部点的平面位置和高程并按测图比例尺缩绘在图纸上的工作称为碎部测量。

1. 特征点的选择

(1)地物的特征点。地物的特征点是指决定地物形状的地物轮廓线上的转折点、交叉点、弯曲点及独立地物的中心等,如房角点、道路转折点、交叉点、河岸线转弯点、窨井中心点等。连接这些特征点,便可得到实地的地物形状。

(2)地貌的特征点。地面上的各种地形虽然十分复杂,但可以看成是由向着各个方向倾斜和具有不同坡度的面组成的多面体,而山脊线、山谷线、山脚线等地性线是多面体的棱线,因此,地貌的特征点应选在这些地性线的转折点(方向变化和坡度变化处)上。此外还应选择山头、鞍部、洼坑底部等处,如图 9-6 所示。根据这些特征点的高程勾绘等高线,即可将地貌在图上表示出来。

2. 经纬仪配合量角器测绘法的实施

如图 9-7 所示,一个测站上的测绘工作步骤如下:

(1)观察者在测站点安置仪器。如图 9-7 所示,将经纬仪安置于测站点 A 上对中、整平,并量出仪器高度 i。

(2)照准后视控制点进行定向。用经纬仪盘左位置瞄准另一控制点 B,设置水平度盘读数为 0°00′00″。B 点称为后视点,AB 方向称为起始方向或后视方向。在小平板上固定好图纸,并安置在测站附近，注意使图纸上控制边方向与地面上相应控制边方向大致相同。连接图上对应的控制点 a、b，并适当延长 ab 线，ab 即为图上起始方向线。然后用小针通过量角器圆心插在 a 点上，使量角器圆心固定在 a 点上。

图 9-6　地貌的特征点选择

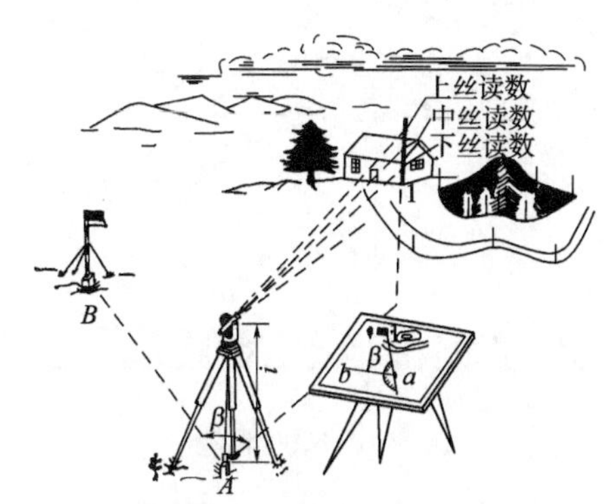

图 9-7　经纬仪配合量角器测绘法示意图

（3）跑尺者在特征点上立尺。跑尺员将水准尺依次立在地物和地貌的特征点上。立尺前跑尺员应与观测员、绘图员共同商定跑尺路线。比如在平坦地区跑尺，可由近到远，再由远到近地跑尺，立尺结束时处于测站附近。在丘陵或山区，可沿地性线跑尺。

（4）观测者测量特征点。观测员转动经纬仪照准部，瞄准 1 点水准尺，读尺间隔 l（上丝读数 a - 下丝读数 b）、中丝读数 v、盘左竖盘读数 L 及水平角 β，为了计算方便，往往下丝对准一个整刻划，这样一次即可读出上、下丝之差的尺间隔 l。同法观测得数据周围 2、3…各点。

（5）记录与计算。记录员将测站点 A 的高程 H_A，以及测得的尺间隔 l、中丝读数 v、盘左竖盘读数 L 及水平角 β 等数据依次填入地形测量手簿（表 9-4）中。然后根据式（9-3）计算水平距离 D 和高程 H。

$$\begin{cases} D = 100l\cos^2(90° - L) \\ H = H_A + D\tan(90° - L) + i - v \end{cases} \tag{9-3}$$

碎 部 测 量 手 簿　　表 9-4

测区______　观测者______　记录者______　立尺者______

____年____月____日　天气____　测站 A ，后视方向 B 　测站高程 46.54m

仪器高 i 1.42m　乘常数 100　加常数 0　指标差 x 0

测点	水平角（° ′）	尺上读数（m）中丝	尺上读数（m）上丝	尺上读数（m）下丝	视距间隔 l（m）	竖盘读数（° ′）	竖直角（° ′）	高差（m）	水平距离（m）	测点高程（m）	备注
1	113　44	1.42	1.520	1.300	0.220	88　06	+1　54	+0.73	22.00	47.27	房角
2	114　43	2.00	2.871	1.128	1.743	92　32	-2　32	-8.28	174.00	38.26	房角
3	115　11	1.42	2.000	0.895	1.105	72　19	+17　41	+31.98	100.30	78.52	房角

（6）绘图员刺点绘图。绘图员转动量角器，将量角器上等于水平角值（如碎部点 1 的水平

角 $\beta_1 = 113°44'$)的刻画线对准起始方向线 ab,如图 9-8 所示。此时量角器的零方向便是碎部点 1 的位置方向,按照图上距离,用铅笔在图上标定碎部点 1 位置,并在点的右侧注明其高程。同法,将其余各碎部点的平面位置及高程绘于图上。

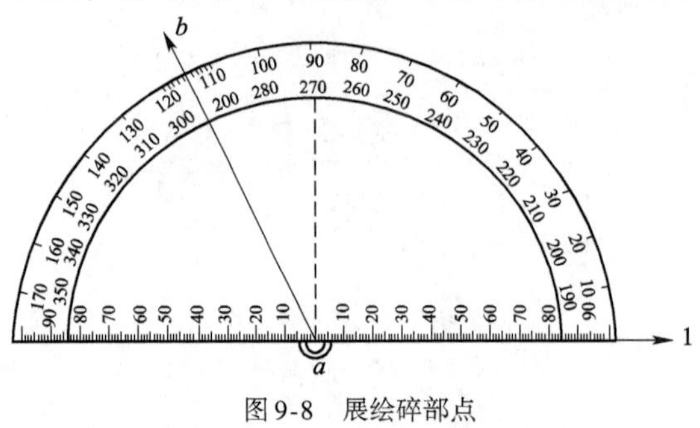

图 9-8　展绘碎部点

仪器搬到下一站时,应先观测前站所测的某个明显碎部点,以检查由两站测得该点的平面位置和高程是否相符。如相差较大,则应查明原因,纠正错误,再继续进行测绘。

3. 增补测站点

地形图测绘时,当图根点的密度不够时,可以根据具体情况采用支导法和图解交会法增补测站点,以满足测图的需要。

三、地形图的绘制

地物、地貌的描绘一般在测图现场进行,在把碎部点展绘到图纸上后,即可对照实地随时描绘地物和等高线。

1. 地物描绘

地物按《1:500　1:1000　1:2000 地形图图式》规定的符号来描绘。如道路、河流的曲线部分要逐点连成平滑的曲线,建筑物按其轮廓将相邻点用直线连接,不能按比例描绘的地物,应按规定的非比例符号表示。

2. 地貌描绘

地貌的描绘主要是等高线的勾绘,如图 9-9a)所示,设地面上两碎部点 A、C 的高程分别为 207.4m 和 202.8m。若等高线距为 1m,则其间有高程为 203m、204m、205m、206m 及 207m 5 条等高线通过。根据平距与高差成比例的原理,便可定出它们在图上位置。先按比例关系目估定出高程 203m 的点 m 和高程为 207m 的点 q,然后将 mq 的距离四等分,定出高程为 204m、205m、206m 的 n、o、p 点。同法定出其他相邻两碎部点间等高线应通过的位置。将高程相等的相邻点连成光滑的曲线,即为等高线,如图 9-9b)所示。

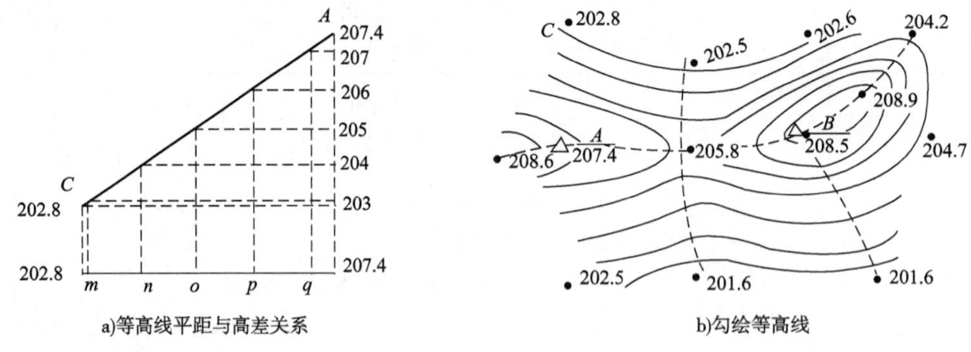

图 9-9　地形图绘制

四、地形图的拼接、检查与整饰

地形图的外业测绘完成后,还要进行图面整理、图边拼接、测图质量的检查以及图纸的清绘整饰等工作。

图边拼接是指一个测区内有多个图幅,相邻图幅接边处的地物轮廓和等高线由于各种原因往往不能完全吻合,若这种偏差不超过《工程测量规范》中规定的测绘地物、地貌中误差的 $2\sqrt{2}$ 倍,则可将误差进行平均配赋,即取相邻两幅图的同一地物轮廓或同一条等高线的平均位置,对两幅图接边处的地物符号和等高线进行修正。故为了接图的需要,测图范围应超出图廓1cm左右。

第三节　大比例尺地形图的数字测绘方法

随着数字测绘仪器、数据通信、图形处理等软硬件的不断涌现,以"计算机辅助地图制图"为代表的数字测图技术已取代解析法白纸测图技术,成为市场的主流,所得到的地形图称为数字地形图。

一、数字测图作业模式的分类

目前,获取数字地形图的数字测图作业模式,大致可分为以下4类:

(1)由全站仪(或电子经纬仪、测距仪)、电子手簿(掌上电脑或笔记本电脑)、数字成图软件、计算机构成的内外业一体化数字测图作业模式。

(2)由GPS RTK、数字成图软件、计算机构成的GPS数字测图作业模式。

(3)由航片(航空摄影地面影像)、卫片(卫星地面影像)和解析测图仪、影像处理软件、计算机组成的数字摄影测图作业模式。

(4)将白纸地形图数字化获取数字地形图作业模式。

二、大比例尺数字地形图的野外数据采集

以全站仪、GPS RTK为核心的数字测图作业模式,具有精度高、操作方便的特点,成为大比例尺数字地形图测图的主要方法。

1. 图根控制点及测站点的增补

(1)图根控制测量。野外数据采集包括两个阶段,即图根控制测量和地形特征点(碎部点)采集。如高级控制点的密度不能满足大比例尺数字测图的需求时,应加密适当数量的图根控制点,直接供测图使用。

图根平面控制点的布设,可采用图根导线、图根三角、交会方法和GPS RTK等方法,还可采用"辐射法"和"一步测量法"。辐射法就是在某一通视良好的等级控制点上,用极坐标测量方法,按全圆方向观测方式,一次测定周围几个图根点。这种方法无需平差计算,直接测出坐标。为了保证图根点的可靠性,一般要进行两次观测(另选定向点)。"一步测量法"就是将图根导线与碎部测量同时作业。利用全站仪采集数据时,效率非常高,可少设一次站,少跑一遍路,适合数字测图,现在有很多测图软件都支持。如图9-10所示。

(2)测站点的测定。数字测图时应尽量利用各级控制点作为测站点,但由于地表上的地物、地貌有时是极其复杂零碎的,要全部在各级控制点上采集到所有的碎部点往往比较困难,因此除了利用各级控制点外,还要增设测站点。尤其是在地形琐碎、分水线地形复杂地段,小

沟、小山脊转弯处,房屋密集的居民地,以及雨裂冲沟繁多的地方,对测站点的数量要求会多一些,但是不能用增设测站点做大面积的测图。

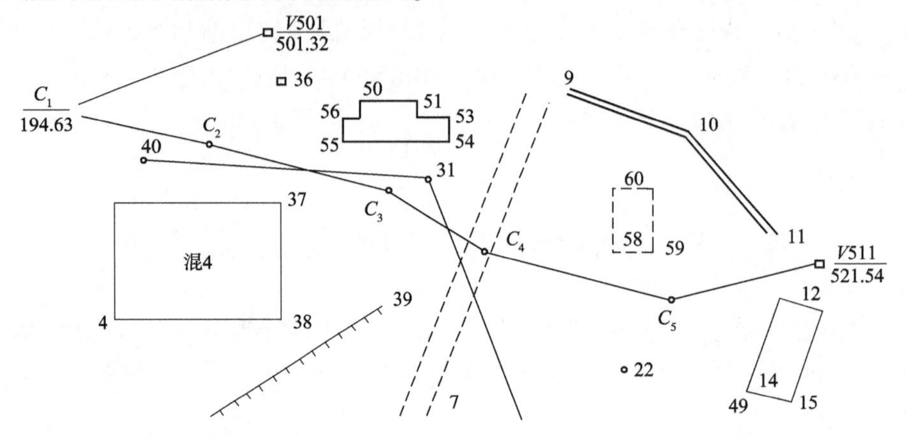

图9-10 “一步测量法”示意图

增设测站点是在控制点或图根点上,采用极坐标法、支导线法、辐射法等方法测定测站点的坐标和高程。数字测图时,测站点的点位精度,相对于附近图根点的中误差不应大于图上0.2mm,高程中误差不应大于测图基本等高距的1/6。

2. 仪器器材、资料准备以及人员安排

(1)仪器器材的准备。仪器器材主要包括:全站仪(或GPS)、对讲机、便携机、备用电池、通信电缆、测杆、反光棱镜、钢尺等。在数字测图中,由于测站到镜站的距离一般都比较远,每组都应该配备对讲机。

(2)资料的准备。在数据采集之前,最好提前将测区的全部已知点成果通过计算机输入全站仪(或GPS)的内存中,以方便调用。目前多数数字测图系统在野外进行数据采集时,要求绘制较详细的草图。如果测区有相近比例尺的地图,则可利用旧图或影像图并适当放大复制,裁成合适的大小(如A4幅面)作为工作草图。在这种情况下,作业员可先进行测区调查,对照实地将变化的地物反映在草图上,同时标出控制点的位置,这种工作草图也起到工作计划图的作用。在没有合适的地图可作为工作草图的情况下,应在数据采集时绘制工作草图。工作草图应绘制地物的相关位置、地貌的地性线、点号、丈量距离记录、地理名称和说明注记等。草图可按地物的相互关系分块绘制,也可按测站绘制,地物密集处可绘制局部放大图。草图上点号标注应清楚正确,并与全站仪内存或电子手簿记录的点号对应。

(3)作业人员组织与分工。数字图的施测方式不同,人员的配备也有所不同。全站仪测记法(又称草图法)施测时,作业人员的组织与分工如下:

观测员1人,负责操作全站仪,观测并记录观测数据(使用电子手簿)。

领图员1人,负责指挥跑尺员(立镜员),并现场勾绘草图。要求熟悉地形图式,并负责与观测员随时核对点号。草图纸应有固定格式,每张草图纸应填上日期、测站、后视、测量员、绘图员信息,应清楚记录测点与测点之间的关系,做到既清楚又简单。搬站后应使用新的草图纸。

跑尺员1~2人(依测量作业熟练情况而定),负责现场立棱镜。有经验的立镜员立点时能根据后期数字图编辑的特点,综合取舍。对于经验不足者,应由领图员指挥立镜。

内业制图员1人,其根据草图和坐标文件,使用数字成图软件,绘制地形图。对于无专业制图人员的单位,通常由领图员担负内业制图任务。

领图员绘制的草图好坏,直接影响到内业成图的速度与质量,因此领图员是整个小组的核心成员。

3. 野外数据采集

大比例尺数字测图野外数据采集按碎部点测量方法,分为全站仪测量方法和 GPS RTK 测量方法。全站仪测量方法,根据提供图形信息码的方式不同,又分为测记法和电子平板法两种。

(1)测记法。测记法是在采集碎部点时,绘制工作草图,在工作草图上记录地形要素名称、碎部点连接关系。然后在室内将碎部点显示在计算机屏幕上。根据工作草图,采用人机交互方式连接碎部点,输入图形信息码和生成图形。具体操作如下:

①进入测区后,领图员首先对测站周围的地形、地物分布情况大概看一遍,认清方向,制作含主要地物、地貌的工作草图(若在原有的旧图上标明会更准确),便于观测时在草图上标明所测碎部点的位置及点号。

②观测员指挥立镜员到事先选定好的某已知点上立镜定向;自己快速架好仪器,量取仪器高,启动全站仪,进入数据采集状态,选择保存数据的文件,按照全站仪的操作设置测站点、定向点,记录完成后,照准定向点完成定向工作。为确保设站无误,可选择检核点,测量检核点的坐标,若坐标差值在规定的范围内,方可开始采集数据。

③领图员通知立镜员开始跑点。每观测一个点,观测员都要核对观测点的点号、属性、镜高并存入全站仪的内存中。野外数据采集,测站与测点两处作业人员必须时时联络。每观测完一定数量点,观测员要告知绘草图者被测点的点号,以便及时对照全站仪内存中记录的点号和草图上标号,保证两者一致。若两者不一致,应查找原因,是漏标点了,还是多标点了,还是同一位置重复测量了等,及时更正。

④测记法数据采集通常区分为有码作业和无码作业,有码作业需要现场输入野外操作码。无码作业现场不输入数据编码,而用草图记录绘图信息(所测点的属性及连接关系),以供内业处理、图形编辑时用。

在野外采集时,能测到的点要尽量测,实在测不到的点可利用皮尺或钢尺量距,将丈量结果记录在草图上,室内用交互编辑方法成图。在进行地貌采点时,可以用一站多镜的方法进行,地性线上要有足够密度的点,特征点也要尽量测到。如在山沟底测一排点,在山坡边测一排点;测量陡坎时,在坎上坎下同时测点,这样有利于等高线的生成。在地形变化较小的地方,可以适当放宽采点密度。

⑤在一个测站上完成所有的碎部点采集后,要找一个已知点进行检核测量。检查无误后,方可搬至下一测站进行数据采集,以防止在测量过程中,因误操作、仪器碰动或出故障等原因造成的错误。

(2)电子平板法。电子平板法是采用笔记本电脑和 PDA 掌上电脑作为野外数据采集记录器,可以在采集碎部点之后,对照实际地形输入图形信息码,现场生成图形。基本操作过程如下:

①利用计算机将测区的已知控制点及测站点的坐标传输到全站仪的内存中。

②在测站点上架好仪器,并把笔记本电脑或 PDA 与全站仪用相应的电缆连接好,设置全站仪的通信参数,开启数字测图软件,分别在全站仪和笔记本电脑或 PDA 上完成测站、定向点的设置工作。

③全站仪照准碎部点，每测完一个点，屏幕上都会及时显示出来；根据测点的类型，在测图软件上找到相应的操作，现场将被测点绘制成图。

三、数字地形图成图方法

在野外数据采集中，电子平板法是现场成图，但测记法则需把野外采集的数据存储在电子手簿或全站仪的内存中，同时绘制草图，回到室内后再将数据传输到计算机内，对照草图，使用数字绘图软件，完成绘制编辑工作，最后形成地形图。

目前市场上比较成熟的大比例尺数字测图（绘图）软件，主要有广州南方测绘公司的CASS 7.0，北京威远图公司的SV300以及图形处理软件CTTO—MAP，北京清华山维公司的EPSW，武汉瑞得测绘自动化公司的RDMS，广州开思测绘软件公司的SCS GIS2004等。这些测图软件大多是在AutoCAD平台上开发的，因此在图形编辑过程中还可以充分利用AutoCAD强大的图形编辑功能。

这些绘图软件提供了多种成图方法：简编码自动成图法，引导文件自动成图法，测点点号定位成图法，屏幕坐标定位成图法等。下面以CASS软件介绍“测点点号定位成图法”。

1. 数据下载与转换

打开CASS软件，点击“数据”菜单下的“读取全站仪数据”，系统弹出如图9-11所示的对话框。根据全站仪品牌的不同，在“仪器”下拉菜单栏，选择对应全站仪品牌；在全站仪内存文件栏，点击“选择文件”，选择从全站仪下载的测量内存文件。再点击“转换”，即可将各种全站仪内存文件转换成CASS软件格式的后缀为.dat的文本格式文件。

2. 定显示区及设定比例尺

在菜单“绘图处理”下，点击“定显示区”，输入dat格式的CASS坐标文件；点击“改变当前图形比例尺”，在命令行输入要作图的比例尺分母。系统默认的比例尺为1:500。

3. 展点和展高程点

展点是将CASS坐标文件中全部点的平面位置在当前图形中展出，并标注各点的点号。其方法是在菜单“绘图处理”下点击“展野外测点点号”，系统弹出对话框，选择并打开CASS坐标文件，如图9-12所示。

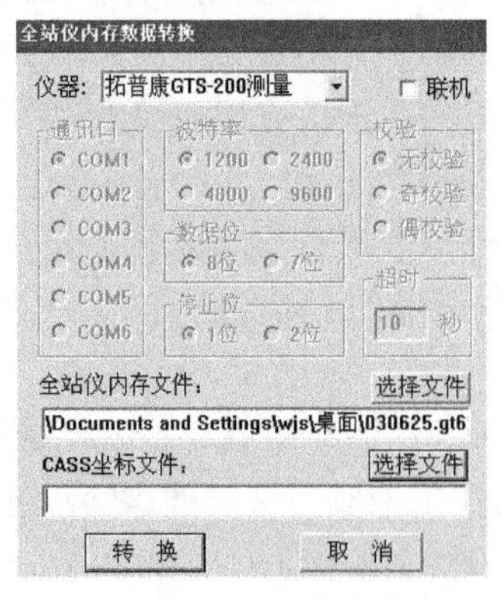

图9-11 全站仪内存文件转换成CASS坐标文件

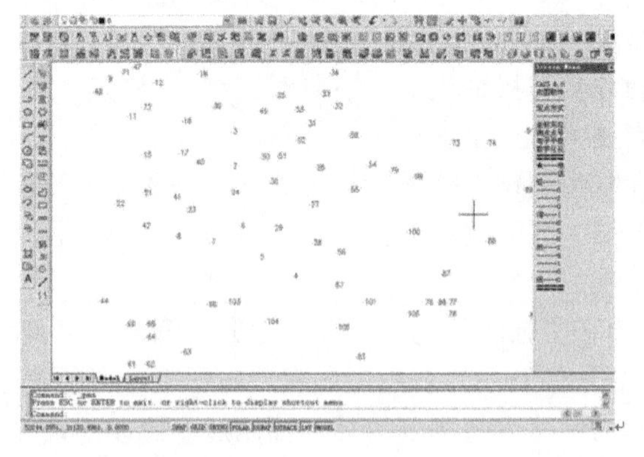

图9-12 CASS软件展野外测点点号

完成连线成图操作后，若需要注记点的高程，则可以在菜单“绘图处理”下点击“展高程点”,系统弹出对话框,选择并打开与前面展点相同的 CASS 坐标文件即可。

4. 根据草图绘制相应的图式符号

软件将所有地物要素细分为文字注记、控制点、界址点、居民地等菜单,此时即可按照其分类分别绘制。如绘制道路就选择右侧屏幕菜单的“交通设施”按钮,弹出如图 9-13 所示的界面。

绘图比例尺 1:输入 500,回车;点 P/ <点号>输入 92,回车;点 P/ <点号>输入 45,回车;点 P/ <点号>输入 46,回车;点 P/ <点号>输入 13,回车;点 P/ <点号>输入 47,回车;点 P/ <点号>输入 48,回车;点 P/ <点号>回车。

拟合线 <N>? 输入 Y,回车[输入 Y,将该边拟合成光滑曲线;输入 N(缺省为 N),则不拟合该线]。

1. 边点式/2. 边宽式 <1>:回车(默认 1),将要求输入公路对边上的一个测点;选 2,要求输入公路宽度。

对面一点;点 P/ <点号>输入 19,回车。这时平行等外公路就做好了。如图 9-14 所示。

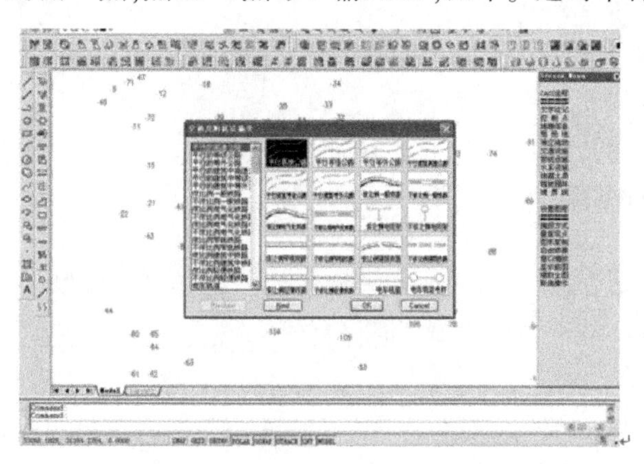

图 9-13　选择屏幕菜单“交通设施”

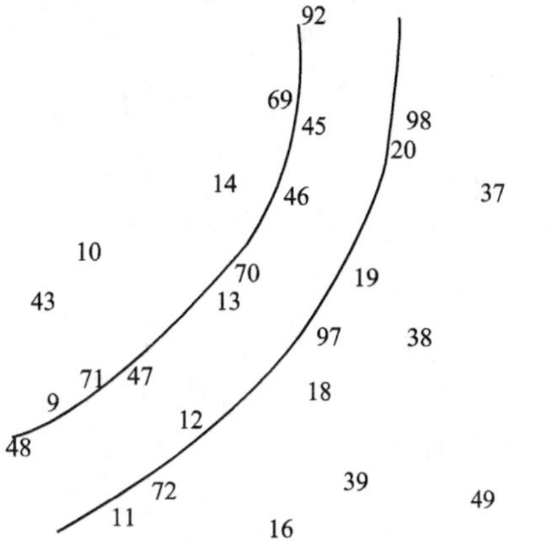

图 9-14　平行等外公路

对于其他地物,首先在相应菜单中找到该地物的属性按照上面的方法进行绘制。在操作的过程中,还可以使用放大显示、移动图纸、删除、文字注记等命令。

5. 绘制等高线

CASS 软件可自动生成等高线,但在生成等高线时,要充分考虑到等高线通过地性线和断裂线的处理,如陡坎、陡涯等。该软件还能自动切除通过地物、注记、陡坎的等高线。

绘制等高线,通常先建立数字地面模型(DTM),再勾绘出等高线。步骤通常为:

(1)展高程点。菜单“绘图处理”下“展高程点”,将高程点全部展出来。

(2)建立 DTM。菜单“等高线”下点击“建立 DTM”,在屏幕区域将点连接成三角网。如图 9-15 所示。

(3)绘等高线。菜单“等高线”下点击“绘制等高线”,弹出如图 9-16 所示对话框,输入等高距,选择拟合方式后“确定”,系统绘制出等高线。

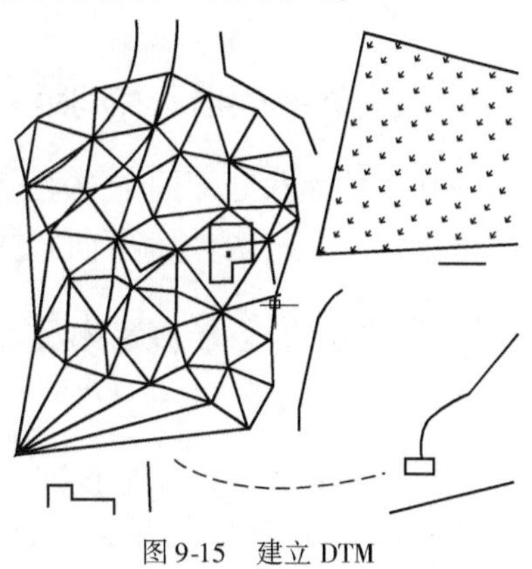

图 9-15　建立 DTM

再选择“等高线”菜单下的“删三角网”,这时屏幕显示如

图 9-17 所示。

(4)等高线的修剪:“等高线”菜单下点击“等高线修剪”二级菜单中的切除指定二线间等高线、切除指定区域内等高线、切除穿建筑物等高线、切除等高线穿过道路的部分、切除穿高程注记等高线等步骤。绘图软件将自动搜寻,把等高线穿过注记的部分切除。

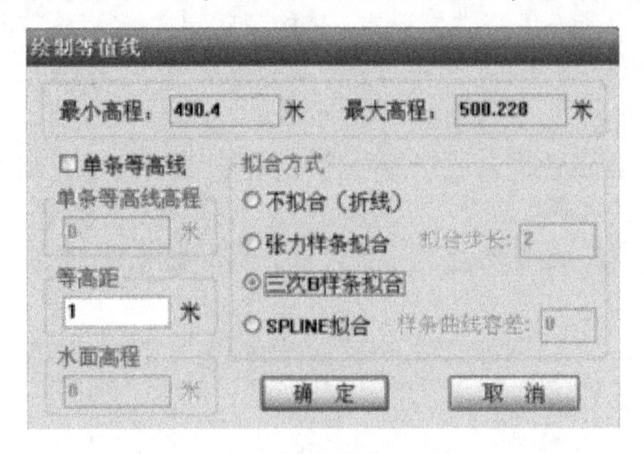

图 9-16　绘制等高线对话框

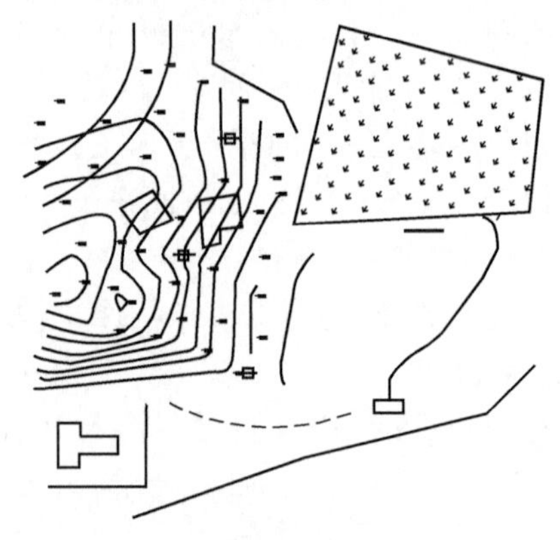

图 9-17　绘制等高线

(5)加注记:点击“右侧屏幕菜单”中的“文字注记”项,按照要求进行文字、数字等注记,最后生成的含注记等辅助说明信息的地物地貌图形。

6. 加图框

“绘图处理”菜单下点击“标准图幅(50×40)”,在“图名”“测量员”“绘图员”“检查员”“左下角坐标”栏分别输入相应内容,并在“删除图框外实体”栏前打勾,确认,就完成了一幅地形图。

7. 绘图

“文件”菜单下点击“用绘图仪或打印机出图”,进行绘图。选好图纸尺寸、图纸方向之后通过预览查看出图效果,满意后就可单击“确定”按钮进行绘图。

第四节　地形图的应用

地形图具有丰富的信息,在地形图上可以获取地貌、地物、居民点、水系、交通、通信、管线、农林等多方面的自然地理和社会政治经济等信息。因此在工程规划、设计和建设中,地形图的应用十分广泛。

一、点的平面坐标、点间距离和直线方位角的量测

在大比例尺地形图中有坐标方格网、北方向和比例尺的信息,故可以量得任一点 A、B 的平面坐标,以及 AB 间的平面距离、直线 AB 的坐标方位角 α_{AB}。

二、点位高程、坡度量测及等坡线路的选定

1. 点的高程

如图 9-18 所示,若地形图上某点 E 恰好位于图上某一条等高线上,则 E 点的高程与该等高线高程相同;若所求点 F 不在等高线上,而位于两等高线之间,则过 F 点画一条垂直于相邻

两等高线的线段 mn，则 F 点的高程为：

$$H_F = H_m + \frac{mF}{mn} \cdot h \tag{9-4}$$

式中：H_F、H_m——F 点、m 点的高程；

h——等高距；

mF、mn——线段长度。

2. 两点间的坡度

如图 9-18 所示，若要计算 E、F 两点间的坡度，则可在地形图上量得 E、F 两点的水平距离 d、高差 h，根据式(9-5)，即可求得 E、F 两点间的坡度 i。

$$i = \tan\theta = \frac{h}{d} \tag{9-5}$$

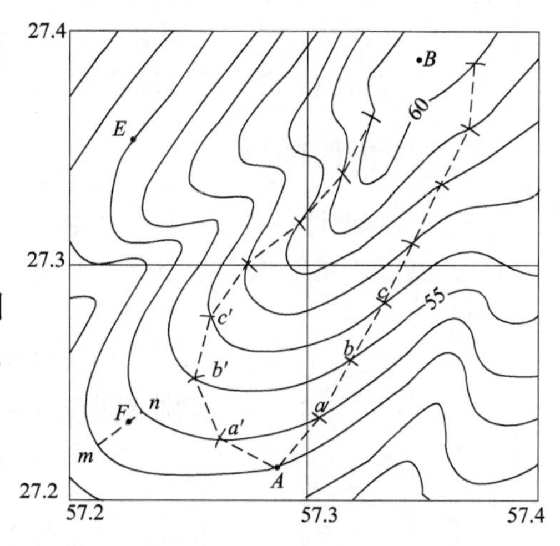

图 9-18　点位高程、坡度量测及等坡线路的选定

3. 等坡线路的选定

如图 9-18 所示，设地形图比例尺 $M = 1000$，等高距 $h = 1\text{m}$，若工程设计中，需要从低处 A 点到高处 B 点定出一条线路，要求坡度限制 $i = 3.3\%$，则根据坡度的定义，求得等高线平距 $d = \frac{h}{iM} = 0.03\text{m}$，即图上 3cm。以 A 点为圆心，以 3cm 为半径，用两脚规画圆弧，与 54m 等高线交于 a、a' 点；再分别以 a、a' 点为圆心画圆弧，与 55m 等高线交于 b、b' 点；如此直至 B 点，连接 $A-a-b-\cdots B$ 和 $A-a'-b'-\cdots B$，得到的两条线路均满足设计坡度 $i = 3.3\%$ 的要求，可以综合各种因素选择其中之一。作图时，若当某相邻两条等高线平距小于 3cm 时，说明这对等高线的坡度小于设计坡度 3.3%，可以选该对等高线的垂线为线路。

三、绘制指定方向的断面图

如图 9-19 所示，$ABCD$ 为一条越岭线路，在 B、C 两点转折处，线路应沿曲线修筑。为绘制该条线路沿线的纵断面图，应以水平距离为横坐标轴，以地面点的高程为纵坐标轴，建立坐标系，为了明显地表示地面高低起伏，断面图上所选的高程（纵轴）比例尺一般是水平距离（横轴）比例尺的 10～20 倍。在图上分别量出 $A1$、12、23、…、$15D$ 等线段的长度，在横坐标轴上分

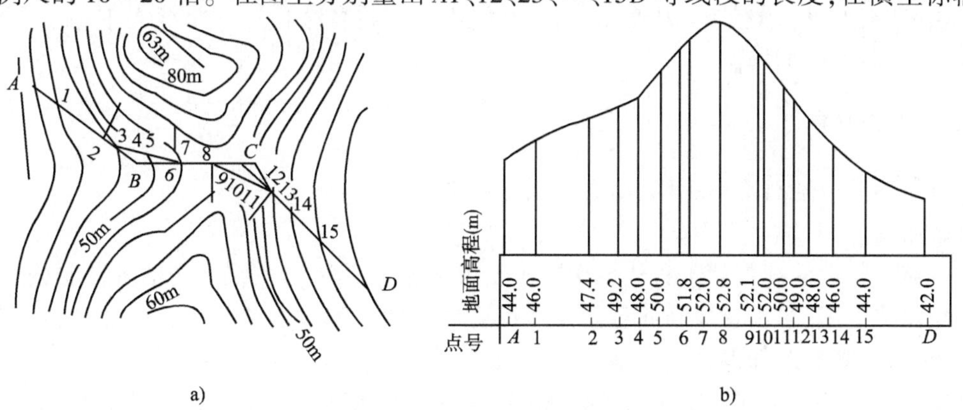

图 9-19　指定方向断面图的绘制

别按量出长度截得1、2、…、15、D等点,再在地形图上求出上述各点的高程,按选定的高程比例,在相应于各点处与横坐标轴垂直的方向上,点绘出地面点位置。最后把各相邻地面点用光滑的曲线连接起来,得到该段路线的纵断面图。

四、图形面积的量算

工程勘测设计中,常常需要测定地形图上某一区域的图形面积,其方法主要有解析法、CAD法、透明方格纸法、平行线法、求积仪法等。

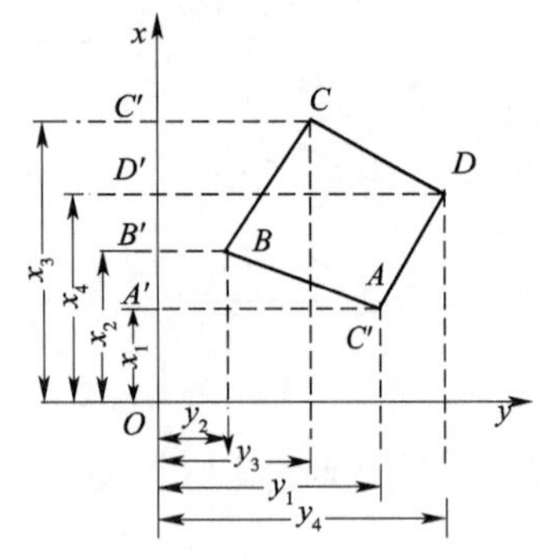

图9-20　解析法面积量算

1.解析法

如图9-20所示,设多边形有n个顶点,且各顶点的坐标已知,则多边形的面积为:

$$A=\frac{1}{2}\sum_{i=1}^{n}x_i(y_{i+1}-y_{i-1}) \tag{9-6}$$

若将各顶点投影于y轴,同理可得:

$$A=\frac{1}{2}\sum_{i=1}^{n}y_i(x_{i+1}-x_{i-1}) \tag{9-7}$$

式(9-6)和式(9-7)中,当$i=1$时,$i-1$取n;当$i=n$时,$i+1$取1;两式可以互为计算检核。上述多边形若按逆时针编号,面积值为负号,取其绝对值即可。

2.CAD法

若通过数据采集,得到了某多边形各顶点的坐标的南方测绘CASS软件格式的dat坐标文件,则CAD法面积量算的步骤如下:

①启动CASS软件,在菜单“绘图处理”下点击“展野外测点点号”,在弹出的“输入坐标数据文件名”对话框中选择此“dat坐标文件”,多边形的各顶点将自动展绘于绘图区。

②右击AutoCAD的“对象捕捉”下的“设置”,将对象捕捉模式设置为“节点”;再执行多段线命令Pline,连接多边形的各顶点,形成一个封闭多边形。

③执行AutoCAD的面积命令Area,选择对象时,点取多边形上的任意点,即可得到此多边形的面积和周长。

说明:若无CASS软件,使用AutoCAD软件,则需要将各个顶点的坐标人工一步步展绘于绘图区,再进行同样的操作。

五、土方量计算

土方量计算一般有等高线法、断面法或方格网法。

1.断面法

在铁路、道路、管线带状工程建设中的土石方量常用此法。在施工场地的范围内,以一定的间隔绘出横断图,求出各横断面由设计高程线与地面线围成的填、挖面积,然后计算相邻横断面的土方量,最后求和得总土方量。

如图9-21所示,1∶1000地形图,等高距为1,施工场地设计高程为42m,先在地形图上绘出互相平行的、间距为1的断面方向1－1、2－2、…、5－5,绘出相应的横断图,分别求出各断面的设计高程与地面线包围的填、挖方面积A_T、A_W，然后计算相邻两断面间的填挖方量。图中1－1和2－2断面间的填、挖方量为：

$$\begin{cases}填方V_{T1-2}=\frac{1}{2}(A_{T1}+A_{T2})l \\ 挖方V_{W1-2}=\frac{1}{2}(W_{W1}+A_{W2})l\end{cases} \tag{9-8}$$

同理，计算其他断面间的土方量，最后将所有的填方量累加，所有的挖方量累加，得到总的土方量。

2. 方格网法

该法用于地形起伏不大的方圆地区。如图9-22所示，施工场地的范围较大，可用这种方法估算土方量，其步骤如下：

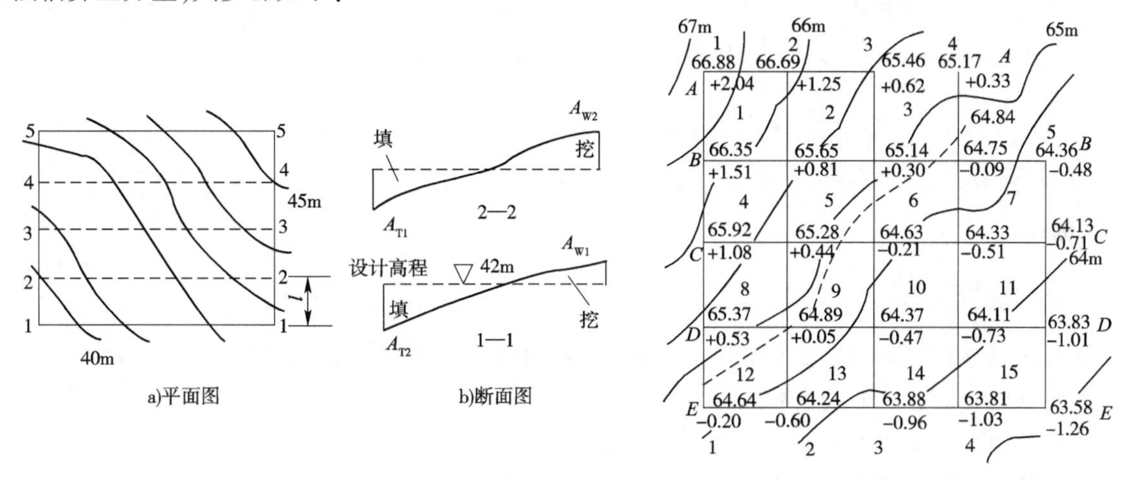

图9-21　断面法土方量计算

图9-22　方格网法土方量计算

（1）在地形图上绘方格网。在地形图上绘制拟建场地方格网，方格网边长取决于地形复杂程度、比例尺大小和估算土方量的精度要求，一般边长为10m、20m或50m。

（2）根据等高线内插各方格顶点的高程，并注记在各定点的右上方。

（3）计算设计高程。设计高程若已知，则不必计算，否则可根据填挖方量基本平衡的原则，按式（9-8）计算设计高程：

$$H_S=\frac{\sum H_J+2\sum H_B+3\sum H_G+4\sum H_Z}{4n} \tag{9-9}$$

式中：　　n——方格总数；

H_J、H_B、H_G、H_Z——分别表示角点（如A_1、A_4、B_5、E_1、E_5点）、边点（如B_1、C_1、D_1、E_2、E_4点）、拐点（如B_4点）和中点（如B_2、B_3、C_2、C_3点等）的高程。

将图9-22中各顶点高程数据代入式（9-9），求出设计高程为64.84m，在地形图中按内插法绘出64.84m的等高线（图中的虚线），它就是填挖的分界线，又称为零线。

（4）计算填挖高度（即施工高度）。根据设计高程和方格顶点的高程，可以计算出每一方格顶点的填挖高度，标于相应方格顶点的右下方。即

$$h=H_D-H_S \tag{9-10}$$

式中：h——填挖高度（施工高度），正数为挖，负数为填；

H_D——各顶点的地面高程；

H_S——设计高程。

（5）计算填挖方量。从图9-22可以看出，有的方格全为挖方，有的全为填方，有的方格既为有填方又有挖方，因此要分别计算。设方格面积为A，挖方面积为A_W，填方面积为A_T，挖方体积为V_W，填方体积为V_T，以1、15、6格为例说明计算方法。

方格1为全挖方：$V_{W1}=\frac{1}{4}(2.04+1.25+1.51+0.81)A=1.40A$

方格15为全填方：$V_{T15}=\frac{1}{4}(-0.73-1.01-1.03-1.26)A=-1.01A$

方格6中既有挖方又有填方：

$$V_{W6}=\frac{1}{3}(0.30+0+0)A_{W6}=0.10A_{W6}$$

$$V_{T6}=\frac{1}{5}(0-0.09-0.51-0.21-0)A_{T6}=-0.16A_{T6}$$

挖、填方的面积可在地形图上量取，将所得的填、挖方量各自相加，即得总的填挖方量，两者应基本相等。

思考题与习题

1. 什么是地形图？什么是地物和地貌？地形图的地物符号分为哪几种？
2. 什么是比例尺的精度？
3. 什么是等高线？等高线平距？等高线有哪几种？
4. 简述地形特征点的选点原则。
5. 试述经纬仪配合量角器测绘法测绘地形图的操作步骤。
6. 数字成图方法有哪些？
7. 大比例尺数字测图野外数据采集的方法有哪几种？
8. 计算表9-5中各测点的4项数值。

碎部测量记录表 表9-5

测站高程 $H=56.32$ 仪器指标差 $x=0$ 仪器高 $i=1.42$m								
测点	V(m)	Kl(m)	平盘读数(° ′)	竖盘读数(° ′)	竖直角(° ′)	水平距离(m)	高差(m)	高程(m)
1	1.42	115.5	45 33	76 30				
2	1.42	51.1	78 25	98 21				
3	1.74	83.8	95 18	75 05				
4	1.74	20.6	110 34	69 12				
5	2.42	154.5	198 45	105 55				
6	2.74	103.5	317 22	87 36				

9. 图9-23为某丘陵地区所测得的各个地貌特征点。试根据这些地貌特征点，按等高距

$h=1\mathrm{m}$,内插并勾绘等高线。

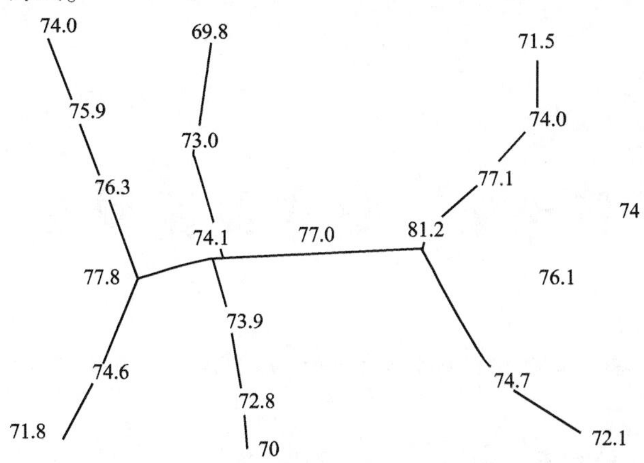

图 9-23　地貌特征点

10. 欲在汪家凹(比例尺为:1:2000)村北进行土地平整(图 9-24),其设计要求如下:

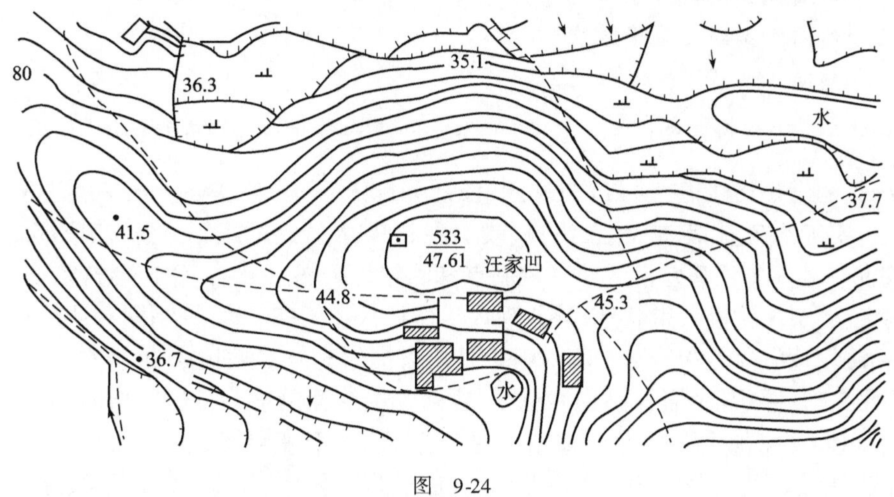

图　9-24

(1)平整后要求成为高程为 44m 的水平面。

(2)平整场地的位置:以 533 导线点为起点向东 60m,向北 50m。根据设计要求绘出边长为 10m 的方格网,求出挖、填土方量。

下　篇

第十章　轨道线路测量

教学目标

1. 了解轨道(铁路)线路初测、定测的主要内容。
2. 掌握交点、转点、转角及里程桩的测设方法与应用。
3. 掌握线路曲线测设方法。
4. 掌握线路纵横断面测量方法。
5. 掌握线路工程施工测量方法。

轨道线路测量是指轨道(铁路)在勘测、设计和施工、运营管理各阶段中所进行的测量工作的总称,主要包括初测、定测、施工测量、竣工测量,以及线路的竣工测量、变形观测等。

(1)初测。其主要任务是沿线建立控制点和测绘地形图,传统工作包括选点插旗、导线测量、高程测量、测绘大比例尺带状地形图;现代工作可采用GPS建立控制网和测绘地形图。其目的是在勘测设计阶段是为线路工程的各设计阶段提供充分、详细的地形资料。

(2)定测。其主要任务是线路中线测量、线路纵横断面测量。工作包括放线和中桩测设、基平和中平测量、纵横断面图绘制。其目的是为施工图设计提供详细的地面资料。

(3)施工测量。其主要任务是将线路施工桩点的平面位置和高程测设于实地。工作包括线路复测、中线桩测设、路基施工零点、路基边桩测设、竖曲线测设等。

(4)竣工测量。其主要任务是中线测量、高程测量和横断面测量。新建铁路应在路基工程、桥梁工程、隧道工程完成后,轨道铺设之前竣工测量,其目的是最后测定线路中线位置,同时检查路基施工质量是否符合设计要求,为轨道铺设提供依据,为运营阶段的线路维护、扩建提供依据。

第一节　轨道线路初测

初测的主要任务是在指定范围内建立平面和高程控制网、测绘带状地形图,并收集沿线水文、地质等有关资料,为图上定线、编制比较方案等初步设计提供依据。传统工作主要包括选点插旗、导线测量、高程测量、带状地形图测绘。

一、选点插旗

根据方案研究阶段在已有中、小比例尺地形图上确定的线路位置,在野外结合实地情况,用红白旗标出线路的实地走向和大概位置,并在选定的线路转折点和长直线的转点处用木桩标定点位,用红白旗标示,为导线测量及各专业调查指出行进方向。选点插旗是一项十分重要的工作,一方面要考虑线路的基本方向,另一方面要考虑便于导线测量、地形测量。

二、初测控制测量

线路初测控制测量包括初测平面控制测量和初测高程控制测量。

1. 初测平面控制测量

初测平面控制若采用导线方法,则要注意以下问题:

①导线点位尽可能接近线路中线位置,地面稳固,易于保存。导线应全线贯通,一般是沿着大旗的方向采用附合导线的形式;导线点的点号自起点起顺序编写,点号之前冠以“C”字表示初测导线。如“C20”表示第20号初测导线点。

②大桥、复杂中桥、隧道口附近、严重地质不良地段以及越岭垭口处均应设点。

③导线边长以50~400m为宜,相邻边长不宜相差过大。采用全站仪或光电测距仪观测导线边长时,导线边长可增加到1000m,但应在不大于500m处设置加点。当采用光电导线传递高程时,导线边长宜在200~600m之间。

④导线水平角测量采用测回法,习惯上均观测导线右角,应使用不低于DJ_6型经纬仪或精度相同的全站仪观测一个测回。上下半测回间角值较差的限差:J_2型仪器为15″,J_6型仪器为30″,在限差以内时取平均值作为导线转折角。

⑤导线的边长测量可使用全站仪、光电测距或钢尺。相邻导线点间的距离和竖直角应往返观测各一测回,距离一测回读数4次,边长采用往测平距,返测平距仅用于检核。检核限差为$2\sqrt{2}m_D$,m_D为仪器标称精度。采用其他测距方法时,精度要求为1/2000,见表10-1。

初测导线测量限差　　表10-1

<table>
<tr><td colspan="4">仪器
项目</td><td>2秒仪器</td><td>6秒仪器</td></tr>
<tr><td rowspan="4">水平角</td><td colspan="3">检测时较差(″)</td><td>20</td><td>30</td></tr>
<tr><td rowspan="3">闭合差(″)</td><td colspan="2">附合和闭合导线</td><td>$\pm 25\sqrt{n}$</td><td>$\pm 30\sqrt{n}$</td></tr>
<tr><td rowspan="2">延伸导线</td><td>两端测真北</td><td>$\pm 25\sqrt{n+16}$</td><td>$\pm 30\sqrt{n+10}$</td></tr>
<tr><td>一端测真北</td><td>$\pm 25\sqrt{n+8}$</td><td>$\pm 30\sqrt{n+5}$</td></tr>
<tr><td rowspan="7">长度</td><td rowspan="2">检测较差</td><td colspan="2">光电测距仪和全站仪(mm)</td><td>$2\sqrt{2}M_D$</td><td>$2\sqrt{2}M_D$</td></tr>
<tr><td colspan="2">其他测距方法</td><td>1/2000</td><td>1/2000</td></tr>
<tr><td rowspan="4">相对闭合差</td><td rowspan="2">光电测距仪和全站仪</td><td>水平角平差</td><td>1/6000</td><td>1/4000</td></tr>
<tr><td>水平角不平差</td><td>1/3000</td><td>1/2000</td></tr>
<tr><td rowspan="2">其他测距方法</td><td>水平角平差</td><td>1/4000</td><td>1/2000</td></tr>
<tr><td>水平角不平差</td><td>1/2000</td><td>1/2000</td></tr>
<tr><td colspan="3">附合导线长度(km)</td><td>30</td><td>20</td></tr>
</table>

注:n为置镜点总数;M_D为光电测距仪标称精度;附合导线长度的相对闭合差应为两化改正后的值。

⑥初测导线应按照铁路测量规范的精度要求进行施测，表 10-1 是《铁路工程测量规范》（后简称《铁测规》）中对初测导线限差要求。

⑦导线联测及限差要求。由于初测导线延伸很长，为了保证初测导线的方位和检核导线的精度，必须设法与国家平面控制点或 GPS 点进行联测。《铁测规》规定，导线的起、终点及每隔 30km 应与国家大地点（三角点、导线点、I 级军控点）或其他单位不低于四等的大地点联测；有条件时，也可采用 GPS 全球定位技术加密四等以上大地点。其限差要求见表 10-1。

⑧将初测导线与国家控制点进行校核时，有两个问题必须特别注意：其一是坐标换带问题，其二是导线改化问题。

坐标换带。首先必须考虑所用的国家控制点和初测导线点是否位于同一高斯投影带内，若不在同一投影带内则应进行坐标换带计算。先把邻带控制点的坐标换算为一带内的坐标，再计算坐标方位角和坐标闭合差。现在坐标换带通常使用软件进行，可参见相关书籍。

导线改化。国家控制点的坐标是建立在高斯平面直角系统上的坐标，用该坐标反算出来的边长亦是高斯平面上边长，而我们在导线测量中所测得的边长是实地边长。当附合导线与国家控制点连接时，应进行“两化”改正，即：先将导线边长改化到大地水准面上去，然后再归化至高斯投影平面上。用“两化”改化后的边长计算出的坐标，才能与国家控制点进行比较校核。当闭合差在限差以内时，即可进行调整。特别是在高山地区，更应该这样。具体改化方法请参见相关书籍。

2. 初测高程控制测量

任务有两个：一是沿线路设置水准点，建立线路的高程控制网；二是测定导线点和加桩的高程，为地形测绘和专业调查使用。初测高程测量通常采用水准测量、光电三角高程测量、GPS 高程测量方法。

（1）水准点高程测量。高程控制点的高程应引自国家水准点或相当于国家等级的水准点高程，并争取沿线联测，形成附合水准路线。《铁测规》规定，水准点间距一般为 1 ~ 2km，地形复杂地区为 0.5 ~ 1km。但在重要的附属设施及大型人工构筑物等处应增设水准点。水准点应沿线布设，水准点设在距线路中心线宜 100m 范围内，每延伸不远于 30km 处应与国家水准点或相当于国家等级的水准点联测。采用水准测量时，以一组往返观测或两组并测的方式进行。一般采用四等、五等水准测量。

（2）光电测距三角高程测量。高程控制若采用光电测距三角高程测量，可与平面导线测量合并进行。导线点应作为高程转点。高程转点间的距离和竖直角必须往返观测；斜距应加气象改正；高差可不加折光改正，采用往返观测取平均值；仪器高、棱镜高应在测距前和测角后分别量测一次，取位至 mm，两次量测的较差不大于 2mm 时，取其平均值。测量的技术要求见表 10-2。

初测高程控制　光电测距三角高程测量技术要求　　表 10-2

距离测回数	竖直角				往返观测高程较差（mm）	边长范围（m）
	测回数	最大角值（°）	测回间较差（″）	指标差互差（″）		
往返各测一回	往返各测两回	20	10	8	$60\sqrt{D}$	200 ~ 600

注：D 为光电测距边长度（km）。

（3）导线点和加桩高程测量。在水准点高程测量完成后，进行导线点与加桩的高程测量。

无论采用水准测量还是光电测距三角高程测量方法，测量路线均应起闭于水准点，导线点必须作为转点（转点高程取至 mm，加桩高程取至 cm）。水准测量时，采用单程观测；光电测距三角高程测量时，只须单向测量；其中距离和竖直角可单向正镜观测两次（两次之间应改变棱镜高度），也可单向观测一测回。

若采用光电测距三角高程测量方法，同时进行水准点高程测量、导线点与加桩高程测量，导线点与加桩高程测量宜在水准点高程测量的返测中进行。

线路初测中，高程控制测量和导线点加桩高程测量的主要技术要求见表 10-3。

初测线路高程控制测量和导线点加桩高程测量限差　　表 10-3

项　目		往返测高差不符值	附合路线闭合差	检　核
水准点	水准测量	$30\sqrt{K}$	$30\sqrt{L}$	$30\sqrt{K}$
	光电测距三角高程测量	$60\sqrt{D}$	$30\sqrt{L}$	$30\sqrt{D}$
加桩	水准测量		$50\sqrt{L}$	100
	光电测距三角高程测量		$50\sqrt{L}$	100

注：K 为相邻水准点间水准路线长度；L 为附合水准路线长度；D 为光电测距边的长度；K、L、D 均以公里（km）为单位。

三、地形测量

1. 线路地形图

线路地形图是以导线或线路为依据，沿线路两侧一定范围内测绘的带状地形图，主要供纸上定线或线路设计之用。

测图应采用 1:2000 的比例尺；两侧测绘宽度均为 100 ~ 200m。对地物，地貌简单，地势平坦的地区，可采用 1:5000 的比例尺，两侧测绘宽度不应小于 250m。

2. 专项工程地形图

专项工程地形图是指供桥梁、隧道、渡口、改河、改渠工程、需防治的地质不良地段、大型防护工程、线路交叉口等工程设计用的地形图，又称工点地形图。图上除绘出线路地形图的有关内容外还应绘出与结构有关的内容。专项工程地形图宜采用 1:500、1:1000 的比例尺，测绘宽度应根据用地需要确定。

第二节　轨道线路中线测量

初测与初步设计之后，将进行线路的定测与施工设计等工作。定测阶段的主要测量工作是中线测量和纵横断面测量。中线测量的任务是把带状地形图上设计好的线路中线测设到地面上，并用木桩标定出来。中线测量包括放线和中桩测设。放线就是把图纸上设计出的中线各交点在实地上标定出来，也就是把线路的交点、转点测设到地面上；中桩测设则是在已有交点、转点的基础上，详细测设直线和曲线，即在地面上详细钉出中线桩（百米桩、公里桩和曲线桩）。本节与第三节、第四节介绍直线和曲线中线测量，第五节介绍线路纵横断面测量。

定测阶段的主要工作之一是中线测量，即用木桩实地标定设计中线，故需了解由中线形成的线路平面线形。如图 10-1 所示，由于受地形、地质、技术条件等限制和经济发展的需要，线路的方向要不断改变。线路直线与直线的转折点，称为交点。为了保持线路的圆顺，在改变方向的两相邻直线间须用曲线连接起来,这种曲线称平面曲线。平面曲线有两种形式,即圆曲线和缓和曲线。圆曲线是一段圆弧,其曲率半径在该段圆弧中是定值,缓和曲线是一段连接直线与圆曲线的过渡曲线,其曲率半径从无穷大渐变为圆曲线半径,又称回旋曲线。

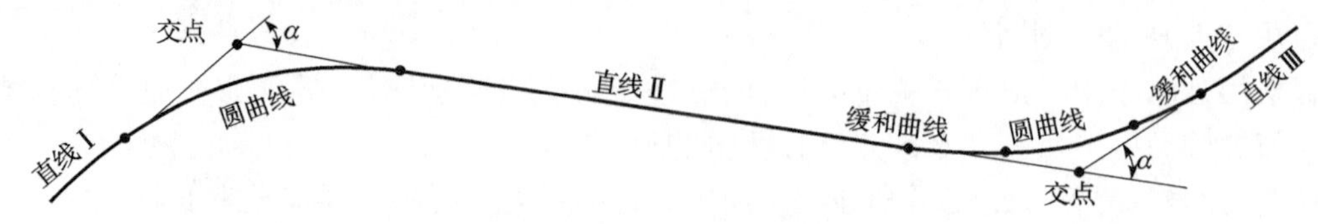

图 10-1　线路平面线形的组成

中线测量包括放线和中桩测设两部分工作。放线就是把图纸上设计出的交点(线路的转折点,称为交点,用符号 JD 表示)测设标定于地面上;中桩测设就是在实地沿着直线和曲线详细测设中线桩(百米桩、公里桩、加桩和曲线桩)。

一、放线测量

放线的任务是把中线上直线部分的控制桩(交点 JD、直线转点 ZD)测设到地面,以标定中线的位置。放线的方法有多种,常用的有拨角法、支距法、极坐标法、GPS RTK 等,可根据地形条件、仪器设备及纸上定线与初测导线距离的远近等情况,选择一种或几种。

1. 拨角法放线

拨角法放线的工作程序为:计算放线资料,实地放线,联测与放线误差的调整。

(1)计算放线资料。如图 10-2 所示,根据初测导线点 C_i、线路直线起点(JD_0)和交点(JD_i)的坐标,利用地形图查询或坐标反算公式,计算放线资料,得到拨角放线所需的转向角和距离。

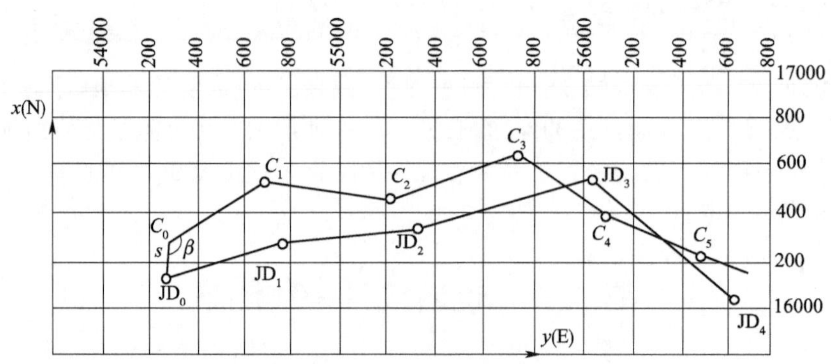

图 10-2　拨角法放线

(2)实地放线。根据放线资料,首先置经纬仪/全站仪于初测导线点 C_0 上,后视 C_1,盘左、盘右拨角 β,分中后定出 C_0 ~ JD_0 方向,在此方向上放样距离 S,即定出 JD_0 点。然后在 JD_0 置仪,后视 C_0,同样放样出 JD_1,在 JD_1 安仪,后视 JD_0,放样出 JD_2,以此类推,根据交点转向角及直线长度,测设其他直线交点。

交点水平角(转向角)应使用正倒镜测设。在限差范围内时,分中取平均位置。距离采用往返观测,交点至转点或转点之间的距离,在使用全站仪、光电测距仪时不宜长于 1000m,使用钢卷尺时不宜长于 400m;地形平坦、视线清晰时,亦不应长于 500m;而两点间的最短距离不得短于 50m,当短于 50m 时应设置远视点。

钉设转点时，正、倒镜的点位横向误差每100m距离不应大于5mm；当点间距离大于400m时，最大点位横向误差不应大于20mm，在限差以内分中定点。在测设距离的同时，可以钉出直线上的中线桩（公里桩、百米桩、加桩）和曲线主点桩。

（3）联测与放线误差的调整

拨角法放线虽然速度较快，但其缺点是放线误差累积，为了保证测设的中线位置与理论位置偏离不过大，《铁测规》规定，每隔5～10km，应与初测导线（或航测外控点、GPS点）联测一次，其水平角闭合差和长度相对闭合差不应超过表10-1的规定。当闭合差超限时，应查找原因，纠正放线点位；若闭合差在限差以内，则应在联测处截断累积误差，使下一个放线点回到设计位置上。

2. 支距法放线

初测导线与纸上定线相距较近时，为控制好线路位置，可采用支距法放线。它是以导线点（或航测外控点）为基础，独立测设出中线的各直线段，然后将两相邻直线段延伸相交得到交点。由于每一直线段都是独立放出，误差不会积累，是其优点；但放线程序较繁。其工作程序为：准备放线资料，放点，穿线，交点。

（1）准备放线资料

从地形图上选定一些初测导线点或转点，如图10-3所示，计算得到水平角β或90°转角、水平距离l或垂距，得到ZD_{4-3}、ZD_{4-4}、ZD_{4-5}等转点的放样资料。为了检核和保证放线位置的精度，每一直线段上不能少于三个点。

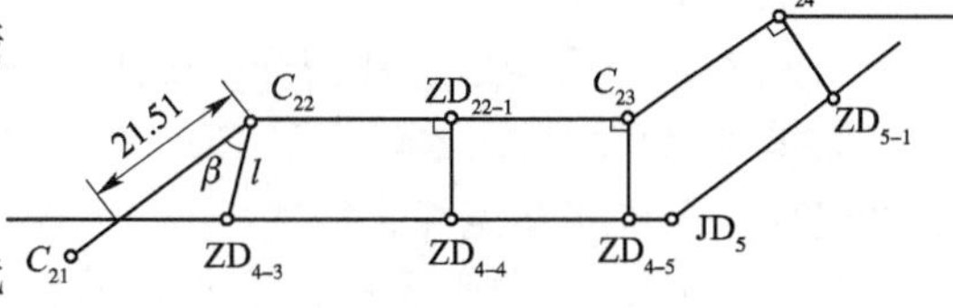

图10-3　支距法放线

（2）实地放线

①放点。根据放线资料，到相应的初测导线点上，放样出ZD_{4-3}、ZD_{4-4}、ZD_{4-5}等直线转点，并打桩、插旗标示其位置。

②穿线。由于放线资料和实际测设中都会有误差，故实地放出的同一直线上的各转点并非在同一直线上，需用经纬仪、全站仪将各转点调整到同一直线上，这项工作称为穿线。

穿线时将经纬仪、全站仪安置于一个较高的转点上，照准最远处的一个转点（ZD），若中间各点偏离视线方向不大，则可将各点移动，标定在视线方向上，并打桩钉上小钉。

③延长直线。为了得到相邻两直线段的交点，一般采用盘左、盘右分中定点法来延长直线。如图10-4所示，欲将AB延长，置经纬仪、全站仪于B点，盘左后视A点，倒转望远镜后在视线方向上打一木桩，并在桩顶上标出一点C_1；然后盘右后视A点，倒镜后在桩顶上标出C_2点，若C_1C_2之间的距离小于横向误差容许值时（见拨角放线要求），则取其中点C作为AB延长直线上的点，并钉一小钉标之。

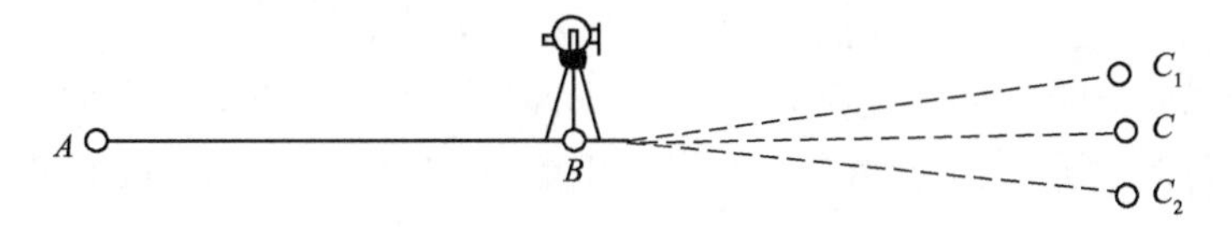

图10-4　延长直线

为保证延长直线的测设精度，前、后视线长度不能相差太大，且后视距离不能太短。

④定交点。相邻两直线段在实地测设出来之后，将它们延长即可测设出直线的交点JD。

如图10-5所示，将经纬仪安置在直线Ⅰ的转点ZD上，延长直线Ⅰ，估计在与直线Ⅱ相交处的前后打下a、b木桩，并在桩顶钉一小钉，拉上细线，此两桩称“骑马桩”。然后用经纬仪将直线Ⅱ延长，在视线与骑马桩上的细线相交处钉上木桩，然后悬吊垂球沿细线移动，当垂球线与直线Ⅱ的视线方向重合时，即可定出交点位置，钉一小钉示之；亦可先将直线Ⅰ的方向沿细线用铅笔投画在桩顶上，利用垂球移动定出与直线Ⅱ的交点。

当受地形、地物限制交点不能测设，或交点过远测设不便时，常用副交点代替交点。

3. 极坐标法放线

如图10-6所示，将全站仪安置在一个导线点上，后视另一个导线点，利用极坐标测设点位原理，同时测设几条直线上的若干个点A、B、…、G，然后按照上述穿线的方法，定出交点。

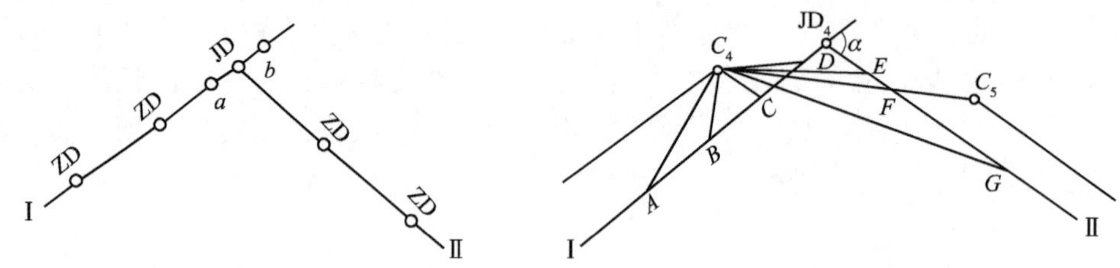

图10-5　定交点

图10-6　极坐标法放线

4. GPS RTK 法放线

GPS RTK法放线适合视野开阔的地区。设置好基准站及其参数后，即可调用作业文件和放样菜单，用流动站测设各JD和ZD。GPS RTK放线一次设站可以测设许多交点和转点，也需要经过穿线来确定交点和直线的位置。GPS RTK放线放线速度快、精度高、测程长，待测设点与控制点间无需通视，大大提高了放线效率。

二、中桩测设

上述放线测量后，确定了JD和ZD点；再依据JD和ZD点桩，将中线详细测设到地面上的工作，称为中桩测设。它包括直线和曲线两部分。本节仅介绍直线部分，曲线部分的中桩测设将在本章曲线测设中介绍。

1. 转角及其测设方法

在交点处，线路将改变方向，转折角简称转角或偏角，它是线路从一个方向偏转到另一个方向时，偏转后的方向与原方向间的夹角，常用α表示。转角有左右之分，当偏转后的方向位于原方向的左侧时，称左转角α_z；位于原方向的右侧时，称右转角α_y，如图10-7所示。若测得线路前进方向的左角β，则有：

$$\begin{cases} 当\beta < 180°时，\alpha_z = 180° - \beta \\ 当\beta > 180°时，\alpha_y = \beta - 180° \end{cases} \tag{10-1}$$

为了设置曲线中点QZ，要求在测设转角的同时，定出β的分角线方向。如图10-8所示，设测角时后视方向的水平度盘读数为a，前视方向读数为b，则分角线方向的水平度盘读数c应为：

$$c = a + \frac{\beta}{2}（左转）\quad c = a + \frac{\beta}{2} + 180°（右转） \tag{10-2}$$

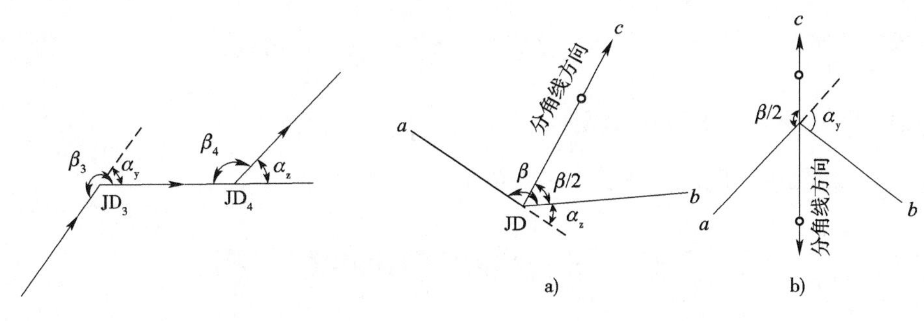

图 10-7　转角的测设　　　　图 10-8　分角线测设

2. 里程与里程桩(中桩)

线路中线上点位沿中线到起点的水平距离,称为里程;在线路中线上注有里程的桩位标志,称为里程桩(由于线路里程桩一般设置在线路中线上,故又称中桩)。中桩除了标出中线位置外,还应标出各个桩的名称、编号及里程等。里程桩上所注的里程也称为桩号,以公里数和公里以下的米数相加表示,若里程为 1234.56m,则该桩的桩号记为 K1 +234.56。一般线路起点桩号为 K0 +000。

在线路定测中,当线路的交点、转角测定后,即可沿线路中线设置里程桩(中桩)。中桩分为整桩和加桩。整桩是由线路的起点开始,每隔 10m、20m 或 50m 的整倍数桩号设置的里程桩,其中里程为整百米的称百米桩,里程为整公里的称公里桩。加桩分为地形加桩、地物加桩、曲线加桩和关系加桩。地形加桩是在中线地形变化处设置的桩;地物加桩是在中线上桥梁、涵洞等人工构造物处以及与其他地物交叉处设置的桩;曲线加桩是在曲线各主点设置的桩;关系加桩是在转点和交点上设置的桩。所有中桩中,对线路位置起控制作用的桩点可视为中线控制桩,通常直线上的控制桩有交点桩(JD)和转点桩(ZD),曲线上的控制桩有直圆点(ZY)和圆直点(YZ)、直缓点(ZH)和缓直点(HZ)、缓圆点(HY)和圆缓点(YH)、曲中点(QZ)。

钉设中桩时,所有控制桩点均使用方桩,将方桩钉至与地面齐平,顶面钉一小钉精确表示点位,在距控制桩点约 30cm 处还应钉设指示桩(板桩),如图 10-9 所示。指示桩上应写明该桩的名称和桩号,字面朝向方桩,直线上钉设在线路前进方向的左侧,曲线上钉设在曲线外侧。除控制桩外,其他中桩一般不设方桩,通常使用板桩,直接钉设在点位上并露出地面 20 ~30cm,桩顶不需要钉小钉,在朝向线路起点的一侧桩面上写明桩号。

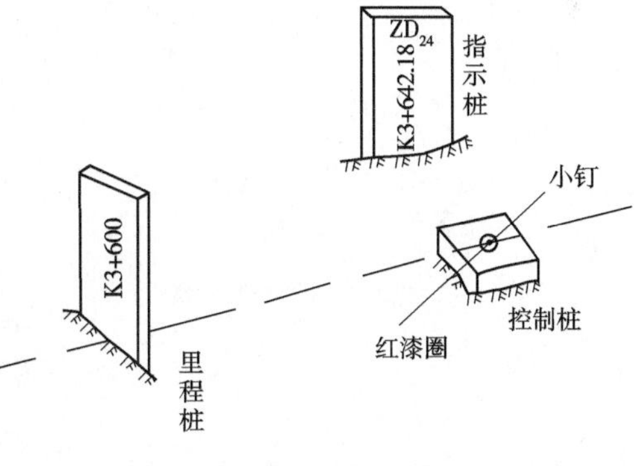

图 10-9　里程桩平面位置标志

此外,由于局部地段改线或量距计算中发生错误,会出现实际里程与原桩号不一致的现象,这种情况称断链。为了不牵动全线桩号,在局部改线或发生差错的地段仍采用老桩号,并在新老桩号变更处设置断链桩号。其写法为:新 K2 +100 =原 K2 +080、长链 20m。

3. 中桩测设精度要求

直线上中桩测设时,中桩间距不宜大于 50m,中线距离应用全站仪、光电测距仪或钢尺测量两次,在限差以内时取平均值,中桩测设的桩位误差限差为:

(1)铁路、高速公路:横向≤±10cm;纵向:≤±($\frac{s}{2000}$+0.1)m

(2)高速铁路:横向≤±10mm;纵向:≤±($\frac{s}{20000}$+0.01)m

式中:s——相邻中桩间的距离,以m为单位。

第三节　圆曲线和缓和曲线的测设

线路在中桩测设过程中,除了要进行直线部分的中桩测设,还要进行曲线中桩测设。本节将介绍圆曲线、缓和曲线和带缓和曲线圆曲线的测设方法。

一、圆曲线测设

圆曲线是由一定半径的圆弧线构成,它是铁路线路弯道中最基本的平曲线形式,主要用于行车速度不高的铁路线路。圆曲线的传统测设方法,一般分两步进行。先测设曲线的主点,即曲线的起点直圆点(ZY)、中点曲中点(QZ)和终点圆直点(YZ)。然后在主点间进行加密,按规定桩距测设曲线上的细部点。这项工作称为曲线的详细测设。

1. 曲线元素计算

如图10-10所示,设交点JD的转角为α,圆曲线半径为R,则圆曲线的测设元素可按下式计算:

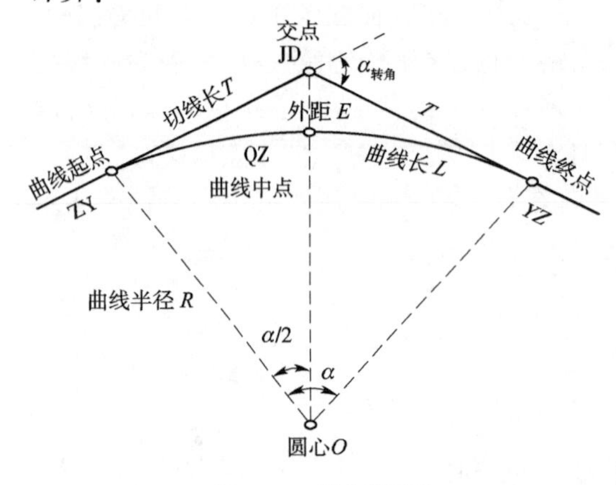

图10-10　圆曲线元素

切线长　$T=R\cdot\tan\frac{\alpha}{2}$　(10-3)

曲线长　$L=R\cdot\alpha\cdot\frac{\pi}{180°}$　(10-4)

外矢距　$E=R(\sec\frac{\alpha}{2}-1)$　(10-5)

切曲差(超距)　$D=2T-L$　(10-6)

2. 圆曲线主点测设

(1)里程计算

圆曲线主点的里程是根据交点的里程推算的,设交点JD的里程已知,则由图10-10可知:

ZY里程=JD里程$-T$

YZ里程=ZY里程$+L$

QZ里程=YZ里程$-\frac{L}{2}$

JD里程=QZ里程$+\frac{D}{2}$　(校核)

【例10-1】　已知某圆曲线设计半径$R=500$m,实测转向角$\alpha=28°45'20''$,交点的里程为K6+899.73,试计算该圆曲线的要素、推算各主点的里程。

【解】　$T=R\cdot\tan\frac{\alpha}{2}=128.17$m

$$L=R\cdot\alpha\cdot\frac{\pi}{180^\circ}=250.94\text{m}$$

$$E=R(\sec\frac{\alpha}{2}-1)=16.17\text{m}$$

$$D=2T-L=5.40\text{m}$$

得各主点的里程为：

JD	K6 +899.73
$-T$	128.17
ZY	K6 +771.56
$+L$	250.94
YZ	K7 +022.50
$-L/2$	125.47
QZ	K6 +897.03
$+D/2$	2.7
JD	K6 +899.73(检核计算)

(2)主点实地测设

置经纬仪、全站仪于 JD 上,望远镜照准后一个交点或转点方向,量取切线长 T,得出曲线起点 ZY 位置,然后量取 ZY 至最近一个直线桩的距离。如两桩号之差等于这段距离或相差在限值内,方可用方桩在此位置固定,否则应查明原因,以保证点位的正确性。同法,用望远镜照准前一个交点或转点方向,量取切线长 T,得曲线终点 YZ,打下 YZ 桩。最后沿分角线方向量取外距 E,即得出曲线中点 QZ。

3. 圆曲线详细测设

在地形平坦、曲线长小于 40m 时,测设圆曲线的 3 个主点已能满足要求。如果曲线较长,地形变化较大,除测设主点桩和地形、地物加桩外,在曲线上还需测设一定桩距的细部点,称为曲线的详细测设。曲线详细测设的桩距,一般为 20m;当地势平坦且曲线半径大于 800m 时,桩距可加大为 40m;当半径小于 100m 时,桩距应不大于 10m,半径小于 30m 或用回头曲线时,桩距应不大于 5m。

按桩距在曲线上设桩,通常有两种方法:

①整桩号法。将曲线上靠近起点 ZY 或终点 YZ 的第一个桩的桩号凑整桩距倍数的整桩号,然后,按桩距连续向曲线 YZ 或 ZY 设桩。这样设置的桩,桩号均为整桩。

②整桩距法。分别从曲线起点 ZY 和或终点 YZ 开始,以桩距连续向曲线中点 QZ 设桩(不越过 QZ)。由于这样设置的桩均为零桩号,因此应注意加设百米桩和公里桩。

线路中线测量一般采用整桩号法。圆曲线详细测设的方法很多,具体可根据地形情况、工程要求、测设精度等灵活选用,下面主要介绍传统测设方法中常用的切线支距法和偏角法。

(1)切线支距法

这种方法亦称为直角坐标法。它是以曲线起点 ZY 或终点 YZ 为坐标原点,以过原点切线指向 JD 方向为 x 轴,过原点的曲线半径方向为 y 轴,根据曲线上各点的坐标(x_i,y_i)进行测设。

如图 10-11 所示,设 l_i 为待测设中桩 P_i 至原点(ZY 或 YZ 点)间的弧长(可用 P_i 的里程与

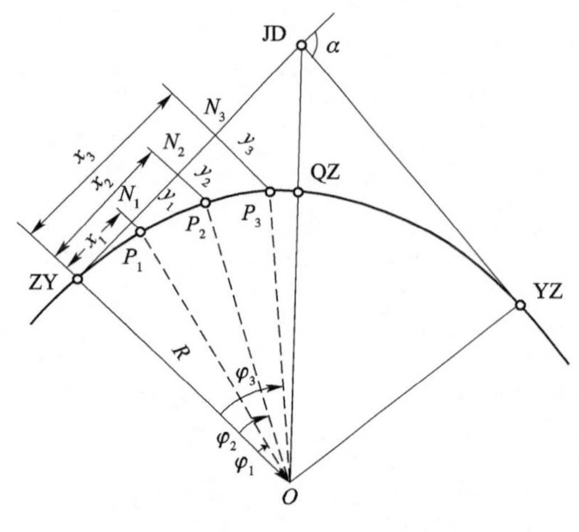

图 10-11 切线支距法

原点的里程相减得到)，φ_i 为 l_i 所对的圆心角，R 为曲线半径。

由图 10-11 可以看出，待测设中桩 P_i 的坐标为：

$$\begin{cases} x_i = R\sin\varphi_i \\ y_i = R(1-\cos\varphi_i) \end{cases} \tag{10-7}$$

式中：$\varphi_i = \dfrac{l_i}{R} \cdot \dfrac{180^\circ}{\pi}$ $(i=1,2,\cdots,n)$。

为了避免支距过大。一般采用 ZY、YZ 点向 QZ 点分别施测的方法，即位于 ZY 至 QZ 间的桩由 ZY 点测设，位于 QZ 至 YZ 间的桩由 YZ 点测设。如图 10-11 所示。测设步骤如下：

①从 ZY(或 YZ)点开始沿切线方向量取中桩 P_i 的纵坐标 x_i，得垂足 N_i。

②在各垂足点 N_i 上用方向架或经纬仪定出直角方向，量出横坐标 y_i，即可定出曲线中桩点 P_i。

③曲线细部点测设完后，要将用切线支距测设的 QZ 点与主点测设的 QZ 点进行比较，若比较差在限差以内，则曲线测设合格；否则应查明原因，予以纠正。

这种方法适用于平坦开阔地区、偏角不大的曲线，具有误差不积累的优点。

(2)偏角法

偏角法可分为长弦偏角法和短弦偏角法，此处仅介绍短弦偏角法，即以曲线的起点 ZY 或终点 YZ，至曲线上任意一点的弦线与切线之间的偏角(即为弦切角)和弦长，来测设该点位置的方法。如图 10-12 所示，圆曲线半径为 R，曲线上待测设中桩 P_i 的弧长为 l_i，弦长为 c_i，根据几何原理可知，偏角即弦切角 Δ_i，其等于相应弧长 l_i 所对圆心角 φ_i 的一半。

有关数据可按下式计算：

圆心角 $$\varphi_i = \frac{l_i}{R} \cdot \frac{180^\circ}{\pi} \tag{10-8}$$

偏角 $$\Delta_i = \frac{1}{2} \cdot \varphi_i \tag{10-9}$$

弦长 $$c_i = 2R \times \sin\Delta_i \tag{10-10}$$

由于 P_1 与 P_2 间、P_2 与 P_3 间……的弧长均相等，故其对应的圆心角和弦长也相等，设圆心角为 φ_0，则弦长均为：

图 10-12 偏角法(短弦)

$$c_0 = 2R\sin(\varphi_0/2) \tag{10-11}$$

具体测设步骤如下：

①将经纬仪安置于曲线起点 ZY，以水平度盘读数 0°00′00″瞄准交点 JD。

②置水平盘读数为 P_1 点之偏角值 Δ_1，在此方向线上从 ZY 点量取弦长 c_1，桩钉 P_1 点。

③测设第二个点 P_2 时，拨角 Δ_2，量距时从 P_1 点以 c_0 长为半径在实地适当位置划弧线。在弧线上移动花杆，当花杆移动到望远镜视线的竖丝时即为 P_2 点。

④P_3 点用在 ZY 点拨角 Δ_3 和从 P_2 点量距 c_0 相交定出。以此类推测设出各桩点。

二、缓和曲线测设

列车在曲线上运行时,为了抵消离心力的影响,铁路在曲线部分把外轨外侧抬高一定数值(超高),使车辆在运行中向曲线内侧倾斜,以达到平衡离心力的作用,从而保证车辆行驶安全。此外由于车辆的构造要求,在弯道处还需进行轨距、路面的加宽。无论是超高还是加宽,都需要在直线与圆曲线之间加设过渡曲线逐渐完成。

弯道超高在直线上超高为 0,在圆曲线上超高为 h,为了符合车辆行驶的轨迹,使超高由 0 逐渐增加到 h,在直线与圆曲线间需要插入一段曲率半径由∞逐渐变化到圆曲线半径 R 的过渡曲线,这条过渡曲线称为缓和曲线。缓和曲线的线型有回旋曲线(亦称辐射螺旋线)、三次抛物线、双纽线等几种,我国采用回旋曲线。

1. 缓和曲线方程

(1)缓和曲线的插入

缓和曲线是在不改变直线段方向和保持圆曲线半径不变的条件下,插入到直线段和圆曲线之间的。在圆曲线两端加设了等长的缓和曲线后,使原来的圆曲线长度变短,而曲线的主点变为:直缓点(ZH)、缓圆点(HY)、曲中点(QZ)、圆缓点(YH)、缓直点(HZ)。

(2)基本公式

如图 10-13 所示,在回旋线上任一点的曲率半径 ρ 与曲线的长度 l 成反比。P 点为曲线上任一点,其半径为 ρ,该点至起点的曲线长为 l,则回旋线的基本公式为:

$$\rho=\frac{C}{l}\quad 或者\quad \rho l=C \tag{10-12}$$

式中,C 为常数,表示缓和曲线半径的变化率。C 值可按以下方式确定,在缓和曲线终点即 HY 点(或 YH 点)的曲率半径等于圆曲线半径,即 $\rho=R$,该点的曲线长度即为缓和曲线全长 l_s,即 $l=l_s$,故 $C=Rl_s$。C 值与车速有关,目前我国线路采用:

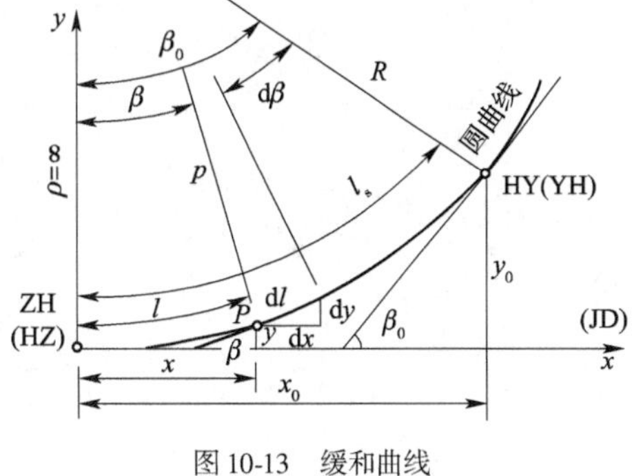

图 10-13　缓和曲线

$$C=0.035V^3 \tag{10-13}$$

式中:V——设计速度,km/h。

故缓和曲线全长为:

$$l_s=0.035\frac{V^3}{R} \tag{10-14}$$

(3)切线角公式

如图 10-13 所示,回旋曲线上任一点 P 处的切线与起点 ZH(或 HZ)切线的交角为 β,称为切线角。其计算公式为:

$$\beta=\frac{l^2}{2Rl_s}\cdot\frac{180^\circ}{\pi} \tag{10-15}$$

当 $l=l_s$ 时,缓和曲线全长 l_s 所对的中心角(切线角)β_0,亦称缓和曲线角,其计算公式为:

$$\beta_0 = \frac{l_s}{2R}\frac{180°}{\pi} \tag{10-16}$$

在设计缓和曲线时,切线角不能不大于线路转折角的一半。

(4)缓和曲线的参数方程

如图10-13所示,设缓和曲线起点为原点,过原点指向JD的切线方向为x轴,其半径指向为y轴,建立坐标系,则任一点P的坐标为(x,y),则缓和曲线参数方程为:

$$\begin{cases} x = l - \dfrac{l^5}{40R^2 l_s^2} + \dfrac{l^9}{3456R^4 l_s^4} \\ y = \dfrac{l^3}{6Rl_s} - \dfrac{l^7}{336R^3 l_s^3} \end{cases} \tag{10-17}$$

当$l = l_s$时,则缓和曲线终点(缓和曲线与圆曲线连接点)坐标(x_0, y_0)为:

$$\begin{cases} x_0 = l_s - \dfrac{l_s^3}{40R^2} + \dfrac{l_s^5}{3456R^4} \\ y_0 = \dfrac{l_s^2}{6R} - \dfrac{l_s^4}{336R^3} \end{cases} \tag{10-18}$$

(5)内移值p、切线增值q

如图10-14所示,在直线和圆曲线之间插入缓和曲线段时,必须将原有的圆曲线向内移动一段距离p,才能使缓和曲线的起点位于直线方向上,与直线衔接,这时切线增长q值。在线路勘测中,一般是采用圆心不动,平行移动圆曲线的方法,也就是在未设缓和曲线时的圆曲线FG(其半径为$R+p$)两端,插入两段缓和曲线AC和BD后,圆曲线向内移,其保留部分为圆弧$\overset{\frown}{CMD}$,半径为R,所对圆心角为$(\alpha-2\beta_0)$。测设时必须满足的条件为$2\beta_0 \leqslant \alpha$;否则,应缩短缓和曲线长度或加大圆曲线半径,直到满足条件。

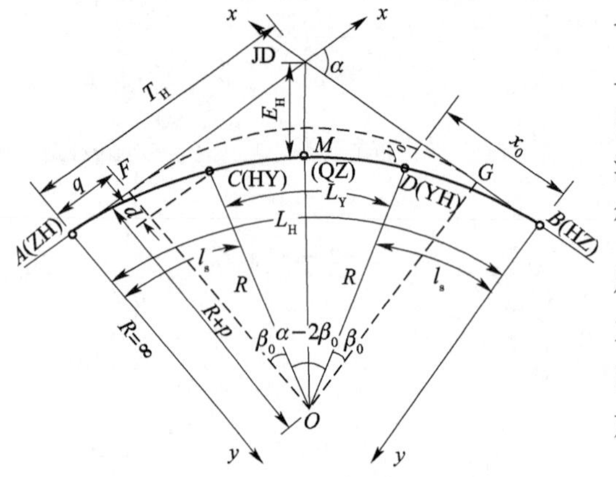

图10-14 带有缓和曲线的圆曲线

内移值p与切线增值q计算公式为:

$$\begin{cases} p = \dfrac{l_s^2}{24R} - \dfrac{l_s^4}{2688R^3} \\ q = \dfrac{l_s}{2} - \dfrac{l_s^3}{240R^2} \end{cases} \tag{10-19}$$

一般来说,内移值p等于缓和曲线中点纵坐标y的两倍;切线增值约为缓和曲线长度的一半,缓和曲线的位置大致是一半占用直线部分,另一半占用原圆曲线部分。

(6)曲线测设元素的计算

当已知转角α,圆曲线半径R和缓和曲线全长l_s后,可按公式计算出缓和曲线角β_0、内移值p和切线增值q,在此基础上可计算曲线测设元素。有:

$$
\begin{cases}
\text{切线长} \quad T_{H}=(R+p)\tan\dfrac{\alpha}{2}+q \\
\text{曲线长} \quad L_{H}=R(\alpha-2\beta_{0})\dfrac{\pi}{180^{\circ}}+2l_{s} \\
\text{其中,圆曲线长} \quad L_{Y}=R(\alpha-2\beta_{0})\dfrac{\pi}{180^{\circ}} \\
\text{外距} \quad E_{H}=(R+p)\sec\dfrac{\alpha}{2}-R \\
\text{切曲差} \quad D_{H}=2T_{H}-L_{H}
\end{cases} \tag{10-20}
$$

2. 带缓和曲线的圆曲线的主点测设

根据交点的里程和曲线测设元素,计算曲线主点的里程为:

$$
\begin{cases}
\text{直缓点ZH里程}=\text{交点 JD 里程}-\text{切线长 } T_{H} \\
\text{缓圆点HY里程}=\text{ZH 里程}+\text{缓和曲线长 } l_{s} \\
\text{圆缓点YH里程}=\text{HY 里程}+\text{圆曲线长 } L_{Y} \\
\text{缓直点HZ里程}=\text{YH 里程}+\text{缓和曲线长 } l_{s} \\
\text{曲中点QZ里程}=\text{HZ 里程}-1/2\text{ 曲线长 } L_{H}
\end{cases} \tag{10-21}
$$

校核:交点里程 = 曲中点 QZ 里程 + 1/2 切曲差 D_{H}

曲线主点 ZH、HZ、QZ 的测设方法,与圆曲线主点测设方法相同。即将经纬仪置于交点 JD 上,望远镜照准后一个交点或此方向上的转点,量取切线长 T_{H},得 ZH 点,再将望远镜照准前一个交点或此方向上的转点,量取切线长 T_{H},得 HZ 点;最后,沿分角线方向,量取外距 E_{H},得 QZ 点。至于 HY 和 YH 点,可根据计算出的缓和曲线终点的坐标(x_{0},y_{0})值,用切线支距法(直角坐标法)来测设。

3. 带缓和曲线的圆曲线的详细测设

(1)切线支距法

切线支距法是以直缓点 ZH 为坐标原点(下半曲线则以缓直点 HZ 为坐标原点),以过原点指向 JD 的切线方向为 x 轴,过原点沿半径指向圆心方向为 y 轴。它是利用计算出缓和曲线段和圆曲线段上各待测设点的 x、y 坐标值来测设曲线,如图 10-15 所示。

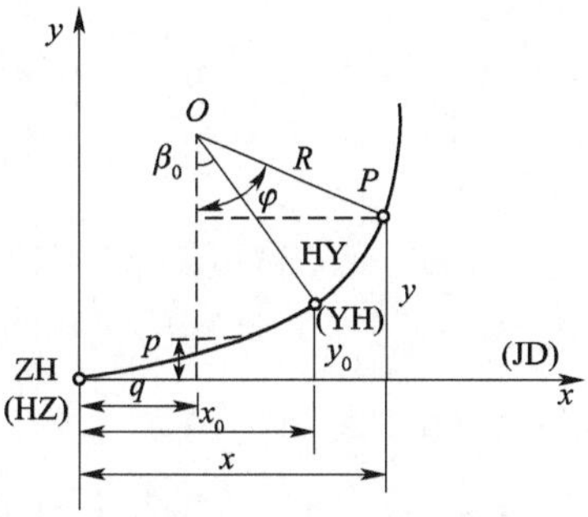

①当待测设点位于缓和曲线段,则该点的坐标可按缓和曲线参数方程式计算:

$$
\begin{cases}
x=l-\dfrac{l^{5}}{40R^{2}l_{s}^{2}}+\dfrac{l^{9}}{3456R^{4}l_{s}^{4}} \\
y=\dfrac{l^{3}}{6Rl_{s}}-\dfrac{l^{7}}{336R^{3}l_{s}^{3}}
\end{cases} \tag{10-22}
$$

图 10-15　切线支距法测设带有缓和曲线的圆曲线

式中,l 为 ZH 或 HZ 点至待测设点的曲线长。在计算 l 值时,若测设点位于 ZH ~ HY 之间时,l = 待测设点的桩号 - ZH 点的桩号;若待定点位于 YH ~ HZ 之间时,l = HZ 点的桩号 - 待测设点的桩号。

②当待测设点位于圆曲线段,则该点坐标的计算公式为:

$$
\begin{cases}
\varphi = \dfrac{l'}{R} \cdot \dfrac{180°}{\pi} + \beta_0 \\
x = R \cdot \sin\varphi + q \\
y = R(1 - \cos\varphi) + p
\end{cases}
\tag{10-23}
$$

式中,R 为圆曲线半径,β_0 为缓和曲线角,p 为内移值,q 为切线增值,l'为 HY 或 YH 点至待测设点的圆弧长。在计算 l'值时要注意,若待定点位于 HY ~ QZ 之间时,l' = 待测设点的桩号 - HY 点的桩号;若待测设点位于 QZ ~ YH 之间时,l' = YH 点的桩号 - 待测设点的桩号。

在计算出缓和曲线和圆曲线上各点的坐标后,即可按切线支距法进行详细测设。

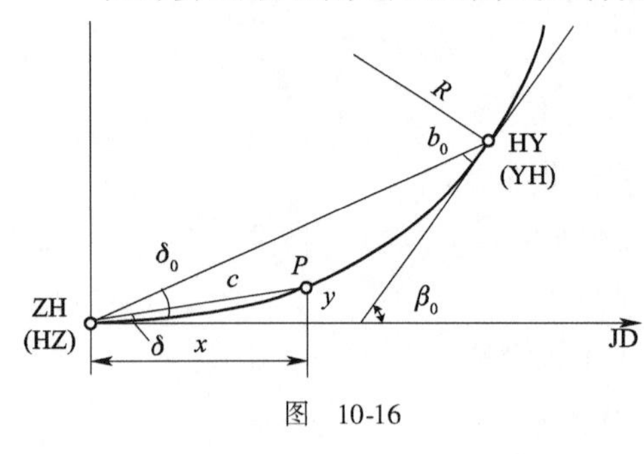

图 10-16

(2)偏角法

①当待测设点位于缓和曲线段。如图 10-16 所示,设缓和曲线上任一点 P 到 ZH 或 HZ 点的曲线长为 l,偏角为 δ,其弦长 c 近似与曲线长相等,亦为 l,由直角三角形可得:

$$\sin\delta = \frac{y}{l} \tag{10-24}$$

因 δ 很小,则 $\sin\delta \approx \delta$,联系缓和曲线参数方程式(10-22)中的 $y = \dfrac{l^3}{6Rl_s}$,则有:

$$\delta = \frac{l^2}{6Rl_s} \cdot \frac{180°}{\pi} \tag{10-25}$$

HY 或 YH 点的偏角 δ_0 称为缓和曲线的总偏角。将 $l = l_s$ 代入式(10-25)可得:

$$\delta_0 = \frac{l_s}{6R} \cdot \frac{180°}{\pi} \tag{10-26}$$

顾及 $\beta_0 = \dfrac{l_s}{2R} \cdot \dfrac{180°}{\pi}$,则有:

$$\delta_0 = \frac{\beta_0}{3} \tag{10-27}$$

将 δ 与 δ_0 公式相比,又可得:

$$\delta = (\frac{l}{l_s})^2 \delta_0 \tag{10-28}$$

由式(10-28)可知,缓和曲线上任一点的偏角,与该点至缓和曲线起点的曲线长的平方成正比。在按公式计算出缓和曲线上各点的偏角后,可将仪器置于 ZH 或 HZ 点上,与偏角法测设圆曲线一样进行测设。由于缓和曲线上弦长 $c = l - \dfrac{l^5}{90R^2 \cdot l_s^2}$,近似等于相对应的曲线长,因而在测设时,弦长一般以曲线长代替。曲线长 l 的计算方法同切线支距法。

②当待测设点位于圆曲线段,测设时需将仪器迁至 HY 或 YH 点上进行。这时只要定出 HY 或 YH 点的切线方向,就和前面所讲的圆曲线的测设方法一样。关键是计算出 b_0 值,在图 10-16中,不难看出:$b_0 = \beta_0 - \delta_0 = 3\delta_0 - \delta_0 = 2\delta_0$,将仪器置于 HY 点上,瞄准 ZH 点,使水平度盘配置在 b_0(当曲线右转时,配置在 $360° - b_0$)。旋转照准部使水平度盘读数为 0°00′00″并倒

镜,此时视线方向即为 HY 点的切线方向。找到切线方向后,即可按圆曲线偏角法测设。

第四节　全站仪坐标法测设中线

随着全站仪和计算机技术的普及,全站仪坐标法作为一种简便、迅速、精确的线路中线测设方法,得到了广泛应用。其是在第二节、第三节介绍的直线、曲线传统中线测设方法的基础上发展起来的,正逐渐取代传统中线测设方法,并随着 GPS RTK 技术定位精度的逐步提高,已推广到 GPS 坐标法测设中线。全站坐标法、GPS 坐标法已成为线路中线测设方法的主流。

一、全站仪坐标法测设中线的原理

全站仪坐标法测设中线,是将仪器安置在导线点上,应用坐标法测设线路上各中桩。

如图 10-17 所示,要测设线路中桩 P 点,只要计算出 P 点在控制点 C_i 所在控制测量坐标系中的坐标(x_P,y_P),即可在控制点 C_i 安置仪器,后视控制点 C_{i+1} 点定向,根据 P 坐标(x_P,y_P),仪器自动完成有关测设数据计算,测设出 P 点。

线路勘测时,通过布设的初测导线,可以通过联测,计算出全部导线点的坐标和交点 JD 坐标,显然,直线段上任一点的坐标,很容易计算出,关键问题是如何计算曲线上点的坐标。

在本章前面章节中,介绍了切线支距法坐标系,即以已知主点(如 ZH 点)为坐标原点,以切线为 x 轴,过原点的半径为 y 轴,可以求得曲线上任一点 P 的坐标值(x,y)。这种切线支距法坐标系,是依附各个 JD 和线路转折方向建立的,故各个 JD 上的切线支距法坐标不可直接通用。为了利用控制导线测设曲线点,就必须将各个切线支距法坐标系的坐标转换为统一的控制测量坐标系中的坐标值。转换的方法就是"平面坐标系平移与旋转"的方法。

如图 10-18 所示,设(x_P,y_P)为 P 点在控制测量坐标系中的坐标;(x'_P,y'_P)为 P 点在原切线支距法坐标系中的坐标;(x_0,y_0)为切线支距法坐标系的原点在控制测量坐标系内的坐标;α 为控制坐标系的 x 轴顺时针旋转到切线支距法坐标系 x' 轴的角度(即 x' 轴在 xOy 坐标系中的坐标方位角)。

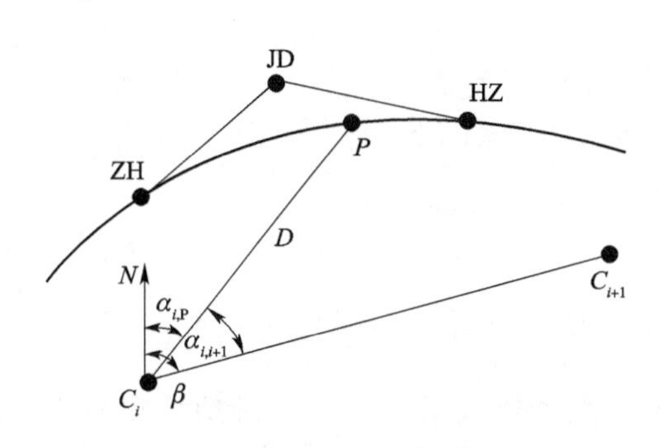

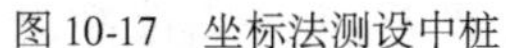
图 10-17　坐标法测设中桩

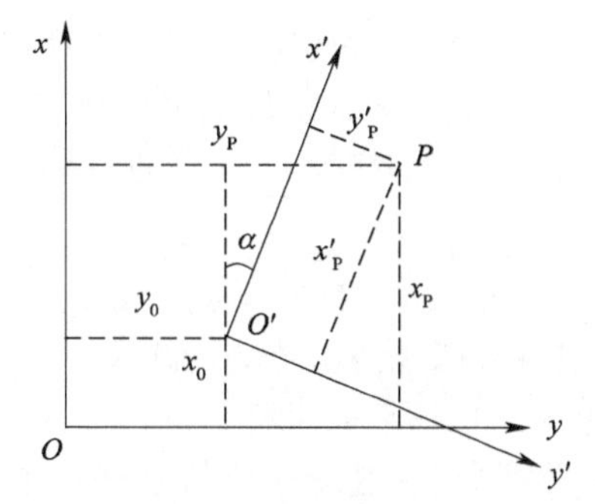

图 10-18　平面坐标系旋转和平移

则控制测量坐标系中的坐标与切线支距法坐标系统中的坐标的转换公式为:

$$\begin{cases} x_P = x_0 + x'_P\cos\alpha - y'_P\sin\alpha \\ y_P = y_0 + x'_P\sin\alpha + y'_P\cos\alpha \end{cases} \tag{10-29}$$

根据式(10-29)计算出中桩点的控制测量坐标系中的坐标后,便可根据其坐标和附近控制导线点的坐标,用全站仪坐标法测设中桩。

二、中桩点坐标的计算

只要计算出铁路中桩在控制测量坐标系中的坐标,就可以使用全站仪的点位放样功能,方便地实现全站仪坐标法测设中桩。而铁路的中桩,根据其所处的位置,可分为直线上中桩和曲线上中桩两类,下面介绍这两类中桩的坐标计算方法。

1. 直线上中桩的坐标计算

如图 10-19 所示,各交点 JD 的控制测量坐标系坐标已知,按坐标反算公式,可求得线路相邻交点连线的坐标方位角和边长。

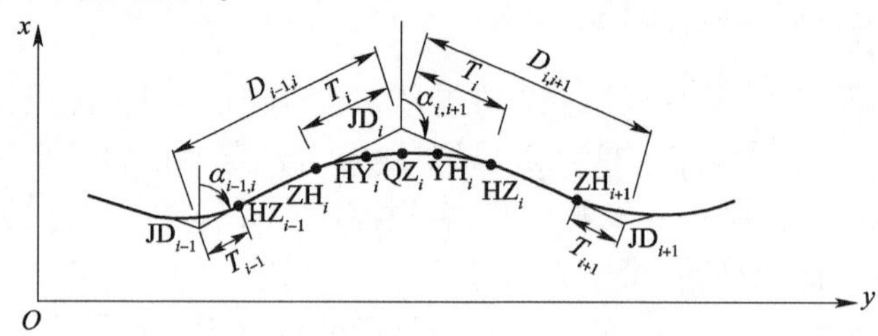

图 10-19 中桩坐标计算

HZ 点至 ZH 点为直线段,可先由下式计算 HZ 点的坐标:

$$\begin{cases} X_{HZ_{i-1}} = X_{JD_{i-1}} + T_{i-1}\cos\alpha_{i-1,i} \\ Y_{HZ_{i-1}} = Y_{JD_{i-1}} + T_{i-1}\sin\alpha_{i-1,i} \end{cases} \tag{10-30}$$

式中:$X_{JD_{i-1}}$、$Y_{JD_{i-1}}$——交点 JD_{i-1}的坐标;

T_{i-1}——交点 JD_{i-1}处的切线长;

$\alpha_{i-1,i}$——交点 JD_{i-1}至 JD_i的坐标方位角。

然后按下式计算直线上中桩的坐标:

$$\begin{cases} X = X_{HZ_{i-1}} + D\cos\alpha_{i-1,i} \\ Y = Y_{HZ_{i-1}} + D\sin\alpha_{i-1,i} \end{cases} \tag{10-31}$$

式中:D——待测设中桩点至 HZ_{i-1}点的距离,即待测设中桩点里程与 HZ_{i-1}点里程之差。

ZH_i点为该段直线的终点,其坐标除可按式(10-31)计算外,还可按下式计算:

$$\begin{cases} X_{ZH_i} = X_{JD_{i-1}} + (D_{i-1,i} - T_i)\cos\alpha_{i-1,i} \\ Y_{ZH_i} = Y_{JD_{i-1}} + (D_{i-1,i} - T_i)\sin\alpha_{i-1,i} \end{cases} \tag{10-32}$$

式中:$D_{i-1,i}$——交点 JD_{i-1}至交点 JD_i的距离;

T_i——交点 JD_i处的切线长。

2. 曲线上中桩点的坐标计算

分两步进行,首先求出曲线上任一中桩点在以 ZH(或 HZ)为原点的切线支距法坐标系中的坐标(x,y),然后再通过坐标系变换公式(10-29),将其转换成控制测量坐标系中的坐标(X,Y)。

坐标变换的公式为:

$$\begin{cases} X = X_{ZH_i} + x \cdot \cos\alpha_{i-1,i} - \zeta \cdot y \cdot \sin\alpha_{i-1,i} \\ Y = Y_{ZH_i} + x \cdot \sin\alpha_{i-1,i} + \zeta \cdot y \cdot \cos\alpha_{i-1,i} \end{cases} \tag{10-33}$$

或

$$\begin{cases} X = X_{\mathrm{HZ}_i} - x \cdot \cos\alpha_{i,i+1} - \zeta \cdot y \cdot \sin\alpha_{i,i+1} \\ Y = Y_{\mathrm{HZ}_i} - x \cdot \sin\alpha_{i,i+1} + \zeta \cdot y \cdot \cos\alpha_{i,i+1} \end{cases} \tag{10-34}$$

式中：　　ζ——当曲线右转时，$\zeta=1$；左转时，$\zeta=-1$；

$\alpha_{i-1,i}$、$\alpha_{i,i+1}$——交点 JD_{i-1} 至 JD_i、JD_i 至 JD_{i+1} 的坐标方位角。

计算第一缓和曲线及上半圆曲线上中桩点的测量坐标时用式(10-33)，计算下半圆曲线及第二缓和曲线上中桩点的测量坐标时用式(10-34)。

现在，越来越多的初测带状地形图采用数字化测图，设计人员直接在数字化地形图上进行设计，因而中线上各桩点的坐标可以通过计算机及相关软件，直接在数字化设计图上点击获取，十分简便，且所得桩点坐标的精度较高。

【例10-2】　测设如图10-20所示的中线，已知交点和导线点的坐标及交点里程见表10-4，在 JD_{32} 处线路转向角 $\alpha_{左}=29°30'23''$，曲线半径 $R=300\mathrm{m}$，缓和曲线长 $l_0=70\mathrm{m}$，试计算曲线各桩点的坐标。

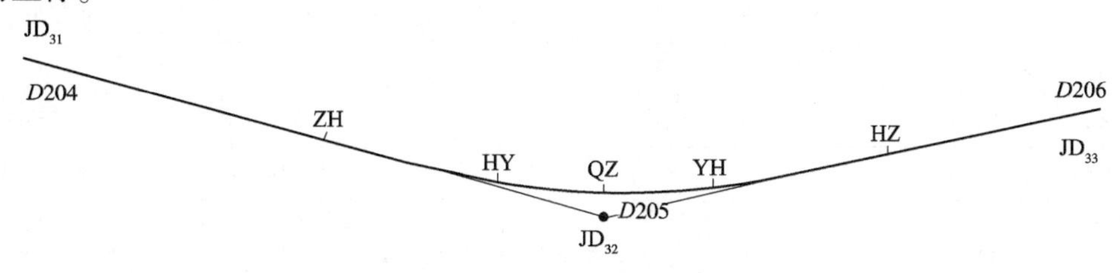

图10-20　曲线中桩点的坐标计算

已知交点、导线坐标　　表10-4

点　名	JD_{31}	JD_{32}	JD_{33}	D204	D205	D206
里程	K52 +833.140	K53 +408.720	K54 +546.810			
X	4357150.236	4356982.241	4357233.268	4357139.802	4356989.693	4357120.772
Y	587040.122	587596.301	588710.268	587058.475	587603.032	588196.411

【解】　根据 JD_{31}、JD_{32}、JD_{33} 坐标，可反算出：

$\alpha_{31,32}=106°48'25''$，$\alpha_{32,33}=77°18'03''$，$D_{31,32}=580.997\mathrm{m}$，$D_{32,33}=1141.901\mathrm{m}$。

根据式(10-16)、式(10-19)计算出：

$\beta_0=6°41'04''$，$p=0.680\mathrm{m}$，$q=34.984\mathrm{m}$。

根据式(10-20)计算出曲线要素：

$T=114.165\mathrm{m}$，$L=224.496\mathrm{m}$，$E_0=10.931\mathrm{m}$，$D=3.834\mathrm{m}$。

根据 JD_{32} 的里程和曲线要素推算出曲线主点的里程：

ZH K53 +294.555；HY K53 +364.555；QZ K53 +406.803；

YH K53 +449.050；HZ K53 +519.050。

根据式(10-22)和式(10-23)，分别计算出曲线的第一缓和曲线及上半圆曲线、下半圆曲线及第二缓和曲线上的细部桩点在其切线直角坐标系中的坐标(x,y)，结果见表10-6。

根据式(10-32)计算出ZH点的测量坐标：

$$X_{\mathrm{ZH}}=X_{\mathrm{JD}_{31}}+(D_{31,32}-T_{32})\cos\alpha_{31,32}=4357015.252\mathrm{m}$$

$Y_{ZH} = Y_{JD_{31}} + (D_{31,32} - T_{32})\sin\alpha_{31,32} = 587487.013\text{m}$

根据式(10-30)计算出HZ点的测量坐标：

$X_{HZ} = X_{JD_{32}} + T_{32}\cos\alpha_{32,33} = 4357007.338\text{m}$

$Y_{HZ} = Y_{JD_{32}} + T_{32}\sin\alpha_{32,33} = 587707.673\text{m}$

再分别将各桩点的切线支距法坐标系坐标(x,y)进行转换计算，得到其控制测量坐标系坐标(X,Y)，结果见表10-5。

各中桩点在切线支距法坐标系和控制测量坐标系中的坐标　　表10-5

桩　号	x	y	X	Y
ZH K53+294.555	0.000	0.000	4357015.252	587487.013
K53+300	5.445	0.001	4357013.679	587492.226
K53+320	25.444	0.131	4357008.020	587511.408
K53+340	45.434	0.745	4357002.828	587530.721
K53+360	65.377	2.225	4356998.478	587550.240
HY K53+364.555	69.904	2.719	4356997.642	587554.717
K53+380	85.191	4.911	4356995.320	587569.985
K53+400	104.783	8.913	4356993.486	587589.897
QZ K53+406.803	111.381	10.571	4356993.164	587596.692
K53+420	98.548	7.491	4356992.982	587609.889
K53+440	78.876	3.908	4356993.811	587629.868
YH K53+449.050	69.905	2.722	4356994.626	587638.880
K53+460	59.009	1.634	4356995.960	587649.748
K53+480	39.045	0.473	4356999.216	587669.479
K53+500	19.050	0.055	4357003.204	587689.077
HZ K53+519.050	0.000	0.000	4357007.338	587707.673

3.现场测设

当导线点和待测设中桩点的测量坐标数据均准备好后，即可进行中线测量。如测设图10-20中线时，有：

①首先在导线点D205上安置全站仪，输入测站点和定向点的坐标，后视导线点D204(或D206)进行定向。

②输入待测设中桩点P的坐标，仪器计算出夹角β和距离D并自动存储起来；根据显示的角度差旋转照准部，使角度差$\Delta\beta = \beta' - \beta$为0，找到$P$点的方向。

③在测站点到P点的方向上置反射棱镜并测距，测距时将量测到的距离D'自动与D进行比较，面板显示其差值$\Delta D = D' - D$，前后移动棱镜，直到面板显示的ΔD值为0.000m时，即为P点的准确位置。

中线测设后进行现场检核，一般是在其他测站上安置仪器，定向后实测各桩点的坐标与计算值比较，如果出现较大偏差，说明存在测设错误，应查找原因予以纠正。

第五节　线路纵横断面测量

中线测量将设计线路中线的平面位置标定在实地上之后，还需进行道路纵横断面测量，为施工设计提供详细资料。

一、纵断面测量

线路纵断面测量，又称中线水准测量。它的主要任务是在线路中线测定后根据附近水准点测出线路中线各里程桩的地面高程，绘制纵断面图，为设计线路纵向坡度，计算填挖土方量提供重要的资料。

纵断面测量一般分为两步进行。一是沿线路方向设置水准点，并测量其高程建立线路的高程控制，称为基平测量，俗称"基平"；二是根据水准点的高程，分段进行中桩的水准测量，称为中平测量，俗称"中平"。故线路纵断面测量应遵循的原则是"先基平后中平"。

1. 基平测量

基平测量水准点的布设应在初测水准点的基础上进行。先检核初测水准点，尽量采用初测成果，水准点之间的间隔，一般每 1 ~ 2km 埋设一个永久性水准点，每 300 ~ 500m 埋设一个临时性水准点。水准点应布设在离中线 30 ~ 50m 附近，不受施工影响、使用方便和易于保存的地方。对于不能再使用的初测水准点或远离线路的点，应根据实际需要重新设置。在大桥、隧道口及其他大型构造物两端还应增设水准点。定测阶段基平测量水准点的布设要求和测量方法均与初测水准点高程测量中的相同。

基平测量方法。首先应将起始水准点与附近国家水准点进行联测，以获得绝对高程。如果线路附近没有国家水准点，可以采用假定高程。

基平测量一般按四等水准测量方法进行。当要求高时，可按三等水准要求进行，具体方法见第六章第三节小地区高程控制测量。

2. 中平测量

中平测量是测定中线上各里程桩的地面高程，为绘制线路纵断面提供资料。线路中桩的地面高程，可采用水准测量的方法或光电测距三角高程测量的方法进行观测。无论采用何种方法，均应起闭于水准点，构成附合水准路线，路线闭合差的限差一般为 $50\sqrt{L}$mm 或 $40\sqrt{L}$mm（L 为附合路线的长度，以 km 为单位）。

中平测量一般是以两相邻水准点为一测段，从一个水准点出发，逐个测定中桩的地面高程，直至附合于下一个水准点上。施测时，在每一个测站上首先读取后、前两转点的尺上读数，再读取两转点间所有中间点的尺上读数。转点尺应立在尺垫、稳固的桩顶或坚石上，尺读数至毫米，视线长不应大于 150m；中间点立尺应紧靠桩边的地面，读数可至厘米，视线也可适当放长。

如图 10-21 所示，将水准仪安置于①站，后视水准点 BM_1，前视转点 ZD_1，将读数记入表 10-6中后视、前视栏内，然后观测 BM_1 与 ZD_1 间的中间点 K0 + 000、+ 050、+ 100、+ 123.6、+ 150，将读数记入中视栏；再将仪器搬至②站，后视转点 ZD_1、前视转点 ZD_2，然后观测各中间点 K0 + 191.3、+ 200、+ 243.6、+ 260、+ 280，将读数分别记入后视、前视和中视栏；按上述方法继续往前测，直至闭合于水准点 BM_2，完成一测段的观测工作。

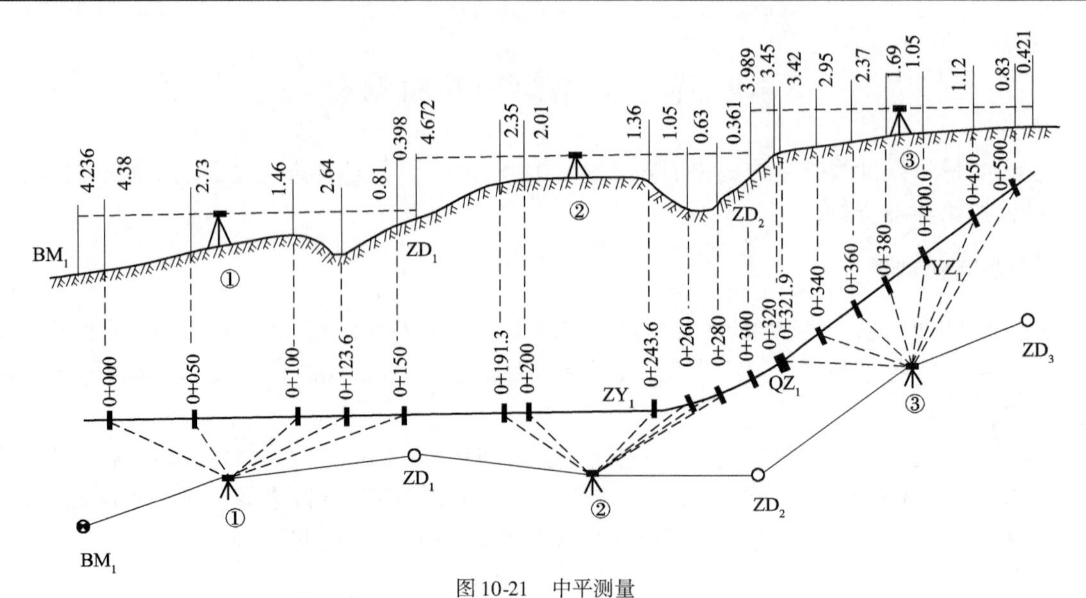

图 10-21　中平测量

每一测站的各项计算依次按下列公式进行：

线路纵断面水准（中平）测量记录　　表 10-6

测站	测　点	水准尺读数(m)			视线高程	高　程	备　注
		后　视	中　视	前　视			
Ⅰ	BM_1	4.236			330.174	325.938	
	K0 +000		4.38			325.79	BM_1位于K0 +000 桩右侧 50m 处
	+050		2.73			327.44	
	+100		1.46			328.71	
	+123.6		2.64			327.53	
	+150		0.81			329.36	
Ⅱ	ZD_1	4.672		0.398	334.448	329.776	
	+191.3		2.35			332.10	
	+200		2.01			332.44	
	+243.6		1.36			333.09	ZY_1
	+260		1.05			333.40	
	+280		0.63			333.82	
Ⅲ	ZD_2(+300)	3.989		0.361	338.076	334.087	
	+320		3.45			334.63	
	+321.9		3.42			334.66	QZ_1
	+340		2.95			335.13	
	+360		2.37			335.71	
	+380		1.69			336.39	
	+400.0		1.05			337.03	YZ_1
	+450		1.12			336.96	
	+500		0.83			337.25	
	ZD_3			0.421		337.655	

视线高程 = 后视点高程 + 后视读数

转点高程 = 视线高程 − 前视读数

中桩高程 = 视线高程 − 中视读数

各站记录后,应立即计算出各点高程,每一测段记录后,应立即计算该段的高差闭合差。若高差闭合差超限,则应返工重测该测段;若 $f_h \leqslant f_{h容} = \pm 50\sqrt{L}$mm,施测精度符合要求,则不需进行闭合差的调整,中桩高程仍采用原计算的各中桩点高程。一般中桩地面高程允许误差,对于铁路、高速公路、一级公路为 ±5cm,其他道路工程为 ±10cm。

3. 纵断面的绘制

线路纵断面图是沿线路中线竖向的剖面图,表示线路中线上地面高低起伏的变化状态。

纵断面图采用直角坐标,横坐标表示里程,纵坐标表示高程。为了明显表示地势变化,通常高程比例尺比里程比例尺大 10 ~ 20 倍,如横坐标采用 1:2000,纵坐标采用 1:200。

纵断面的形式内容,如图 10-22 所示。地势起伏的地面线,用细的折线表示,它是根据中平测量的中桩高程绘制的;纵坡设计线,用粗的折线表示。在图的下部标明各种资料,其主要内容有:

(1)直线与曲线栏。表示中线示意图,中线的直线段画水平线,曲线部分用直角的折线表示,上凸的表示向右转弯,下凸的表示向左转弯,并注明平曲线资料,一般只标注交点编号和曲线半径。不设曲线的交点位置用锐角折线表示。

(2)里程栏。按横坐标比例尺准确标注里程桩号。为了便于阅读,一般只标明百米桩和公里桩。

(3)地面高程栏。根据中平测量成果填写各里程桩的地面高程。依照中桩的里程和地面高程,在图的上部按比例尺依次画出各中桩的地面位置,并将相邻点用直线连接便得出地面纵断面线。

(4)设计高程栏。根据技术经济等多方面综合考虑后设计,定出分段设计坡度并计算出纵坡坡度变化点的设计高程,以及地面相应点的设计高程。并在图的上部将设计点用直线连接而得出设计纵断面线。

(5)坡度栏。表示线路的设计纵坡度和坡长。水平线表示平坡,斜线表示斜坡,从左至右向上斜的表示上坡,向下斜的表示下坡,斜线上面的数值为坡度值,通常以百分率表示,斜线下面数值表示坡长。在设计线的变坡点处,通常设置竖曲线。

(6)工程地质栏。标明路段的工程地质情况。

二、横断面测量

线路横断面测量,就是测定中线各里程桩两侧垂直于中线方向的地面坡度变化并绘制线路横断面图,供路基、挡土墙等工程设计、土石方量计算以及路基、边坡放样之用。

1. 横断面测量的密度与宽度

横断面测量的密度和宽度,应根据地形、地质及设计需要确定,一般除施测各中桩处的横断面外,在铁路站场、大(中)桥头、隧道洞口、高路堤、深路堑、挡土墙、不良地质地段及需要进行路基防护地段,应适当加大横断面的测绘密度。横断面测量的宽度,还应满足路基、取土坑、弃土堆及排水系统等设计要求。

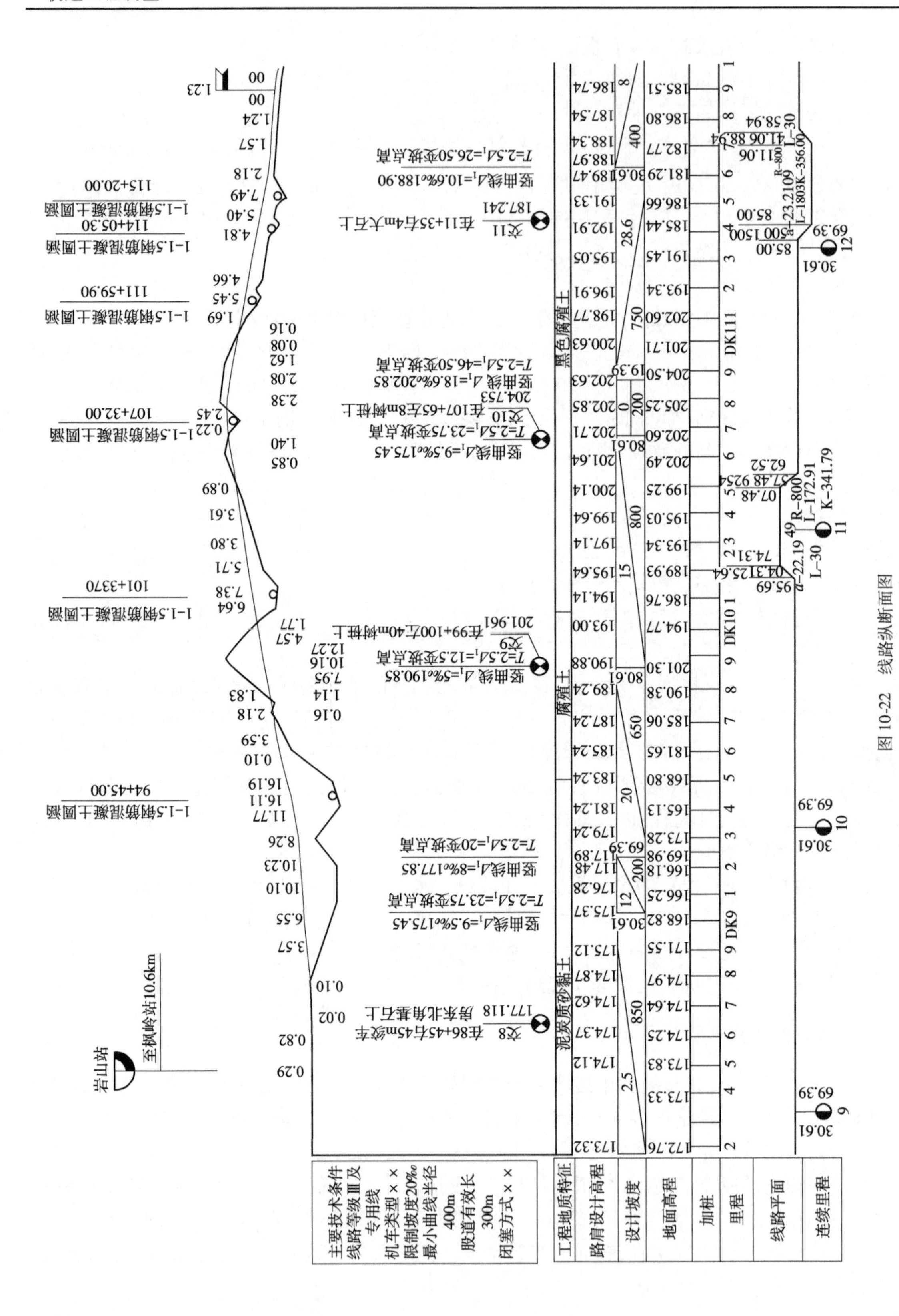

图10-22 线路纵断面图

2. 横断面方向的确定

横断面的方向,在直线段是中线的垂直方向,在曲线段是线路切线的垂线方向。

(1)直线上横断面方向的确定。直线段横断面方向一般采用方向架测定。如图10-23所示,将方向架置于桩点上,以其中一方向对准线路前方(或后方)某一中桩,则另一方向即为横断面方向。

(2)圆曲线上横断面方向的确定。圆曲线横断面方向为过桩点指向圆心的半径方向。测定时一般采用求心方向架,即在方向架上安装一个能转动的定向杆来施测。如图10-24所示,首先将方向架安置在ZY(或YZ)点,用AB杆瞄准切线方向,则与其垂直的CD杆方向即是过ZY(或YZ)点的横断面方向;转动定向杆ef瞄准桩1,并固紧其位置。然后,搬方向架于桩1,cd杆瞄准ZY(或YZ),则定向杆ef方向即是桩1的横断面方向。若在该方向立一标杆,并以cd杆瞄准它时,则ab杆方向即为切线方向。可用上述测定桩1横断面方向的方法来测定桩2的横断面方向。

(3)缓和曲线上横断面方向的测定。如图10-25所示,设P_1、P_2为缓和曲线上的两点,现要确定P_1点的横断面方向。

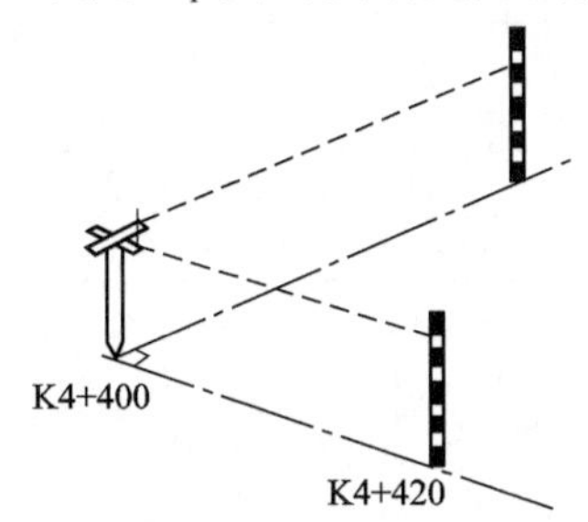

图10-23　直线段横断面方向确定

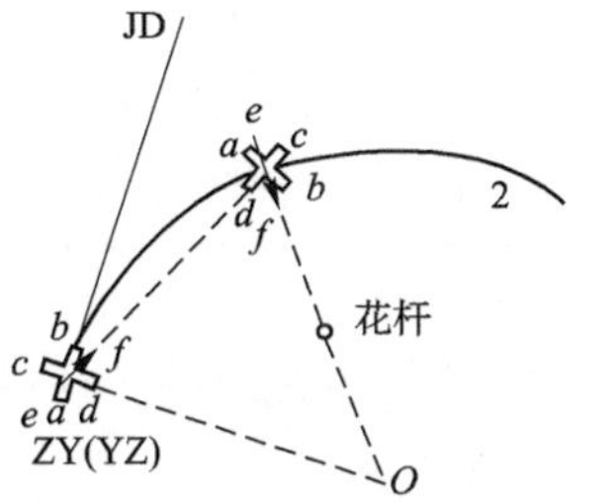

图10-24　圆曲线段横断面方向确定

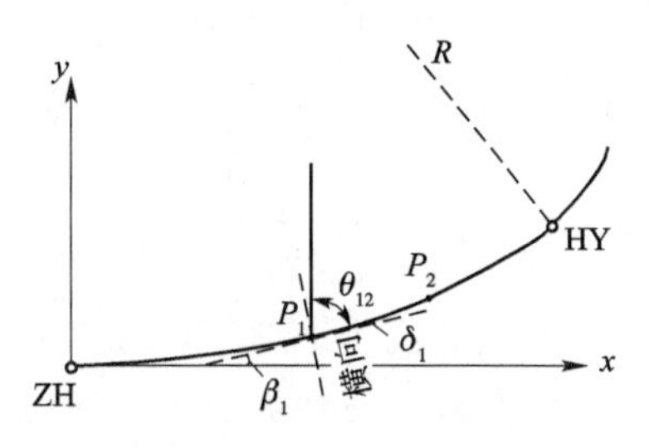

图10-25　缓和曲线段横断面方向确定

方法如下:

①计算P_1点的切线角有:

$$\beta_1 = \frac{l_1^2}{2Rl_s} \cdot \frac{180}{\pi} \tag{10-35}$$

式中:R——圆曲线半径;

l_s——缓和曲线长;

l_1——P_1点至ZH点切线的曲线长。

②求弦线P_1P_2与P_1点切线的水平夹角δ_1,有:

$$\delta_1 = 90° - \beta_1 - \theta_{12} \tag{10-36}$$

式中,θ_{12}为P_1至P_2点的方位角,可由P_1、P_2点的切线支距法坐标,经坐标反算公式求得。

③施测时,可用经纬仪或全站仪安置于缓和曲线上的P_1点,后视缓和曲线上的P_2点,拨角$90° \pm \delta_1$,得P_1点的横断面方向。

3. 横断面测量方法

横断面测量是测定横断面方向上一定范围内各地形特征点相对于中桩的平距和高差。根据使用仪器工具的不同,横断面测量可采用水准仪皮尺法、经纬仪视距法、全站仪法等。无论采用何种方法,检测限差应符合表10-7的规定。

横断面检测限差(单位:m) 表 10-7

线路等级	距离	高程
铁路、高速公路、一级公路	$\pm(L/100+0.1)$	$\pm(h/100+L/200+0.1)$
二级及以下公路	$\pm(L/50+0.1)$	$\pm(h/50+L/100+0.1)$

注:L 为检查点至中桩的水平距离;h 为检查点至中桩的高差。L、h 单位均为 m。

(1)水准仪皮尺法

此法适用于地势平坦且通视良好的地区,以方向架定向横断面方向,使用水准仪以中桩为后视,以横断面方向上各变坡点为前视,测得各变坡点与中桩间高差,水准尺读数至厘米,用皮尺分别量取各变坡点至中桩的水平距离,量至分米位即可。在地形条件许可时,安置一次仪器可测量多个横断面。测量记录格式见表 10-8,表中按面向线路里程增加方向分左、右侧记录,分式的分子表示高差,分母表示水平距离。

横断面测量记录 表 10-8

左侧	桩号	右侧
…	…	…
$\frac{2.35}{20.0}$ $\frac{1.84}{12.7}$ $\frac{0.81}{11.2}$ $\frac{1.09}{9.1}$ $\frac{1.35}{6.8}$	K0+340	$\frac{-0.46}{12.4}$ $\frac{0.15}{20.0}$
$\frac{2.16}{20.0}$ $\frac{1.78}{13.6}$ $\frac{1.25}{8.2}$	K0+360	$\frac{-0.7}{7.2}$ $\frac{-0.33}{11.8}$ $\frac{0.12}{20.0}$

(2)经纬仪视距法

此法适用于地形起伏较大、不便于丈量距离的地段。将经纬仪安置在中桩上,用视距法测出横断面方向各变坡点至中桩的水平距离和高差。

(3)全站仪法

此法适用于任何地形条件,具有速度快、精度高的优点,是目前常用的横断面测量方法。方法主要有两种:一是将仪器安置在道路附近任意点上,利用全站仪的对边测量功能可测得横断面上各点相对于中桩的水平距离和高差;二是将全站仪安置在中线桩上,定出横断面方向后,测出各点相对于中桩的水平距离和高差。

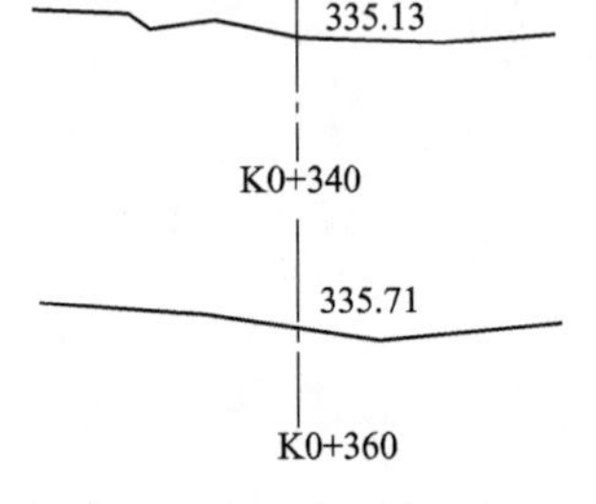

图 10-26 线路横断面图的绘制

4. 横断面图的绘制

横断面图的水平距离比例尺与高程比例尺相同,一般采用 1:200或 1:100。根据表 10-8 中数据所绘制的横断面图,如图10-26所示。

绘图时,先将中桩位置标出,然后分左、右两侧,依比例按照相应的水平距离和高差,逐一将变坡点标在图上,再用直线连接相邻各点,即得横断面地面线。

第六节 线路施工测量

在施工阶段,线路施工测量的主要任务是将线路施工桩点的平面位置和高程测设于实地,工作主要包括恢复线路中线、测设施工控制桩、路基中线施工零点、路基边桩和竖曲线等。

一、线路复测

线路中线在线路施工中起平面控制作用,也是路基施工的主要依据。在施工中中线位置必须与定测时一致。由于定测后要经过施工图设计、招标投标阶段才能进入施工阶段,定测钉设的某些桩点可能丢失或损坏。因此施工前,必须检查定测资料、进行复测,恢复中线桩,这项工作称为线路复测。

施工复测前,施工单位应检核线路测量的有关图表资料,会同设计单位进行现场桩交接。主要交接桩有:直线转点(ZD)、交点(JD)、曲线主点、平面控制点和高程控制点等。线路复测工作的内容和方法与定测时基本相同,精度要求与定测一致。若复测结果与定测成果的互差在容许范围之内,则以定测成果为准;若超出容许范围,则应多方查找原因,确实证明定测资料错误或桩点位移时,方可采用复测成果。

《铁测规》规定,复测与定测成果的不符值限差为:

(1)水平角:$\pm 30''$。

(2)距离:钢卷尺 1/2000,光电测距 1/4000。

(3)转点点位横向差:每 100m 不应大于 5mm,当点间距离超过 400m 时,亦不应大于 20mm。

(4)曲线横向闭合差:10cm(施工时应调整桩位)。

(5)水准点高程闭合差:$\pm 30\sqrt{K}$mm(K 为线路长度的公里数)。

(6)中桩高程:± 10cm。

此外,在施工阶段对土石方数量计算的要求比定测时要准确,所以横断面要测得密些,其间隔应根据地形情况和控制土石方数量需要的精度而定,一般平坦地区每 50m 一个;而在起伏大的地区,应不大于 20m 一个,同时施工中线上的里程桩也应加密,50m 或 20m 一个。

二、施工控制桩的测设

由于线路中线桩在施工中要被挖掉或堆埋,为了在施工中控制中线位置,需要在不易受施工破坏、便于引测、易于保存桩位的地方测设施工控制桩,方法有如下两种:

1. 平行线法

在设计的路基宽度以外,测设两排平行于中线的施工控制桩,如图 10-27 所示。控制桩的间距一般取 10～20m。

2. 延长线法

在线路转折处的中线延长线以及曲线中点 QZ 至交点 JD 的延长线上测设施工控制桩,如图 10-28 所示,量出控制桩至交点的距离并记录。

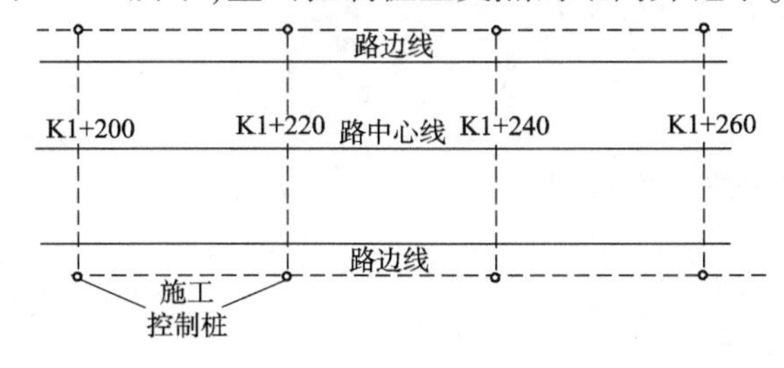

图 10-27　平行线法施工控制桩测设

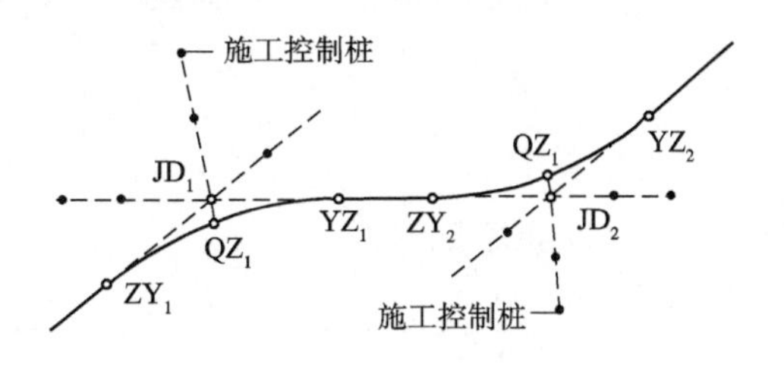

图 10-28　延长线法施工控制桩测设

三、路基中线施工零点的测设

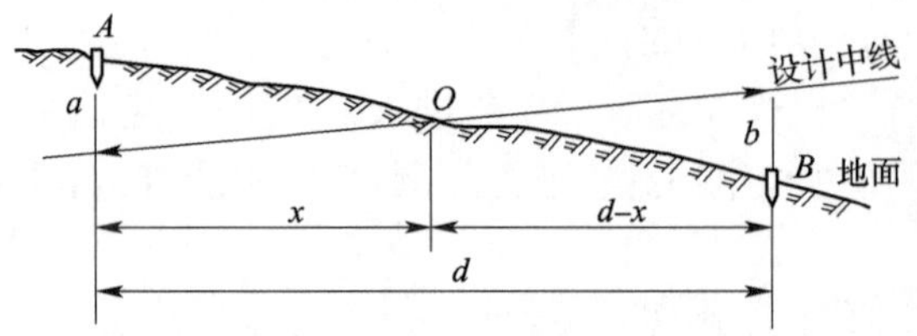

图 10-29　路基中线施工零点的测设

路基横断面是在线路横断面图上设计的，在路基中需要填方的横断面称为路堤，需要挖方的称为路堑。当在线路中线方向某点的填挖量为零时，该点为线路中线方向上不填不挖的点，也就是线路纵断面图上设计中线与地面线的交点，是路基中线的施工零点。如图 10-29 所示，A、B 为中线上的里程桩，O 是路基在线路中线方向的施工零点，设 x 是路基中线的施工零点距邻近里程桩 A 的水平距离，d 为两相邻里程桩 A、B 之间的水平距离，a 为 A 点挖深；b 为 B 点填高，根据几何关系有：

$$\frac{a}{x}=\frac{b}{d-x} \Longrightarrow x=\frac{a}{a+b}\cdot d \tag{10-37}$$

施工时，自 A 桩起，沿中线方向量取水平距离 x，即可测设出施工零点桩 O。

四、路基边桩的测设

路基施工前，应将设计路基的边坡与原地面相交的点测设出来。具体来说，该点对于设计路堤为坡脚点，对于设计路堑为坡顶点。路基边桩的位置视填土高度和挖土深度、边坡设计坡度及横断面的地形情况而定，方法有如下几种：

1. 图解法

路基边桩的位置可用图解法求得，即在横断面设计图上量取中桩至边桩的距离，然后到实地在横断面方向用皮尺量出其位置。

2. 解析法

通过计算求得路基中桩至边桩的距离，在平地和山区，计算和测设的方法不同，详细介绍如下：

(1) 平坦地段路基边桩的测设。填方路基称为路堤，如图 10-30a) 所示，挖方路基称为路堑，如图 10-30b) 所示。

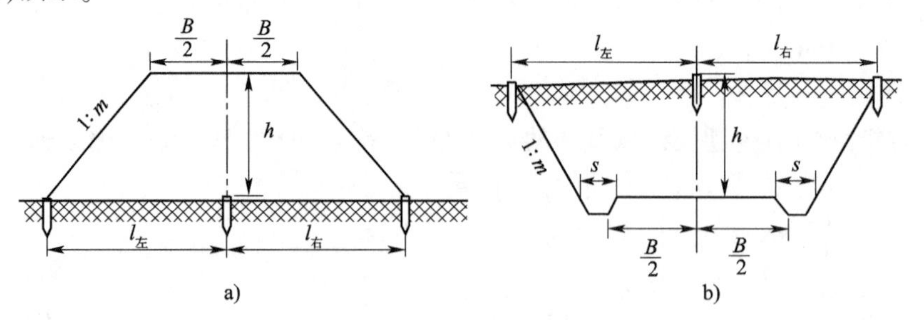

图 10-30　平坦地段路基边桩的测设

路堤边桩至中桩的距离为：

$$l_{左}=l_{右}=\frac{B}{2}+mh \tag{10-38}$$

式中，B 为路基设计宽度；m 为路基边坡坡度；h 为填土高度或挖土深度。

路堑边桩至中桩的距离为：

$$l_{左}=l_{右}=\frac{B}{2}+s+mh \tag{10-39}$$

式中：s——路堑边沟顶宽。

根据上式计算的距离，从中桩沿横断面方向量距，测设路基边桩。

(2)山坡地段路基边桩的测设。如图10-31a)所示，左、右边桩离中桩的距离为：

$$\begin{cases}l_{左}=\dfrac{B}{2}+s+mh_{左}\\ l_{右}=\dfrac{B}{2}+s+mh_{右}\end{cases} \tag{10-40}$$

式中的B、s、m均由设计确定，显然，$l_{左}$、$l_{右}$随$h_{左}$、$h_{右}$而变。$h_{左}$、$h_{右}$是边桩处地面与设计路基面的高差，由于边桩位置是待定的，故$h_{左}$、$h_{右}$事先并不知道，实际测设时，可以采用逐渐趋近法来确定。

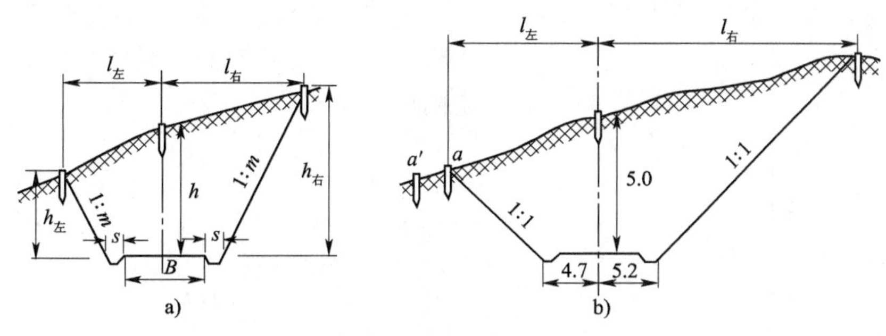

图10-31　山坡地段路基边桩的测设(尺寸单位:m)

在图10-31b)中，路基左侧边沟顶宽度为4.7m，右侧为5.2m，中心桩挖深为5.0m，边坡坡度为1:1，以左侧为例，介绍边桩测设的逐渐趋近法。

①大致估计边桩的位置。若地面水平，则左侧边桩的距离应为$4.7+5.0\times1=9.7$m，图示的情况是左侧地面较中桩处低，估计边桩地面处比中桩处地面低1m，则$h_{左}=5-1=4$m，代入式(10-40)，求得左边桩与中桩的近似距离为$l'_{左}=4.7+4\times1=8.7$m。在实地量8.7m。得a'点。

②实测高差。用水准仪定a'点与中桩间的高差为1.3m，则a'点距中桩的平距应为：

$$l''_{左}=4.7+(5.0-1.3)\times1=8.4\text{m}$$

该值比初次估算值8.7m小，故边桩的正确位置应在a'点的内侧。

③重新估算边桩的位置。边桩的正确位置应在离中桩8.4~8.7m之间，重新估计在距中桩8.6m处地面定出a点。

④重测高差。测a点与中桩的高差为1.2m则a点与中桩的平距应为：

$$l_{左}=4.7+(5.0-1.2)\times1=8.5\text{m}$$

该值与估计值相符，故a点即为左侧边桩位置。

五、竖曲线的测设

为了行车的平稳和满足视距要求，在线路纵断面的变坡处应以圆曲线相接，这种曲线称为竖曲线。竖曲线按其变坡点在曲线的上方或下方分别称为凸形或凹形竖曲线。如图10-32所示，线路上有三条相邻纵坡$i_1(+)$、$i_2(-)$、$i_3(+)$，在i_1和i_2之间设置凸形竖曲线；在i_2和i_3之间设置凹形竖曲线。

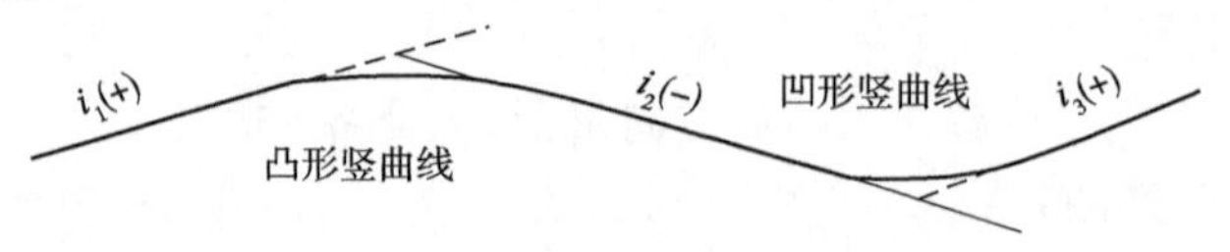

图10-32　竖曲线

如图10-33所示，根据线路相邻坡道的纵坡设计值i_1和i_2，计算竖曲线的坡度转角Δ。鉴于Δ角一般很小，而竖曲线的设计半径R较大，计算时，可以作一些简化处理：

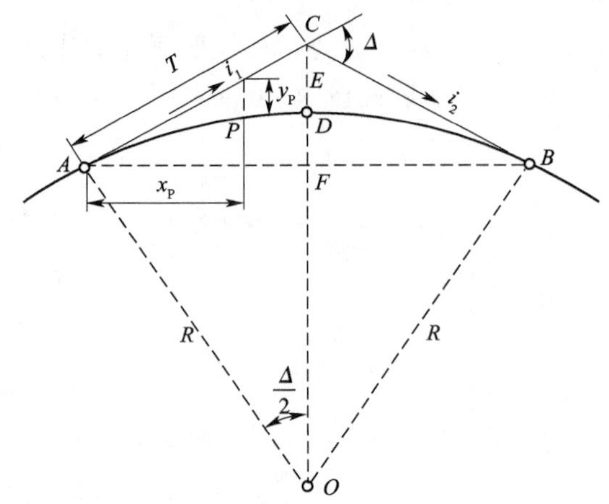

图10-33　竖曲线测设元素

$$\Delta = \arctan i_1 - \arctan i_2 \approx (i_1 - i_2) \tag{10-41}$$

式中(10-41)中计算出的Δ为弧度制单位，若要化为度分秒制单位，则再乘以180°，除以π。

竖曲线的测设元素有切线长T、曲线长L和外距E，可以采用与平面圆曲线计算主点测设元素同样的公式计算，有：

$$\begin{cases} T = \dfrac{R(i_1 - i_2)}{2} \\ L = R(i_1 - i_2) \\ E = \dfrac{T^2}{2R} \end{cases} \tag{10-42}$$

同理可导出竖曲线上任意点P按直角坐标法测设的y_P(即竖曲线上的高程改正值)为：

$$y_P = \frac{x_P^2}{2R} \tag{10-43}$$

则竖曲线上P点的高程为：

当P位于AD段：
$$H_P = H_A + x_P \cdot i_1 - y_P \tag{10-44}$$

当P位于DB段：
$$H_P = H_B - x_P \cdot i_2 - y_P \tag{10-45}$$

式(10-44)、式(10-45)中的H_A、H_B为竖曲线起点A、B的高程，x_P可近似采用弧长AP、BP，即A、P或P、B两点里程桩号之差。

六、竣工测量

铁路工程应在路基工程、桥梁工程、隧道工程完工之后，铺轨铺设之前进行线路竣工测量。它的任务是最后确定线路中线位置，作为铺轨施工的依据；同时检查路基施工质量是否符合设计要求；并为将来线路的维护、扩建、改建提供依据。它的内容包括中线测量、高程测量和横断面测量。

1. 中线测量

首先根据护桩将主要控制点恢复到路基上，进行线路中线贯通测量；在有桥、隧的地段，应从桥梁、隧道的线路中线向两端引测贯通。贯通测量后的中线位置，应符合路基宽度和建筑物限界的要求；同时中线控制桩和交点桩应固桩。

对于曲线地段，应交出交点，重新测量转向角值；当新测角值与原来转向角之差在允许范围内时，仍采用原来的资料；测角精度与复测时相同。曲线的控制点应进行检查，曲线的切线长、外矢距等检查误差在1/2000以内时，横向闭合差不大于5cm时，仍用原桩点。

中线上，直线地段每50m、曲线地段每20m测设一桩；道岔中心、变坡点、桥涵中心等处均需钉设加桩；全线里程自起点连续计算，消灭由于局部改线或假设起始里程而造成的里程不能连续的“断链”。

2. 高程测量

竣工测量时，应将水准点移设到稳固的建筑物上，或埋设永久性混凝土水准点；其间距不应大于2km；其精度与定测时要求相同；全线高程必须统一，消除因采用不同高程基准而产生的“断高”。

中桩高程按复测方法进行，路基高程与设计高程之差不应超过5cm。

3. 横断面测量

主要检查路基宽度，侧沟、天沟的深度，宽度与设计值之差不得大于5cm；路堤护道宽度误差不得大于10cm。若不符合要求且误差超限者应进行整修。

思考题与习题

1. 线路工程测量主要包括哪些内容？线路初测和定测的目的是什么？有哪些主要工作？

2. 什么是线路的转角？如何确定左右转角？如何测设交点、转点？

3. 圆曲线要素有哪些？主点桩如何确定与测设？其详细测设的方法有哪些？

4. 什么是缓和曲线？缓和曲线要素有哪些？主点桩如何确定与测设？其详细测设的方法有哪些？

5. 简述全站仪坐标法测设中线的原理，并阐述现场测设的操作步骤。

6. 线路纵断面测量的目的是什么？其主要工作内容是什么？

7. 横断面测量的主要工作内容是什么？直线、圆曲线上点的横断面方向如何确定？

8. 用偏角法测设圆曲线，设JD的桩号为K10+186.30m，偏角$\alpha=30°45'$，设计曲线半径为$R=120$m。若曲线上细部整桩距为10m，试计算曲线各要素的数值、起点与终点桩号和各细部点的偏角值。

9. 已知交点的里程桩号为K4+300.18，测得转角$\alpha_z=18°30'$，圆曲线半径$R=500$m，若采用切线支距法按整桩号法设桩，试计算各桩坐标。并说明测设步骤。

10. 已知交点的里程桩号为K10+110.88，测得转角$\alpha_z=24°18'$，圆曲半径$R=400$m，若采用偏角法按整桩号法设桩，试计算各桩的偏角及弦长（要求由ZY、YZ分别向QZ测设）。并说明测设步骤。

11. 已知交点里程桩号为K21+476.88，测得转角$\alpha_Y=37°16'$，圆曲线半径$R=300$m，缓和曲线长为60m，试计算该曲线的测设元素、主点里程桩号及缓和曲线终点的坐标，并说明主点测设方法。

12. 试完成表10-9中平测量记录表。

中平测量记录 表 10-9

测　　点	水准尺读数			视线高程	高　　程	备　　注
	后　　视	中　　视	前　　视			
BM1	1.485				895.846	已知高程
转点1	2.416		2.113			
0 +000		1.85				
转点2	2.520		1.035			
0 +100		2.11				
0 +165		2.59				
转点3	2.913		2.183			
0 +200		1.74				
0 +260		1.60				
转点4 0 +300			2.145			

13. 试根据图 10-34 中的观测数据,完成纵断面图绘制工作。

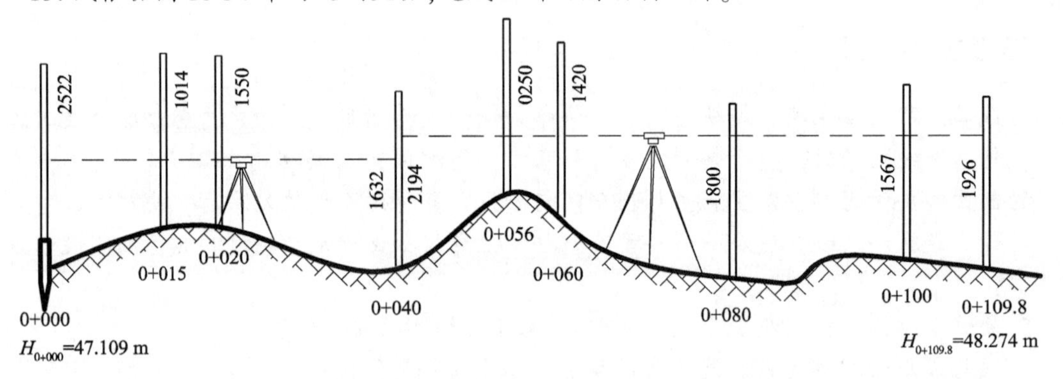

图 10-34

(1)将观测数据填入纵断面测量手簿,并完成各项计算。

(2)根据手簿中的有关数据绘制纵断面图。平距比例尺取 1:500,高程比例尺取 1:50。

(3)在断面图上画出坡度为 +5‰的坡度线,0 +000 点设计高程为 45.60m,并计算各桩点设计高程。

(4)计算各点埋置深度。

第十一章　隧道施工测量

教学目标

1. 熟悉隧道施工测量的任务和内容。
2. 熟悉隧道洞内、洞外平面及高程控制测量。
3. 熟悉矿山法掘进隧道施工测量及盾构掘进隧道施工测量方法。

第一节　隧道施工测量概述

一、隧道施工测量的特点

随着我国铁路、公路、地铁工程、城市市政工程、水利工程等建设的发展，地下隧道工程日益增多，隧道占线路总长的比重不断增大。隧道工程里程的增加，大大缩短了线路的长度，提高了运行效率，显现了良好的经济和社会效益。

隧道工程测量与地面工程测量相似，需要先建立控制网，再测设开挖方向，测设出设计中线平面和高程位置，并放样各工程细部。但隧道地下工程与地面工程不同的是，施工面狭窄，隧道施工的掘进方向在贯通之前无法通视，测量成果不便组织校核，错误往往不易及时发现，且工期长，故测量工作在隧道工程中更加重要，常称为隧道工程的“眼睛”。

二、隧道施工测量的内容

在隧道工程施工中，要进行的主要测量工作包括：

(1)洞外控制测量：在洞外(地表)建立平面和高程控制网，测定各洞口控制点的坐标和高程。

(2)联系测量：将洞外(地表)的坐标、方向和高程传递到隧道内，即将洞外控制网与洞内控制网联系起来，建立洞内、洞外统一的坐标系统和高程系统。

(3)洞内控制测量：在隧道洞内建立平面和高程控制网。

(4)隧道施工放样：根据隧道设计文件，在洞内控制网基础上，进行施工放样，指导开挖。

(5)竣工测量：测定隧道竣工后的实际中线位置与断面净空及各构筑物的位置尺寸。

在隧道施工中，为加快进度，一般由隧道两端洞口进行相向开挖。长大隧道施工时，通常还要在两洞口间增加平峒、斜井或竖井，以增加掘进工作面，如图 11-1 所示。

隧道自两端洞口相向开掘，按设计要求在洞内预定位置正确掘通，称为隧道贯通。由于在

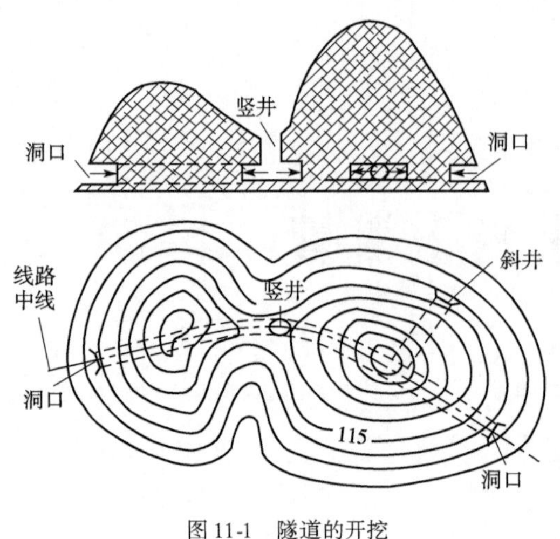

图 11-1　隧道的开挖

各项测量工作中都存在误差,导致相向开挖中具有相同贯通里程的中线点在空间不相重合,此两点在空间的连接误差(即闭合差)称为贯通误差。其分为三类:横向贯通误差(贯通误差在水平面内垂直于线路中线方向上的分量)、纵向贯通误差(贯通误差在线路中线方向上的分量)、高程贯通误差(贯通误差在高程方向的分量),其中横向误差对隧道的平顺质量有显著影响,必须高度重视其测量方案和观测精度,所以一般意义上的贯通误差,主要是指横向贯通误差。《铁路工程测量规范》(后简称《铁测规》)中,对贯通误差的限差要求,见表 11-1。

贯通误差的限差　　　　表 11-1

两开挖洞口间长度(km)	<4	4 ~ 8	8 ~ 10	10 ~ 13	13 ~ 17	17 ~ 20
横向贯通误差(mm)	100	150	200	300	400	500
高程贯通误差(mm)	50					
纵向贯通误差	无具体规定,但一般小于隧道长度的 1/2000					

第二节　隧道洞外控制测量

一、隧道洞外平面控制测量

隧道的设计位置,一般是以定测的精度初步标定在地面上。在施工之前必须进行复测,检查并确认两端洞口中线控制桩(也称为洞口投点)的位置,还要与中间其他施工进口的控制点进行联测。

隧道洞外控制测量的目的是在各开挖洞口之间建立一精密的控制网,以便据此精确地确定各开挖洞口的掘进方向,使之正确相向开挖,保证准确贯通。故一般要求在每个洞口应测设不少于 3 个平面控制点(包括洞口投点及其相联系的三角点或导线点、GPS 点)。直线隧道上,两端洞口应各确定一个中线控制桩,以两桩连线作为隧道的中线;在曲线隧道上,应在两端洞口的切线上各确定两个间距不小于 200m 的中线控制桩,以两条切线的交角和曲线要素为依据,来确定隧道中线的位置。平面控制网应尽可能包括隧道各洞口中线控制点,可以在施工测量时提高贯通精度,又可减少工作量。

1. 隧道独立控制网的建立

高速铁路线路控制网 CPⅠ、CPⅡ的等级分别为 GPS 二等和三等,小于 4km 的隧道,CPⅡ的精度已经满足洞外控制测量的精度要求,施工单位在对 CPⅡ控制网进行复测后,就可以在 CPⅡ控制点的基础上同精度加密洞口控制网。对于长度大于 4km 的隧道,线路控制网 CPⅡ的精度不能满足洞外控制测量的贯通精度要求,则应建立隧道独立控制网,独立控制网的精度应根据隧道长度及相应的贯通误差要求确定。

隧道独立控制网的坐标系选择可以与设计坐标系统相同,即选择中央子午线经度、投影面大地高、椭球参数与设计相同的坐标系。由于隧道的平面位置是根据线路控制网 CPⅠ、CPⅡ由理论坐标确定的,选择与设计相同的坐标系现场可以方便地测定出隧道的平面位置。

隧道独立控制网的坐标系还可以采用以隧道进出口平均高程面为基准面,隧道中心经线作为坐标投影的中央子午线,以隧道长直线为 x 轴的施工独立坐标系。由于隧道独立网与设计的隧道理论中线没有关系,这时应根据设计的线路控制点 CPⅠ或 CPⅡ实地放样出隧道进出口的投点位置。将进出口投点纳入隧道独立网中,平差计算时,选择一端洞口的投点作为坐标原点(x 值可选择该点里程,y 值可设为 1000),另一端的投点作为 x 轴的方向点,通过坐标旋转可以得到独立控制网坐标成果,应注意另一端的投点里程发生变化。无论选择哪种坐标系作为隧道独立网的坐标系统,洞内导线引测时,边长均应投影到相应的高程投影面上。

洞外平面控制测量应结合隧道长度、平面形状、线路通过地区的地形和环境等条件进行设计,常采用 GPS、精密导线、中线和三角网等测量方法进行施测。其中 GPS 测量法,劳动强度小、工作效率高、主网控制点间无需通视,因此长度大于 4km 的隧道中,一般优先采用 GPS 法。

2. GPS 测量法

隧道洞外控制测量可采用 GPS 静态相对定位方法。测量时仅需在各开挖洞口附近测定几个控制点的坐标,工作量小,精度高,而且可以全天候观测,因此是大中型隧道洞外控制测量的首选方案。如图 11-2 所示,是洞外 GPS 控制网网形设计,应满足下列要求:

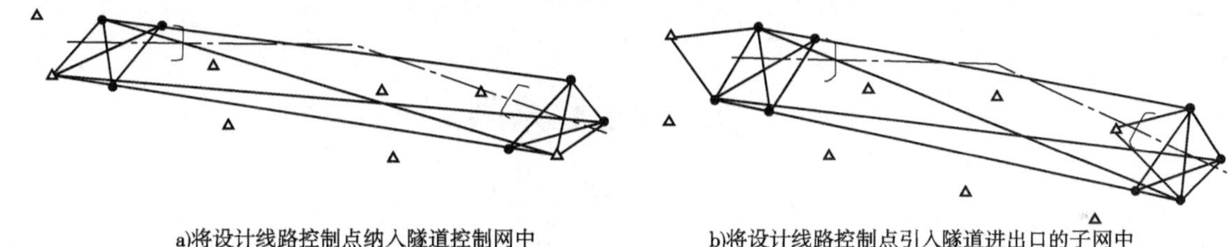

a)将设计线路控制点纳入隧道控制网中　　b)将设计线路控制点引入隧道进出口的子网中

△-设计线路控制点CPⅠ、CPⅡ; ●-隧道控制点

图 11-2　隧道洞外 GPS 控制网网形设计

(1)隧道独立控制网应尽可能将隧道进出口的线路控制点(CPⅠ或 CPⅡ)纳入到隧道的施工控制网中。这样可以确保线路与隧道的正确衔接,如图 11-2a)所示。由于隧道独立控制网与线路控制网精度的不同而造成线路衔接误差可以在路基段进行调整。此方法虽方便了以后的施工测量工作,但当隧道独立控制测量精度高于设计线路控制网的精度时,以线路控制点为约束点进行平差计算时,人为地降低了隧道独立控制网的精度,影响隧道正确贯通。

若不能将设计线路控制点纳入隧道控制网中时,可将线路控制点(CPⅠ或 CPⅡ)的坐标引入隧道进出口的子网中。其引测的精度不影响隧道控制网的精度,只是引入坐标基准,然后再选择隧道进出口各一个控制点进行一点一方向平差,如图 11-2b)所示。此方法选择线路控制点一个点的已知坐标和这个点到另一点的已知方位角作为约束条件,对隧道独立网进行约束平差(工程独立坐标系的一点一方向平差),将在选择已知方向的一端产生衔接误差,衔接误差可以在隧道外的路基段调整,或在隧道贯通后,将误差分配至洞内。由于平差时约束的已知方向基本同隧道线路方向平行,因此,衔接误差主要影响线路里程,而对线路横向位置影响很小,提高了贯通精度。

(2)控制网由隧道各开挖口的控制点点群组成,GPS 定位点之间一般不要求通视,但布设同一洞口控制点时,考虑到用常规测量方法引测进洞的需要,洞口控制点间应当通视。

(3)基线最长不宜超过 30km,最短不宜短于 300m。

(4)每个控制点应有三个或三个以上的边与其连接,极个别的点允许由两个边连接。

(5)点位上空视野开阔,保证至少能接收到 4 颗卫星的信号。

(6)测站附近不应有对电磁波有强烈吸收或反射影响的金属和其他物体。

(7)各开挖口的控制点及洞口投点高差不宜过大,尽量减小垂线偏差的影响。

二、洞外高程控制测量

洞外高程控制测量就是施测各开挖洞口附近水准点间的高差,以便将隧道的统一高程系统引入洞内。

高程控制常采用水准测量方法,但当山势陡峻采用水准测量困难时,三、四、五等高程控制亦可采用光电测距三角高程的方法进行。使用新型精密全站仪,在特定条件下,光电测距三角高程可以有条件地代替二等几何水准测量。

高程控制应选择连接各洞口最平坦和最短的线路,以期达到设站少、观测快、精度高的要求。每一个洞口应埋设不少于 2 个水准点,以相互检核;两水准点的位置,以能安置一次仪器即可联测为宜,方便引测并避开施工的干扰。高程控制水准测量的精度,应参照相应行业的测量规范实施。

第三节　隧道联系测量

一、联系测量的基本内容

联系测量是将地面坐标、方位和高程通过施工竖井、平峒及斜井传递到地下,作为地下隧道测量的起算数据,使地上、地下坐标系统统一起来的测量工作。

联系测量的内容包括:近井点测量(包括地面、地下近井导线测量和地上、地下近井水准测量)、定向测量(通过竖井、斜井、平峒、钻孔等)和传递高程测量。

1. 近井点测量

将地面测量坐标系统和高程系统通过竖井传递到井下,一般应在地面竖井口附近设立近井点,通过近井点进行传递。因此近井点的设立应使用方便,不受施工影响。

(1)极坐标法或导线法测量近井点

当竖井附近的一、二等控制点能够直接测定近井点时,可采用极坐标法直接测定近井点位置。为保证测量成果的可靠,应独立进行两次极坐标测量。近井点的点位中误差应在 ±10mm 以内。

采用导线测量方法测定近井点时,应以一、二等控制点为起算数据,将近井点要纳入近井导线,形成附合路线,按二等导线测量技术要求施测,最短边长不应小于 50m,同样近井点的点位中误差应在 ±10mm 以内。地下近井点,则采用导线测量方法。

(2)近井水准测量

为便于传递高程,同样在竖井口附近设置近井高程点(近井高程点和近井点也可设置成同一个点)。近井水准测量就是利用一、二等水准点为起算点,按二等水准测量技术要求引测近井高程点。

2. 定向测量

在联系测量中,以地面近井点为依据,经传递获得井下导线起算边的坐标方位角和起算点坐标的测量工作,称为平面联系测量,其中确定井下坐标方位角的工作,又称为竖井定向。坐标传递误差对地下导线各点位置的影响为一常数,其影响不随导线的伸长而累积;而方位角传递误差对地下导线终点位置的影响是很大的,要保证正确贯通,对竖井定向的精度要求更高,故通常将竖井平面联系测量简称为竖井定向。

在隧道工程中定向测量方法主要有联系三角形法、两井定向法、导线直接传递法、投点定向法和陀螺经纬仪、铅垂仪(钢丝)组合法。

3. 传递高程测量

以地面近井点为依据,确定井下近井起始点的高程测量工作,称为传递高程测量(高程联系测量),又称为导入高程。测量方法主要有悬挂钢尺法、光电测距三角高程法和水准测量法。

下面对定向测量中的联系三角形法、两井定向方法和传递高程测量中的悬挂钢尺法进行介绍。

二、联系三角形法定向测量

联系三角形法定向测量亦称一井定向。如图 11-3 所示,一井定向是在一个竖井中悬挂两根钢丝,在地面近井点与钢丝组成三角形,并测定近井点与钢丝的距离和角度,从而算得两钢丝的坐标以及它们之间的方位角。在井下,同样井下近井点也与钢丝构成三角形,并测定井下近井点与钢丝的距离和角度,由于钢丝处在自由悬挂状态,可以认为钢丝的坐标和方位角与地面一致,通过计算便可获得地下导线起算点的坐标和方位角,这样就把地上与地下导线联系起来了。

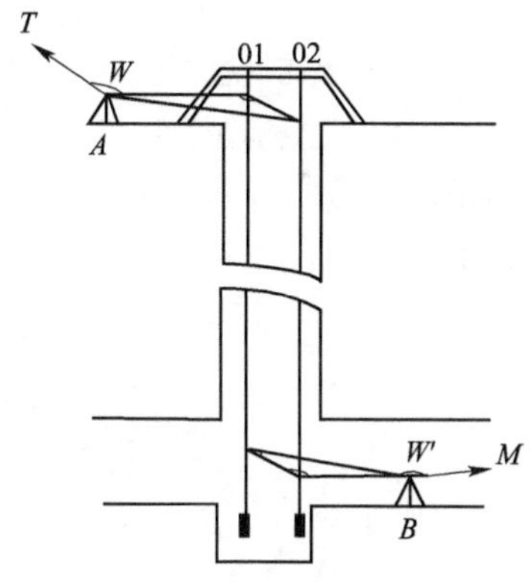

图 11-3　联系三角形定向测量

1. 地下近井点的计算线路和方法

将一井定向立体示意图转换成平面,便得到图 11-4 所示一井定向联系三角形法平面示意图。

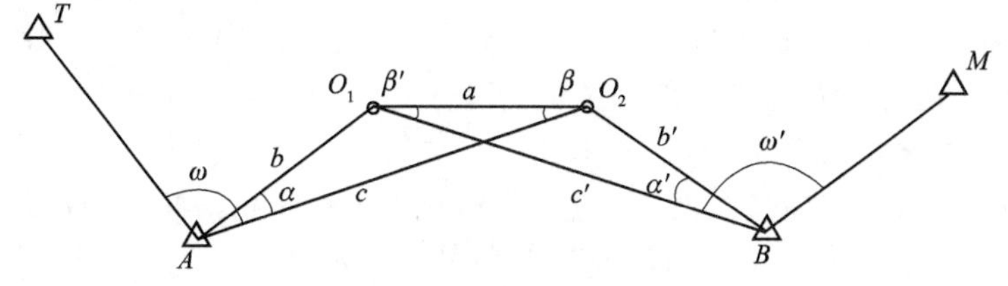

图 11-4　联系三角形法示意图

由 ΔAO_1O_2、ΔBO_1O_2,解出 β、β' 为:

$$\begin{cases}\sin\beta = \sin\alpha \cdot \dfrac{b}{a} \\ \sin\beta' = \sin\alpha \cdot \dfrac{b'}{a}\end{cases} \tag{11-1}$$

然后按 $T \rightarrow A \rightarrow O_2 \rightarrow O_1 \rightarrow B \rightarrow M$ 线推算各边和各点的方位角和坐标。

2.联系三角形的有利图形

在竖井定向测量中,以很高的精度传递方位角是定向测量的关键。联系三角形测量的精度,取决于测站点和钢丝悬挂点位置的选择,根据误差分析,可得出如下结论:

(1)连接三角形最有利的形状为锐角 α、α'不大于1°的直伸三角形。

(2)在联系测量时,应尽量使连接点 A 和 B 靠近最近的钢丝线,并精确的测量角度 α。

(3)两钢丝线间的距离 a 越大,则计算角的误差就越小。

(4)在直伸三角形中,量边误差对定向精度的影响较小。

3.联系三角形定向测量技术要求

边长测量可采用光电测距或经检定的钢尺丈量,每次应独立测量3测回,每测回3次读数,各测回较差应小于1mm。地上与地下丈量的钢丝间距较差应小于2mm。

角度观测应采用±2″,2mm+2×Dmm(D是测距边长,以km为单位)的全站仪,用方向观测法观测6测回,测角中误差应在±2.5″之内。

联系三角形测量,每次定向应独立进行3次,取3次平均值作为定向成果。联系三角形定向推算的地下起始边方位角的测回较差应小于12″,方位角平均值中误差应在±8″之内。

4.双联系三角形定向测量

在生产实践中,测量工作者总结出了双联系三角形定向测量方法,该方法是在竖井中悬吊三根钢丝,组成两个联系三角形,双联系三角形定向测量示意图如图11-5所示。进行定向测量时,在地面和地下近井点分别测量近井点至三根铜丝 a、b、c、a'、b'、c'和钢丝间 O_1O_2、O_2O_3 的距离以及近井点与钢丝间的角度 α_1、α_2、α'_1、α'_2,然后根据观测数据,利用平差软件解算出地下近井点的坐标和方位角。

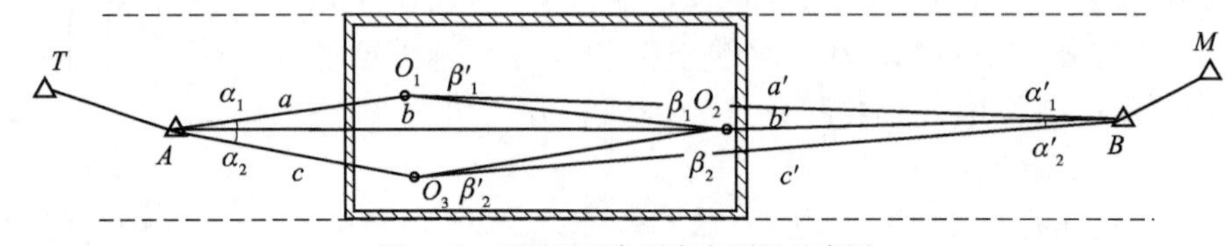

图11-5 双联系三角形定向测量示意图

三、两井定向

当竖井井口小、在一井中钢丝间距小于5m时,为了提高定向精度,可利用地铁车站,两端的施工竖井(或在长隧道中部竖井)进行两井定向。

1.两井定向的布设方案

如图11-6所示,两井定向是在两施工竖井(或钻孔)中分别悬挂一根钢丝,利用地面上布设的近井点或地面控制点采用导线测量或其他测量方测定两钢丝的平面坐标值。在地下隧道中,将已布设的地下导线与竖井中的钢丝联测,即可将地面坐标系中的坐标与方向传递到地下去,经计算求得地下导线各点的坐标与导线边的方位角。

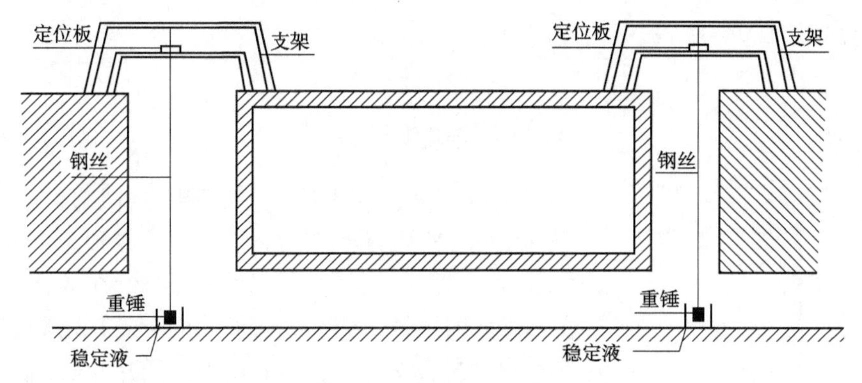

图 11-6　两井定向示意图

与一井定向相比，由于两钢丝间的距离大大增加了，因而减少了投点误差引起的方向误差，有利于提高地下导线的精度，这是两井定向的主要优点。其次是外业测量简单，占用竖井的时间较短。

2. 两井定向的计算

设有导线 A、1、2、…、$n-1$，B 附合在 A、B 个控制点上，丈量诸边长 S_i，并在 1、2、…、$n-1$ 诸点上测了转角 β_i。这样的导线是无起始方向角的，故称它为无定向导线。

假设一个坐标系统，其原点在 A，其 x' 轴与 $A1$ 边重合，如图 11-7 所示。显然，在此坐标系统中 $A1$ 的方位角 $\alpha'_1=0$，A 的坐标 $x'_a=y'_a=0$，再按下述步骤计算各点坐标。

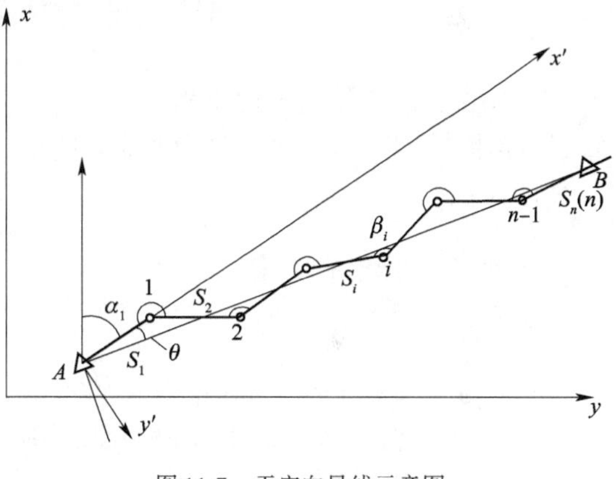

图 11-7　无定向导线示意图

(1)计算各点在假定坐标系统中的坐标值：

$$\begin{cases} x'_k=\sum_{i=1}^{k}S_i\cos\alpha'_i \\ y'_k=\sum_{i=1}^{k}S_i\sin\alpha'_i \\ \alpha'_k=\alpha'_1+\sum(\beta_j\pm180^\circ) \\ \quad k=(1,2,\cdots,n-1,n) \end{cases} \tag{11-2}$$

(2)计算 $A1$ 边在原坐标系中的方位角：

$$\alpha_1=\tan^{-1}\frac{y_b-y_a}{x_b-x_a}-\tan^{-1}\frac{y'_b-y'_a}{x'_b-x'_a} \tag{11-3}$$

式中：(x_a,y_b)、(x_b,y_b)——A、B 点在原坐标系中的坐标；

(x'_a,y'_b)、(x'_b,y'_b)——A、B 点在假定坐标系中的坐标。

(3)计算长度比：

$$M=\frac{\sqrt{(x_b-x_a)^2+(y_b-y_a)^2}}{\sqrt{(x'_b-x'_a)^2+(y'_b-y'_a)^2}} \tag{11-4}$$

(4)计算各点在原坐标系中的坐标：

$$\begin{pmatrix} x_i \\ y_i \end{pmatrix}=\begin{pmatrix} x_a \\ y_a \end{pmatrix}+M\begin{pmatrix} \cos\alpha_1 & -\sin\alpha_1 \\ \sin\alpha_1 & \cos\alpha_1 \end{pmatrix}\begin{pmatrix} x'_i \\ y'_i \end{pmatrix} \tag{11-5}$$

(5)计算各边在原坐标系中的方位角：

$$\alpha_i = \alpha'_i + \alpha_1 \tag{11-6}$$

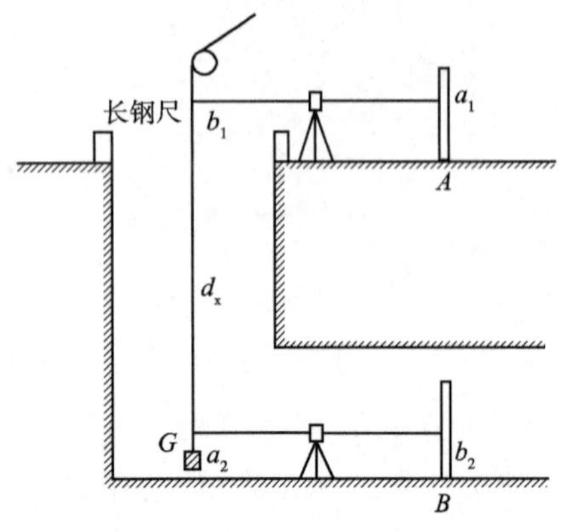

图 11-8　悬挂钢尺法竖井高程传递

四、悬挂钢尺法

为进行隧道高程传递，可采用悬挂钢尺法。如图 11-8 所示，井内悬挂经检定过的钢尺，并在地上和地下各安置一台水准仪进行测量。设地面水准仪在 A 点尺上的读数为 a_1，在钢尺的读数为 b_1；地下水准仪在钢尺读数为 a_2，在 B 点尺上的读数为 b_2。则 AB 两点的高差 h_{AB} 和地下近井高程点 B 的高程 H_B 分别为：

$$\begin{aligned} h_{AB} &= d - a_1 + b_2 = d + (b_2 - a_1) \\ &= (b_1 - a_2) + (b_2 - a_1) = (b_1 - a_1) + (b_2 - a_2) \end{aligned} \tag{11-7}$$

$$H_B = H_A - h_{ab} = H_A - (b_1 - a_1) - (b_2 - a_2) \tag{11-8}$$

第四节　隧道地下控制测量

隧道地下控制测量是地下隧道掘进测量、设备安装测量和竣工测量等的基础，其包括地下平面和高程控制测量。进行地下控制测量时，应利用从地面通过联系测量传递到地下的近井点作为测量起算点。

一、地下平面控制测量

1. 导线布设形式

由于地下结构主要是隧道，因此平面控制测量的形式一般为导线。当施工竖井间隧道未贯通时，以支导线形式布设平面控制点，当施工竖井间隧道贯通后，则应将控制点构成附合导线。如果隧道间有联络道连接时，应通过联络道构成附合路线或结点网。

地下导线测量一般分两级布设，在隧道掘进初期，由于距离短，不宜布设地下控制导线，但为了满足指导隧道施工的要求，应布设施工导线；当直线隧道掘进 200m 或曲线隧道掘进至 100m 距离后，才能进行地下平面控制测量，即按控制导线边长要求，从施工导线中隔点选择适宜的导线点组成或重新布设地下平面控制点，两级地下导线布设示意图如图 11-9(图中虚线为施工导线，实线为控制导线)。隧道内控制点间平均边长为 150m，曲线隧道控制点间距不应小于 60m。

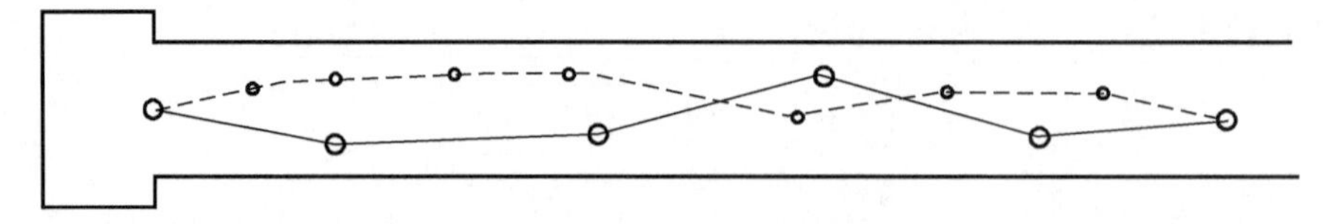

图 11-9　两级地下导线布设示意图

在贯通距离大于 1500m 时，为了提高导线测量精度，在导线中部或适当位置，通过加测陀螺方位、投点等方法所施测的高精度点和方位边，均应作为地下平面控制测量的已知数据。

2. 导线点的埋设形式

隧道内导线点的埋设形式有多种，应根据施工方法和隧道结构形状确定。一般导线点可埋设在隧道结构的底板、边墙或拱顶上。导线点的形式一般有以下三种：

(1)埋设在隧道结构底板的导线点形式。埋设在隧道结构底板的导线点形式如图 11-10 所示，该点为 200mm × 100mm × 10mm 规格的钢板，其与结构底板的钢筋焊在一起，并用混凝土与隧道结构底板浇筑牢固。在钢板上钻直径 2mm 的小孔，并镶上红或黄铜丝作为导线点标志。这种形式导线点的特点是简单、钢板面积大、便于调线，如直接设置在轴线上对施工更为直观。缺点是容易受到损坏，观测时受施工影响大。

(2)埋设在隧道结构边墙的导线点形式。埋设在隧道结构边墙的导线点形式如图 11-11 所示。在隧道边墙设置具有强制仪器归心装置的观测台。虽然这种形式的导线点制造和安装较复杂，但观测时不受施工的影响、精度高，得到广泛应用。

(3)埋设在隧道结构拱顶上的导线点形式。埋设在隧道结构拱顶上的导线点形似“吊篮”形式，“吊篮”由搭建在隧道拱顶部互相分离的仪器台和观测人员站立平台组成，其形式如图 11-12 所示。同时仪器台应有强制仪器归心装置。“吊篮”形式的导线点虽然结构复杂，安装麻烦，但观测时不受施工的影响、精度高，在盾构施工中广泛应用。

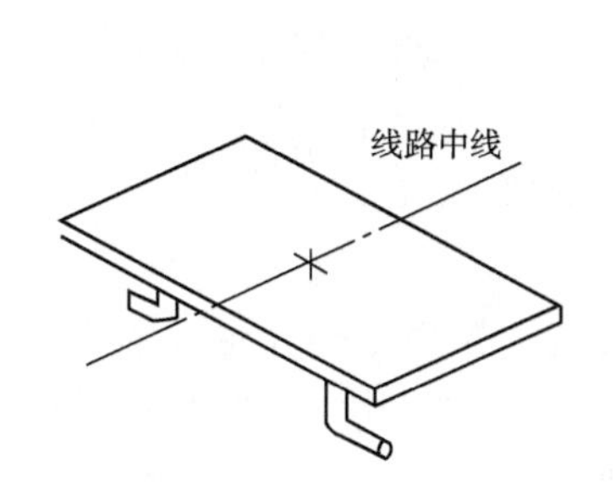

图 11-10　底板上导线点形式

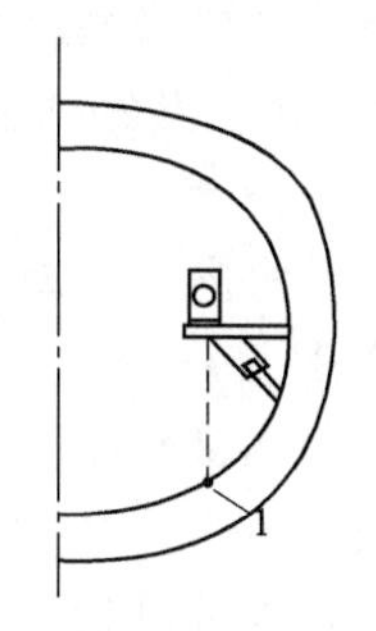

图 11-11　边墙强制归心仪器观测台

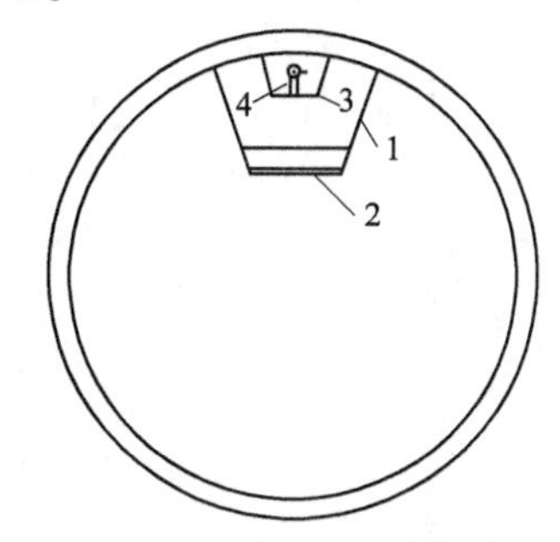

图 11-12　隧道拱顶控制导线“吊篮”示意图

1-护栏；2-观测站台；3-仪器架设平台；4-仪器

隧道内观测条件较差，但控制点埋设位置应尽量避开比较强的光源、热源、淋水等地方，控制点间视线距隧道壁应大于 0.5m，埋设在隧道结构边墙的控制点应分别在隧道两侧布设，以避免或减弱旁折光影响。

3. 测量方法与测量精度要求

城市轨道交通工程地下平面控制测量是指导隧道沿着设计给出的轴线掘进，达到贯通的目的，并为满足贯通测量误差在 ±50mm 以内的要求所进行的平面控制测量(导线)工作。影响导线横向误差的主要来源是角度测量误差，而影响导线纵向误差的主要来源是测距误差，故《城市轨道交通工程测量规范》(GB 50308—2008)规定，地下平面控制测量的支导线测角中误差应在 ±2.5″以内，测距中误差应在 ±3mm 以内，故地下控制导线测量应使用不低于($2''$,$2\text{mm}+2\times10^{-6}D$)级以上的全站仪施测，左右角各观测两测回，左右角平均值之和与 360°。较差应小于 4″，采用左右角观测时，在两个不同的盘位要变动零方向。边长往返观测各两测回，往返平均值较差应小于 4mm。

由于隧道处在土层中，受其自身施工及外界环境的影响，所设置的地下导线点有可能发生位移,因此,隧道掘进至全长的1/3处、2/3处和距贯通面小于100m时,必须对地下控制点进行同精度全面复测,以确定其正确可靠。另外在隧道施工过程中,从地面近井点测量到联系测量等工作至少要进行3次。有条件时,地下控制点复测要与地面近井点测量和联系测量同时进行。

二、地下高程控制测量

地下高程控制测量是以通过竖井传递至地下的水准点为高程起算依据,采用水准测量方法,沿掘进隧道布设水准点,并确定隧道、设备在竖直方向的位置和关系的工作。

1. 地下水准点布设形式

高程控制测量一般采用二等水准测量方法施测,每间隔距离200m,在隧道的底板或边墙上埋设一个高程控制点,也可利用地下导线点标志作为高程控制点。

地下水准路线布设可与地下施工导线测量路线相同,在隧道没有贯通前,地下水准路线均为支线,因此需要加强测站检核,并进行往返观测。同样隧道间有联络通道连接或相邻竖井、车站间隧道贯通后,应把支水准路线连接起来,使地下高程控制点构成结点水准网或符合水准路线。

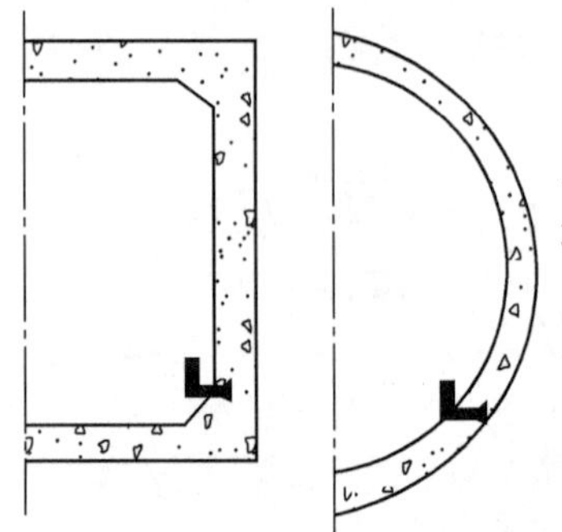

图11-13 水准点的埋设位置和形式示意图

2. 地下水准点的埋设形式

高程控制点的埋设形式有多种,如在盾构施工的隧道可以利用管片上安装连接的底部螺栓作为控制点,亦可在管片底部直接埋设水准点标志,并要做好标识;在矿山法施工的隧道,可直接在隧道边墙或底板埋设水准点。选择水准点的埋设位置时,要注意能使水准尺直立。水准点的埋设位置和形式如图11-13所示。

3. 测量精度要求

地下高程控制测量精度要求应符合《城市轨道交通工程测量规范》(GB 50308—2008)或《国家一、二等水准测量规范》(GB/T 12897—91)中二等水准测量的技术要求。

4. 测量方法

与平面控制测量一样,高程控制随着隧道的延伸逐步建立起来,在隧道贯通前应进行不少于3次的全面复测和检测。有条件时,地下高程控制点复测与联系测量、地面控制点检测同时进行。重复测量的高程点间的高程较差应小于5mm,满足要求时,应取逐次平均值作为控制点的最终成果指导隧道掘进。

第五节　矿山法及盾构法隧道施工测量

轨道交通、道路交通、管道等线状工程的隧道施工中,常采用的方法有矿山法和盾构法。本节分别对矿山法隧道施工测量和盾构法隧道施工测量方法进行介绍。

一、矿山法隧道施工测量

矿山法隧道施工方法,根据隧道断面分块情况和开挖顺序,可分为全断面法、台阶法和分部开挖法等。一般施工过程分为两个阶段完成:初衬开挖阶段(即土方开挖和初衬支护)和二次衬砌支护阶段。不同的施工工艺对施工测量提出了不同的要求,但是测量方法基本相同。

矿山法隧道施工测量,实质是在隧道控制测量的基础上,依据设计给定的隧道开挖方向和高程控制线进行现场测设,即进行隧道中腰线标定,以指导隧道按设计要求正确开挖。隧道中腰线标定不同于地面线,地面线可一次定出整个线路,而地下隧道则是随隧道向前延伸逐点标定的。下面对其进行介绍。

1. 开挖中腰线标定

(1)中腰线标定前的准备工作

包括了解和检查线路设计图纸、中腰线标定数据的计算、起算控制点要进行现场检核等。

(2)直线隧道中线标定基本方法

①隧道开切口中线标定。如图 11-14 所示,检查确认开切点 A 点标定正确后,将全站仪或经纬仪安置在 A 点上,用正倒镜两个镜位给出 β 角,测设中线点 3,由于仪器和测量误差,正镜给出的中线 3′点和倒镜给出的中线 3″点往往不重合,取正倒镜的平均值 3 作为中线点。为了避免出现差错,应重新拨角检查或一个测回测量角以作为检查,其误差应在 30″之内。检查符合要求后,用望远镜瞄准 3 点,在此方向上再测设 1 和 2,A、1、2、3 此 4 个点组成一组中线作为隧道的开挖掘进方向。一组中线一般设 3 个点是因为如果其中一点移动,就可以从 3 点是否在一条直线上而发现。当发现某中线点移动,3 点不在一条直线上应重新标定中线,否则隧道方向就会出现差错。

②隧道掘进中线标定。当隧道掘进一段距离后,一般 30 ~ 40m,应向前延伸中线,如图 11-15所示,置仪器于 B 点,后视 A 点转 180°,标定 D、1、2、3。循环推进,指导隧道掘进。隧道掘进一定距离后,要测设控制导线以校正施工中线。

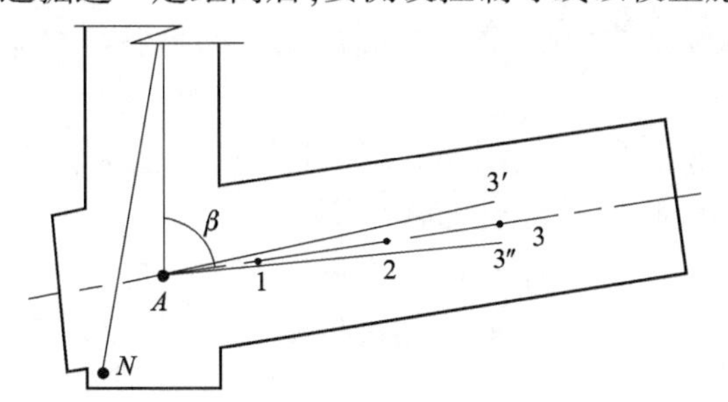

图 11-14　隧道开切口中线标定

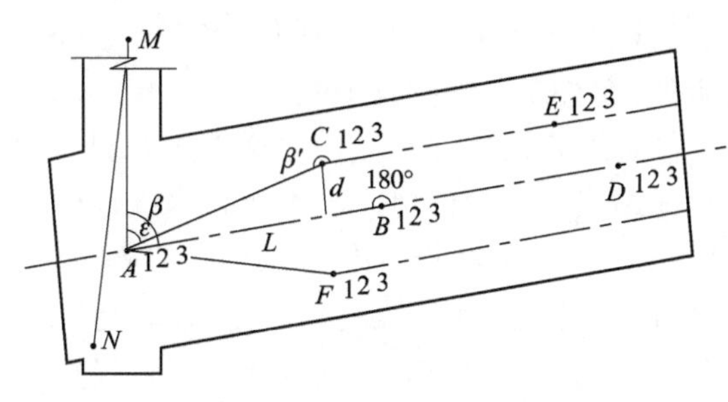

图 11-15　隧道掘进中线标定

(3)曲线隧道中线标定

由于曲线隧道的中心线是弯曲的,只能在小范围内以直代曲,即用分段的弦线来代替分段的曲线,用内接多边形代替整个曲线,并实地标定这些弦线来指示曲线隧道的开挖方向。用弦线来代替曲线,要确定合理的弦长,图 11-16 为一地铁线路曲线隧道,现将曲线分为 5 段用弦线来代替曲线中心线,其中缓曲线两段、圆曲线三段。标定数据计算的方法可参看相关书籍。

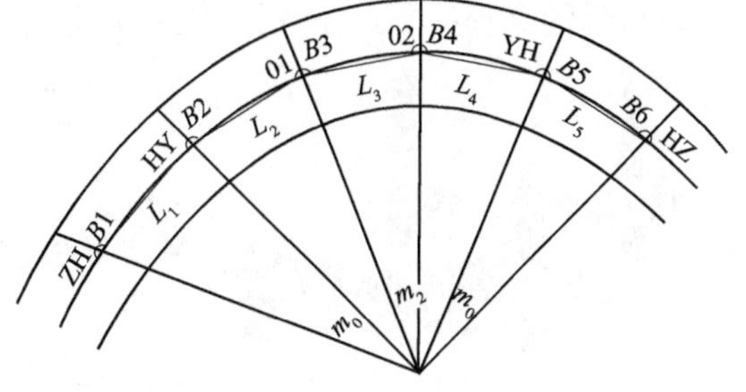

图 11-16　曲线隧道中线标定示意图

(4)隧道施工腰线的标定

隧道施工测量高程控制线俗称腰线,施工腰线的标定就是按设计要求给定隧道竖直面内的方向,即给定隧道的坡度。标定隧道腰线时的准备工作和标定中线基本上是一样的,实地标定工作也往往和标定中线同时或先后进行。由于两者的性质不同,使用的测量仪器和方法也不一样。

隧道施工腰线的标定方法:目前隧道施工单位大多数采用水准仪,将腰线测设在隧道底板或设计轨面上 50cm 或 1m 的位置上,一般在隧道两帮成组设置,3 个点为一组,两帮共设 6 个点或在施工面附近的两帮或一帮直接画出腰线。不论成组设置或直接画出腰线,都是为隧道开挖和格栅安装支护提供依据。

(5)隧道中、腰线延伸测量

①隧道中线延伸测量。地铁隧道每掘进开挖 20 ~ 30m,应进行隧道中线延伸测量。即重新标定一组中线点。在标定之前应检查以前给定的中线点是否移动,检查的方法是看这一组中线点是否仍在同一方向上。当确定中线点没有移动后安置仪器,根据隧道方向角标定一组新的中线点。如果隧道不改变方向,则每次向前标定中线时,隧道方向角为 180°。

中线延伸测量的同时,在每组中线点中要选择一个点作为临时导线点,作为下一组中线点测量起算依据。临时导线点测量应按表 11-2 的技术要求进行。

导线测量技术要求　　表 11-2

仪器等级(全站仪)	测角中误差(″)	测距中误差(mm)	测 回 数
Ⅱ	±5	±6	1
Ⅲ	±5	±6	2

当隧道每掘进开挖 150 ~ 500m,应测设平面控制导线,利用平面控制导线对临时导线进行检查。平面控制导线点向前延伸时,应至少检测已测设的两个平面控制导线点,两次测量水平角检测较差小于 10″,边长检测较差小于 5mm。继续延伸中线时,应以新测的平面控制导线点为依据,检查或重新标设中线。

②隧道腰线延伸测量。隧道掘进每开挖 20 ~ 30m,应使用水准仪重新给定一组腰线点。使用全站仪或经纬仪视线置平代替水准仪标定腰线时,应进行正、倒镜观测。

每当向前标设几组腰线点之后,应进行检查测量。这时应从已知高程的水准点进行水准测量,检查测定的腰线点的高程是否与设计的高程符合。如其差值超过规定,应调整腰线点。同时根据调整后的腰线点标定下一组腰线点。

隧道每掘进 200 ~ 500m,应至少埋设 3 个测量高程控制点,采用 S_1 级水准仪二等水准测量方法测定其高程或借用平面控制点的桩位,每 200m 左右测设一个高程控制点,直到开挖工作面。高程控制点向前延伸时,应至少检测先前已测设的两个高程控制点。继续延伸腰线时,应以新测的高程控制点为依据,检查或重新标设腰线。

2. 激光指向仪的应用

图 11-17　激光指向仪

如图 11-17 所示,激光指向仪是利用激光器产生的光源具有方向性好、单色性、高亮度、发散角小等特性而制造的一种指导隧道掘进开挖方向的仪器,其广泛应用于铁路、公路、建筑、大型线形设备安装及市政等工程建设中,特别在地铁隧道施工中。

在隧道开挖施工中,因隧道结构横断面的形式差异、施工单位使用中腰线的习惯不同等,激光指向仪的安置方式多样,有的使用一台激光指向仪,将其安装在轨道中心线或隧道结构中心线或隧道两侧的托架或悬臂支架或固定支墩上，指示隧道掘进方向和坡度。也有的为保证隧道开挖质量，使用两台或多台指向仪，提供多条光线联合指示隧道掘进方向和坡度。

多使用多台激光指向仪指示隧道掘进方向和坡度的示意图见图 11-18 所示。

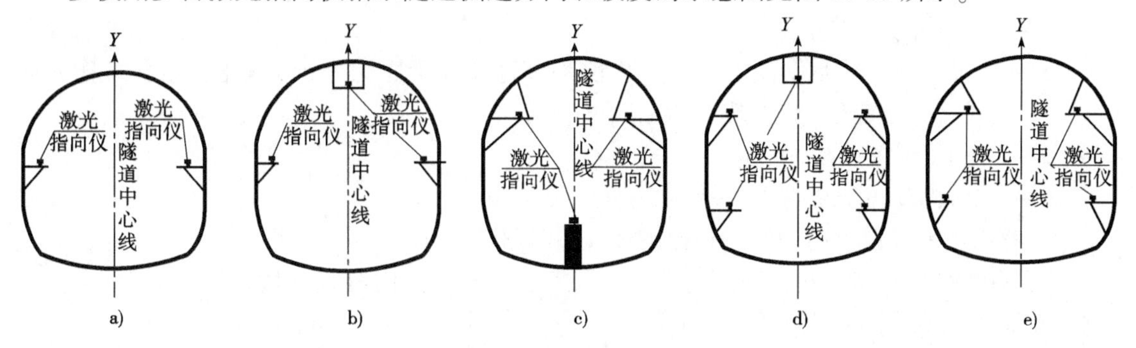

图 11-18　多台激光指向仪在隧道中的安装方式和位置

二、盾构掘进施工测量

盾构施工测量工作主要内容包括地面控制测量、联系测量、地下控制测量、盾构掘进施工测量和贯通测量等。地面控制测量、联系测量、地下控制测量、贯通测量前面已有论述，此处仅介绍盾构掘进施工测量。

1. 盾构掘进施工测量的主要内容

盾构掘进施工测量的工作贯穿于三个阶段，即盾构始发前的测量工作、盾构掘进过程中盾构姿态和管片安装测量及盾构接收测量。

(1)盾构始发前的测量工作

盾构始发工作井建成后，通过联系测量方法将坐标和高程传递到工作井的近井点上，并作为井下测量工作的起算数据。测量前应对这些起算数据进行复测检查，确保起算数据正确。

①盾构基座和反力架定位测量与检测。利用井下近井点进行盾构基座和反力架的定位测量，测量放样的轴线和点位应标志清楚，放样后要进行检核测量，确保放样数据正确。

盾构基座定位测量与检测：按照盾构基座设计的位置，对盾构基座安装所需的轴线进行标定。首先使用全站仪将盾构基座中心轴线测设在井壁或固定的物体上，然后根据基座设计的里程，在其前端、中间和后端 3 个部位分别把垂直于基中心轴线的法线测设在井壁或固定的物体上，接着在基座前端、中间和后端 3 个部位沿基座中心轴线两侧的井壁或固定定物体上标定同一高程的水平线，并标明实际高程值。

反力架定位测量与检测：使用全站仪进行反力架基准环中心的测设。测设完成后应进行检查测量，检测的内容有反力架基准环中心和其法面是否分别与盾构实际中心轴线一致和垂直、基准环中心高程与盾构中心轴线高程是否一致、基准环法线面倾角是否与盾构实际坡度一致。以上检测数据应满足盾构始发掘进的技术设计精度要求。

②预留洞门钢圈位置测量。同样可使用全站仪并采用极坐标法进行测设。测设完成后应对安装好的工作井预留洞门钢圈安装位置和尺寸进行检测，其安装位置和尺寸应满足始发要求。工作井预留洞门钢圈尺寸按式(11-9)计算：

$$D_S \geqslant H\tan\alpha + D/\cos\alpha + \Delta_e + \Delta_s + \Delta_g \qquad (11\text{-}9)$$

式中：D_S——工作井预留洞门直径，m；

H——洞门井壁厚度，m；

α——隧道轴线与洞门轴线的夹角（平面或纵坡夹角的值）；

D——盾构的外径，m；

Δ_e——设计规定的始发或接收工作井预留口直径大于盾构外径的差值（始发工作井取 0.10m，接收工作井取 0.20m），m；

Δ_s——测量误差，m，一般为 0.10m；

Δ_g——盾构基座安装高程误差，m，一般为 0.05m。

（2）盾构掘进过程中盾构姿态和衬砌环安装测量

①盾构姿态和衬砌环安装测量内容。盾构姿态测量主要内容包括盾构的横向偏差、竖向偏差、俯仰角、方位角、滚转角及切口里程。

衬砌环安装测量在盾尾内完成管片拼装和衬砌环完成壁后注浆两个阶段进行。第一阶段，在盾尾内管片拼装成环后测量盾尾间隙；第二阶段，在衬砌环至后注浆和管片出车架后进行测量，测量内容包括衬砌环中心坐标、底部高程、水平直径、垂直直径和前端面里程。

②盾构掘进测量方法的选择。盾构掘进过程中盾构姿态和管片安装测量，应根据盾构机是否安装有自动导向测量系统来确定测量方法。当盾构机安装了自动导向测量系统，且精度较高时，则主要利用自动导向测量系统进行盾构姿态和管片安装测量，以人工测量方法进行控制测量和检核测量；当盾构机未安装自动导向测量，应采用人工测量方法进行盾构姿态和管片安装测量；当盾构机安装了自动导向测量系统，但精度较低时，则根据自动导向测量精度以及按贯通误差要求该精度所能控制的掘进距离，及时采用人工测量方法作为辅助手段进行导向测量系统以及盾构姿态和管片安装的检核、校正测量。

（3）盾构接收测量

盾构接收测量指盾构机到达接收井前，在接收井内应完成的测量工作，主要内容包括预留洞门钢圈位置测量、盾构基座位置测量等。盾构接收测量方法和技术要求与盾构始发前的相关测量工作基本相同。

2. 盾构自动导向系统简介

目前盾构机一般都装备有导向系统。导向系统种类主要有以下 4 种：日本 TOKIMEC 公司 TIMS-01 系列陀螺仪导向系统、德国 VMT 公司 SLS-T 自动导向系统、我国盾构姿态实时监测系统以及英国 ZED 导向系统。

（1）德国 VMT 公司 SLS-T 自动导向系统

①SLS-T 自动导向系统的组成。SLS-T 导向系统由激光伺服自动全站仪（如徕卡 TCA1201）、ELS 靶、中央控制箱、黄盒子、计算机及软件组成。其组成如图 11-19 所示。

全站仪可以自动照准目标和跟踪，并可发射激光束，主要用于后视定向，测量距离、水平角和竖直角，并将测量结果传输到计算机。

ELS 靶亦称激光靶板，如图 11-20 所示，是一台智能性传感器，其接收全站仪发射的激光束，测定水平方向和垂直方向的入射点，坡度和旋转由该系统内的倾斜仪测量，偏角由 ELS 上激光器的入射角确认。由于 ELS 固定在盾构的机身内，在安装时其与盾构轴线的关系和参数位置已经确定,因此根据上述 ELS 的测量结果即可转换成盾构姿态。

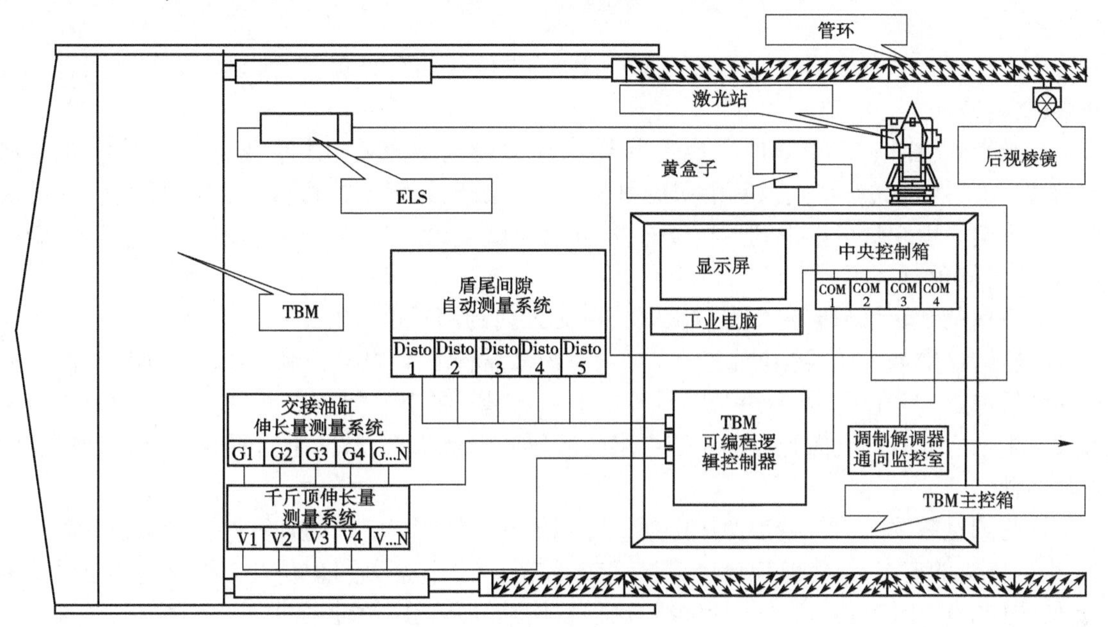

图 11-19　SLS-T 导向系统的组成

中央控制箱为主要的接口箱,为黄盒子及 ELS 靶提供电源;黄盒子则主要为全站仪供电,保证全站仪工作和与计算机之间的数据传输。

计算机及 SLS-T 软件是自动导向系统数据处理和自动控制的核心,将线路平、剖面上的位置计算出来后,以数字和图形在计算机上显示出来,如图 11-21 所示。

图 11-20　SLS-T 系统的 ELS 靶

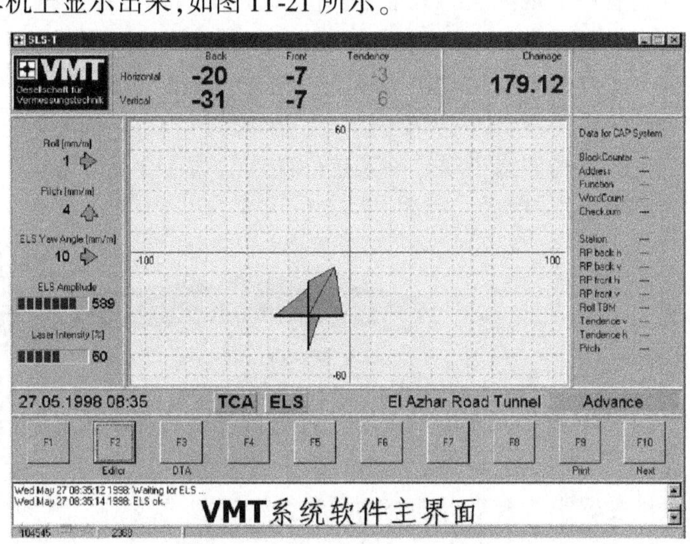

图 11-21　VMT 导向系统盾构姿态显示

②SLS-T 自动导向系统的使用。在掘进过程中,该系统利用地下控制导线点,确定盾构机自动导向系统的姿态。姿态确定后,便可利用其进行盾构机和成环管片姿态测量。该系统基本操作如下:

a. 将激光全站仪安置在一个已知控制导线点上，后视另一个地下控制导线点，确定起算点和起算方向。

b. 全站仪自动测出测站与 ELS 之间的距离、方位角和垂直角，得到 ELS 靶的平面坐标和高程(x,y,z)。

c. 激光束射向 ELS 靶，EIS 靶接受激光束，可以得到激光束的水平及竖向入射点，以及激光相对于 ELS 平面的偏角、入射角和折射角。由于激光靶固定在机器上，其与盾构轴线的关系已经确定。由此就可以得到盾构姿态，即相对于隧道设计轴线的横向偏差、竖向偏差、俯仰角、方位角偏角。

d. 盾构的滚转角和仰俯角直接由安装在 ELS 内的倾斜仪测得。

e. 盾构每推进一环，隧道掘进激光导向系统从盾构 PLC 自动控制系统获得推进油缸和铰接油缸的油缸杆伸长量数值，并依此计算出上一环管片的管环平面位置和姿态。同时综合考虑被手工输入隧道掘进激光导向系统电脑的盾尾间隙等因素，计算并选择这一环适合拼装的管片类型。

这些测量数据大约每秒钟两次由通信电缆传输至计算机。通过计算并与隧道设计轴线比较，得出盾构的姿态，并将各项偏差值显示在屏幕上。操作者就可以依此来调整盾构掘进的姿态，使盾构的轴线接近隧道的设计轴线，这样盾构轴线和隧道设计轴线之间的偏差就可以始终保持在一个很小的数值范围内。在盾构掘进时只要控制好盾构姿态，盾构就能精确地沿着隧道设计轴线掘进。

(2)我国盾构姿态自动监测系统

盾构姿态自动监测系统利用高精度全自动化的测量机器人，采用同步跟进测量方式，精确测定盾构上观测点的三维坐标值，通过对盾构刚体进行独立解算，计算盾构姿态。在盾构推进过程中无需人工干预，具有运行稳定、精度高、适用性强等特点。

①盾构姿态自动监测系统的组成。由激光伺服自动全站仪(如徕卡 TCA1201、1800 等)、自动安平基座、棱镜和反射片、工业计算机、双向通信设备、软件系统等。

②盾构姿态自动监测系统的使用。采用 3 台全自动全站仪，在计算机的遥控下完成盾构实时姿态跟踪测量，如图 11-22 所示。

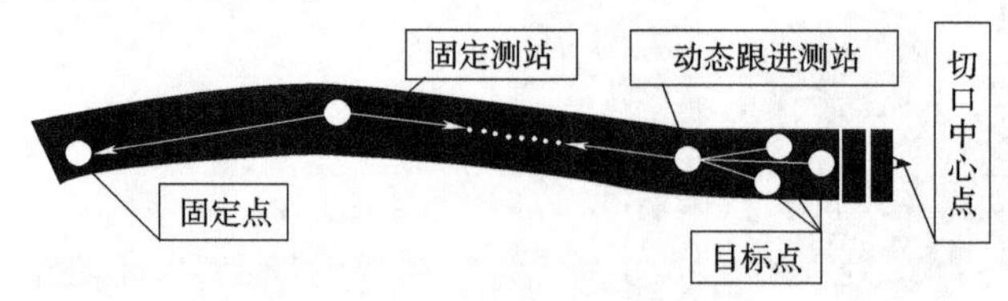

图 11-22　盾构实时姿态跟踪测量示意图

由分别固定在吊篮(或隧道壁)上的两台全自动全站仪作为固定测站，在同步跟进的车架顶上安置第 3 台全自动全站仪作为动态跟进测站。测量时，固定测站上的两台全自动全站仪组成支导线的基准点与基准线，并按导线测量方式沿盾构推进方向，向车架顶上动态跟进测站的全自动全站仪进行三维坐标传递测量。同时，动态跟进测站的全自动全站仪对安置于盾构内的 3 个固定目标点上的棱镜进行测量，得到 3 点的坐标，通过软件解算计算盾构姿态。

软件系统将连续跟踪测定的当前盾构的三维姿态与设计轴线进行比较，得到偏差，并将偏差信息在计算机屏幕上显示，如图 11-23 所示。计算机屏幕上显示的主要信息包括：盾构两端

(切口中心和盾尾中心)的水平偏差和垂直偏差及盾构水平方向偏转角(方位角偏差)、旋转角、纵向坡度差(倾斜角差)3 个姿态转角,以及测量时间和盾构切口的当前里程,并显示盾构切口所处位置的线路设计要素。

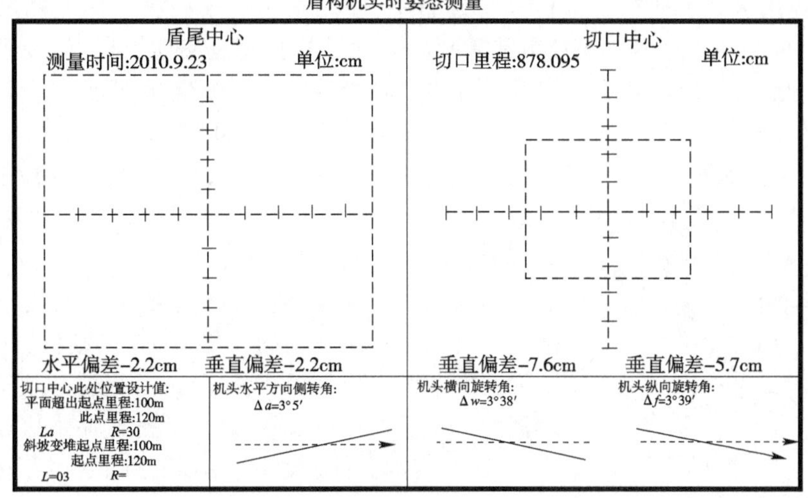

图 11-23　计算机屏幕上显示的主要信息

3. 人工进行盾构姿态和管片安装测量基本方法

在盾构掘进的过程中,对未安装自动导向测量系统的盾构机,应采用人工测量方法进行盾构姿态和管片安装测量。对安装自动导向测量系统的盾构,在一定的条件下也要采用人工测量方法进行盾构姿态和管片测量。这样一方面纠正盾构自动导向系统长距离后产生的偏差,另一方面是为了进行检核。故在每掘进一定的距离后,必须采用独立于自动导向测量系统外的方法,对盾构的姿态和位置进行检核测量。

采用人工测量方法进行盾构姿态和管片安装测量时,应针对不同构造盾构的特点制订相应的测量方案。测量方案中应包括测量观测标志点的设置位置、测量方法、盾构姿态和管片偏差计算等。

(1)观测标志点的设置位置

①盾构上所设置的测量标志应不少于 2 个,有条件时设置 3 个或 3 个以上的测量标志。根据盾构主机结构特点,测量标志可沿其纵向或横向截面上设置,标志点间距离应尽量大。沿盾构主机纵向设置的测量前标志点应尽量靠近切口位置。标志可安置棱镜或粘贴反射片。测量标志点设置完成后,应测量它们的三维坐标以及与盾构轴线几何坐标系统的明确几何关系,以便将测量标志点的三维坐标换算成盾构姿态。

②管片上不需设置标志,直接利用其结构特征点测量。

(2)测量方法

①对盾构上所设置的测量标志的测量一般采用极坐标法,测量其三维坐标。

②对管片安装测量使用全站仪、水准仪和带有水平气泡的板尺,分别采用极坐标法、水准测量方法和直接丈量方法。在管片出车架,壁后注浆完成后,将板尺水平横放在衬砌环上,测量板尺中心和该处的顶、底板高程等,直接或间接得到砌环中心坐标、底部高程、水平直径、垂直直径和前端面里程,测量误差在 ±3mm 以内。

(3)隧道成环管片测量方法

①成环管片测量方法。根据成环管片的内径,制作一把铝合金标尺,标尺长接近衬砌环内径。在标尺正中央位置做标志,并在其侧面贴上反射片。测量时,将铝合金标尺水平放置在某一环片上,首先用水平尺把铝合金标尺精确整平,使用全站仪采用极坐标法测量标尺中心坐标,即为环片中心坐标;使用水准仪测量标尺正中央位置的底板和顶板高程,从而得到环片直径及圆心。由此,就可以推算出的成环管片中心轴线的实际三维坐标,得到与设计三维坐标间的差值。测量示意图如图11-24所示。每次成环管片测量时,应对已经测过的管片进行重叠测量,以便进行检核。

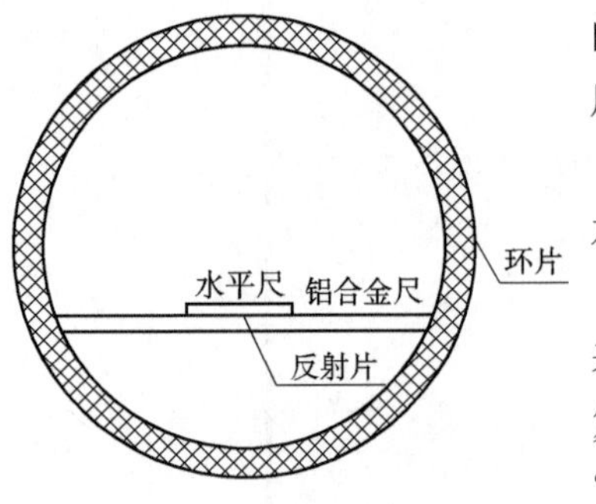

图11-24　成环管片测量示意图

②管环姿态计算。内容包括衬砌环中心坐标、底部高程、水平直径、垂直直径和前端面里程。

全站仪采集外业数据后,将内存数据下载,复制到Excel表格中,编辑成CAD识别的三维坐标。然后将三维坐标数据复制到记事本程序里面保存,文件的后缀名必须是“.SCR”,如“成环管片外业数据.SCR”。这样就把成环管片外业数据编辑成了CAD的脚本文件。通过CAD的脚本功能,就很方便快捷地在CAD中将点画出来。

在AutoCAD模型状态下(关闭“对象捕捉”命令),打开菜单栏的“工具(T)”→选择“运行脚本(R..)”,AutoCAD便查找脚本文件→找到要调用的脚本文件“成环管片外业数据.SCR”后,直接打开它→AutoCAD便自动把点画出来了。点位画出来后,就可以在CAD里通过查询命令直接量出管环的水平和垂直姿态。这种方法解决了管环检测数据量大、计算难、测量时间长的问题,大大提高管环检测的效率和准确度。

思考题与习题

1. 简述在隧道工程施工中的主要测量工作。
2. 隧道贯通测量误差包括哪些内容?什么误差应主要控制?
3. 隧道洞外平面控制测量有哪些主要方法?洞外高程控制测量的方法有哪些?
4. 何谓联系测量?何谓竖井定向?定向测量的方法有哪些?何谓高程传递测量?
5. 简述陀螺经纬仪钢丝组合法进行竖井定向的方法。
6. 简述隧道地下平面控制测量、地下高程控制测量的方法。
7. 简述矿山法隧道施工测量和盾构掘进施工测量的主要内容。
8. 简述SLS-T自动导向系统的使用方法。
9. 简述盾构姿态自动监测系统的使用方法。
10. 简述隧道变形监测的主要内容。

第十二章　桥梁施工测量

教学目标

1. 了解桥梁施工平面控制测量和高程控制测量的方法与精度要求。
2. 掌握直线桥、曲线桥的墩台中心定位和轴线测设的方法。
3. 掌握桥梁细部施工放样的方法。
4. 掌握桥梁墩台的变形观测的内容与方法。

第一节　桥梁控制测量

桥梁是线路工程的重要组成部分,有铁路桥、公路桥、铁路公路两用桥以及陆地上的立交桥和高架桥等。在工程建设中,无论是投资比重、施工期限、技术要求等各个方面,它都居于重要位置。特别是一般特大桥、复杂特大桥等技术较复杂的桥梁建设,对一条线路能否按期、高质量地建成通车,均具有重要影响。

桥涵测量分为一般桥涵测量和复杂特大桥测量。一般桥涵是指一般特大桥、大桥、中桥、小桥和涵洞;复杂特大桥是水面较宽且有高墩、大跨、深水基础或基础施工难度较大,梁部结构类型复杂,测量定位、放样精度要求较高的特大桥、大桥。我国高速铁路的设计,为了节省耕地及安全方面的考虑,大部分采用桥梁施工。一座特大桥的长度动辄几十公里,但它仍属于一般特大桥的范畴,而一般桥涵可以直接利用高铁线路控制网(CPⅠ、CPⅡ和线路水准基点)作为特大桥的施工控制网。

我国高速铁路坐标系统的投影长度变形值小于10mm/km,而对于复杂特大桥,由于施工精度要求高,而且对施工控制点的密度与位置有严格要求,故复杂特大桥应建立独立的施工平面、高程控制网。其平面施工控制网的等级及精度要求见表12-1。

高铁复杂特大桥平面控制测量等级和精度要求　　表12-1

等级			桥轴线相对中误差	最弱边相对中误差
GPS测量	三角形网测量	导线测量		
一等	—	—	≤1/250000	≤1/180000
二等	—	—	≤1/200000	≤1/150000
三等	二等	—	≤1/150000	≤1/100000
四等	三等	三等	≤1/100000	≤1/70000

《高速铁路工程测量规范》规定：对于桥长小于800m的桥梁，当桥址两岸已有足够数量的CPⅠ、CPⅡ控制点且点位分布合理，投影变形不大时，可以直接利用，无需另行单独建网。

我国目前高速铁路的工程测量要求，铁路勘测控制网、施工控制网、运营维护控制网必须统一坐标系统和起算基准，即“三网合一”。高速铁路在勘测阶段设计单位已经布设了CPⅠ、CPⅡ网、线路二等水准基点网，精度已经满足一般桥涵的测量精度，施工单位只需在此基础上进行控制网加密，以满足施工放样的要求。而对于复杂特大桥，独立施工控制网的布设一般也由设计单位完成，施工单位只进行复测即可，因此高速铁路桥梁施工测量的主要工作就是控制网的复测、桥轴线长度测量、墩台放样、梁部放样、变形观测及竣工测量等。

现代桥梁施工方法日益走向拼装化，尤其对于铁路桥梁，梁部构件一般都在工厂制造，在现场进行拼接和安装，这对测量工作提出了十分严格的要求，根据前面的介绍，对于复杂特大桥，必须建立独立施工控制网。

一、桥梁施工平面控制测量

在选定的桥梁中线上，于桥头两端埋设两个控制点，此两个控制点间的连线称为桥轴线。由于墩台定位时主要以这两点为依据，所以桥轴线长度的精度直接影响墩台定位的精度。为了保证墩、台定位的精度，首先需要估算出桥轴线方向的精度，以便合理地拟订测量方案。

1. 桥轴线长度所需精度估算

《铁路工程测量规范》（以后简称《铁测规》）中，根据梁的结构形式、施工过程中可能产生的误差，推导出了如下的估算公式：

①钢筋混凝土简支梁：

$$m_L = \pm \frac{\Delta D}{\sqrt{2}}\sqrt{N}$$

②钢板梁及短跨（$l \leqslant 64$m）简支钢桁梁：

单跨：
$$m_l = \pm \frac{1}{2}\sqrt{\left(\frac{1}{5000}\right)^2 + \delta^2}$$

多跨等跨：
$$m_L = m_l\sqrt{N}$$

多跨不等跨：
$$m_L = \pm \frac{1}{2}\sqrt{m_{l1}^2 + m_{l2}^2 + \cdots}$$

③连续梁及长跨（$l > 64$m）简支钢桁梁：

单联（跨）：
$$m_l = \pm \frac{1}{2}\sqrt{n\Delta_l^2 + \delta^2}$$

多联（跨）等联（跨）：
$$m_L = m_l\sqrt{N}$$

多联（跨）不等联（跨）：
$$m_L = \pm \frac{1}{2}\sqrt{m_{l1}^2 + m_{l2}^2 + \cdots}$$

式中：m_L——桥轴线（两桥台间）长度中误差，mm；

m_{li}——单跨长度中误差，mm，$i = 1$、$2\cdots$；

l——梁长；

N——联（跨）数；

n——每联(跨)节间数;

ΔD——墩中心的点位放样限差, ±10mm;

Δ_1——节间拼装限差, ±2mm;

δ——固定支座安装限差, ±7mm;

1/5000——梁长制造限差。

2. 桥轴线长度测量方法

一般地,直线桥或曲线桥的桥轴线长度可用光电测距仪、全站仪或钢卷尺直接测定。但如果精度需要或对于复杂特大桥,则应布设 GPS 网与导线网进行平面控制测量,这时桥轴线长度的精度估算还应考虑利用平面控制点交会点位的误差影响。

3. 桥梁施工平面控制网布网方案

布网方法除了图形简单、图形强度良好外,还要求地质条件稳定,视野开阔,便于观测、放样和保存,避开施工区和交通干扰的地方,宜埋设强制归心观测墩。

具体方法参考"第八章 GPS 测量方法与操作"及相关 GPS 测量规范、规程。

平面控制网多布设成如图 12-1 所示的网形。选择控制点时,应尽可能使桥轴线成为三角网的一条边,以利于提高桥轴线的精度。若不可能,也应将桥轴线的两个端点纳入网内,以便间接求算桥轴线长度,如图 12-1d)所示。

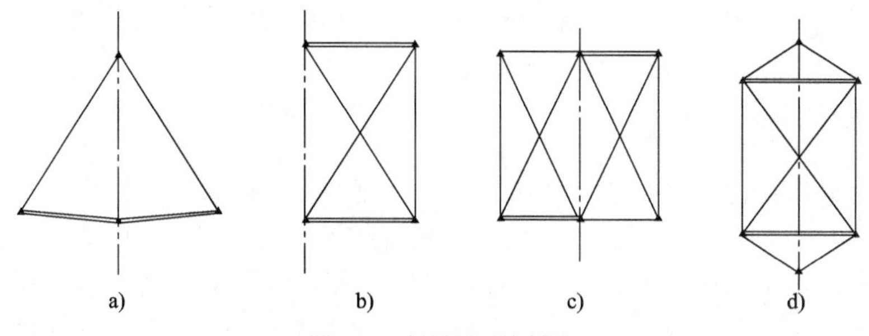

图 12-1　桥梁平面控制网

为便于交会墩位,交会角不宜太大或太小。基线应与桥梁中线近似垂直,其长度宜为桥轴线的 0.7 倍,困难时也不应小于 0.5 倍。在控制点上要埋设标石及刻有"+"字的金属中心标志。如果兼作高程控制点用,则中心标志宜做成顶部为半球状。

目前桥梁三角网,一般是指边角同测的边角网,即观测网中全部水平角及所有边长。全站仪观测的边长,除了要进行加、乘常数改正、气象改正、倾斜改正后,还应归算至墩顶或轨底平均高程面上。

《铁测规》中,将桥梁施工控制三角网分为 5 个等级,对测边和测角精度的规定,见表 12-2。

桥梁施工控制三角网等级与精度要求　　表 12-2

三角网等级	桥轴线相对中误差	测角中误差(″)	最弱边相对中误差	基线相对中误差
一	1/175000	±0.7	1/150000	1/400000
二	1/125000	±1.0	1/100000	1/300000
三	1/75000	±1.8	1/60000	1/200000
四	1/50000	±2.5	1/40000	1/100000
五	1/30000	±4.0	1/25000	1/75000

表 12-2 是对测角网而言，由于桥轴线长度及各个边长都是根据基线及角度推算的，故基线精度要高于桥轴线精度，是其 2～3 倍。如果采用测边网或边角网，由于边长是直接测定的，不受或少受测角误差的影响，故基线精度与桥轴线精度相当即可。

4. 复杂特大桥坐标系及投影面的选择

《高速铁路工程测量规范》规定，复杂特大桥施工控制网建立的独立坐标系应是基于国家或设计线路坐标系统的桥梁施工独立坐标系，以施工控制网中一个稳定的控制点（宜为桥中线小里程方向点）的国家或线路坐标为起算坐标（已知坐标），以该点至另一点（宜为桥中线大里程方向点）在国家或线路坐标系中的坐标方位角为起算方位（已知方位角），取桥梁墩顶或轨底平均高程面为坐标投影面，取桥梁工程中心附近经线作为坐标投影的中央子午线，建立桥梁施工独立坐标系。为了计算方便，可以将该坐标系旋转为以桥中线为 x 轴，里程增加方向为正方向，x 轴正方向顺时针旋转 90°，为 y 轴正方向；坐标原点选择小里程的桥中线点，设其里程为 x 值，y 值可设为 1000 的桥梁施工独立坐标系。

桥梁施工独立坐标系建立后，确定了以桥梁墩顶或轨底为平均高程面，桥梁工程中心附近经线为中央子午线的投影关系，确保了放样距离不出现长度投影变形或变形不影响施工放样精度。另外由于高速铁路线路控制网的精度较高（长度投影变形要求小于 10mm/km），因此桥梁平面施工控制网与线路平面控制网在线路搭接处产生差异相对较小，容易进行接线设计。

若由于施工现场原因遮挡视线，无法利用主网的点进行施工放样时，可以根据主网两个以上的点将控制点加密，这些加密点称为插点。

二、桥梁高程施工控制测量

复杂特大桥的高程控制网按二等水准测量精度施测，而高速铁路线路水准基点的等级也为二等水准，因此对其复测后，可直接利用和同精度扩展加密，用于施工和以后的变形观测。

若要单独布设桥梁高程施工控制网，则水准基点布设的数量视河宽及桥的大小而异。一般小桥可只布设一个；在 200m 以内的大、中桥，宜在两岸各设一个；当桥长超过 200m 时，由于两岸联测不便，为了在高程变化时易于检查，每岸至少设置两个。水准基点是永久性的，必须十分稳固，除了它的位置要求便于保护外，根据地质条件，可采用混凝土标石、钢管标石、管柱标石或钻孔标石。在标石上方嵌以凸出半球状的铜质或不锈钢标志。

为了方便施工，也可在附近设立施工水准点，由于其使用时间较短，在结构上可以简化，但也要相对稳定，且在施工时不致破坏。

桥梁水准点与线路水准点应采用同一高程系统。当桥长（包括引桥）大于 500m 时，采用二等、三等水准；小于 500m 时，可采用四等水准。

当跨河距离大于 200m 时，宜采用过河水准法联测两岸的水准点。跨河点间的距离小于 800m 时，可采用三等水准，大于 800m 时则采用二等水准进行测量。

第二节　墩台中心定位和轴线测设

一、墩台中心定位

桥梁施工测量的主要工作之一是测设墩台的中心位置和它的纵横轴线。其测设数据由控制点坐标和墩台中心的设计位置计算确定，若是曲线桥还需要桥梁偏角、偏距及墩距等原始资料。测设方法视河宽、水深及墩位情况，可采用全站仪极坐标法直接测设或方向交会等方法。放样点位的不符值不应大于2cm，在限差内时取放样点的连线构成图形的几何中心作为墩台中心点。墩台中心位置定出后，还要测设出墩台的纵横轴线，以固定墩台方向，同时它也是墩台施工中细部放样的依据。

1. 直线桥墩台中心的定位

直线桥的墩台中心都位于桥轴线的方向上。墩台中心的设计里程及桥轴线起点的里程是已知的，如图12-2所示，相邻两点的里程相减即可求得它们之间的距离。根据地形条件可采用直接测距法或交会法测设出墩台中心的位置。

(1)直接测距法

该方法适用于无水或浅水河道。根据计算出的距离，从桥轴线的一个端点开始，用检定过的钢尺测设出墩台中心，并附合于桥轴线的另一个端点上。若在限差范围之内，则依各端距离的长短按比例调整已测设出的距离。在调整好的位置上钉一小钉，即为测设的点位。

若用光电测距仪或全站仪测设，则在桥轴线起点或终点架设仪器，并照准另一个端点。在桥轴线方向上放置棱镜，并前后移动，直至测出的距离与设计距离相符，则该点即为要测设的墩台中心位置。

(2)角度交会法

当桥墩位于水中，无法直接丈量距离及安置棱镜时，则采用角度交会法。

如图12-3所示，C、A、D为已知控制点，且A为桥轴线的端点，E为墩中心设计位置，可利用坐标反算公式推导出交会角$\alpha=\alpha_{CA}-\alpha_{CE}$，$\beta=\alpha_{DE}-\alpha_{DA}$。

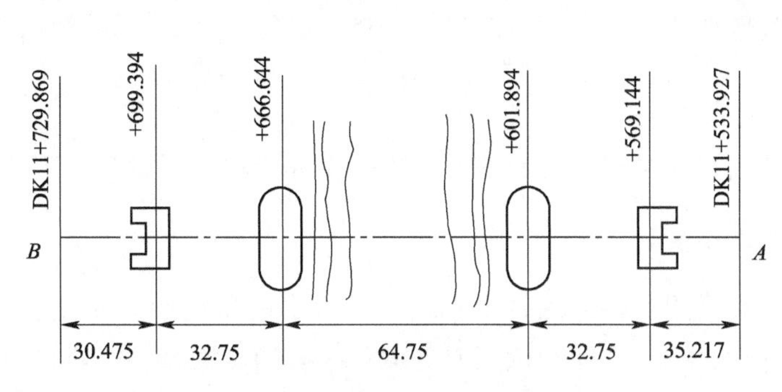

图12-2　直线桥墩台中心定位

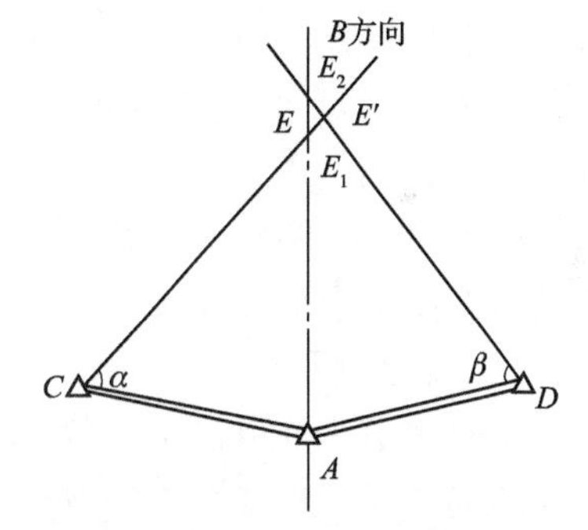

图12-3　角度交会法墩台中心定位

在C、D点上安置经纬仪，分别自CA及DA方向测设出交会角α、β，则两方向的交点即为墩心E点的位置。为了检核精度及避免错误，通常还利用同样的方法，用C、A两点和D、A两点分别交会出(又称利用桥轴线方向作为交会方向)E点位置，这样就用3个方向交会出E点。

由于存在测量误差，3个方向一般不交于一点，而形成如图12-3所示的示误三角形。示误三角形的最大边长，在建筑墩台下部时不应大于25mm，上部时不应大于15mm。如果在限差范围内，则将交会点E投影至桥轴线上，作为墩中心E的点位。

在工程施工中，墩台中心交会定位需要多次反复进行，为提高效率，通常都是在交会方向的延长线上设置标志，以后交会时可不再测设角度，而直接恢复该标志即可。当桥墩筑出水面以后，即可在墩上架设棱镜，利用全站仪测距定出墩中心的位置。

2. 曲线桥的墩台中心定位

直线桥只要沿线路中线测出墩距，即可定出墩台中心位置，但曲线桥则不然，曲线桥的线路中线是曲线，而每跨梁本身却是直的，两者不能完全吻合，如图 12-4 所示，梁在曲线上的布置，是使各梁的中线连接起来，成为与线路中线基本吻合的折线，这条折线称为桥梁工作线。墩台中心一般位于桥梁工作线转折角的顶点上，所谓墩台定位，就是测设这些转折角顶点的位置。

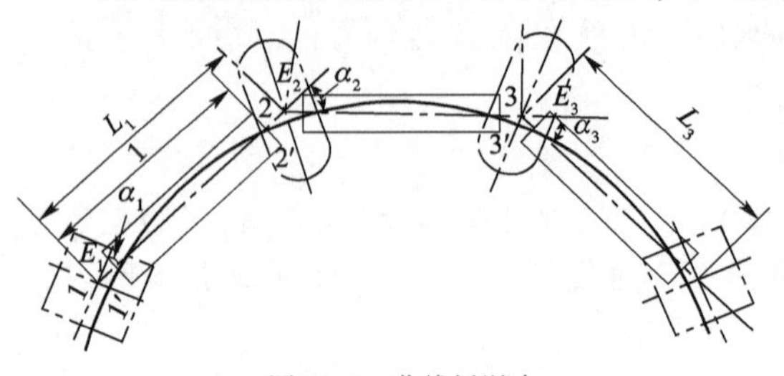

图 12-4　曲线桥墩台

桥梁设计时，为使车辆行驶时梁的两侧受力均匀，桥梁工作线应尽量接近线路中线，所以梁的布置应使工作线的转折点向线路中线外移动一段距离 E，这段距离称为桥墩偏距，如图 12-4 所示，其中 11′、22′和 33′分别为桥墩台的偏距 E_1、E_2 和 E_3。偏距 E 一般是以梁长为弦线的中矢值的一半，这是铁路桥梁常用布置方法，称为平分矢布置。相邻梁跨工作线构成的偏角 α 称为桥梁偏角。每段折线的长度 L 称为桥墩中心距。E、α、L 在设计图中都已经给出，测设墩位时，要结合这些资料。

综上所述，直线桥的墩台定位，主要是测设距离，其所产生的误差，也主要是距离误差的影响；而曲线桥，距离和角度的误差都会影响到墩台点位的测设精度，故必须以高于线路测量的精度进行测设，为此需对线路进行复测，重新测定曲线转向角，重新计算曲线要素，而不能利用原来线路测量的数据。

曲线桥上测设墩位，要在桥轴线的两端测设出两个控制点，以作为墩台测设和检核的依据。位于曲线上的桥轴线控制桩，要根据切线方向用直角坐标法进行测设，这就要求切线的测设精度要高于桥轴线的精度，至于哪些距离需要高精度复测，则要看桥梁在曲线上的位置而定。

将桥轴线上的控制桩测设出来以后，就可根据控制桩及给出的设计资料进行墩台的定位，可采用直接测距法或交会法。

(1) 直接测距法

在墩台中心处可以架设仪器时，宜采用这种方法。由于墩中心距 L 及桥梁偏角 α 是已知的，可以从控制点开始，逐个测设出角度及距离，即直接定出各墩台中心的位置，最后再附合到另外一个控制点上，以检核测设精度。这种方法称为导线法。

利用全站仪测设时，为了避免误差的积累，可采用长弦偏角法(也称极坐标法)。因为控制点及各墩台中心点在切线坐标系中的坐标是可以求得的，故可以计算出控制点至墩台中心的距离及其与切线方向间的夹角 δ_i。

如图 12-5 所示，架仪器于控制点，自切线方向开始拔出 δ_i，再在此方向上测设出 D_i，即得墩台中心位置。该方法特点是独立测设，各点不受前一点测设误差的影响；但在某一点上发生错误或有粗差也难以发现。所以一定要对各个墩台中心距进行检核测量，可检核相邻墩台中心间距，若误差在 10mm 以内时，则认

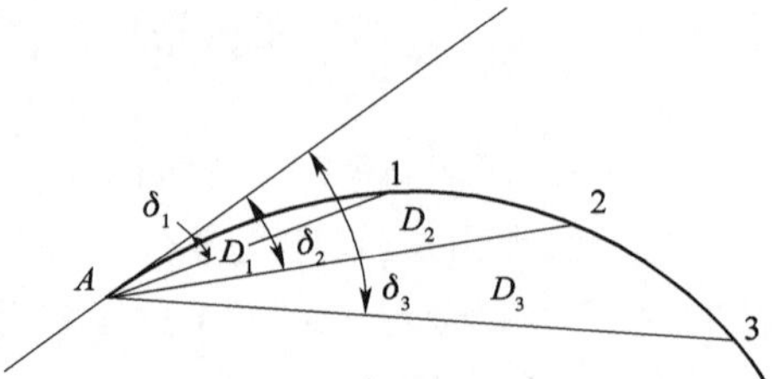

图 12-5　长弦偏角法桥墩台中心定位

为成果是可靠的。

(2)角度交会法

与直线桥上采用交会法定位所不同的是,由于曲线桥的墩台心未在线路中线上,故无法利用桥轴线方向作为交会方向之一;另外,在三方向交会时,当示误三角形在容许范围内时,其取重心作为墩中心位置。

二、墩台轴线测设

为了进行墩台施工的细部放样,需要测设其纵、横轴线。纵轴线是指过墩台中心平行于线路方向的轴线;横轴线是指过墩台中心垂直于线路方向的轴线;桥台的横轴线是指桥台的胸墙线。

直线桥墩台的纵轴线与线路中线重合。故在墩台中心架设仪器,自线路中线方向测设90°角,即为横轴线的方向,如图12-6所示。

曲线桥的墩台纵轴线位于桥梁偏角的分角线上,在墩台中心架设仪器,照准相邻的墩台中心,测设$\alpha/2$角,即为纵轴线方向;自纵轴线方向测设90°角,即为横轴线方向,如图12-7所示。

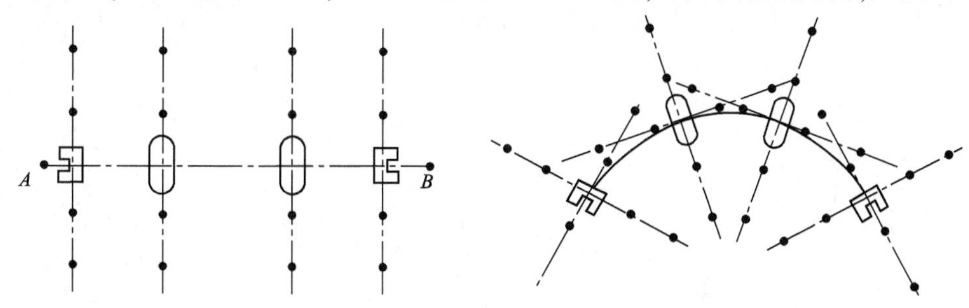

图12-6　直线桥纵横轴线测设　　　图12-7　曲线桥纵横轴线测设

墩台中心的定位桩在基础施工过程中要被挖掉,在工程施工过程中,原定位桩也常被覆盖或破坏,但又经常需要恢复以便于指导施工,因而需在施工范围以外,钉设护桩,以方便恢复墩台中心位置。

所谓护桩,即指在墩台的纵、横轴线上,于两侧各钉设至少两个木桩,因为有两个桩点才可恢复轴线的方向。为防止破坏,也可以多设几个。

第三节　桥梁细部施工放样

就一座桥梁而言,应先放样桥轴线,再依桥轴线放样墩台位置;就每一个墩台而言,则应先放样墩台本身的轴线,再根据墩台轴线放样各个细部。其他各个细部也是如此,这就是所谓“先整体,后局部”的测量基本原则。

在桥梁的施工过程中,随着工程的进展,随时都要进行细部放样工作。桥梁的结构及施工方法千差万别,放样的内容及方法也各不相同。总的来说,主要包括基础放样,墩台细部放样及架梁时的测设工作。

中小型桥梁的基础,最常用的是明挖基础和桩基础。明挖基础的构造如图12-8a)所示,它是在墩台位置处挖出一个基坑,将坑底平整后,再浇筑基础及墩身。根据已经测设出的墩中心位置及纵、横轴线及基坑的长度和宽度，测设出基坑的边界线。在开挖基坑时，根据基础周围地质条件，坑壁应设有一定的坡度，可根据基坑深度及坑壁坡度测设出开挖边界线。边坡桩至墩台轴线的距离 D 按下式计算。

$$D=\frac{b}{2}+h\cdot m+l \tag{12-1}$$

式中：b——基础底边的长度或宽度；

h——坑底与地面的高差；

m——坑壁坡度系数的分母；

l——基底每侧加宽度。

桩基础的构造如图 12-8b）所示，它是在基础的下部打入基桩，在桩群的上部灌注承台，使桩和承台连成一体，再在承台以上浇筑墩身。

基桩位置的放样如图 12-9 所示，它是以墩台纵、横轴线为坐标轴，按设计位置用直角坐标法测设；或根据基桩的坐标按极坐标的方法，置仪器于任一控制点进行测设。后者，承台修筑以前，应再次测定其位置，以作竣工资料。

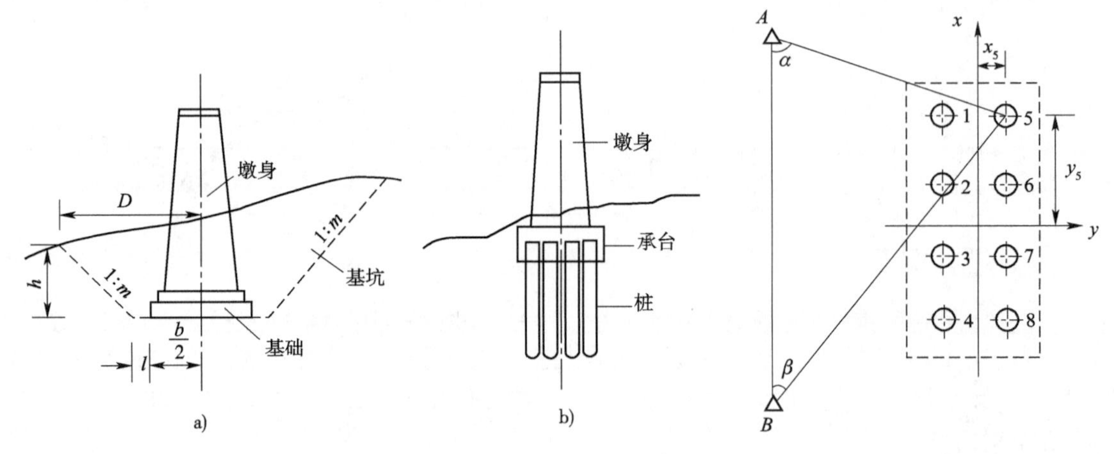

图 12-8 明挖基础和桩基础

图 12-9 基桩放样

明挖基础的基础部分、桩基的承台以及墩身的施工放样，都是先根据护桩测设出纵、横轴线，再根据轴线设立模板。即在模板上标出中线位置，使模板中线与桥墩的纵横、轴线对齐，即为其应有的位置。

架梁是建造桥梁的最后一道工序。无论是钢梁还是混凝土梁，是预制梁还是现浇梁，都需要进行梁部放样工作。

梁的两端是用位于墩顶的支座来支撑，支座放在底板上，而底板则用螺栓固定在墩台的支撑垫石上。架梁的测量工作，主要是测设支座底板的位置，测设时也是先设计出它的纵、横中心线的位置。支座底板的纵、横中心线与墩台纵、横轴线的位置关系是在设计图上给出的。因而在墩台顶部的纵、横轴线测设出来后，即可根据它们的相互关系，用钢尺将支座底板的纵、横中心线放样出来。对于现浇梁则其测设工作相对更多些，需要放样模板的位置并根据设计测设并检查模板不同部位的高程等。

桥梁细部放样，除平面位置的放样外，还有高程放样。墩台施工中的高程放样，通常都在墩台附近设立一个施工水准点，根据这个水准点以水准测量方法测设各部的设计高程。但在基础底部及墩台的上部，由于高差过大，难以用水准尺直接传递高程时，可用悬挂钢尺的办法传递高程。

第四节　桥梁墩台的变形观测

在桥梁的建造过程中及建成运营时期，由于基础的地质条件不同，受力状态发生改变，结构设计、施工、管理不合理，外界环境影响等一些原因，总会产生变形。

变形观测的任务，就是定期观测墩台及上部结构的垂直位移、倾斜和水平位移（包括上部结构的挠曲），掌握其随时间的推移而发生的变形规律，以便及时采取补救措施。同时为以后的设计提供参考数据。

随着桥梁结构的更新，如箱形无砟无枕梁的采用，对桥梁变形的要求日益严格，因为微小的变形，会引起桥梁受力状态的较大变化。所以桥梁的变形观测是一项重要的工作。至于观测的周期，则应视桥梁的具体情况而定。一般来说，在建造初期应该短些，在变形逐步稳定以后则可以长些。在桥梁遇有特殊情况时，如遇洪水、船只碰撞等，则应及时观测。观测开始时间，应从施工开始时即着手进行，在施工时情况变化很快，观测的周期应短，观测工作应由施工单位实施。工程竣工后，施工单位应将全部观测资料移交给运营部门，在运营期间由运营部门继续观测。

一、墩台的垂直位移观测

1. 水准基点、工作基点及观测点的布设

为进行垂直位移观测，必须要在河流两岸布设作为高程依据的水准基点，在桥梁墩台上还要布设观测点。垂直位移观测要求水准点十分稳定，因而必须建在基岩上。有时为了选择适宜的埋设地点，不得不远离桥址，但这样工作又不方便，所以通常在桥址附近便于观测的地方布设工作基点。日常的垂直位移观测，即自工作基点施测，但工作基点要定期与水准基点联测，以检查工作基点的高程变化情况。在计算桥梁墩台的垂直位移值时，要把工作基点的垂直位移考虑在内，如果条件有利或桥梁较小，则可将工作基点与水准基点统一起来，即只设一级控制。

观测点应在墩台顶部的上下游各埋设一个，其顶端做成球形。上下游各埋设一个，是为了观测墩台的不均匀下沉及墩台的倾斜。

2. 垂直位移观测

垂直位移观测精度要求较高，一般都采用精密水准测量方法。这种精度并非指绝对高程的精度高，而是指水准基点与观测点之间的相对高差精度要求高。

观测任务包括两部分：一部分是水准基点与工作基点联测，这称为基准点观测；另一部分是由工作基点测定观测点的垂直位移，称为观测点观测。

基准点观测，当桥长在300m以下时，可用三等水准的精度施测；300m以上时，用二等水准的精度施测；1000m以上时，则用一等水准的精度施测。基准点观测的水准路线应构成闭合环线。

基准点观测应定期进行，各次观测时间及条件应尽可能相近，以减少外界条件对观测成果的影响。由于各次观测线路相同,因此可以在转点处埋设一些简易的标志,这样既省去每次选点的时间,同时各次的前后视距相同,有利于提高观测的精度。

观测点的观测则是从一岸的工作基点附合到另一岸的工作基点上。由于桥梁构造的特殊条件,只能在桥墩上架设仪器,而且受梁的阻挡,不能观测同一墩上的两个水准点,所以只能从上下游的观测点分别构成两条水准路线。

基准点闭合线路及观测点附合路线闭合差,均按照测站数进行分配,将每次观测求得的各观测点的高程与第一次观测数值相比,即得该次所求得的观测点的垂直位移量。

为了计算观测精度,需要计算出一个测站上高差的中误差。在桥梁垂直位移观测中,路线比较单一,从一岸的工作基点到对岸的工作基点,期间安置仪器的次数都是固定的,因而可视为等权观测。根据每条水准路线上往返测高差的较差,依下式计算出一个测站上高差的中误差。

$$m_{站} = \pm\sqrt{\frac{[dd]}{4n}} \tag{12-2}$$

式中:d——每条水准路线上往返测高差的较差,mm;

n——水准路线上单程的测站数。

在桥梁中间桥段上的观测点离工作基点最远,因而其观测精度也最低,称之为最弱点。最弱点相对工作基点的高程中误差依下式计算:

$$m_{弱} = m_{站}\sqrt{k}$$

$$m = \frac{k_1 \cdot k_2}{k_1 + k_2} \tag{12-3}$$

式中:k_1,k_2——分别为自两岸工作基点到最弱点的测站数。

垂直位移量是各次观测高差与第一次观测高差之差,因而最弱点垂直位移量的测定中误差为:

$$m_{垂} = \sqrt{2}m_{弱} \tag{12-4}$$

应该满足 ±1mm 的精度。

3. 垂直位移观测的成果处理

根据历次垂直位移观测的资料,应按日期编制成垂直位移观测成果表,见表 12-3。

垂直位移观测成果 表 12-3

沉降量(mm) \ 时间	2008.6.24	2008.12.8	2009.6.20	备　　注
2 号上	4.2	5.4	6.8	观测周期为半年
2 号下	5.6	7.0	8.8	

为直观起见,通常根据表 12-3,以时间为横坐标,垂直位移量为纵坐标,对每个观测点都绘出一条垂直位移过程线,如图 12-10 所示。绘制垂直位移过程线时,先依时间及垂直位移量绘出各点,将相邻点相连,构成一条折线,再根据折线绘成一条圆滑曲线。从垂直位移过程线上,可以清楚地看出每个点的垂直位移趋势、垂直位移规律和大小。如果垂直位移过程线的趋势是日渐稳定,则说明桥梁墩台是正常的,日后的观测周

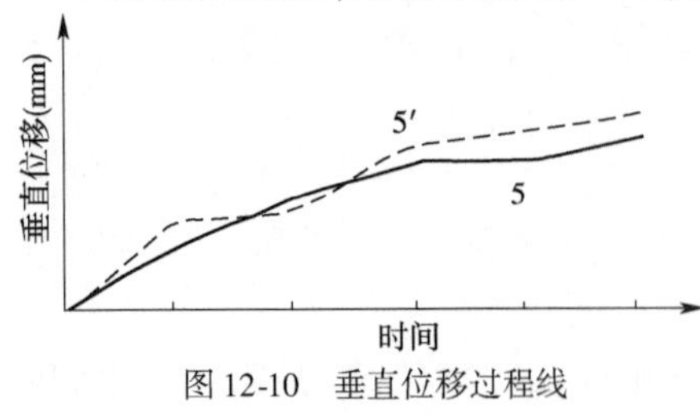

图 12-10　垂直位移过程线

期可以适当延长;如果这一过程线表现为位移量有明显的变化,且有日益加速的趋势,则应及时采取工程补救措施。如果每个桥墩的上下游观测点垂直位移不同,则说明桥墩发生了倾斜。

二、墩台的水平位移观测

1.平面控制网的布设

为测定桥梁墩台的水平位移,首先要布设平面控制网。如果在桥梁附近找到长期稳定的地层来埋设控制点,则可以采用一级布点;如果必须远离桥梁才能找到稳定地层,则需采用两级布点,即在靠近桥梁的适宜位置布设工作基点,用于直接测定墩台水平位移量。

2.墩台水平位移的观测方法

墩台水平位移主要产生于水流方向,这是因为它经常受水流的冲击,另外车辆行驶时的冲击,也会产生顺桥轴线方向的位移,所以墩台位移的观测,主要就是测定在这两个互相垂直的方向上的位移量。

由于水平位移观测的精度要求很高,通常都需要达到毫米级,为了减少观测时的对点误差,在埋设标志时,一般采用强制对中设备。

对于墩台沿桥轴线方向的位移,通常都是观测各墩中心之间的距离。采用这种方法时,各墩上的观测点最好布设成一条直线,而工作基点也应位于这条直线上。有些墩台的中心连线方向上有附属设备的阻挡,此时,可在各墩的上游一侧或下游一侧埋设观测点,而测定这些观测点之间的距离。每次观测所得观测点至工作基点的距离与第一次观测距离之差,即为墩台沿轴线方向的位移值。

对于沿水流方向的位移,在直线桥上最方便的方法是视准线法。其原理是在平行于桥轴线的方向上建立一个视准线,每次测定各观测点相对于该视准线的距离变化,即可求得沿水流方向墩台的位移值。用视准线法测定墩台位移,有测小角法及活动觇牌法,现分别说明。

(1)测小角法

如图12-11所示,图中A、B为视准线两端的工作基点,C为墩上的观测点。观测时在A点架设全站仪,在B点和C点安置固定觇牌,当测出$\angle BAC$以后,即可以下式计算出C点偏离AB的距离d。

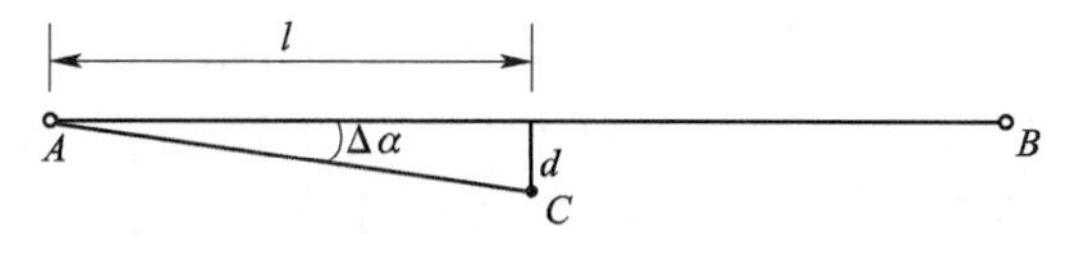

图12-11　测小角法测水平位移

$$d=\frac{\Delta\alpha''}{\rho''}\cdot l \tag{12-5}$$

角度观测的测回数,视仪器精度及位移观测要求的精度而定。当距离较远时,由于照准误差的增大,测回数要相应增加。每次观测所求得的D值与第一次相较,即可求得该点的位移量。

(2)活动觇牌法

所谓活动觇牌法,是指在观测点上所用的觇牌是可以移动的。其构造如图12-12所示,它有微动和读数设备,转动微动设备,则觇牌可沿导轨作微小移动,并可在读数设备上读出读数。其最小读数可达0.1mm。

观测时将全站仪安置于一端的工作基点上,并照准另一端的工作基点上的固定觇牌,则此视线方向即为基准方向。然后移动位于观测点上的活动牌,直至觇牌上的对称轴线位于视线上,则可从读数设备上读出读数。为了消除活动觇牌移动的隙动差,觇牌应从左至右及从右至

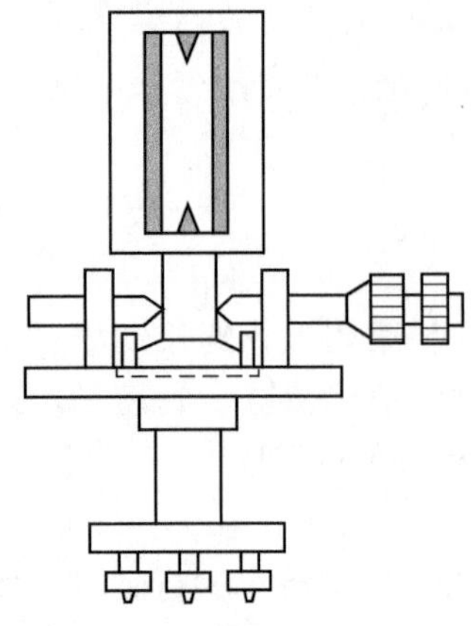

图 12-12　活动觇牌法测水平位移

左两次导入视线，并取两次读数的平均值。为提高精度，应连续观测多次，将观测读数的平均值减去觇牌零位，即觇牌对称轴与标志中心在同一铅直线上时的读数，即得该观测点偏离视准线的距离。将每次观测结果与第一次观测结果相较，其差值即为该点在水流方向上的位移值。

在曲线桥上，由于各墩不在同一条直线上，因而不便采用上述的直线丈量法及视准线法观测水平位移，故通常采用前方交会法，由于精度要求高，应采用1″仪器。

如果在桥墩的上下游两侧均设置观测点并定期进行观测，还可发现桥墩的扭动。对于在桥墩处水流方向不是很稳定的桥梁，这项观测也是十分必要的。

三、上部结构的挠曲观测

桥梁通车，在桥梁上承受静荷载或动荷载后，必然会发生挠曲。挠曲的大小，对上部结构各个部分的受力状态影响大。在设计桥梁时，已经考虑了一定荷载下它应有的挠曲值，但挠曲值不应超过一定限度。

挠曲的观测是在承受荷载的条件下进行的，对于承受静荷载时的挠曲观测与架梁时的拱度观测可以采用相同的方法。即按规定位置将车辆停稳以后，用水准测量的方法测出下弦杆上每个节点处的高程，然后绘出下弦杆的纵断面图，从图上即可求得其挠曲值。

在承受动荷载的情况下，挠曲值是随着时间变化的，因而无法用水准测量方法观测。此情况下可以采用高速摄影机进行单片或立体摄影。在上部结构及墩台上预先绘出一些标志点，然后分别在未加荷载、加荷载的情况下，进行摄影，并根据标志点的影像，量测出未加荷载、加荷载时各标志点的相对位置。由于摄影是连续的，所以可以求出在加动荷载情况下的最大瞬时挠曲值。目前带伺服驱动的自动观测全站仪和高速摄影机一体化的挠度仪、三维立体扫描仪等先进设备，已应用于桥梁的挠度观测和数据处理。应该注意的是，桥梁上部结构的挠曲与行车重量及行车速度是密切相关的。在观测挠曲的同时应记下车辆重量及行车速度。这样即可求得车辆重量、行车速度与桥梁上部结构挠曲的关系。一方面可以作为对桥梁设计的检验，另一方面也可为桥梁运营管理提供科学依据。

思考题与习题

1. 桥梁施工测量的主要内容有哪些？
2. 何谓桥轴线长度？其所需精度与哪些因素有关？
3. 简述桥梁平面控制网的主要形式，并说明桥梁施工控制网的坐标系一般如何建立的？
4. 简述直线桥、曲线桥的墩台中心定位和轴线测设的方法。
5. 何谓桥梁工作线、桥梁偏角、桥墩偏距？画图示意。
6. 简述桥梁墩台变形观测的内容与方法。

第十三章　高铁精密控制网复测

教学目标

1. 理解高速铁路精密控制网的复测工作的主要内容。
2. 熟悉 CPⅠ、CPⅡ平面控制网复测的技术要求和高程基准网复测的技术要求。
3. 掌握 CPⅠ、CPⅡ控制网复测的外业实施及内业数据处理方法。
4. 掌握使用精密数字水准仪进行二等精密水准网复测的方法。

第一节　高铁施工测量概述

一、高速铁路测量概念

高速铁路工程测量是相对于传统的铁路工程测量而言,对线路的平顺性要求非常高,轨道测量精度要达到毫米级。其测量方法、测量精度与传统的铁路工程测量有很大的不同。我们把适合于高速铁路工程测量的技术体系称为高速铁路精密工程测量。把高速铁路精密工程测量控制网简称"精测网"。

由于高铁速度高(200~350km/h),为了适应高速铁路高速行车对平顺性、舒适性的要求,对时速200km/h以上无砟轨道的平顺度制定有较高的精度标准。无砟轨道施工完成后很难进行大的调整,由于施工误差、线路运营以及线下基础沉降所引起的轨道变形只能依靠扣件进行微量的调整。而扣件技术条件中规定扣件的轨距调整量为±10mm,高低调整量为-4mm、+26mm,因此用于施工误差的调整量非常小,这就要求对施工精度有着较有砟轨道更严格的要求。

要实现客运专线轨道的高平顺性,满足线下工程、轨道工程的设计与施工的高精度要求,必须建立一套与之相适应的精密工程测量体系。纵观世界各国铁路客运专线建设,都建立有一个满足施工、运营维护的需要的精密测量控制网。精密工程测量体系应包括勘测、施工、运营维护的"三网合一"的测量控制系统。

为了达到在高速行驶条件下,旅客列车的安全性和舒适性,高速铁路(含无砟和有砟)要求:

(1)严格按照设计的线型施工,即保持精确的几何线性参数;

(2)精度保持在毫米级,对线路的平顺性要求,见表13-1、表13-2。

轨道静态几何尺寸允许偏差 表 13-1

<table>
<tr><td colspan="2">项　目</td><td>高　低</td><td>轨　向</td><td>水　平</td><td>轨　距</td><td>扭曲
基长 6.25m</td></tr>
<tr><td rowspan="3">无砟轨道</td><td>350km/h≥v>200km/h</td><td>2mm</td><td>2mm</td><td>1mm</td><td>±1mm</td><td>—</td></tr>
<tr><td>v=200km/h</td><td>2mm</td><td>2mm</td><td>2mm</td><td>+1～-2mm</td><td>3mm</td></tr>
<tr><td>弦长</td><td colspan="2">10m</td><td colspan="3">—</td></tr>
<tr><td rowspan="3">有砟轨道</td><td>350km/h≥v>200km/h</td><td>2mm</td><td>2mm</td><td>2mm</td><td>±2mm</td><td>2mm</td></tr>
<tr><td>v=200km/h</td><td>3mm</td><td>3mm</td><td>3mm</td><td>±2mm</td><td>3mm</td></tr>
<tr><td>弦长</td><td colspan="2">10m</td><td colspan="3">—</td></tr>
</table>

轨道轨面高程、轨道中线及线间距允许偏差 表 13-2

<table>
<tr><td>类　别</td><td colspan="2">项　目</td><td>允许偏差(mm)</td></tr>
<tr><td rowspan="5">无砟轨道</td><td rowspan="3">轨面高程与设计比较</td><td>一般路基</td><td>+4</td></tr>
<tr><td>在建筑物上</td><td>-6</td></tr>
<tr><td>紧靠站台</td><td>+4～0</td></tr>
<tr><td colspan="2">轨道中线与设计中线差</td><td>10</td></tr>
<tr><td colspan="2">线间距</td><td>+10～0</td></tr>
<tr><td rowspan="5">有砟轨道</td><td rowspan="3">轨面高程与设计比较</td><td>一般路基</td><td>±20</td></tr>
<tr><td>在建筑物上</td><td>±10</td></tr>
<tr><td>紧靠站台</td><td>+20～0</td></tr>
<tr><td colspan="2">轨道中线与设计中线差</td><td>30</td></tr>
<tr><td colspan="2">线间距</td><td>+20～0</td></tr>
</table>

二、高速铁路精密工程测量的特点和布设原则

随着测绘科学技术的进步和发展以及测量仪器设备的不断更新，我国铁路测量技术、装备和理念都有了很大的发展。现在铁路设计不再采用传统的铁路测量方法，设计和施工单位普遍采用全站仪或 GPS 测量技术进行线路的定测和施工复测。勘测、施工放线均使用 CPⅠ、CPⅡ平面控制点或加密控制点来测设中线，中线控制桩已不再作为勘测、施工放线的控制基准。采用全站仪极坐标法或 GPS RTK 进行现场放线，中线桩是从 CPⅠ、CPⅡ控制点上用极坐标法放线，现场放出交点或副交点对施工测量已经没有作用。极坐标法放线的误差不会积累，中线桩的误差不影响中线测量的精度，不必进行中线桩的贯通测量。为了验证中线桩的可靠性，可以采用不同控制点用极坐标法放线进行验证。

目前我国铁路工程测量要求铁路的勘测控制网、施工控制网、运营维护控制网必须统一坐标系和起算基准，即“三网合一”。这样不但大大提高了勘测精度，也为施工单位的施工复测、施工控制网测设、桩点加密、施工放线及运营单位的维护提供了极大的方便。保证了铁路在勘测、施工、竣工和运营各阶段测量数据的基准统一。

高速铁路施工平面控制网分三级布设。

第一级：基础平面控制网 CPⅠ，为勘测、施工、运营维护提供坐标基准。

第二级:线路平面控制网 CPⅡ,为勘测和施工提供控制基准。

第三级:轨道控制网 CPⅢ,为轨道铺设和运营维护提供控制基准。

高速铁路施工高程控制网分二级布设。

第一级:线路水准点控制网,为高速铁路工程勘测、施工提供高程基准。

第二级:轨道控制网 CPⅢ,为高速铁路轨道施工、维护提供高程基准。

第二节　控制网复测技术要求

一、精密控制网复测工作的主要内容

高速铁路精密控制网的复测工作,主要包括:交接桩,复测工作技术设计书的编写,控制点复测和复测技术总结。

1. 交接桩

铁路工程施工前,建设单位组织设计单位向施工单位现场移交各级平面、高程控制点和测量成果资料,并履行交接手续,监理单位按有关规定参加交接工作。交接桩工作完成后由建设单位、施工单位、设计单位、监理单位共同签署交接桩纪要。

设计单位需向施工单位交接的控制桩主要有:CP0、CPⅠ、CPⅡ控制桩,线路水准基点桩;需交接的测量成果资料主要有:CP0、CPⅠ、CPⅡ控制桩成果表及点之记;CPⅠ、CPⅡ测量平差计算资料;线路水准基点成果表及点之记;水准测量平差计算资料;测量技术报告;线路曲线要素表等。

交接桩后,施工单位应及时组织人员和设备,对设计单位交接的本管段内的控制点进行全面复测,复测的控制桩包括全线的 CPⅠ、CPⅡ控制点,线路水准基点。CP0 的复测工作由建设单位组织设计单位统一实施,施工单位应联测 CP0 点,作为 CPⅠ控制网平差的起算依据。

2. 复测工作技术设计书的编写

复测工作开展前应编写复测技术设计书。其内容包括:任务来源;复测范围及内容;测区概况;复测技术依据及收集的设计资料;复测工作组织和计划;复测实施计划和方法;坐标高程系统;复测精度等级要求;复测技术标准和规范要求;相邻标段联测计划;复测数据处理和平差方法;复测评判方法和标准;复测完成后应提交的成果资料。

3. 控制点复测

严格按照复测工作技术设计书,实施控制点复测工作。施工复测时采用的方法、复测的精度应与原控制测量相同,复测使用的仪器和精度应符合相应等级的 GPS 测量、导线测量、水准测量的技术要求。对于丢失和破坏的控制点,在复测中应该按原控制网标准,用同精度内插方法恢复,对连续破坏的控制点应由设计单位组织恢复。

复测值与设计值的较差限差在规范允许范围内时,采用设计单位的测量成果作为施工依据。当复测较差超限时,必须重新复测,确认设计单位控制测量成果有误时,及时与设计单位沟通解决。

4. 复测技术总结

复测工作完成后,编写复测报告或复测技术总结。主要包括:任务基本情况,生产单位,任务组织与完成情况,作业技术标准,采用的坐标高程系统,起算数据来源与质量,作业方法及测

量精度等级,复测成果质量及精度统计分析,复测与原测成果的对比分析,与相邻标段的联测存在的问题及解决建议,复测结论。

二、平面控制网复测技术要求

平面控制网复测的目的就是复核设计单位所交基础平面控制网CPⅠ、线路平面控制网CPⅡ是否满足相应测量等级要求。CPⅠ平面控制网的复测采用GPS测量进行,CPⅡ平面控制网的复测可采用GPS或导线测量方法进行。

1. 施工复测等级要求

施工复测等级要求包括新建铁路控制网复测等级要求(表13-3)和高速铁路控制网复测等级要求(表13-4)。

新建铁路控制网复测等级要求 表13-3

等级	设计速度(km/h)	测量方法	测量等级	点间距	备注
CP0	200	GPS	—	50km左右	
	≤160				
CPⅠ	200	GPS	三等	≤4km一对点	每对点距离≥800m
	≤160	GPS	四等		
CPⅡ	200	GPS	四等	400~600m	附(闭)合导线长度≤5km
		导线	四等		
	≤160	GPS	五等		
		导线	一级		

高速铁路控制网复测等级要求 表13-4

控制网	测量方法	测量等级	点间距	相邻点的相对中误差(mm)	备注
CP0	GPS	—	50km一个点	20	—
CPⅠ	GPS	二等	≤4km一对点	10	点间距≥800m
CPⅡ	GPS	三等	600~800m	8	—
	导线	三等	400~800m	8	附合导线网

注:相邻点的相对点位中误差为平面x、y坐标分量中误差;设计速度250km/h有砟轨道技术标准同高速铁路标准一致。

2. 各级平面控制网的主要技术要求

(1)CP0、CPⅠ、CPⅡ控制网GPS测量的精度指标,见表13-5、表13-6。

各等级GPS控制网的主要技术要求 表13-5

等级	固定误差a(mm)	比例误差系数b(mm/km)	基线方位角中误差(″)	约束点间的边长相对中误差	约束平差后最弱边边长相对中误差
一等	≤5	≤1	0.9	1/500000	1/250000
二等	≤5	≤1	1.3	1/250000	1/180000
三等	≤5	≤1	1.7	1/180000	1/100000
四等	≤5	≤2	2.0	1/100000	1/70000
五等	≤10	≤2	3.0	1/70000	1/40000

①当基线长度短于500m时，一、二、三等边长中误差应小于5mm，四等边长中误差应小于7.5mm，五等边长中误差应小于10mm。

②各等级控制网相邻点间弦长精度应小于按式(13-1)计算的标准差。

$$\sigma = \pm \sqrt{a^2 + (b \cdot d)^2} \tag{13-1}$$

式中：σ——基线弦长标准差，mm；

a——固定误差，mm；

b——比例误差系数，mm/km；

d——相邻点间距离，km。

各等级GPS测量作业的基本技术要求　　表13-6

项目		一等	二等	三等	四等	五等
静态测量	卫星截止高度角(°)	≥15	≥15	≥15	≥15	≥15
	同时观测有效卫星数	≥4	≥4	≥4	≥4	≥4
	有效时段长度(min)	≥120	≥90	≥60	≥45	≥40
	观测时段数	≥2	≥2	1~2	1~2	1
	数据采样间隔(s)	10~60	10~60	10~60	10~30	10~30
	接收机类型	双频	双频	双频	单/双频	单/双频
	PDOP或GDOP	≤6	≤6	≤8	≤10	≤10
快速静态测量	卫星截止高度角(°)	—	—	—	≥15	≥15
	有效卫星总数	—	—	—	≥5	≥5
	观测时间(min)	—	—	—	5~20	5~20
	平均重复设站数	—	—	—	≥1.5	≥1.5
	数据采样间隔(s)	—	—	—	5~20	5~20
	PDOP(GDOP)	—	—	—	≤7(8)	≤7(8)

注：平均重复设站数≥1.5，指至少有50%的点设站2次。

(2)CPⅡ控制网导线测量的精度指标

若CPⅡ控制网不采用GPS测量，而采用导线测量方法，则导线复测(三等导线)的主要技术要求，见表13-7。导线控制网可布设成附合导线、闭合导线或导线网。

导线测量的技术要求　　表13-7

等级	测角中误差(″)	测距相对中误差	方位角闭合差(″)	导线全长相对闭合差	测回数			
					0.5″级仪器	1″级仪器	2″级仪器	6″级仪器
二等	1.0	1/250000	$\pm 2.0\sqrt{n}$	1/100000	6	9	—	—
三等	1.8	1/150000	$\pm 3.6\sqrt{n}$	1/55000	4	6	10	—
四等	2.5	1/80000	$\pm 5\sqrt{n}$	1/40000	3	4	6	—
一级	4.0	1/40000	$\pm 8\sqrt{n}$	1/20000	—	2	2	—
二级	7.5	1/20000	$\pm 15\sqrt{n}$	1/12000	—	—	1	3

注：表中n为测站数。

当同一测区内,导线环(段)数超过20个时,按式(13-2)计算测角中误差:

$$m_{\beta}=\sqrt{\frac{1}{N}\left[\frac{f_{\beta}^{2}}{n}\right]} \tag{13-2}$$

式中:f_{β}——导线环(段)的角度闭合差,″;

n——导线环(段)的测角个数;

N——导线环(段)的个数。

①水平角方向观测法的技术要求。CPⅡ控制网导线测量,水平角观测宜采用方向观测法,其技术要求见表13-8。

水平角方向观测法的技术要求 表13-8

等 级	仪器等级	半测回归零差(″)	一测回内2c互差(″)	同一方向值各测回互差(″)
四等及以上	0.5″级仪器	4	8	4
	1″级仪器	6	9	6
	2″级仪器	8	13	9
一级及以下	2″级仪器	12	18	12
	6″级仪器	18	—	24

注:当观测方向的垂直角超过±3°的范围时,该方向2c互差可按相邻测回同方向进行比较,其值应满足表中一测回内2c互差的限值。

②边长测量的技术要求。CPⅡ控制网导线测量的边长测量,采用光电测距仪(全站仪)的方法,其技术要求,见表13-9。

边长测量技术要求 表13-9

等级	使用测距仪精度等级	每边测回数		一测回读数较差限值(mm)	测回间较差限值(mm)	往返观测平距较差限值
		往测	返测			
二等	Ⅰ	4	4	2	3	$2m_D$
	Ⅱ			5	7	
三等	Ⅰ	2	2	2	3	$2m_D$
	Ⅱ	4	4	5	7	
四等	Ⅰ	2	2	2	3	$2m_D$
	Ⅱ			5	7	
	Ⅲ	4	4	10	15	
一级及以下	Ⅰ	2	2	2	3	$2m_D$
	Ⅱ			5	7	
	Ⅲ			10	15	
	Ⅳ	4	4	20	30	

注:①一测回是全站仪盘左、盘右各测量一次。

②测距仪精度等级划分:Ⅰ级($|m_D|\leqslant$2mm);Ⅱ级(2mm $<|m_D|\leqslant$5mm);Ⅲ级(5mm $<|m_D|\leqslant$10mm);Ⅳ级(10mm $<|m_D|\leqslant$20mm);m_D为每公里测距标准偏差,即按测距仪出厂标称精度的绝对值,归算到1km的测距标准偏差。

③m_D为仪器测距中误差(mm),且有$m_D=a+b\cdot D$,其中:m_D为仪器测距中误差(mm);a为仪器标称精度中的固定误差(mm);b为仪器标称精度中的的比例系数(mm/km);D为测距边长度(km)。

测距边的斜距应进行气象和仪器常数改正。气压、气温读数取位应符合表13-10中的规定。三等及以上等级测量应在测站和反射镜站分别测记，四等及以下等级可在测站进行测记。当所测边长的两端气象条件差异较大时，应在测站和反射镜站分别测记，取两端平均值进行气象改正；当测区平坦，气象条件差异不大时，四等及以下等级也可记录上午和下午的平均气压、气温。

气压、气温读数取位要求　　表13-10

测量等级	干湿温度表(℃)	气压表(hPa)	测量等级	干湿温度表(℃)	气压表(hPa)
二等	0.2	0.5	四等	0.5	1
三等	0.2	0.5	一级及以下	1	2

三、高程控制网复测技术要求

高程控制网施工复测的目的是复核设计单位所交水准基点间的高差是否满足相应的水准测量等级要求。当复测高差与设计高差的较差限差在规范允许的范围内时，采用设计单位提供的成果作为施工依据。

高程控制测量等级划分依次为二等、精密水准、三等、四等、五等。高速铁路水准测量等级为二等，高铁的CPⅢ水准测量称精密水准测量，精度介绍二等和三等水准之间。各等级水准测量的技术要求见表13-11。

高程控制网的技术要求　　表13-11

水准测量等级	每公里高差偶然中误差 M_{Δ}(mm)	每公里高差全中误差 M_{W}(mm)	附合路线或环线周长的长度(km)	
			附合路线长	环线周长
二等	≤1	≤2	≤400	≤750
精密水准	≤2	≤4	≤300	—
三等	≤3	≤6	≤150	≤200
四等	≤5	≤10	≤80	≤100
五等	≤7.5	≤15	≤30	≤30

表中，M_{Δ}和M_{W}，按式(13-3)、式(13-4)计算：

$$M_{\Delta}=\sqrt{\frac{1}{4n}\left[\frac{\Delta\Delta}{L}\right]} \tag{13-3}$$

$$M_{W}=\sqrt{\frac{1}{N}\left[\frac{WW}{L}\right]} \tag{13-4}$$

式中：Δ——测段往返高差不符值，mm；

L——测段长或环线长，km；

n——测段数；

W——附合或环线闭合差，mm；

N——水准路线环数。

各等级水准测量限差应符合表13-12中的规定。

水准测量限差要求(单位:mm)　　表 13-12

水准测量等级	测段、线路往返测高差不符值		测段、线路的左右线路高差不符值	附合路线或环线闭合差		检测已测测段高差之差
	平　原	山　区		平　原	山　区	
二等	$\pm 4\sqrt{K}$	$\pm 0.8\sqrt{n}$	—	$\pm 4\sqrt{L}$		$\pm 6\sqrt{Ri}$
精密水准	$\pm 8\sqrt{K}$		$\pm 6\sqrt{K}$	$\pm 8\sqrt{L}$		$\pm 8\sqrt{Ri}$
三等	$\pm 12\sqrt{K}$	$\pm 2.4\sqrt{n}$	$\pm 8\sqrt{K}$	$\pm 12\sqrt{L}$	$\pm 15\sqrt{L}$	$\pm 20\sqrt{Ri}$
四等	$\pm 20\sqrt{K}$	$\pm 4\sqrt{n}$	$\pm 14\sqrt{K}$	$\pm 20\sqrt{L}$	$\pm 25\sqrt{L}$	$\pm 30\sqrt{Ri}$
五等	$\pm 30\sqrt{K}$		$\pm 20\sqrt{K}$	$\pm 30\sqrt{L}$		$\pm 40\sqrt{Ri}$

注:①K 为测段水准路线长度(km);L 为水准路线长度(km);R_i 为检测测段长度(km);n 为测段水准测量站数。

②当山区水准测量每公里测站数 $n \geqslant 25$ 站以上时,采用测站数计算高差测量限差。

水准观测的测站限差应符合表 13-13 中的规定。

水准观测的测站限差(单位:mm)　　表 13-13

等　级＼项　目		基、辅分划[黑红面]读数之差	基、辅分划[黑红面]所测高差之差	检测间歇点高差之差	上下丝读数平均值与中丝读数之差
二等		0.5	0.7	1	3
精密水准		0.5	0.7	1	3
三等	光学测微法	1	1.5	3	—
	中丝读数法	2	3		
四等		3	5	5	—
五等		4	7	—	—

四、复测成果

复测结果与设计单位提供的控制网数据不相符时,必须重新测量。当确认设计勘测资料有误或精度不符合要求时,应及时与设计单位联系协商,对成果进行改正。复测结果与设计单位勘测成果的不符值,满足下列规定时,应采用设计单位勘测成果。

(1)采用 GPS 复测 CPⅠ、CPⅡ控制点时,复测与原测成果较差应满足表 13-14、表 13-15 的规定。

CPⅠ、CPⅡ控制点复测坐标较差限差要求(单位:mm)　　表 13-14

控制点类型	坐标较差限差	控制点类型	坐标较差限差
CPⅠ	20	CPⅡ	15

注:表中坐标较差限差指 X、Y 坐标分量较差。

GPS 复测相邻点间坐标差之差的相对精度限差　　表 13-15

控制网等级	相邻点间坐标差之差的相对精度限差	控制网等级	相邻点间坐标差之差的相对精度限差
CPⅠ	1/130000	CPⅡ	1/80000

注:表 13-15 中相邻点间坐标差之差的相对精度按式(13-5)计算:

$$\frac{d_s}{s}=\frac{\sqrt{\Delta X_{ij}^2+\Delta Y_{ij}^2+\Delta Z_{ij}^2}}{s} \tag{13-5}$$

$$\Delta X_{ij}=(X_j-X_i)_{复}-(X_j-X_i)_{原}$$

$$\Delta Y_{ij}=(Y_j-Y_i)_{复}-(Y_j-Y_i)_{原}$$

$$\Delta Z_{ij}=(Z_j-Z_i)_{复}-(Z_j-Z_i)_{原}$$

式中：　s——相邻点间的二维平面距离或三维空间距离；

ΔX_{ij}，ΔY_{ij}——相邻点 i 与 j 间二维坐标差之差，m；

ΔZ_{ij}——相邻点 i 与 j 间 Z 方向坐标差之差，当只统计二维坐标差之差的相对精度时该值为零。

(2)采用导线复测 CPⅡ控制点时，水平角、边长和坐标较差应满足表 13-16 的规定。

导线复测较差的限差　　表 13-16

控　制　网	等　　级	水平角较差限差(″)	边长较差限差(mm)	坐标较差限差(mm)
CPⅡ	三等	3.6	$2\sqrt{2}m_D$	15
CPⅡ	隧道二等	2.6	$2\sqrt{2}m_D$	15

注：m_D 为仪器标称精度。当隧道洞内 CPⅡ控制测量的导线附合长度大于 7km 时，导线等级为隧道二等。

第三节　CPⅠ、CPⅡ控制网复测的实施

高速铁路 CPⅠ平面控制网复测，采用 GPS 双频接收机，按二等 GPS 测量精度进行；CPⅡ平面控制网复测，采用 GPS 双频接收机，按三等 GPS 测量精度进行。采用导线法复测 CPⅡ网时，按三等导线精度要求进行。GPS 测量时，对点设备必须采用精密对点器和木质脚架，对中精度小于 1mm，测量前及测量过程中要随时对气泡和对中情况。

一、CPⅠ、CPⅡ复测 GPS 控制网的网形

CPⅠ、CPⅡ控制网复测工作一般宜单独进行。复测 CPⅠ、CPⅡ时构网方式应当与设计院构网相同，采用边连接方式构网，并组成三角形或大地四边形相连的带状网。当接收机数量较多时，也可与 CPⅡ的复测同时进行，但必须以 CPⅠ对点作为连接边，并分别处理数据；在 CPⅠ控制网复测时应当联测附近的 CP0 点；在 CPⅡ控制网复测时，需联测与 CPⅡ相邻的 CPⅠ控制点，并将这些 CPⅠ控制点视作 CPⅡ点进行 CPⅡ的组网观测。图 13-1 是 CPⅠ控制网复测的网形；图 13-2 是 CPⅡ控制网复测的网形。

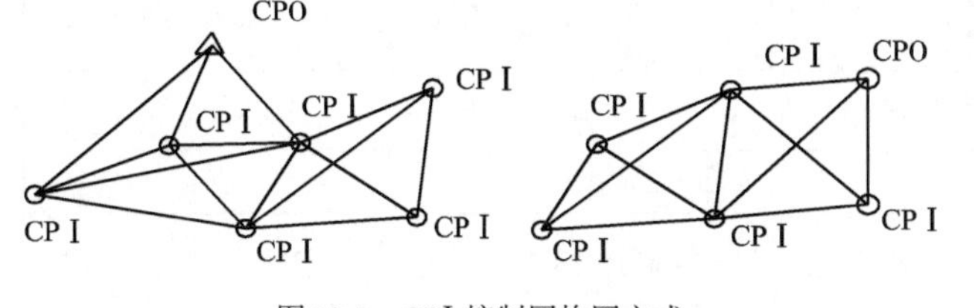

图 13-1　CPⅠ控制网构网方式

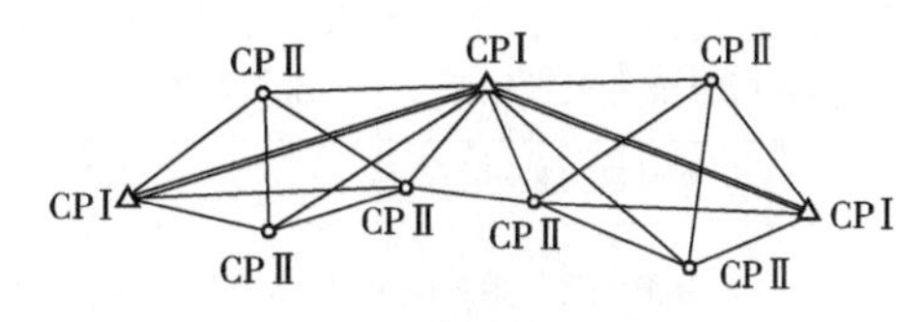

图 13-2　CPⅡ控制网构网方式

二、CPⅠ、CPⅡ复测外业工作注意事项

(1)观测组必须遵守调度命令，按规定的时间同步观测同一组卫星。当不能按计划到达点位时，应及时通知其他各组，并经观测计划编制者同意对时段作必要的调整，观测组不得擅

自更改观测计划。观测者到达测站后,应先安置好接收机使其处于静置状态。并应在关机状态下连接接收机、控制器、天线、数据链间的电缆。

(2)一般情况下,安装天线应利用脚架直接对中,对中误差应小于1mm;架设天线不宜过低,一般应距地面1m以上。圆盘天线间隔120°三个方向分别量取天线高,三次较差不大于3mm,取平均值,记录取值至0.001m。

(3)接收机开始记录数据后,应及时将测站名、测站号、时段号、天线高等信息输入接收设备。观测过程中,应注意观察并记录卫星变化的升落时刻、各通道的信噪比、接收信号的类型和数量、卫星信号质量、存储器余量与电池余量等。

(4)对特殊的变化过程(如刮风、下雨等作业中出现的异常情况)、仪器显示的警告信息及处理情况等均应作必要的记录。卫星测量手簿中的内容应逐项填写。

(5)一个时段观测过程中严禁进行以下操作:关闭接收机重新启动;进行自测试(发现故障除外);改变接收设备预置参数;改变天线位置;按关闭和删除文件功能键等。

(6)观测员在作业期间不得擅自离开测站,应防止碰动仪器或仪器受振动。注意防止行人和其他物体靠近天线遮挡卫星信号。观测时,使用对讲机应距天线10m以上,使用车载台应离开天线50m以上。

(7)雷雨过境时应关机停测,并卸下天线以防雷击。

(8)一个点的全部观测任务已执行完毕,所有规定的作业项目已完成并符合要求,记录和资料完整无误,再将点位标识恢复原状后方可进行迁站。

三、CPⅠ、CPⅡ复测网基线解算及观测成果精度统计

CPⅠ、CPⅡ复测网外业观测完成后,首先可采用GPS随机后处理软件进行基线解算。利用基线解算结果,可以对GPS外业观测质量进行分析,只有达到相应的精度等级要求后,才可进行下一步的平差计算工作。基线向量解算完成后,一般应进行同步环、异步环、重复基线较差三项检查,并应符合表13-17的规定。

基线质量检验限差表

表13-17

检验项目	限差要求			
	X坐标分量闭合差	Y坐标分量闭合差	Z坐标分量闭合差	环线全长闭合差
同步环	$\omega_{\Delta X} \leqslant \frac{\sqrt{n}}{5}\sigma$	$\omega_{\Delta Y} \leqslant \frac{\sqrt{n}}{5}\sigma$	$\omega_{\Delta Z} \leqslant \frac{\sqrt{n}}{5}\sigma$	$\omega \leqslant \frac{\sqrt{3n}}{5}\sigma$
异步环(含附合路线)	$\omega_{\Delta X} \leqslant 3\sqrt{n} \cdot \sigma$	$\omega_{\Delta Y} \leqslant 3\sqrt{n} \cdot \sigma$	$\omega_{\Delta Z} \leqslant 3\sqrt{n} \cdot \sigma$	$\omega \leqslant 3\sqrt{3n} \cdot \sigma$
重复观测基线较差	$d_s \leqslant 2\sqrt{2}\sigma$			

注:σ为相应等级规定的精度,$\sigma=\sqrt{a^2+(bd)^2}$。当使用的接收机标称精度高于等级规定的a、b值时,详见第八章第三节"GPS静态定位的组织与实施"中的式(8-15)、式(8-16)、式(8-17)。n为闭合环边数。

四、CPⅠ、CPⅡ复测网的平差处理

在GPS基线、闭合环、重复基线均检查合格后即可进行CPⅠ、CPⅡ复测网的平差处理。平差时首先要进行三维无约束平差,然后进行二维约束平差。一般来讲CPⅠ在三维无约束平

差结束后，应进行三维约束平差，然后再进行二维约束平差。

1. CPⅠ控制网平差

（1）首先在 WGS-84 坐标系下，以 CP0 为基准（即输入一个点的 WGS-84 三维坐标）进行 CPⅠ复测量网三维无约束平差。无约束平差后基线向量各分量的改正数应满足下式：

$$\begin{cases} V_{\Delta X} \leqslant 3\sigma \\ V_{\Delta Y} \leqslant 3\sigma \\ V_{\Delta Z} \leqslant 3\sigma \end{cases} \tag{13-6}$$

对于不满足要求的基线认为其存在粗差，应予以剔除，不让其参与平差。

（2）CPⅠ控制网的约束平差首先用三维约束平差方式，以两个或两个以上的 CP0 点的已知空间三维大地坐标为基准，进行约束平差得到各 CPⅠ控制点的空间三维大地坐标，之后再对各 CPⅠ控制点实施高斯任意带平面投影以获取各点的复测平面成果坐标。CPⅠ控制网的二维约束平差，则采用约束 CP0 的高斯任意带投影平面直角坐标作为强制约束，进行二维约束平差，得到各 CPⅠ点的复测平面成果坐标。二维约束平差后，基线向量各分量改正数与无约束平差同一基线改正数较差应符合下式要求：

$$\begin{cases} \mathrm{d}V_{\Delta X} \leqslant 2\sigma \\ \mathrm{d}V_{\Delta Y} \leqslant 2\sigma \\ \mathrm{d}V_{\Delta Z} \leqslant 2\sigma \end{cases} \tag{13-7}$$

CP0 联测：作为 CPⅠ基础控制网的起算基准，如果有 WGS-84 坐标则可与设计坐标直接比较。一个 CP0 点，仅作为 CPⅠ控制网的位置起算基准坐标，需要提供（设计）WGS-84 三维坐标，尺度基准需要顾及；有多个 CP0 点，作为约束平差的条件，位置、方位、尺度基准都可以解决，一般软件需要的是二维平面坐标；如果跨投影带，则需要分别提供各投影带的二维坐标作为约束条件。

当没有联测 CP0 点时，需要对作为起算数据的 CPⅠ控制点的兼容性进行检验，然后作为约束条件进行平差，但处理总归不够严密。

2. CPⅡ控制网平差

同 CPⅠ控制网平差类似，首先在 WGS-84 坐标系下，以一个稳定的 CPⅠ点为基准进行 CPⅡ控制网的三维无约束平差，并按式（13-6）进行成果检验。最后以已确认稳定的 CPⅠ点的二维坐标为约束，对 CPⅡ基线向量网进行二维约束平差，并按式（13-7）进行检验，从而得到各 CPⅡ点的平面成果坐标。

设计单位为了控制高铁坐标系统的投影长度变形值不大于 10mm/km，采用任意中央子午线和高程投影面进行投影而建立工程独立平面直角坐标系。因此在标段内可能存在不同中央子午线或投影面大地高的多个坐标系，这时在作 CPⅠ复测网的整网平差时，可以约束 CP0 的三维坐标进行整网平差，然后采用坐标转换软件（如 Geotrans 转换软件），将 CPⅠ整网约束平差成果的坐标转换为各坐标系内的平面坐标。

为保证相邻标段之间的正确贯通，复测时贯通至相邻标段至少两个平面控制点，一个水准基点，作为双方的共用点。在坐标换带处，复测时相互贯通至相邻坐标带两个 CPⅠ控制点，以保证两投影带重合部分线路中线放样时位置的一致和线路的顺接。

第四节　二等精密水准网复测

水准测量工作实施时依据各水准点的相对位置关系，在相邻间距最短的水准控制点之间构成水准测量路线。目前国内高铁工程中，二等精密水准网一般多采用徕卡 DNA03 精密电子水准仪或天宝 DINI03 精密电子水准仪。也可以采用 DS1 或 DS05 精密光学水准仪进行精密水准测量。

一、精密水准测量的一般规定

根据《国家一、二等水准测量规范》和《工程测量规范》，现将精密水准测量的一般规定，归纳如下：

（1）水准测量前、后需检查与校正 i 角，保证 i 角绝对值在作业过程中小于等于 15″。

（2）观测前应使仪器与环境温度趋于一致（打开仪器箱，放置 20min 左右），观测时应打伞遮阳。

（3）同一测站的观测中，不得两次调焦。

（4）每一测段应进行往测和返测。这样可以消除或减弱性质相同、正负号也相同的误差影响，如水准标尺垂直位移的误差影响。

（5）每一测段的水准测量路线上，往测或返测路线上测站的数目，均应安排成偶数。这样可以消除或减弱一对标尺零点不等差对观测高差的影响及交叉误差在仪器垂直轴倾斜时对观测高差的影响。

（6）一个测段水准测量路线的往测和返测应在不同的气象条件下进行（如上午和下午）。对观测时间、视线长度、视线高度都有相应的规定，这些是为了消除或减弱大气垂直折光对观测高差的影响。

（7）仪器前、后视距应尽量相等，其差值应小于规定的限值。

（8）相邻测站，应按奇、偶数测站的观测程序进行观测。往测奇数站按“后前前后”、偶数站按“前后后前”的观测程序在相邻测站上交替进行。返测的观测程序与往测相反，奇数站按“前后后前”、偶数站按“后前前后”。这样可以消除或减弱与时间成比例均匀变化的误差对观测高差的影响，如 i 角随时间的变化和仪器标尺的垂直位移等误差的影响。

（9）水准测量观测过程中，必须使用 5kg 及以上重量的尺垫作为转点使用，并且每次观测前压实尺垫。在一个连续的启闭于水准点的水准线路观测过程中，且严禁冲压、碰动尺垫，否则必须重测启闭于水准点的整条水准线路。

（10）采用与水准仪配套的铟钢水准标尺，在立尺时，需用尺撑或竹竿辅助安置水准尺，确保水准尺在观测时处于竖直状态。

（11）观测过程中，必须以连续观测的方式启闭于固定的水准点上，一般情况下，不允许设立临时转点进行间歇。启闭于相同水准点的水准路线宜在不同的上、下午时段进行往测和返测，尽量避免在同一上午或下午时间段进行往返测。若一定要间歇，应选择两个坚固可靠的固定点作为间歇点。间歇后应对两个间歇点的高差进行检测，检测结果如符合限差的要求（对于二等水准测量，规定检测间歇点高差之差应不大于 1.0mm），就可以从间歇点起测。若仅能选定一个固定点作为间歇点，则在间歇后应仔细检视，确认没有发生任何位移，方可由间歇点起测。

(12)一、二等水准测量的技术要求，见表13-18。

一、二等水准测量的技术要求　　表13-18

等级	视线长度		前后视距差(m)	前后视距累积差(m)	视线高度(下丝读数)(m)	基辅分划读数差(mm)	基辅分划所得高差之差(mm)	水准路线测段往返测高差不符值(mm)
	仪器类型	视距(m)						
一	DS05	≤30	≤0.5	≤1.5	≥0.5	≤0.3	≤0.4	$\leqslant \pm 2\sqrt{K}$
二	DS1 或 DS05	≤50	≤1.0	≤3.0	≥0.3	≤0.4	≤0.6	$\leqslant \pm 4\sqrt{K}$

注：①K为往返测段、符合、闭合或环线的长度(km)。

②标尺的基辅分划值是一个固定值，如3.01550m。

(13)水准测量时，仪器的读数取位要求和计算取位要求，见表13-19、表13-20。

水准测量读数取位要求　　表13-19

仪　　器	读数取位(mm)	仪　　器	读数取位(mm)
DS05	0.05	DS1	0.1
DS3	1	数字水准仪	0.01

水准测量计算取位要求　　表13-20

等级	往返测距离总和(km)	往返测距离中数(km)	各测站高差(mm)	往返测高差总和(mm)	往返测高差中数(mm)	高程(mm)
二等	0.01	0.1	0.01	0.01	0.1	0.1
三等	0.01	0.1	0.1	0.1	0.1	1

(14)水准测量成果的精度要求，见表13-21。

水准测量精度要求　　表13-21

水准测量等级	每公里偶然中误差M_{Δ}(mm)	每公里全中误差M_{W}(mm)	限差(mm)		
			检测已测段高差之差	往返测不符值	附合或环线闭合差
二等	≤1.0	≤2.0	6	4	4
三等	≤3.0	≤6.0	20	12	12

(15)外业观测成果达到精度要求后，方可进行平差计算，并要采取水准严密平差方法。

二、徕卡精密数字水准仪DNA03二等水准复测

1. DNA03部件及按钮功能说明

DNA03是徕卡公司生产的精密数字水准仪，各部件及按钮功能说明，如图13-3、图13-4所示。

2. 使用DNA03进行二等水准的操作过程

(1)仪器设置

①在往测线路的第一站，架设安置好DNA03水准仪，开机，按“PROG”键→选择“线路测量”→选择“作业”，可选择仪器中已有的作业(内存中最多可存储16项作业)；也可增加新作业，选择“增加”，输入作业名，回车，如图13-5所示。

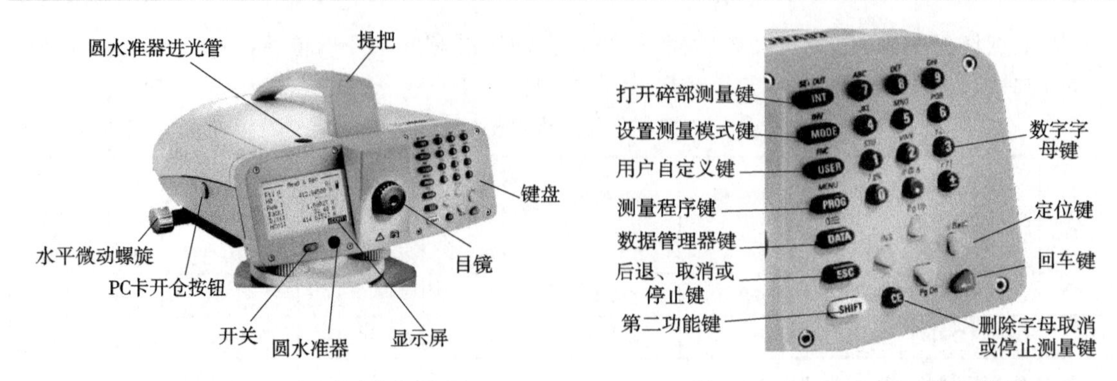

图 13-3　DNA03 水准仪各部件说明　　　　图 13-4　DNA03 水准仪各按钮说明

②输入线路名“LINE00001”→选择测量方法“aBFFB”→输入起点点号“CPⅡ001”→输入起始点高程“85.32450m”→指定标尺可以不输入，如图 13-6 所示。

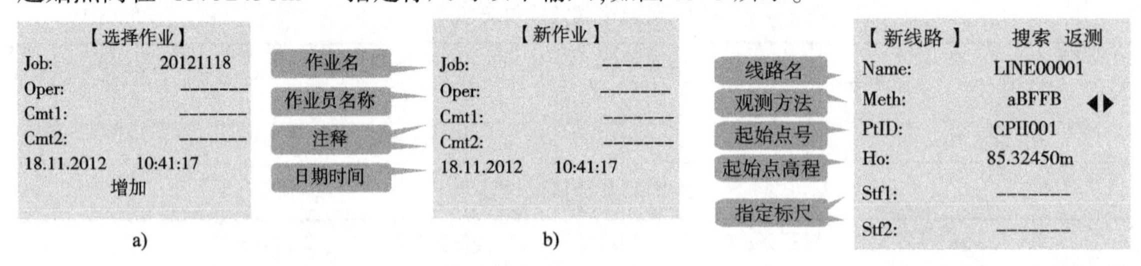

图 13-5　选择作业或增加新作业　　　　图 13-6　设置线路

其中 DNA03 的测量方法，见表 13-22，高铁二等水准水准，多选择“aBFFB”。

线路测量方法　　　　表 13-22

方　法	奇　数　站	偶　数　站
BF	BF	BF
aBF(交替 BF)	往测 BF 返测 FB	往测 FB 返测 BF
BFFB	BFFB	BFFB
aBFFB(交替 BFFB)	往测 BFFB 返测 FBBF	往测 FBBF 返测 BFFB
BF/BFFB 单程双转点	左右线均按照 BF/BFFB 测量	

注：B 表示后视，F 表示前视；如：BFFB 表示“后前前后”。

③设置限差，把限差设置为“on”，然后选择“值”，可输入限差值（根据表 13-18 技术规范及水准仪技术要求），如图 13-7 所示。

【设置限差】1/2　值
Precise : on
Distbal : on
DistEnds: on
StafEnds: on
StatDif: on
B-B/F-F: on

a)

【设置限差】2/2　值
DistB-F: on

b)

图 13-7　设置限差

Precise:精密测量模式激活与否；
Distbal:前后距离差 = 后视距离 − 前视距离；
Maxdist:仪器到标尺的最大距离；
Mindist:仪器到标尺的最小距离；
StafEnds:读数到标尺两端的最小距离；
DistEnds:最大最小距离；
StatDif:允许的最大测站高差之差；
B-B/F-F:两次观测值的最大差；
TdistBal:累计距离差；
StafHigh:最大读数；
StafLow:最小读数；
StafDiff:最大测站高差之差；
B-B/F-F:同一水准尺两次读数的最大差值；
MinDist:最小距离。

(2)往测

往测，按奇数站“后前前后”、偶数站“前后后前”交替进行。

①后视(B)。按开始按钮，显示当前设置，回车，即测量界面。瞄准后视水准尺，按仪器侧面红色测量按钮，进行测量。如图 13-8 所示。

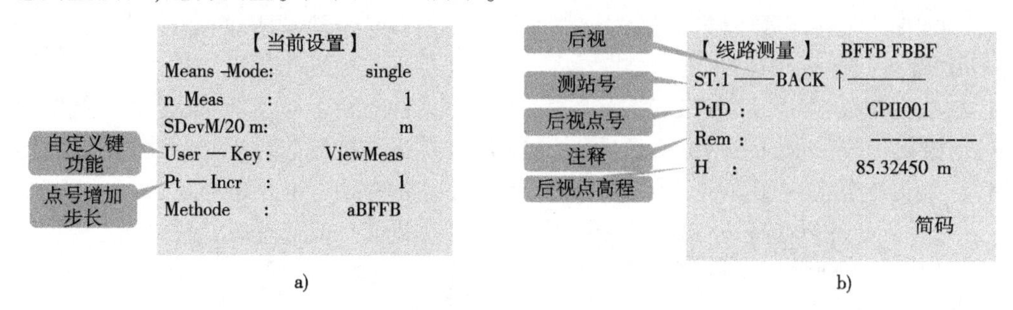

图 13-8　后视测量前的显示

测量完成后，显示屏显示如图 13-9 所示界面。

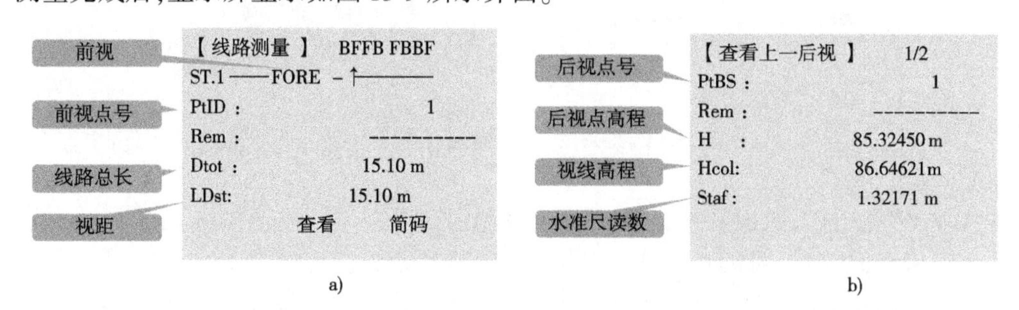

图 13-9　后视测量后的显示

②前视(F,F)。瞄准前视点水准尺，按红色测量按钮，完成后，显示屏显示如图 13-10a)图所示；再次瞄准前视点水准尺，按红色测量按钮，完成后，显示如图 13-10b)图所示。

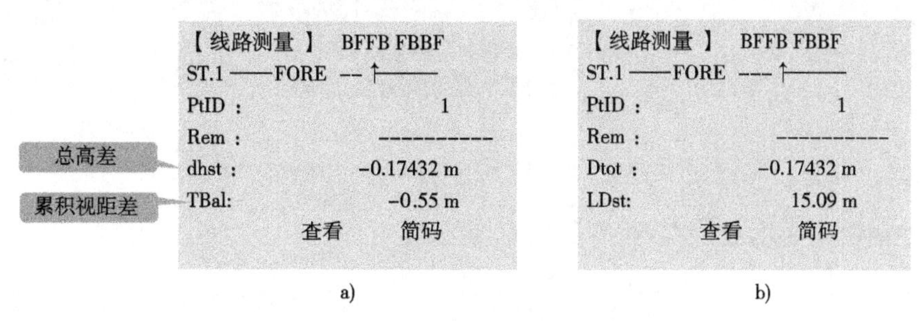

图 13-10　前视测量后的显示

③后视(B)。瞄准后视点水准尺,按红色测量按钮,完成后,显示如图 13-11 所示。

注意:往测的过程中,应尽可能用足最大距离(即仪器到水准尺之间的间距离),当最后一个转点到水准基点间的距离不足 100m,且测站数是奇数时,如图 13-12 所示,在水准基点“CPⅡ002”旁边多设一转点“转点 9”的方法(俗称“拼站”)处理:设站在测站 9 位置,测量转点 8、转点 9 间高差;测站 10 仍设在测站 9 位置,测量转点 9、CPⅡ002 间高差。

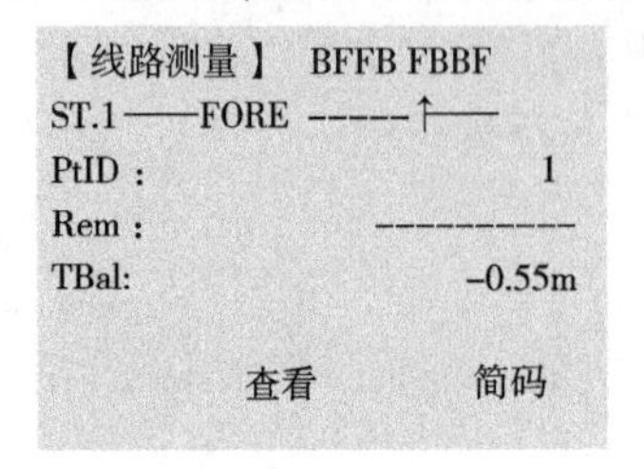

图 13-11 后视测量后的显示

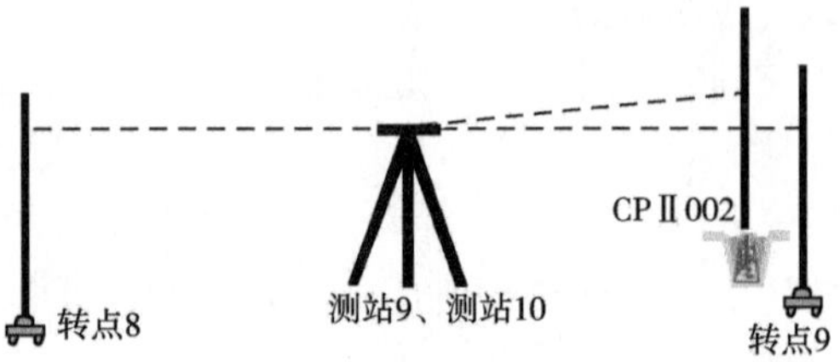

转点8
测站9、测站10
CPⅡ002
转点9

图 13-12 后视测量后的显示

(3)返测

返测,按奇数站“前后后前”、偶数站“后前前后”交替进行。按 ESC 键退出→重新进入线路测量→按线路按钮,显示图 13-13a)图所示界面→按返测按钮,完成线路设置(返测定义为新线路)。按开始按钮→显示图 13-13b)图所示界面→按测量按钮开始测量。

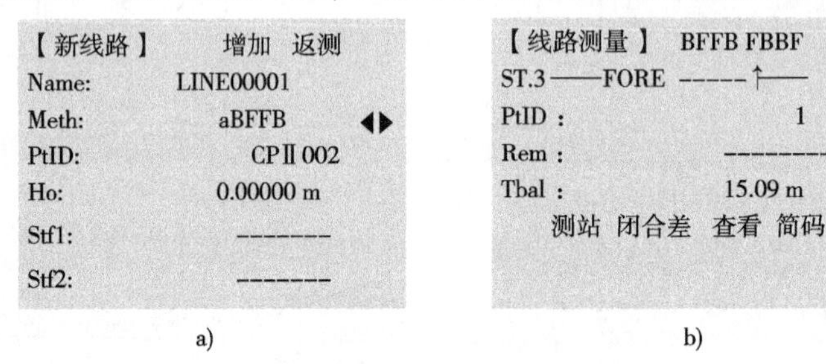

a) b)

图 13-13 返测线路设置

(4)数据输出

按“DATA”键,进入数据管理菜单→选择“4 数据输出”,显示图 13-14 所示界面。输出生成的 * * . GSI 格式文件,可用水准处理软件进行平差计算。

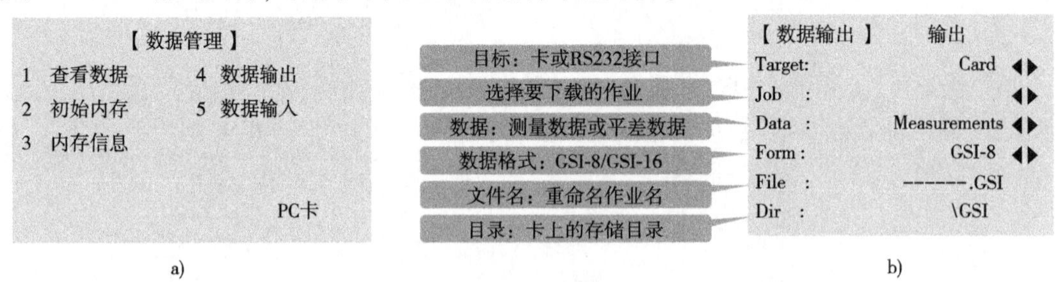

a) b)

图 13-14 数据输出

三、天宝精密数字水准仪 DINI03 二等水准复测

目前天宝公司生产的 DINI03 数字水准仪(图 13-15)也以其性能卓越,与徕卡公司的 DNA03 数字水准仪一样,广泛应用于高铁建设、地震、测绘、电力、水利等工程,现对其使用简

单介绍。

DINI03 开机后的界面主菜单中有四大项(图 13-16),外业测量也主要围绕主菜单进行。

图 13-15　天宝 DINI03 数字水准仪

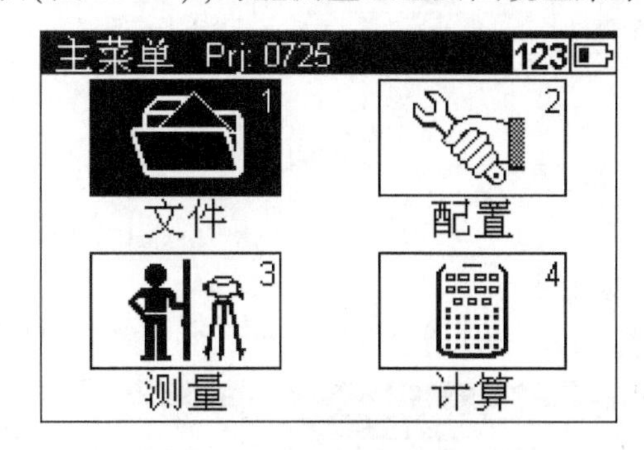

图 13-16　DINI03 数字水准仪的主菜单

1. 文件菜单

文件主要是用来管理项目,内业数据传输根据项目名称进行,打开文件选项,依次进行下列操作,如图 13-17 所示。

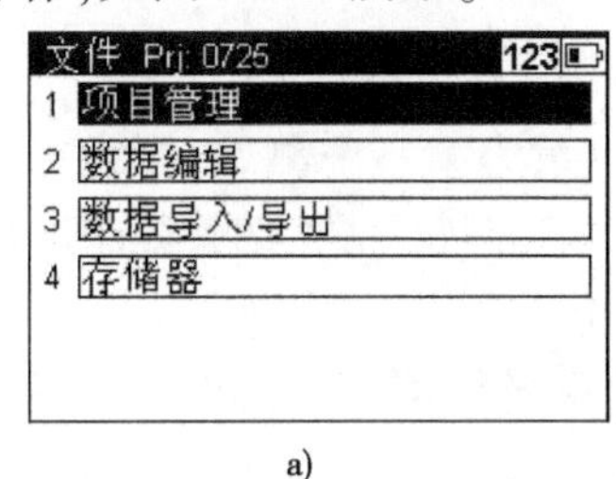

a)

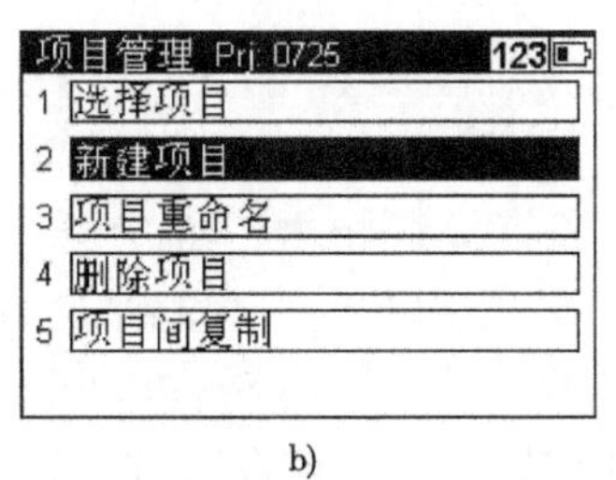

b)

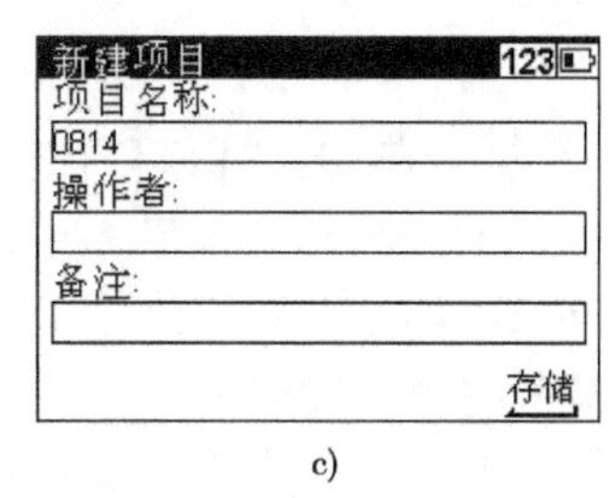

c)

图 13-17　DINI03 数字水准仪的文件菜单

2. 配置菜单

新项目的参数会默认最后一次打开项目的配置参数,如需要修改,则在“配置”中进行。配置主要用来配置大气折光、时间日期、水准测量参数、仪器补偿值的检测、仪器自身参数、限差、记录参数等,如图 13-18 ~ 图 13-20 所示。

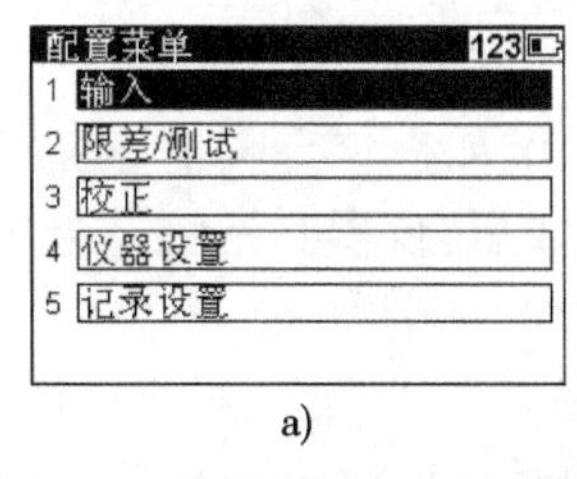

a)

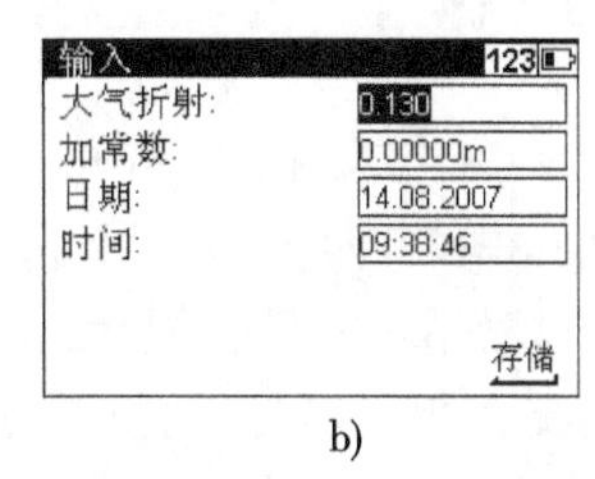

b)

图 13-18　DINI03 数字水准仪的配置菜单(一)

限差/测试　123
水准线路限差:　1/3
最大视距:　50.000m
最小视距高:　0.30000m
最大视距高:　2.8
第二页

a)

限差/测试　123
水准线路测试:　2/3
限差?　一个测站
最大限差:　0.00060m
30cm检测:　✓
第三页

b)

限差/测试　123
水准线路测试:　3/3
最大距离限差
单站前后视距差　1.0m
水准线路前后视　3m
存储

c)

图 13-19　DINI03 数字水准仪的配置菜单(二)

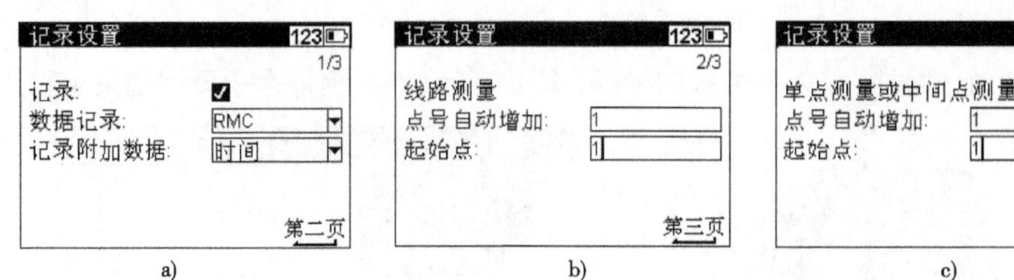

图 13-20 DINI03 数字水准仪的配置菜单(三)

3. 线路测量

(1)往测,新建一条线路,选择“aBFFB”测量模式,如图 13-21 所示。

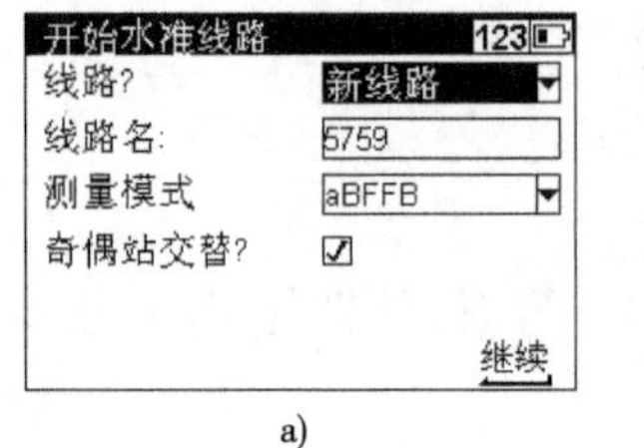

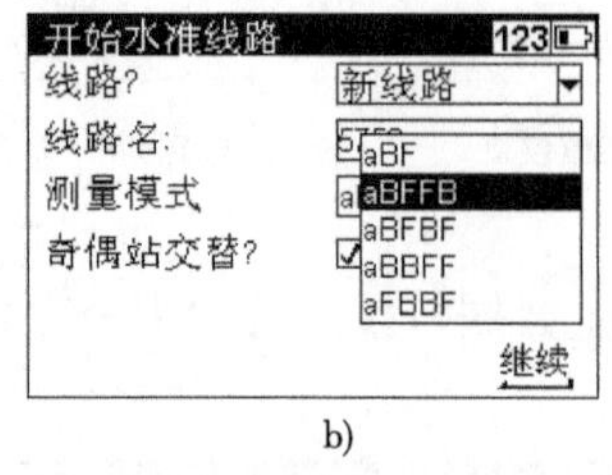

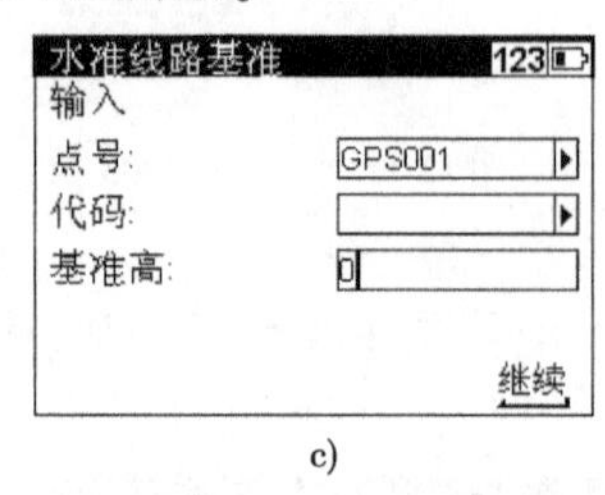

a) b) c)

图 13-21 DINI03 数字水准仪线路测量(一)

(2)第一测站的“BFFB”测量。如图 13-22 所示,SNo:001 表示为第一个测站,黑色光标落在 B 上说明先测后视。界面中的竖直黑线将主界面一分为二,左边表示的是刚操作过的内容,右边表示的是即将要操作的内容,依次测完一个测站的 BFFB。

如果测量过程中出现差错,如不小心踢了脚架,可以重测,将光标移至“重测”,此时可根据需要重测最后一次测量还是重测整个测站,如图 13-23 所示。

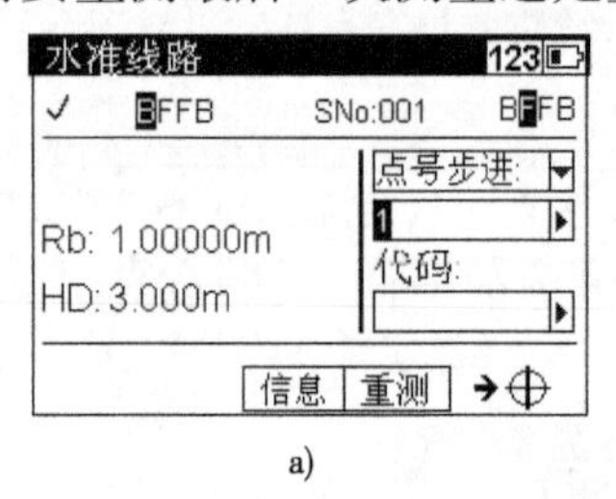

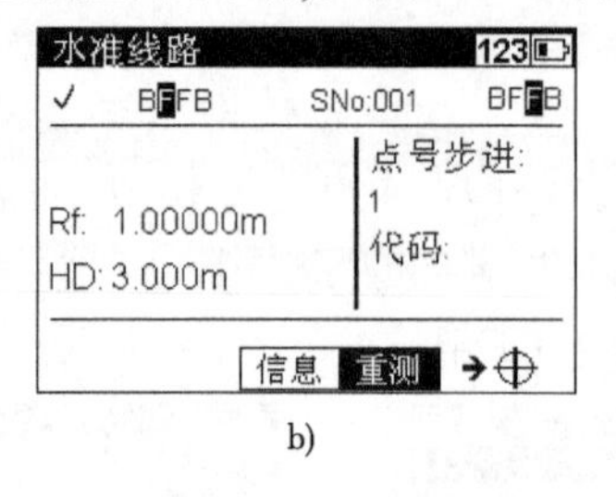

a) b)

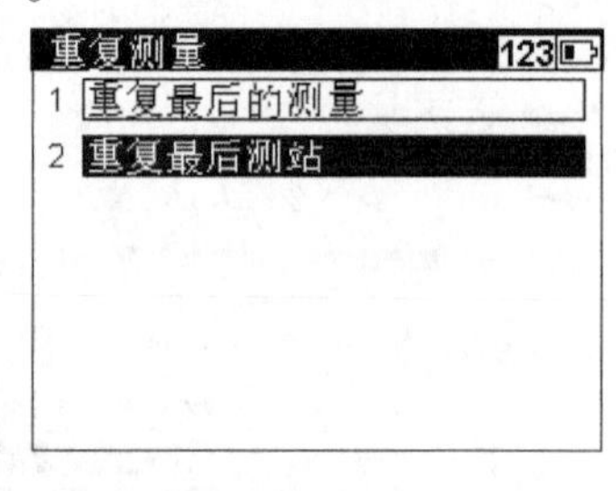

图 13-22 DINI03 数字水准仪一测站的“BFFB”中的 B、F 测量界面 图 13-23 重复测量的选择

(3)第二测站的“FBBF”测量。第一个测站完成后,仪器测站编号会自动提示 SNo:002,这时仪器操作人员就可以搬站了。根据提示,按“FBBF”顺序测量。

(4)如此奇、偶站交替测量,直至偶数站测到另一个水准点,则将光标移至“结束”,如果有高程则点“是”,没有高则点“否”,最后仪器会自动显示该测段的高差 sh、前视距总和、后视距总和。如图 13-24 所示。

(5)返测,建立一条新线路(以区分往测),按照奇数站“FBBF”、偶数站“BFFB”交替进行测量。

4. 内业处理

DINI03 数字水准仪的数据格式是 * * . DAT,用记事本可以打开,如图 13-25 所示。

图 13-25 中,将 Db 和 Df 相加,即得测段长度 L、Z 即为高差。也可以通过 DiniReader 软件直接读取项目文件(* * . DAT)(图 13-26),并转换成 Excel 水准表格记录的模式(图 13-27)。

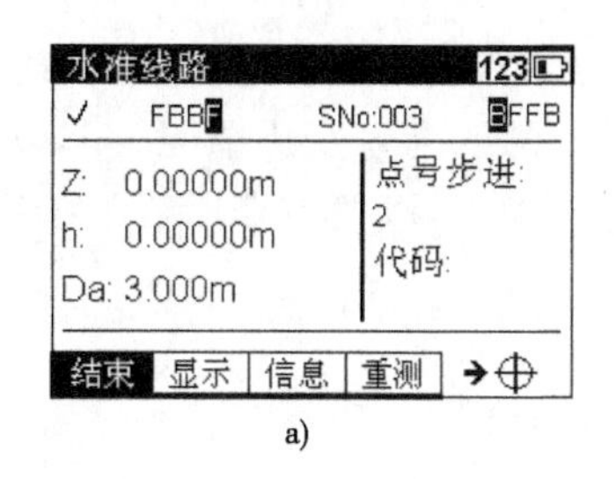

a)

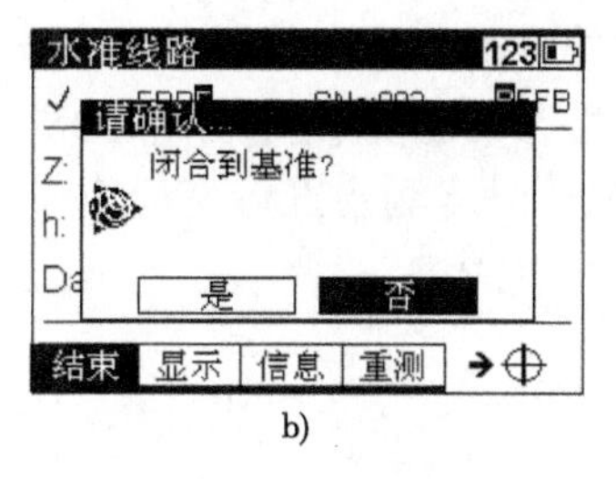

b)

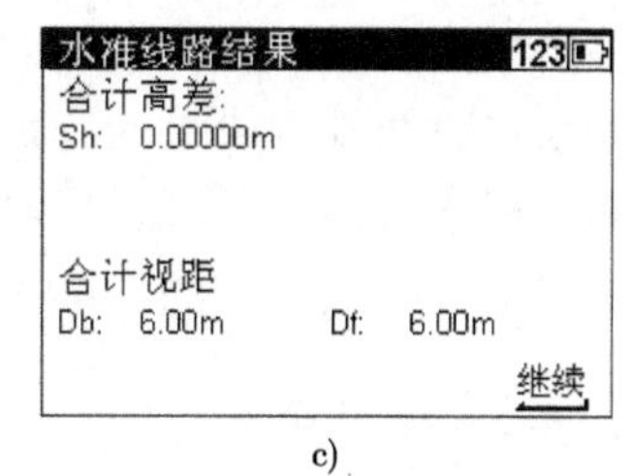

c)

图 13-24　结束测量

```
For M5|Adr 00261|KD1        12  ABC          8A|Sh     -12.66113 m   |dz      12.66113 m   |Z         0.00000 m
For M5|Adr 00262|KD1        12  ABC   12     8A|Db       285.125 m   |Df       284.658 m   |Z        12.66113 m
```

图 13-25　记事本程序打开的 DAT 格式文件

四、二等水准复测评判方法及标准

二等水准的复测就是逐点复核相邻水准点之间的高差，通过复测高差与设计高差进行比较确认设计单位所交的高程控制点精度是否满足精度要求，点位是否稳固可靠。复测高差值与设计高差值之差绝对值小于 $6\sqrt{L}$时，认为原二等水准点精度满足规范要求，采用原设计高程成果。

图 13-26　用 DiniReader 软件读取 DAT 格式文件

高差比对超过规定要求的水准路线，应追加进行该水准路

	A	B	C	D	E	F	G	H	I
1	电子水准测量记录手簿								
2	等级:	二等	观测方向:		测自:	S5	至:	992190Z	
3	测段编号:	S6	天气:	sun	呈像:	clear	温度:	12	
4	仪器型号:	Trimble Dini	仪器编号:	12345	标尺编号:	123	321	日期:	2013-3-18
5	测站	视准点	视距读数		标尺读数		读数差(mm)	测站高差(m)	累计高差(m)
6		后视	后距1	后距2	后尺中丝	后尺辅助			
7		前视	前距1	前距2	前尺中丝	前尺辅助			
8			累积差(m)	视距差(m)	高差1(m)	高差2(m)			
9	1	S5	6.217	6.214	1.42576	1.42577	-0.01		0
10		1	5.576	5.575	1.00484	1.00488	-0.04	0.42091	0.42091
11			0.640	0.640	0.42092	0.42089	0.03		
12	2	1	5.28	5.28	1.03601	1.03607	-0.06		
13		2	5.832	5.83	1.7434	1.74339	0.01	-0.70736	-0.28645
14			0.089	-0.551	-0.70739	-0.70732	-0.07		
15	3	2	29.744	29.734	0.71379	0.71382	-0.03		
16		3	29.305	29.303	1.19544	1.19545	-0.01	-0.48164	-0.76809
17			0.524	0.435	-0.48165	-0.48163	-0.02		
18	4	3	5.155	5.16	1.42763	1.42758	0.05		
19		992190Z	5.055	5.067	0.45485	0.4548	0.05	0.97278	0.20469
20			0.621	0.097	0.97278	0.97278	0.00		0
21	测段计算	测段起点	S5						
22		测段终点	992190Z			累计视距差	-1	m	
23		累计前距	0.046	km		测段高差	0.20469	m	
24		累计后距	0.046	km		测段距离	0.092	km	
25									
26	观测:		obs		记录:	rec		检核:	JJ

图 13-27　DAT 格式文件转换成 Excel 水准表格记录文件

线的一次往返水准作业。在复测的两次水准路线较差满足二等水准复核路线较差的前提下，确认本水准路线复测成果的有效性，并由此判定该水准路线段地面的高差变化情况，计算水准点新的高程成果，同时提请设计单位对复测水准点高程成果进行确认，以便在今后线下工程施工中采用本次复测提交的水准控制点成果。

思考题与习题

1. 简述高速铁路精密工程测量的特点和布设原则。
2. 简述高速铁路精密控制网的复测工作的主要内容。
3. 简述 CPⅠ、CPⅡ复测网（GPS 网）基线解算后，主要进行哪些项目检查？
4. 简述 CPⅠ、CPⅡ复测网（GPS 网）平差处理的步骤。
5. 简述使用徕卡精密数字水准仪 DNA03 进行二等水准复测工作的操作步骤。

第十四章 高铁轨道施工测量

教学目标

1. 理解CPⅢ平面控制网和高程控制网的网形设计方法,能进行CPⅢ网形设计。
2. 掌握CPⅢ控制点的布设与编号方法。
3. 能使用智能精密全站仪和数字精密水准仪进行CPⅢ控制测量,使用软件进行数据处理。
4. 理解无砟轨道底座及支承层放样的施工步骤。
5. 掌握GRP轨道基准网平面、高程测量的数据外业采集及内业解算方法。
6. 掌握CRTSⅠ型、CRTSⅡ型、双块式无砟轨道的安装精调测量及轨检小车的使用。

高铁工程的路基、桥梁、隧道等线下工程竣工后,就要进行轨道铺设施工。为了适应行车速度250~350km/h的高速铁路的行车安全、平稳和舒适,就必须保证高速铁路轨道工程具有高平顺性、高可靠性和高稳定性,因此打造毫米级的测量精度是高速铁路建设能否成功的关键,是高速铁路轨道施工质量的重要保证,也是为高速铁路运营维护提供可靠性的重要保证。

由于轨道铺设施工的高精度要求,原线下工程使用的基础平面控制网CPⅠ、线路平面控制网CPⅡ、水准基准网不能满足轨道铺设施工的需要,必须进行CPⅠ、CPⅡ、水准基准网的复测与加密,建立专门的轨道控制网CPⅢ和轨道基准网GRP,并以此控制轨道安装测量、轨道精调等工作。

第一节 CPⅡ平面控制网复测与加密

一、CPⅢ轨道控制网测量的作业流程

CPⅢ轨道控制网一般是在线下工程竣工、通过沉降变形评估后进行施测,其工作的主要内容与作业流程,如图14-1所示。

由于CPⅢ轨道控制网的精度直接影响到高速铁路高程平顺性的标准,而CPⅢ轨道控制网的精度受到CPⅠ或CPⅡ精度的影响,因此在CPⅢ轨道网建网前应对CPⅡ网进行全面复测,并检测CPⅡ控制点之间的兼容性。平面采用三等GPS测量技术要求进行复测,高程按二等水准测量技术要求进行复测,复测的方法见第十三章高铁精密控制网复测。当CPⅡ控制点复测成果与设计成果之差造成的点位差大于10mm时,应进行核实;如复测确认某个CPⅡ控

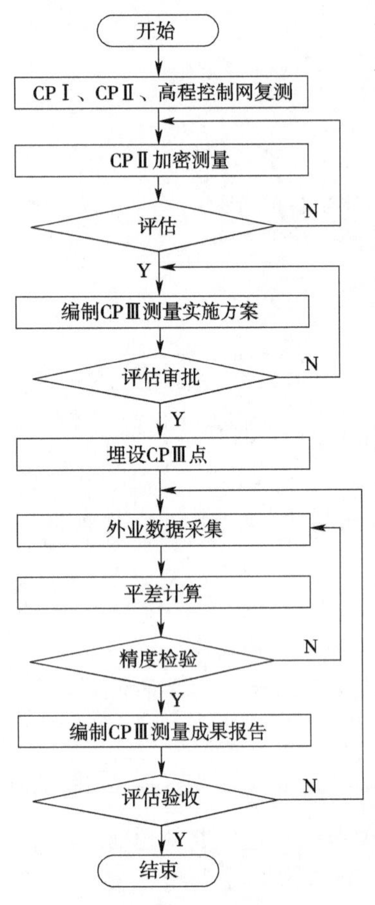

图14-1 CPⅢ控制网测量的主要内容与作业流程图

制点兼容性较差,应按同精度扩展的原则重新对该点成果进行平差。

二、CPⅡ平面控制网加密测量

CPⅢ网测量时平面网应附合至CPⅠ、CPⅡ控制点上,故当CPⅡ点位密度和位置不满足CPⅢ联测要求时,应按同精度内插的方式增设CPⅡ控制点。

1. CPⅡ平面控制网加密的布点要求

CPⅡ平面控制网经加密后,CPⅡ及加密控制点的分布要均匀,不能过密或过稀,一般宜为400~800m,平均间距宜为600m,且需要与连续的3个自由测站通视,自由测站与CPⅡ及加密控制点之间的距离小于300m且竖直角不宜过大;CPⅡ及加密控制点在桥梁地段不宜布设在桥下,宜布设在墩台顶部桥梁固定支座端上方,隧道内应布设为闭合环导线网。

2. CPⅡ平面控制网加密的测量技术要求

(1)GPS加密CPⅡ网。若采用GPS方法进行CPⅡ平面控制网加密测量时,应按照《高速铁路工程测量规范》(TB 10601—2009)中规定的GPS三等网精度进行施测,相邻控制点相对中误差不大于8mm,基线边方向中误差不大于1.7″,最弱边相对中误差不大于1/100000。CPⅡ加密测量时观测两个时段,每个时段不少于60min;加密1个CPⅡ点时应联测不少于2个CPⅠ及不少于2个CPⅡ点,且加密点位于所联测CPⅠ、CPⅡ点构成的网形中部。在数据处理中,CPⅡ加密点网平差可分区段进行,采用一个区段所有联测的原CPⅠ、CPⅡ点作为已知点进行二维约束平差,以保证CPⅡ加密点与原CPⅠ、CPⅡ网点的相对精度;平差前需检核已知点间的兼容性,对兼容性不好的已知点进一步分析原因,必要时进行重新测量。

(2)导线加密CPⅡ网。若采用导线方法进行CPⅡ平面控制网加密测量时,点间距宜不大于500m,应采用测角精度不低于1.0″,测距精度不低于1mm+2ppm的全站仪施测,水平角观测的半测回归零差、同一方向值各测回互差均小于6″,一测回内$2c$互差小于9″;导线边长测量读数至0.1mm,距离和竖直角往返各观测3或4个测回,测回间较差限值3mm。距离经高程和高斯投影改化后进行平差计算。起算数据为CPⅠ或CPⅡ点,平差采用通过相关部门鉴定的专业平差软件或商业软件计算。

第二节　CPⅢ网形设计

CPⅢ轨道控制网控制点的布设,宜沿线路方向,成对布设于线路两侧,每隔大约60m设一对控制点,每对控制点间的间距约为15m。CPⅢ网是一个三维控制网,也就是说CPⅢ控制点是平面高程控制点。德国博格公司规定CPⅢ网的精度指标为:平面网相邻点相对点位中误差

≤ ±1mm;高程网相邻点高差中误差≤ ±1mm。我国颁布的《高速铁路工程测量规范》(TB 10601—2009)规定相邻CPⅢ点高差中误差≤ ±0.5mm。

一、CPⅢ平面控制网形设计

1. CPⅢ平面控制网基本网形

轨道控制网CPⅢ的平面控制网,宜采用图14-2所示的网形。自由测站点间的距离120m左右,自由测站到CPⅢ点的最远观测距离不应大于180m,每个自由测站点观测其前后3对CPⅢ控制点(6对,共12个点);每个CPⅢ控制点应有3个方向交会。当在曲线段或遇施工干扰或观测条件稍差时,也可采用图14-3所示的图形,平面观测自由测站点间的距离60m左右,每个自由测站点观测其前后2对CPⅢ控制点(4对,共8个点);每个CPⅢ控制点应有4个方向交会。另外当遇到大跨度连续梁时,相邻CPⅢ控制点间距会出现接近80m的情况,这时也可以采用图14-3所示的网形。

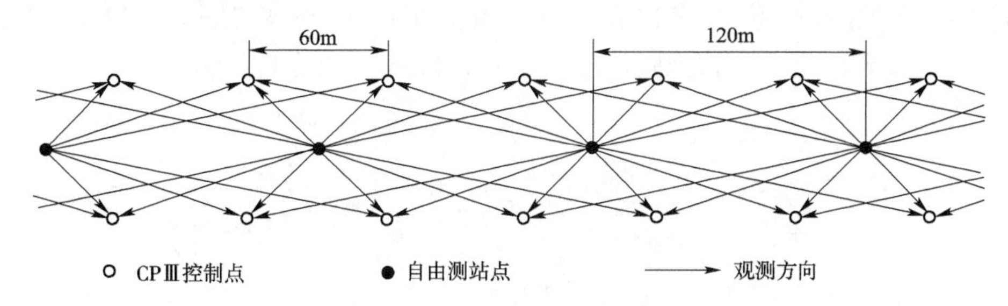

图14-2　测站间距120m的CPⅢ平面控制网形示意图

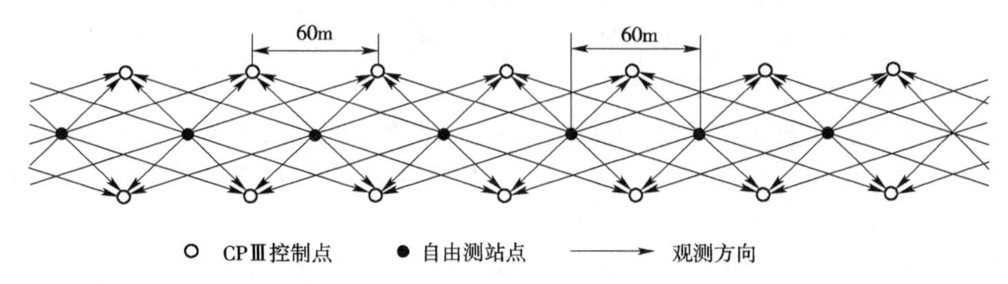

图14-3　测站间距60m的CPⅢ平面控制网形示意图

2. CPⅢ平面控制网与CPⅠ、CPⅡ控制点联测的网形

根据《高速铁路工程测量规范》(TB 10601—2009)要求,轨道控制网CPⅢ应尽可能保持高精度,同时为了整个线路的顺利贯通,则需要联测高等级的控制网(CPⅠ或CPⅡ),即CPⅢ控制网应每隔600m左右联测1个CPⅠ或CPⅡ控制点,并应至少通过2个或2个以上自由测站进行联测,如图14-4所示。联测CPⅠ、CPⅡ点时观测视距不应大于300m。

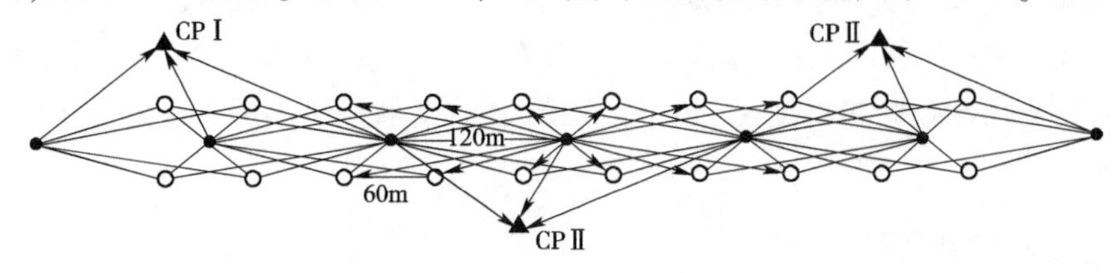

图14-4　通过自由测站与CPⅠ、CPⅡ控制点联测示意图

由于高速铁路以桥梁形式为主,自由测站位于梁面中间,而 CPⅠ、CPⅡ控制点位于地面,受外界通视条件的限制,有时在自由测站上不能直接观测到 CPⅠ、CPⅡ控制点,此时则要通过加密的自由测站 JM001 和 JM002,使 CPⅢ网点与 CPⅡ点间接发生关系,网形如图 14-5 所示。自由测站点 JM001 和 JM002 在地面上可以没有任何标志,但应尽可能多观测 CPⅢ点(至少 3 个以上),观测视距不应大于 300m。

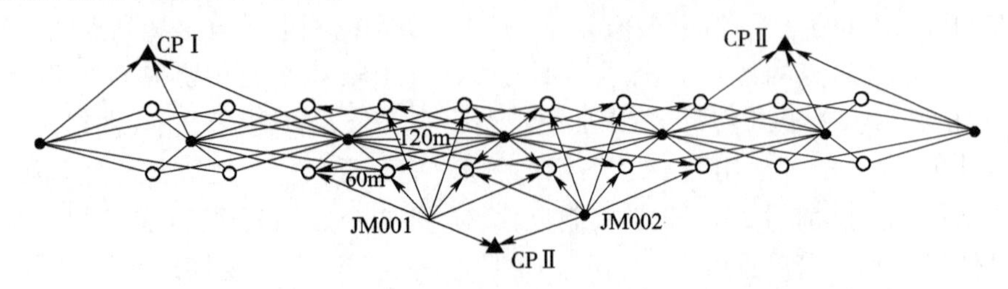

图 14-5 通过加密的自由测站与 CPⅠ、CPⅡ控制点间接联测示意图

联测 CPⅠ、CPⅡ控制点,也可以在 CPⅠ、CPⅡ点上设站,尽可能多地观测控制网中的 CPⅢ点(至少应联测 3 个以上),观测视距不应大于 300m,如图 14-6 所示。

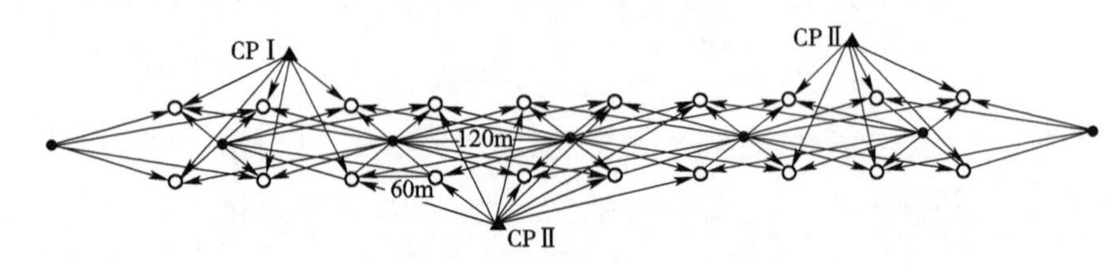

图 14-6 以 CPⅠ、CPⅡ点上设站联测 CPⅢ控制点的网形示意图

3. CPⅢ平面控制网分段与测段衔接测量基本网形

(1)CPⅢ网相邻测段的衔接测量

CPⅢ控制网可以根据施工需要分段测量。分段测量的测段长度不宜小于 4km,至少应有 6 对(12 个)CPⅢ点作为公共点;在相邻两区段中都要测量,即不少于 6 对 CPⅢ点作为分段重叠观测区域,以便进行测段衔接。

这些公共点在各自区段中的观测和平差计算应满足 CPⅢ网的精度要求;除此之外,还要满足各自区段平差后的公共点 X、Y、H 较差应≤ ±3mm。达到上述要求后,前一区段 CPⅢ网的平差结果不变,后一区段的 CPⅢ网要再次平差。再次平差时除要约束本区段的上一级控制点外,还要约束前一区段公共点中至少 2 个公共点的坐标。这样其他未约束的公共点在两个区段分别平差后的坐标差值应≤ ±1mm,以确保 CPⅢ网的整体精度。最后公共点的坐标,应该采用前一区段 CPⅢ网的平差结果。

(2)CPⅢ网投影换带处的衔接测量

坐标换带处 CPⅢ平面网的计算,应分别采用相邻两个投影带的 CPⅠ、CPⅡ坐标进行约束平差,并分别提交相邻投影带两套 CPⅢ平面网的坐标成果。提供两套坐标的 CPⅢ测段长度不应小于 800m。

二、CPⅢ高程控制网形设计

CPⅢ高程控制网可以采用 CPⅢ精密水准测量法和自由测站三角高程测量法两种方法。

采用精密水准测量法时，需要与平面网分开单独测量，其网形又可以分为矩形环测量路线和中视测量路线；自由测站三角高程测量法则可以随CPⅢ平面控制一次测量，节约了成本，提高了工效，具有良好的应用前景。

1. CPⅢ精密水准测量法

(1)矩形环水准网形式

如图14-7所示，每相邻两对CPⅢ点之间都构成一个四边形闭合环。假设CPⅢ网的高程从左侧推向右侧，则在最左边第一个四边形闭合环的4个CPⅢ点中间设置测站。此环共4段高差，考虑到这4段高差所组成四边形闭合环的独立性。这4段高差至少应该设置2个测站完成（如第一测站完成前三段高差的测量，第四段高差测量时应稍微挪动仪器或在原地改变仪器高后再测量）。随后水准仪搬迁至紧邻的第二个环的4个CPⅢ点中间，由于此闭合环中有1段高差在第一个闭合环中已经观测，因此此环只须设置1个测站完成三段高差的测量。以后各环均与第二个环相同，仅需一测站完成三段高差的测量。每段高差测量可采用数字水准仪的“后前前后”或“前后后前”方式单程观测，每2km联测一个测区内的二等水准基点，每个区段应至少与3个水准基点进行联测，形成检核。

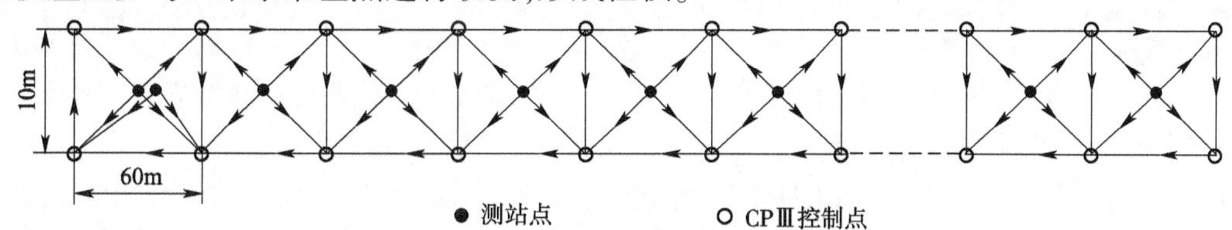

图14-7　CPⅢ矩形环水准网测量方法说明图

矩形环水准测量形成的闭合水准测量路线情况，如图14-8所示。

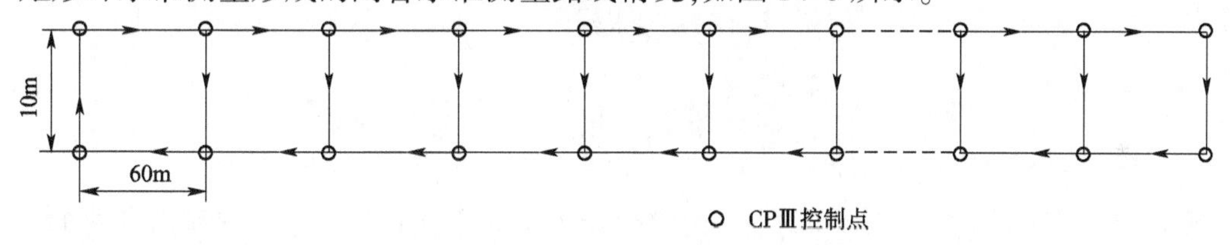

图14-8　CPⅢ矩形环水准网网形示意图

这种通过闭合环闭合差可以检核水准观测数据质量，每相邻4个CPⅢ点之间构成的水准闭合环的闭合差不得大于1mm。采用这种单程水准测量，可以减少外业观测工作量。

(2)中视水准网形式

采用中视水准网形式，往测时以轨道一侧的CPⅢ控制点为主线，进行水准测量，另一侧CPⅢ控制点则在水准仪设站时就近进行中视观测；返测时以另一侧的CPⅢ控制点为主线，进行水准测量，对侧的CPⅢ控制点则在设站时就近进行中视观测。往测和返测时中视水准网的网形如图14-9、图14-10所示。

中视水准网形式是德国旭普林公司在郑西客运专线工程中采用的CPⅢ水准测量方法，需要进行往返观测；相比我国高铁技术人员采用的矩形环水准网单程测量方法，其工作量较大。目前我国高铁CPⅢ水准测量大都采用矩形环水准网形式。

2. 自由测站三角高程测量法

在CPⅢ平面控制网测量时，测量了自由测站到各CPⅢ点的斜距和竖直角，已经建立了各

CPⅢ点间的三角高差关系;又由于CPⅢ网的多余观测数比较多,观测视线比较短,这样的三角高差的精度是比较高的,因此可以利用CPⅢ平面网测量时已经建立的自由测站到各CPⅢ点的三角高差关系,通过数据平差计算得到各CPⅢ点的三角高程,使之达到精密水准、二等水准的精度,以替代目前使用水准测量方法建立CPⅢ高程控制网,从而提高CPⅢ控制网的测量效率。关于这方面的研究,西南交通大学与中铁二局有限公司开展了“基于自由测站的CPⅢ高程网建网测量及其标准的研究”,成果证明了自由测站三角高程测量法能够取代CPⅢ精密水准测量法。

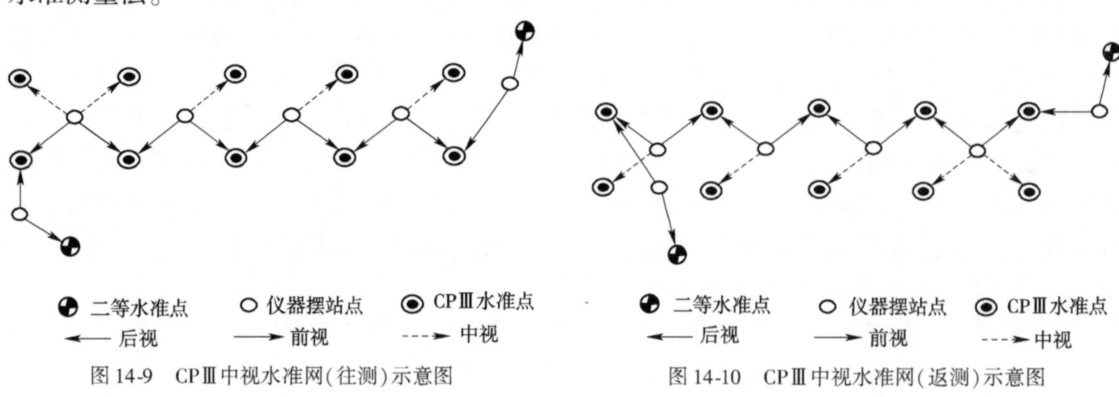

图14-9　CPⅢ中视水准网(往测)示意图　　图14-10　CPⅢ中视水准网(返测)示意图

3. CPⅢ区段的高程衔接处理

CPⅢ高程测量分段方式与CPⅢ平面测量分段方式一致,每段长度不宜小于4km,前后段接边时应联测另外一段2对CPⅢ点。区段之间衔接时前后区段独立平差重叠点高程差应≤3mm。满足该条件后,后一区段CPⅢ网平差应采用本区段联测的线路水准基点及重叠段前一区段连续1~2对CPⅢ点高程成果进行约束平差。

第三节　CPⅢ控制点的布设与编号

在完成CPⅢ控制网的网形设计后,就要根据方案进行CPⅢ控制点的布置与埋设工作。CPⅢ控制点是轨道铺设和运营维护的基准,因此其布设应兼顾施工及运营维护要求。

一、CPⅢ控制点布设

1. CPⅢ控制点布设方案

CPⅢ控制点一般按60m左右一对沿线路两侧布设,且不应大于80m。点位设置高度应不低于轨道面0.3m。CPⅢ控制点需长期保存,故应设置在稳固、可靠、不易破坏和便于测量的地方,并应防冻、防沉降和抗移动、标识清晰、便于准确识别和使用。下面分别以路基、桥梁和隧道部分进行说明。

(1)路基部分

一般路基地段,宜布置在接触网杆基础上(也可设置在专门的混凝土立柱上),约50m一对,其基础最下端用20mm×20mm的钢筋与接触网基础牢固连接,成桩后基座直径为25cm。CPⅢ标志则埋设在基座靠近线路一侧,距设计轨道面上方30cm处,预埋件中心线与水平方向偏上5°,如图14-11、图14-12所示。

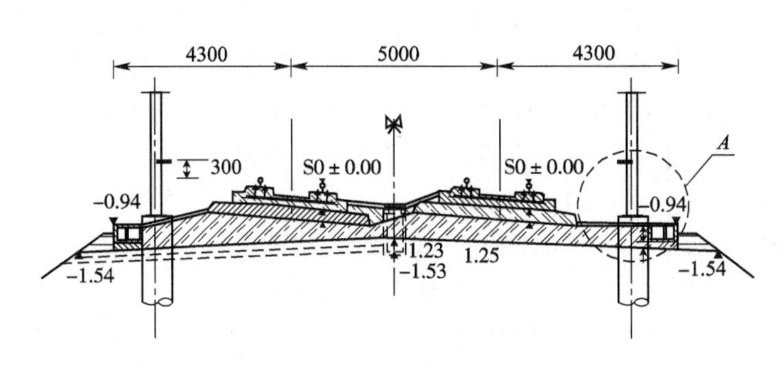

图 14-11　路基段 CPⅢ控制点埋设布置图(尺寸单位:cm;高程单位:m)

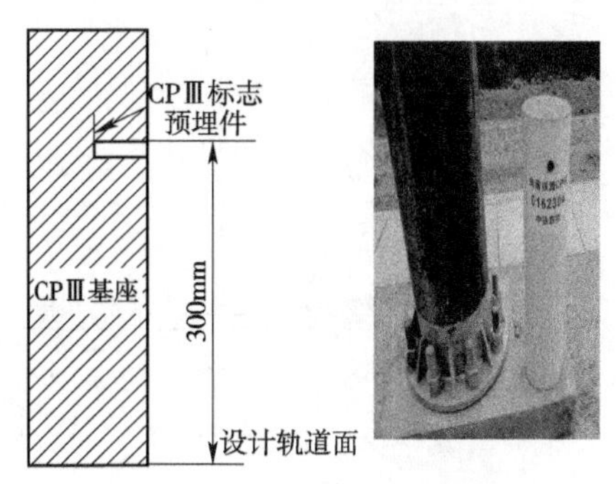

图 14-12　路基段 CPⅢ控制点桩

(2)桥梁部分

在桥梁路段,CPⅢ标志一般埋设于梁固定支座上方、防撞墙的顶部中间,预埋件的中心线与水平方向偏上5°,隔一孔梁(约65m处)埋设于相同的位置;非标梁和连续梁每50~70m处埋设一对CPⅢ标志,尽量不要设置在梁的中间部位。施工单位应在相应的防撞墙顶部预留直径5cm、深10cm的孔,以便安装CPⅢ预埋件或者在浇筑防撞墙时待混凝土凝固之前直接安装预埋件,如图14-13、图14-14所示。

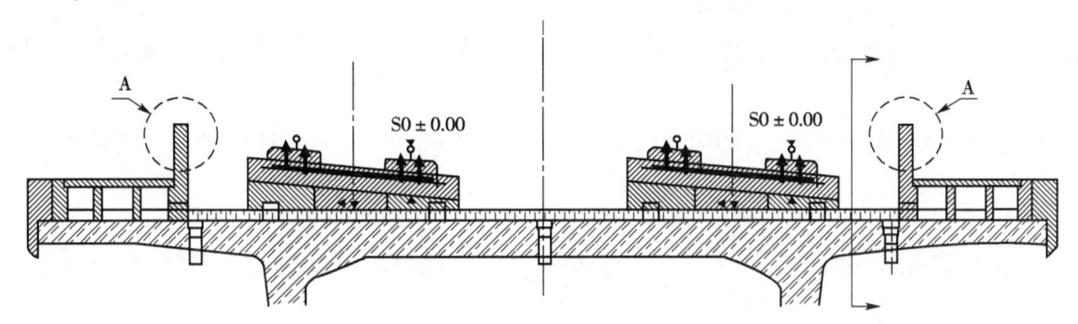

图 14-13　桥梁段 CPⅢ控制点埋设布置图

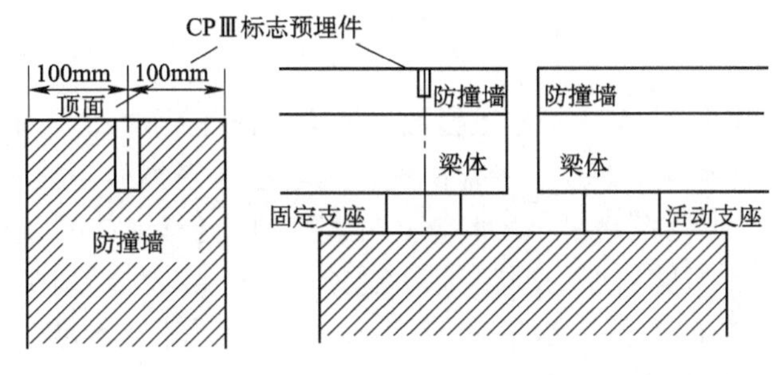

图 14-14　桥梁段防撞墙上的 CPⅢ控制点

(3)隧道部分

埋设于隧道边墙,距离电缆槽顶85cm,预埋件中心线与水平方向偏上5°,安装预埋件时打孔,如图4-15所示。

2. CPⅢ控制点的标志类型

CPⅢ控制点标志采用精加工元器件,用不易生锈及腐蚀的不锈钢材料统一制作。根据《CPⅢ测量管理办法》相关规定,全线采用同一种CPⅢ测量标志,其几何尺寸加工误差不应大

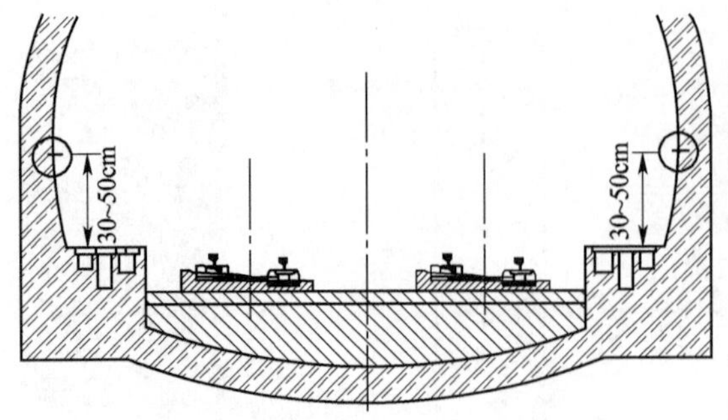

图 14-15　隧道段边墙上的 CPⅢ控制点埋设布置图

于 0.05mm；CPⅢ控制点标志重复安置精度和互换安装精度 X、Y、Z 三方向应分别小于0.3mm。CPⅢ控制点标志主要由预埋件、棱镜与棱镜杆、高程杆等部件组成，其相关说明如下。

(1)预埋件

CPⅢ建网前需要埋设如图 4-16 所示的预埋件，其用于连接棱镜杆或高程杆，在需要进行 CPⅢ测量时使用。预埋件配有保护盖，用于保持预埋件内部的清洁。

(2)棱镜与棱镜杆

CPⅢ平面控制测量时，需要将棱镜、配套棱镜杆与预埋件相连，目前 CPⅢ测量中常用的有瑞士 Leica 公司 GPR121 棱镜和德国 Sinning 公司棱镜，如图 4-17、图 4-18 所示。

(3)高程杆

CPⅢ高程控制网测量时使用的高程杆，如图 4-19 所示。

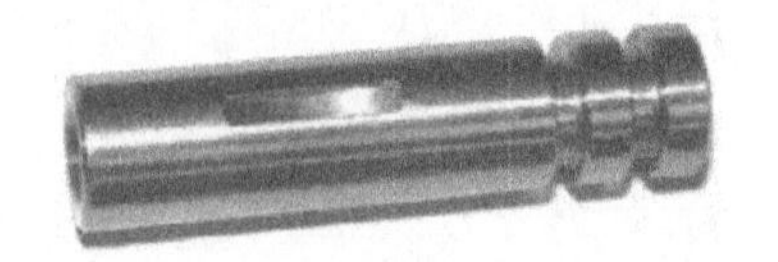

图 14-16　CPⅢ控制点预埋件(右)与保护盖(左)

图 14-17　Leica GPR121 棱镜及配套使用的棱镜杆(左)

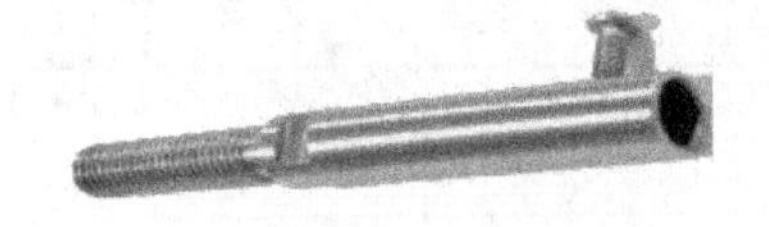

图 14-18　Sinning 公司棱镜及配套使用的棱镜杆(左)

图 14-19　高程杆

二、CPⅢ控制点的编号

CPⅢ控制点按照公里数递增进行编号，其编号反映里程数。所有线路里程增加方向轨道左侧编号为奇数，里程增加方向轨道右侧编号为偶数，在有长短链地段应注意编号不能重复。CPⅢ的点号由 7 位数组成，从左到右前 4 位数表示 CPⅢ点所在里程的整公里数，第 5 位是“3”表示 CPⅢ点，后 2 位数字表示点的顺序号。点的顺序号为奇数表示该点在里程增加方向的左侧，为偶数表示该点在里程增加方向的右侧。当里程不足 4 位数、点顺序号不足 2 位数时，加“0”填充，以保证 CPⅢ点号 7 位数字齐全，见表 14-1。

CPⅢ控制点编号示例说明　　表 14-1

点　编　号	含　　义	数 字 代 码	在里程内点的位置
0356301	线路里程 DK356 范围内线路前进方向左侧的第 1 个 CPⅢ点	0356301	轨道左侧奇数 1、3、5、7、9、11 等
0356302	线路里程 DK356 范围内线路前进方向右侧的第 1 个 CPⅢ点	0356302	轨道右侧偶数 2、4、6、8、10、12 等

CPⅢ网的自由测站点号也由7位数组成，从左到右第1位为大写英文字母“Z”表示测站，第2、3、4、5位数为CPⅢ点所在里程的整公里数，第6、7位数字表示测站的序号，同样当位数不足时，加“0”填充以保证自由测站号也7位数字齐全。如自由测站点编号“Z035602”，表示里程K356范围内沿线路里程增加方向第2个测站。

第四节 CPⅢ网平面测量

CPⅢ平面控制网的外业测量，应采用高精度智能型全站仪，在专门研制的CPⅢ数据采集软件的控制下，按照“自由测站边角交会”测量方法和要求，对各CPⅢ点位上的棱镜组件进行自动观测。其平面控制网的主要精度指标，见表14-2。

CPⅢ平面控制网的主要精度指标 表14-2

平面控制点	测量方法	方向观测中误差(″)	距离观测中误差(mm)	可重复性测量精度(mm)	相邻点间相对点位中误差(mm)
CPⅢ	自由测站边角交会	±1.8	±1.0	±1.5	±1.0

注：可重复性测量精度指控制点两次测量，其X、Y方向坐标差的中误差；相对点位中误差则是指相邻两点间相对点位误差椭圆长短轴平方和的开根号值。

一、仪器设备

(1)全站仪应具有自动目标搜索、自动照准、自动观测、自动记录功能，其标称精度测角精度≤1″、测距精度≤(1mm+2ppm)，如Leica TCRA1201、TCA1201、TCA 1800、TCA2003及Trimble S6、S8等，每台仪器应配12～13个精密的Leica公司棱镜或Sinning公司棱镜(注意两种棱镜的棱镜常数不同)。

(2)观测前须按要求对全站仪、棱镜进行检校。边长观测应进行温度、气压等气象元素改正，配套的温度计读数精确至±0.2℃，气压计读数精确至±0.5 hPa。

(3)外业观测中，应采用上述智能型全站仪，在自动观测数据采集软件的控制下进行。因此需配备装载CPⅢ自动观测数据采集软件的笔记本电脑或掌上电脑PDA一部以及电脑与智能型全站仪通信设备等。

二、CPⅢ自动观测数据采集软件

1.数据采集软件的特点

CPⅢ自动观测数据采集软件，须通过有关部门的评审，具备以下特点：

(1)可以设置CPⅢ平面控制网外业测量(水平方向观测和水平距离观测)的主要技术指标。水平方向观测的技术指标主要有：测回数、半测回归零差、不同测回同一方向2C互差、同一方向归零后方向值较差；水平距离观测的技术指标主要有：测回数、半测回间距离较差和测回间距离较差等。

(2)采集过程中建立了严格的实时质量控制体系，实时检核各项限差，对不合格超限的数据要求重测。

(3)对采集的数据进行筛选，最终将符合规范要求的质量合格的观测数据保存在规定的数据文件中。同时也自动保存观测过程中的所有原始观测数据，供事后溯源分析。

2. Trimble DMS 软件简介

西南交通大学、中铁第一勘察设计院集团有限公司、Trimble 公司共同研制的“Trimble DMS(data measure system)”软件，如图 14-20 所示，是为我国轨道施工中 CPⅢ平面网测量数据采集设计的外业观测自动控制软件之一，其可运行在任意一款 Windows CE 操作系统的外业电脑或 PDA 手簿上。其主要控制 Trimble 公司的智能型全站仪 Trimble S6、S8，自动完成外业观测，同时将合格数据记录在手簿中的内存卡上。类似的控制软件还有西南交通大学、中国中铁二院工程集团有限公司研制的“CPⅢ DMS(data measure system)”软件、南方高铁测量技术有限公司研制的“CPⅢ数据采集系统”软件等，其可通过数据电缆或无线控制瑞士 leica 公司的智能型全站仪 TCA2003，TCA1201 等。

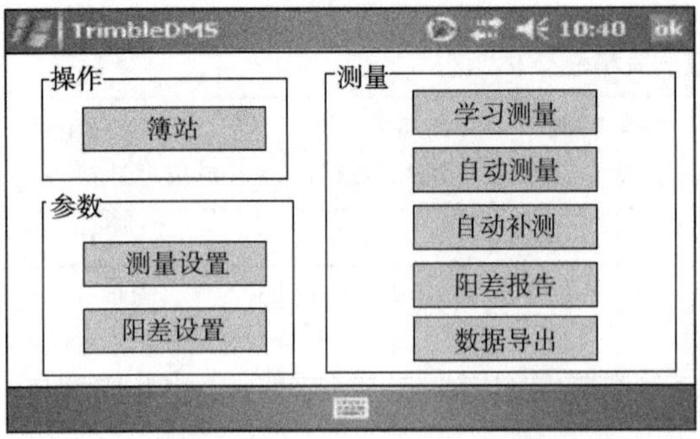

图 14-20 Trimble DMS 软件测量主界面

CPⅢ数据采集软件的主要功能有：

(1)观测限差和控制参数的编辑、录入。

(2)仪器自由设站后的坐标数据编辑录入，以及实时修改全站仪度盘，完成后视归零。

(3)进行自动观测前，各 CPⅢ控制点和 CPⅡ、CPⅠ等目标点位的学习测量。

(4)按观测参数进行多测回方向和距离的全圆观测，观测成果自动保存到 SD 卡上。

(5)在自动观测过程中，严格按设定限差检查观测成果是否合作；如果超限，则实时提示，并由操作人员决定是否重测。

三、作业方法与观测技术要求

在自动观测软件的控制下，采用自由测站边角交会方法测量 CPⅢ网点，当采用图 14-2 网形时，每个自由测站观测 12 个 CPⅢ点，每个 CPⅢ点至少应保证有 3 个自由测站上的方向和距离观测量；当采用图 14-3 网形时，每个自由测站观测 8 个 CPⅢ点，每个 CPⅢ点至少应保证有 4 个自由测站上的方向和距离观测量。方向和距离观测技术要求，见表 14-3、表 14-4。

CPⅢ平面控制网水平方向观测技术要求 表 14-3

控制网等级	仪器等级(″)	测回数(测回)	半测回归零差(″)	不同测回同一方向 2C 互差(″)	同一方向归零后方向值互差(″)
CPⅢ平面控制网	0.5	2	6	9	6
	1	3	6	9	6

CPⅢ平面控制网距离观测技术要求 表 14-4

控制网等级	测回数(测回)	半测回间距离较差(mm)	测回间距离较差(mm)
CPⅢ平面控制网	≥2	1	1

CPⅢ平面控制网测量应在气象条件相对比较稳定的天气(温差变化较小，湿度较小)下进行，尽量选择无风的阴天或夜晚无风的时段施测，应避开日出、日落、日中的前后 1h 的时段观测；夜间观测应注意避开强光源对观测的影响。

四、现场记录

每次测量开始应填写自由测站记录表，记录每个测站的温度、气压以及 CPⅢ点、测站点信息等，记录格式见表 14-5。

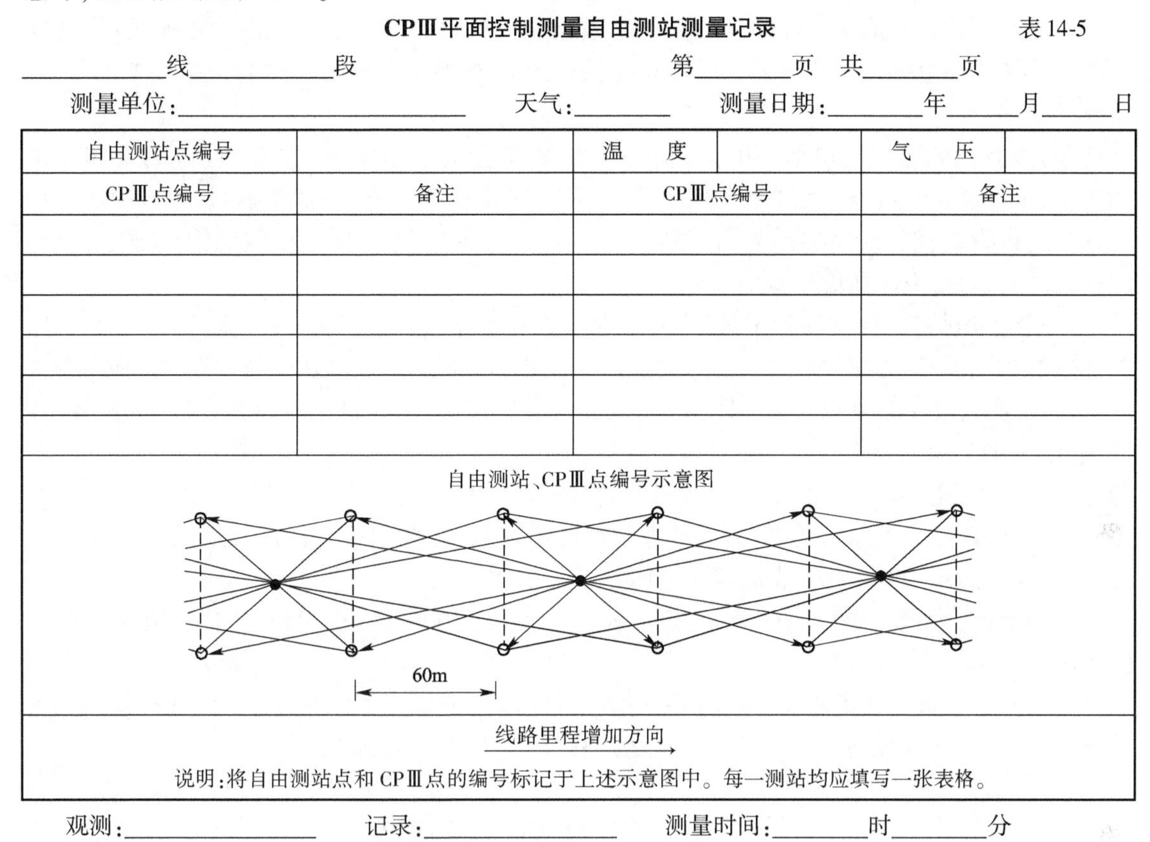

CPⅢ平面控制测量自由测站测量记录　　表 14-5

________线________段　　　　第______页　共______页

测量单位：____________　天气：______　测量日期：______年____月____日

自由测站点编号		温　度		气　压	
CPⅢ点编号	备注	CPⅢ点编号		备注	
自由测站、CPⅢ点编号示意图					
线路里程增加方向→ 说明：将自由测站点和 CPⅢ点的编号标记于上述示意图中。每一测站均应填写一张表格。					

观测：________　记录：________　测量时间：______时______分

五、CPⅢ数据采集操作步骤

如图 14-21 所示，1200301－1200312 为待测量的 6 对 CPⅢ控制点；CPⅡ01、CPⅡ02 为已知的 CPⅡ控制点；Z1200301－Z1200306 为全站仪自由测站点。现以南方高铁测量技术有限公司的“CPⅢ数据采集系统”软件和 leica 公司的 TCA1201 全站仪为例，介绍 CPⅢ数据采集的操作步骤。

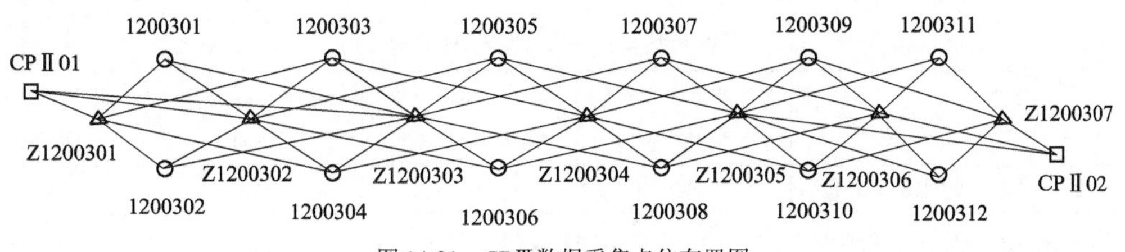

图 14-21　CPⅢ数据采集点位布置图

(1)全站仪检校。测量前应进行全站仪检校。点击菜单“工具”→“检查与校正”→“补偿器”或“组合校正”(使用组合校正更全面)。自动观测全站仪需经常进行组合校正，否则其测量精度会下降。

(2)全站仪设站与精平。使用低脚架全站仪置站于 Z1200301,粗平,按 shift + F12(快捷键)打开电子气泡,调节脚螺旋,使 X、Y 偏差均在 10 以下;再按 shift + F10(快捷键)自动换面,检查电子气泡,若不平,调节脚螺旋,精平,使 X、Y 偏差均在 10 以下。反复几次,使偏差达到要求。

(3)用 Y 型线或无线电台将全站仪与电脑相连,将全站仪设置成 GEOCOM 模式;设置通信参数:端口(与电脑设备管理器下的端口保持一致)、波特率(19200),数据位 8,停止位 1,奇偶 N 等。

(4)电脑(USB 口)与电台(圆孔口)相连(要安装电台线缆驱动软件 CP210x_VCP_Win2K_XP_S2K3),打开电脑上的"CPⅢ数据采集软件"(安装软件锁驱动,插上软件锁)→点"工程配置",进行设置,使"通信参数"与全站仪一致→点"数据采集"→点"获取气泡读数"。若不能获取气泡读数,说明通信没接上。

(5)接上通信后,将仪器置于盘左(Ⅰ)位置,首先进行"学习"测量。勾"新测站",测回数选"3",测站名称填"Z1200301"。全站仪盘左人工粗瞄 CPⅢ点(1200301)后,点"学习";再人工粗瞄 CPⅢ点(1200303)后,点"学习";依次完成 CPⅢ点(1200304)、CPⅢ点(1200302)和 CPⅡ点(CPⅡ01)的"学习"。

(6)点"数据采集",则仪器自动全圆方向观测法测量。盘左自动观测 1200301、1200303、1200304、1200302、CPⅡ01、1200301 点;再盘右自动观测 1200301、CPⅡ01、1200302、1200304、1200303、1200301。如此自动观测共 3 测回。

(7)搬站至 Z1200302,同样操作,保证连续 3 站(Z1200301、Z1200302、Z1200303)与同一 CPⅡ01 点联测。

(8)完成 CPⅢ室外采集后,从 report 文件夹下将 Z1200301. SUC 等采集数据文件复制到数据处理软件中,进行数据处理。其方法见第六节"CPⅢ网数据处理"。

第五节　CPⅢ网高程测量

CPⅢ高程控制测量可以采用精密水准测量方法,也可以采用自由测站三角高程测量方法。精密水准测量一般采用矩形环水准网形式,自由测站三角高程法在一些工程中的应用已表明可以达到精密水准测量法同样的精度,但还需要大量的实践去验证,因此该方法还没有普遍推广。目前 CPⅢ高程控制网还是以精密水准测量为主,其高程控制网的主要精度指标,见表 14-6。

CPⅢ高程控制网的主要精度指标　　表 14-6

高程控制点	测 量 方 法	每千米高差偶然中误差 M_{Δ}(mm)	每千米高差全中误差 M_{W}(mm)	可重复性测量精度(mm)	附合路线长度(km)
CPⅢ	精密水准测量	≤2	≤4	≤4	≤3

注:①可重复性测量精度,指控制点两次测量,其高程差的中误差。

②M_{Δ}、M_{W} 的计算公式为:$M_{\Delta} = \pm\sqrt{\frac{1}{4n}\left[\frac{\Delta\Delta}{L}\right]}$;$M_{W} = \pm\sqrt{\frac{1}{N}\left[\frac{WW}{L}\right]}$。(式中,$\Delta$ 为测段往返高差不符值,mm;L 为测段长或环线周长,km;n 为测段数;W 为水准路线环线闭合差,mm;N 为水准环数。)

一、CPⅢ高程控制测量仪器设备

（1）使用满足技术规范要求的精密数字水准仪或精密光学水准仪及铟瓦尺，仪器标称精度不低于 DS_1 级。

（2）推荐使用 Leica 公司的 DNA03 或 Trimble 公司的 DINI03 系列数字水准仪，并配备相应的铟瓦尺；光学水准仪可以使用 Leica 公司的 NA2、苏一光公司的 DS05 等系列光学水准仪及相应的铟瓦尺。

（3）在桥梁段若要进行"中间法三角高程测量"时，要使用具有自动照准、自动观测功能的全站仪。

二、作业方法与观测技术要求

在线下工程竣工且沉降和变形评估通过后，对全线的二等水准基点进行复测，将所有复测合格的二等水准基点，纳入 CPⅢ高程控制网。

（1）采用图 14-7、图 14-8 的矩形环水准网形时，CPⅢ点间采用单程精密水准测量方法，测量时应对相邻的 4 个 CPⅢ点构成的闭合环差进行，该闭合环差不得大于 1mm。

每 2km 联测一个水准基点，每个区段应至少与 3 个水准基点进行联测，联测时采用独立往返精密水准测量方法。精密水准测量的主要技术要求，见表 14-7、表 14-8。

CPⅢ高程控制网精密水准测量的主要技术要求（一）　　表 14-7

等级	水准仪型号	水准尺类型	视距（m）		前后视距差（m）		测段前后视距累积差（m）		视线高度（m）		数字水准仪重复测量次数（次）
			光学	数字	光学	数字	光学	数字	光学	数字	
精密水准	DS_1	铟瓦尺	≤60	≤60 且 ≥3	≤1.5	≤2.0	≤3.0	≤6.0	下丝≥0.3	≤2.8 且 ≥0.45	≥2

CPⅢ高程控制网精密水准测量的主要技术要求（二）　　表 14-8

不符值限差				测站限差			
测段、路线往返测高差不符值	测段、路线左右线测高差不符值	附合或闭合路线闭合差	检测已测段高差之差	基、辅分划读数差	基、辅分划所测高差之差	上下丝读数平均值与中丝读数之差	间歇点检测高差之差
$\leq 8\sqrt{K}$	$\leq 6\sqrt{K}$	$\leq 8\sqrt{L}$	$\leq 8\sqrt{R_i}$	0.5	0.7	3	1
说明：K 为测段水准路线长度，L 为水准路线长度，R_i 为检测测段长度，km；限差单位为 mm				说明：测站限差单位为 mm			

（2）中间设站光电测距三角高程测量法。桥梁段若要进行 CPⅢ点与线路水准基点联测，由于线路水准基点位于地面，而 CPⅢ点位于桥面；当桥面与地面高差大于 3m 时，用水准测量的方法将线路水准基点高程传递到桥面 CPⅢ点上比较困难。传统方法是悬挂钢钢尺进行高程传递，在高差计算时进行尺长、温度等各项改正，操作很复杂。随着高精度全站仪在高速铁路工程中的应用，可采用不测量仪器高、棱镜高的中间设站光电测距三角高程测量法，将桥下

线路水准基点高程传递到桥面CPⅢ点上。该方法经过上海磁悬浮、京津城际客运专线等工程实践,取得良好应用效果。测量中前后视必须使用同一个棱镜,且观测过程必须确保棱镜高度不变。上桥测量时使用固定长度的棱镜杆,确保棱镜安置在线路水准基点和CPⅢ高程控制点上时的高度保持不变。该方法在没有仪器高和棱镜高量取误差的情况下,求出两点间的高差。其原理如图14-22所示,B点为桥下的二等水准基点,F为桥面水准CPⅢ点,固定棱镜高度为v,先观测仪器中心至后视B棱镜中心之间的高差Δh_1。再将棱镜杆移至前视F点,以保持棱镜杆高度不变,并测出仪器中心至前视棱镜中心之间的高差Δh_2,可求得B点至F点间的高差ΔH_{BF}:

$$\Delta H_{BF} = v - \Delta h_1 + \Delta h_2 - v = \Delta h_2 - \Delta h_1 \tag{14-1}$$

从式(14-1)可以看出,此方法消除了仪器高、棱镜高丈量误差,提高了测量精度。

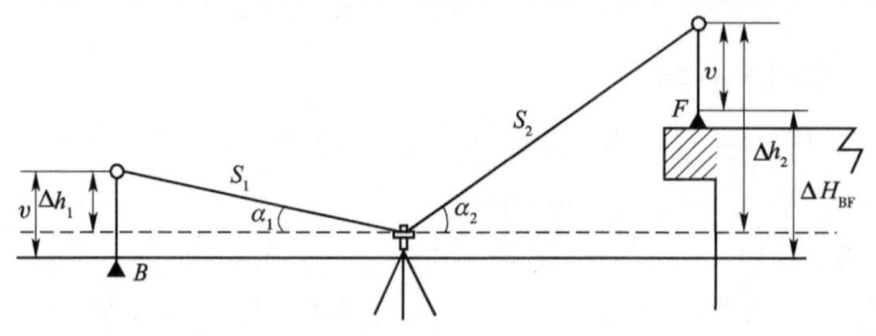

图14-22 不测量仪器高、棱镜高的中间设站光电测距三角高程测量示意图

该方法采用测角精度小于1″、测距精度小于(1mm+2ppm)的全站仪观测,前后视距应小于100m,仪器到前视棱镜和后视棱镜的距离应尽量相等,一般差值不宜超过5m,观测竖直角小于28°,变换仪器高度测量2次,两次测量高差互差小于1mm时取平均值。观测时准确测量温度、气压值,以便进行边长改正,其外业测量技术要求见表14-9。

中间设站光电测距三角高程测量外业观测技术要求 表14-9

垂直角测量			距离测量		
测回数(测回)	指标差较差(″)	测回间较差(″)	测回数(测回)	测回内较差(mm)	测回间较差(mm)
4	≤5	≤5	4	≤2	≤2

第六节 CPⅢ网数据处理

采用通过评审的数据处理软件,进行CPⅢ控制网观测数据的平差计算,数据处理软件应具有直接导入观测数据并对数据进行质量检核、粗差探测、平差计算、精度评定、成果输出等功能,能够实现从外业数据采集到内业平差计算一体化的作业模式,尽量减少人工干预,消除人为因素产生的错误,提高测量工效。目前CPⅢ平面控制网的平差计算一般分两次进行,先进行自由网平差,得到水平方向和距离观测值改正数、验后单位权中误差的大小,CPⅢ网尺度与CPⅠ、CPⅡ网尺度的差异情况等,这些指标反映CPⅢ网实际的测量精度和与上一级控制网的匹配情况;再进行约束平差,约束点则是自由测站联测的CPⅠ、CPⅡ点。这是我国普遍采用的CPⅢ平面控制网平差方法。

一、CPⅢ DAS软件功能介绍

西南交通大学、中国中铁二院工程集团有限公司研制的“CPⅢ DAS(Data Adjustment Software）”软件是为我国高铁CPⅢ控制网数据处理而设计的通用CPⅢ平面网和高程网平差计算软件之一，要求在Windows 2000/XP操作系统下运行，微机上安装有Excel 2003和AutoCAD2004或更高版本的软件。其软件的主要功能如图14-23所示。

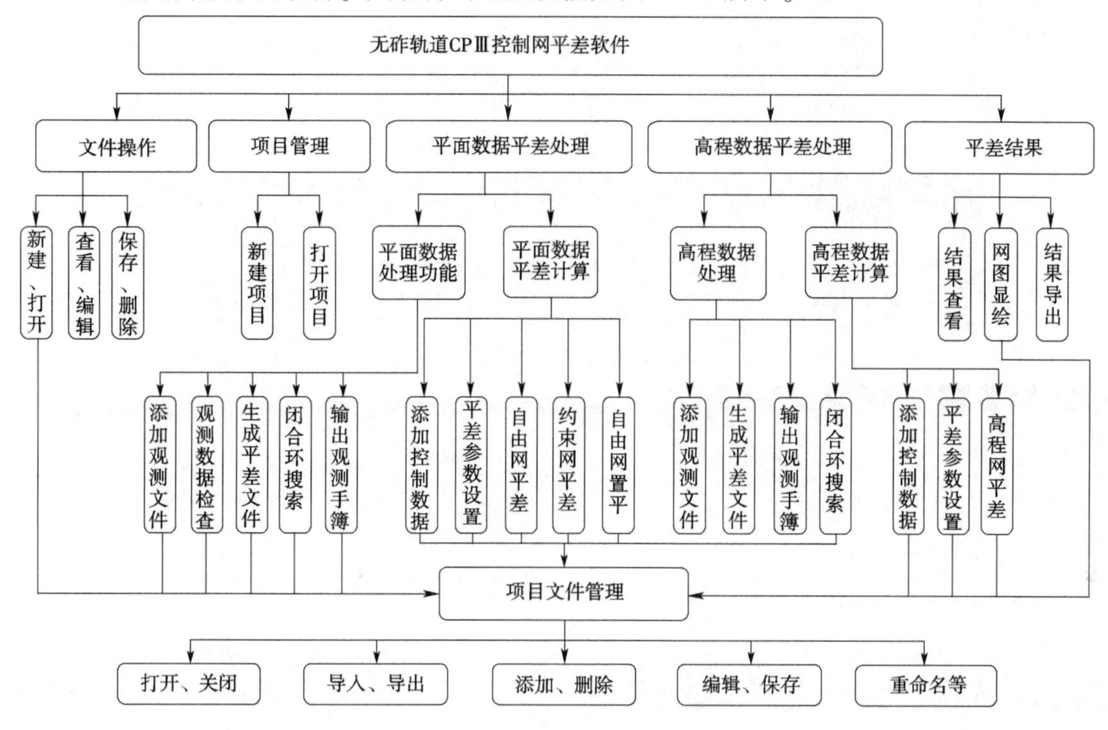

图14-23　CPⅢ DAS软件的主要功能

1. CPⅢ DAS软件的主要功能

（1）平面数据处理部分包括：建立工程项目、测站数据检查、生成平差文件、闭合环搜索、闭合差计算、输出观测手簿、解算概略坐标、自由网平差校正、约束网平差处理、自由网平差置平、CPⅢ点间相对精度分析、网图显绘和误差椭圆绘制等功能。

（2）高程数据处理部分包括：建立工程项目、生成高差文件、生成平差文件、闭合差计算、网平差处理、输出观测手簿等功能。

2. CPⅢ DAS软件的使用说明

（1）“工程项目”菜单。CPⅢ DAS软件是按工程项目进行管理和处理的，所有操作是在所选定的工程项目中进行的，以便于用户存档和调阅。该菜单包括常见的新建、打开工程项目功能。

（2）“平面数据处理”菜单。其包括导入观测文件、选择计算测站、测站数据检查、生成平差文件、闭合环搜索、输出观测手簿。其软件窗口如图14-24～图14-29所示。

（3）“平面平差计算”菜单。其包括导入已知数据、添加平差文件、平差参数设置、解算概略坐标、自由网平差校正、约束网平差处理、自由网平差置平等。

①如图14-30所示，输入或导入CPⅠ、CPⅡ、CPⅡ加密等已知点数据，其格式为：

控制点1，点1北坐标X_1，点1东坐标Y_1（单位：m）

控制点2，点1北坐标X_2，点1东坐标Y_2（单位：m）

……

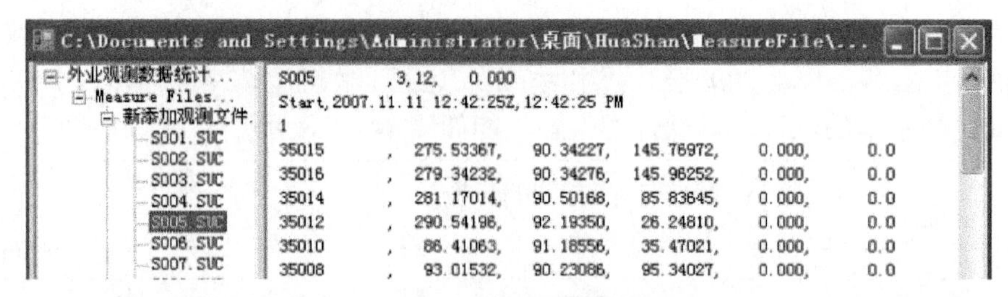

图 14-24 导入观测文件后窗口

项目中外业观测文件统计共 10 个，请选择要参与计算的文件！

序号	文件名	测站名	测回数	观测日期	观测时间	文件创建时间	文件修改时间	文件路径
☑1	S001.SUC	S001	3	2007.11...	9:55:48 AM	2007-11-19 0:...	2007-11-11 2...	C:\Documents and Sett
☑2	S002.SUC	S002	3	2007.11...	10:40:51 AM	2007-11-19 0:...	2007-11-11 2...	C:\Documents and Sett
☑3	S003.SUC	S003	3	2007.11...	11:11:14 AM	2007-11-19 0:...	2007-11-11 1...	C:\Documents and Sett
☑4	S004.SUC	S004	3	2007.11...	12:01:47 PM	2007-11-19 0:...	2007-11-11 1...	C:\Documents and Sett
☑5	S005.SUC	S005	3	2007.11...	12:42:25 PM	2007-11-19 0:...	2007-11-11 1...	C:\Documents and Sett

图 14-25 选择计算文件窗口

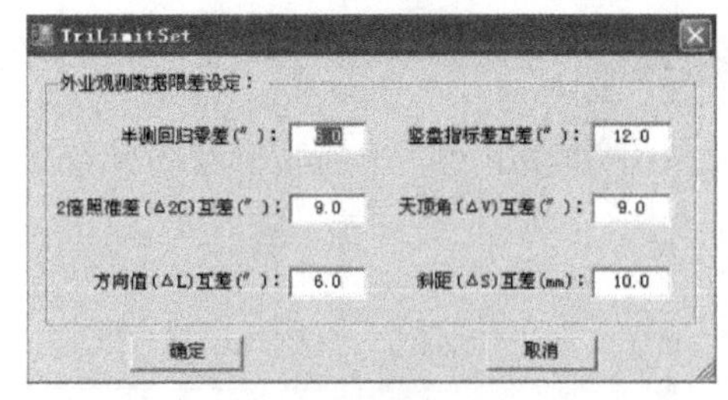

图 14-26 测站数据检查设置窗口

图 14-27 测站数据检查结果窗口

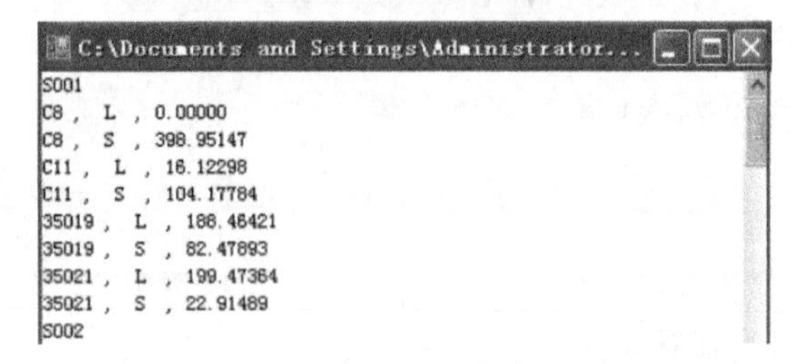

图 14-28 生成平差文件窗口

图 14-29 闭合环搜索和闭合差计算窗口

②添加平差文件。此为扩展功能，即用户可以在项目以外用其他编辑器编辑好平差输入文件后，通过此项功能导入到正在运行的项目中。

③平差参数设置。如图 14-31 所示，选择“已知数据文件”，即用来选择参与平差的控制点

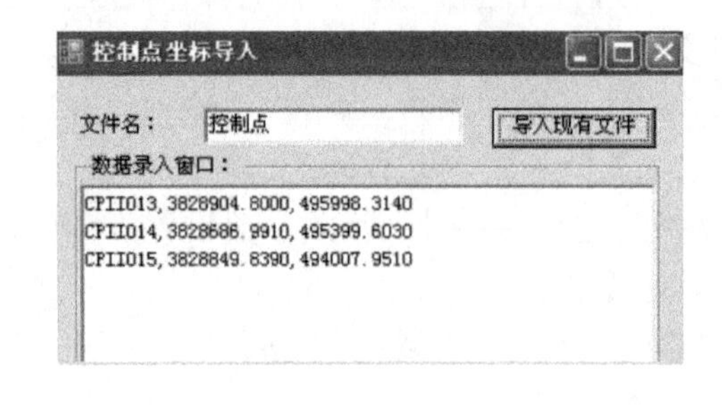

图 14-30 输入或导入已知数据窗口

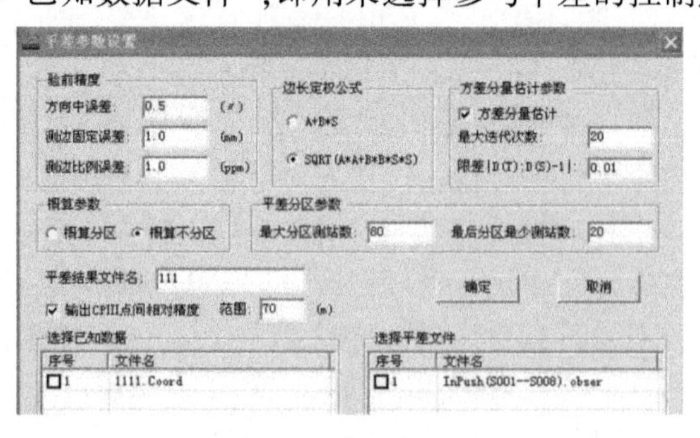

图 14-31 平差参数设置窗口

数据文件；选择“平差文件”，即用来选择参与平差的平差文件。注意两者只能选择一个。

④解算概略坐标。对选择的平差文件进行概略坐标的推算，其正确与否，将直接影响误差方程开列的正确性，如图14-32所示。

⑤自由网平差校正。以检查所选择的平差文件中的观测数据的内符合精度及其与控制点已知数据的兼容性。其中“验后单位权中误差”反映了观测数据的内符合精度，“尺度k”和“控制点变换后较差”反映了观测数据与控制点已知坐标的兼容性，当“控制点变换后较差”较大时，可将较差较大的控制点剔除后，重新进行自由网平差校正。

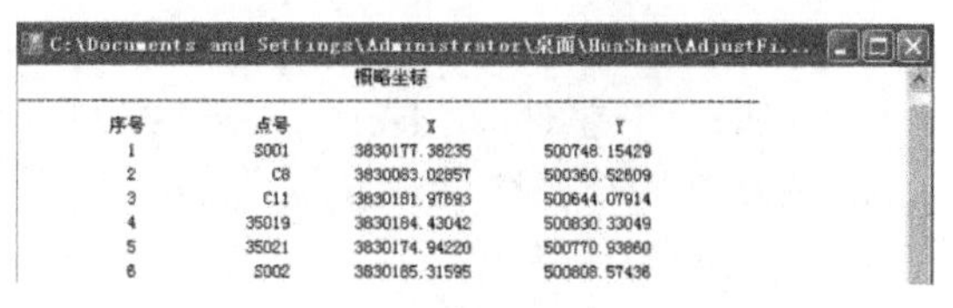

序号	点号	X	Y
1	S001	3830177.38235	500748.15429
2	C8	3830083.02857	500360.52609
3	C11	3830181.97693	500644.07914
4	35019	3830184.43042	500830.33049
5	35021	3830174.94220	500770.93860
6	S002	3830185.31595	500808.57436

图14-32　概略坐标解算结果窗口

⑥约束网平差处理。对通过“自由网平差校正”后的平差文件进行约束平差，输出平差结果。

⑦自由网平差置平。对所选择的平差文件进行自由网平差和置平，并输出平差结果。

(4)“高程数据处理”菜单。其包括：导入观测文件、设置处理参数、生成高差文件、生成平差文件、输出观测手簿，如图14-33、图14-34所示。

(5)“高程数据平差”菜单。其包括：导入控制数据、添加平差文件、平差参数设置、闭合差计算、网平差处理。“导入控制数据”若采用录入已知高程控制点，其格式为：

控制点点号1，高程(单位：m)

控制点点号2，高程(单位：m)

……

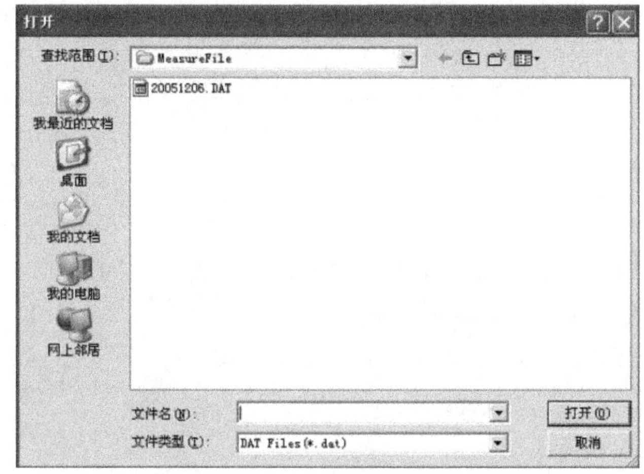

图14-33　导入高程观测文件窗口

图14-34　设置高程处理参数窗口

(6)“结果显示”菜单。其包括：网形显示，其用于显示平面网网形，可对网图进行放大、缩小、误差椭圆的显绘等；绘CAD图形，用于网形显示后，将整个观测网形绘制到AutoCAD软件中。

3. CPⅢ DAS软件中有关文件的说明

以下文件名为“demo”，根据实际情况，取不同的名称。

(1)工程文件:demo.cp3(项目文件)。

(2)平面数据处理:demo.suc(外业按测站观测数据文件);demo.limit(测站数据检查结果);demo.obser(平差导入文件);demo.circle(测站间闭合环检查结果);demo.xls(观测手簿文件)。

(3)平面平差计算:demo.coord(控制点坐标文件);demo.obser(平差导入文件);demo.preli(概略坐标计算结果);demo.fpadj(自由网平差结果);demo.cadj(约束网平差结果);demo.tpadj(自由网置平结果);demo.rac(平差后CPⅢ点间相对精度)。

(4)高程数据处理:demo.BM1(控制点高程文件);demo.DAT(Trimble DINI数字水准仪观测文件);demo.GSI(Leica DNA数字水准仪观测文件);demo.hdf(高差文件)、demo.in1(高程平差文件)、demo.gca(闭合差计算结果文件)、demo.ou1(高程网平差结果文件)。

(5)图形文件:demo.grp(网图形文件)。

二、CPⅢ网的坐标转换平差算法原理

CPⅢ网的坐标转换平差算法原理是:先把CPⅢ网中各网点连同其联测的CPⅠ网点、CPⅡ网点或CPⅡ加密网点一起进行自由网平差;自由网平差后,CPⅠ、CPⅡ点或CPⅡ加密点就有两套坐标,一套是它们在自由网平差后得到的新坐标,另一套是它们在CPⅠ、CPⅡ网或CPⅡ加密网建网时的旧坐标。当CPⅢ网联测的CPⅠ网点、CPⅡ网点或CPⅡ加密网点数量超过2个时,就可以按照最小二乘原理,求解新旧两套坐标系统的坐标转换参数。常见的新旧两套平面坐标系的转换参数有4个,分别为2个平移参数、1个旋转参数和1个尺度缩放参数。其转换模型公式为:

$$\begin{bmatrix} x \\ y \end{bmatrix}_{新} = \begin{bmatrix} \Delta x \\ \Delta y \end{bmatrix} + (1+k)\begin{bmatrix} \cos\alpha & \sin\alpha \\ -\sin\alpha & \cos\alpha \end{bmatrix} \cdot \begin{bmatrix} x_{自} \\ y_{自} \end{bmatrix} \tag{14-2}$$

式中:Δx、Δy——平移参数;

k——尺度参数;

α——旋转参数;

$x_{自}$、$y_{自}$——CPⅢ网自由网平差后的坐标;

x、y——CPⅢ网自由网平差后的坐标x_0、y_0转换到CPⅠ、CPⅡ网坐标系统中的坐标。

将上式中的4个转换参数作为平差参数,所得的误差方程为:

$$\begin{cases} v_x = \delta\Delta x + (x^0\cos\alpha^0 + y^0\sin\alpha^0)\delta k + [-x^0(1+k^0)\sin\alpha^0 + y^0(1+k^0)\cos\alpha^0]\delta\alpha - l_x \\ v_y = \delta\Delta y + (-x^0\sin\alpha^0 + y^0\cos\alpha^0)\delta k + [-x^0(1+k^0)\cos\alpha^0 - y^0(1+k^0)\sin\alpha^0]\delta\alpha - l_y \end{cases} \tag{14-3}$$

$$l_x = x - [\Delta x^0 + (1+k^0)(x^0\cos\alpha^0 + y^0\sin\alpha^0)]$$

$$l_y = y - [\Delta y^0 + (1+k^0)(-x^0\sin\alpha^0 + y^0\cos\alpha^0)]$$

式中:Δx^0、Δy^0、k^0、α^0——平差参数的概略值。

若CPⅠ、CPⅡ控制点的个数大于2,则根据最小二乘原理,满足$V^TPV=\min$的原则进行参数估计,求得转换参数Δx、Δy、k、α。

根据公共点求得的转换参数Δx、Δy、k、α后,利用四参数转换模型式(14-2),即可将自由网平差的坐标成果转换为以CPⅠ、CPⅡ控制点为基准的坐标成果。利用公共点,可以将CPⅢ

联测的 CPⅠ、CPⅡ或 CPⅡ加密网的坐标与它们的原坐标进行比较,这种比较可反映出 CPⅢ网与原 CPⅠ、CPⅡ或 CPⅡ加密网的精度匹配情况。

三、CPⅢ网的置平平差算法原理

在 CPⅢ网及自由网平差时,可以把 CPⅢ网视为一个二维的平面刚体,CPⅠ、CPⅡ或 CPⅡ加密网,也可视为一个二维的平面刚体。这两个二维平面刚体如何匹配得最好,就是 CPⅢ网的置平平差算法需要解决的问题。该算法的实质就是在不改变 CPⅢ网网形刚体及其精度和不改变 CPⅠ、CPⅡ网或 CPⅡ加密网网形刚体及精度的前提下,通过坐标转换实现 CPⅢ自由网与 CPⅠ、CPⅡ网或 CPⅡ加密网的最好匹配,因而置平平差算法的实质就是两坐标系间的三参数坐标转换法。下面介绍 CPⅢ网置平平差算法涉及的数学模型。

三参数坐标转换公式为:

$$\begin{bmatrix} x \\ y \end{bmatrix} = \begin{bmatrix} \Delta x \\ \Delta y \end{bmatrix} + \begin{bmatrix} \cos\alpha & \sin\alpha \\ -\sin\alpha & \cos\alpha \end{bmatrix} \cdot \begin{bmatrix} x_{自} \\ y_{自} \end{bmatrix} \tag{14-4}$$

上式对应的误差方程为:

$$\begin{cases} v_x = \delta\Delta x + (-x^0\sin\alpha^0 + y^0\cos\alpha^0)\delta\alpha - l_x \\ v_y = \delta\Delta y + (-x^0\cos\alpha^0 - y^0\sin\alpha^0)\delta\alpha - l_y \end{cases} \tag{14-5}$$

$$\begin{cases} l_x = x - [\Delta x^0 + (x^0\cos\alpha^0 + y^0\sin\alpha^0)] \\ l_y = y - [\Delta y^0 + (-x^0\sin\alpha^0 + y^0\cos\alpha^0)] \end{cases}$$

式(14-4)、式(14-5)与式(14-2)、式(14-3)基本相同,只是没有尺度参数。同样若 CPⅠ、CPⅡ控制点的个数大于 2,则按满足 $V^{\mathrm{T}}PV = \min$ 的原则进行参数估计,求得转换参数 Δx、Δy、α。利用三参数转换模型,即可将自由网平差的坐标成果转换为以 CPⅠ、CPⅡ控制点为基准的坐标成果。

四、CPⅢ高程网的平差计算原理

由于 CPⅢ高程网是一个多余观测量较多的水准网,CPⅢ高程网应在保证其高差相对精度的前提下,最好附合到铁路沿线的二等水准点上,并采用所联测的二等水准点的高程作为基准数据进行严密平差计算。为了方便编程计算,CPⅢ高程控制网平差方法采用间接平差的方法进行,并采用联测沿线的二等水准点对其进行约束平差。

1. 高差误差方程式

按间接平差方法,第一步就要列出观测值的误差方程。由于 CPⅢ高程网是精密水准网,即观测量中有 CPⅢ点间的高差值和观测水准路线的长度,因此首先对高差观测值列误差方程。假设 i 点和 j 点的高程分别为 H_i 和 H_j,近似高程为 H_i^0 和 H_j^0,改正数为 δH_i 和 δH_j,高差观测值为 H_{ij},高差改正数为 vH_{ij},则有方程式:

$$H_{ij} + vH_{ij} = H_j - H_i \tag{14-6}$$

转换得高差误差方程式为:

$$vH_{ij} = \delta H_j - \delta H_i + (H_j^0 - H_i^0 - H_{ij}) \tag{14-7}$$

2. 高差观测值权的确定

对高差值进行平差,需建立所有点间高差观测值的权比关系。一般可按照经验定权法确定高差观测值的权比关系。以每公里高差观测值的中误差为单位权中误差,那么各点间的高差观测值的权 $P_{H_{ij}}$ 为:

$$P_{H_{ij}}=\frac{1}{S_{ij}} \tag{14-8}$$

式中:S_{ij}——i 点至 j 点高差观测水准路线的长度,km。

有了高差观测值的误差方程及其权,就可以按照间接平差方法进行 CPⅢ高程网的平差计算。

五、CPⅢ网平差计算的数据取位要求和平差后的主要精度指标

CPⅢ控制网在进行数据处理时,其平面网和高程网的数据取位要求见表 14-10、表 14-11。

CPⅢ平面控制网数据取位要求 表 14-10

控制网名称	水平方向观测值(″)	水平距离观测值(mm)	方向改正数(″)	距离改正数(mm)	点位中误差(mm)	点位坐标(mm)
CPⅢ平面网	0.1	0.1	0.01	0.01	0.01	0.1

CPⅢ高程控制网数据取位要求 表 14-11

控制网名称	往(返)测距离总和(km)	往(返)测距离中数(km)	各测站高差(mm)	往(返)测高差总和(mm)	往(返)测高差中数(mm)	高程(mm)
CPⅢ高程网	0.01	0.1	0.01	0.01	0.01	0.1

CPⅢ平面控制网进行数据处理平差后的主要精度指标,见表 14-12、表 14-13。

CPⅢ平面控制网自由网平差后的主要精度指标 表 14-12

控制网名称	方向改正数(″)	距离改正数(mm)
CPⅢ平面网	3	2

CPⅢ平面控制网约束平差后的主要精度指标 表 14-13

控制网名称	与 CPⅠ、CPⅡ联测		与 CPⅢ联测		点位中误差(mm)
	方向改正数(″)	距离改正数(mm)	方向改正数(″)	距离改正数(mm)	
CPⅢ平面网	4.0	4.0	3.0	2.0	2.0

第七节　无砟轨道底座及支承层放样

无砟轨道支承层是位于无砟轨道道床板和路基基床表层之间的中间过渡层,要求具有一定的强度和较小的收缩形变,起到缓冲过渡,防止道床板开裂等作用。因各个工程所采用的板型不同,所用的材料有所差异,其强度也不相同。CRTSⅠ型底座板放样数据是根据线路的平、纵曲线要素以及不同梁跨类型上的轨道布置图计算出来的;CRTSⅡ型底座板放样数据是通过设计院提供的轨道项目文件,利用施工布板软件计算出底座板边沿的放样数据。

一、混凝土底座施工方法简介

混凝土底座施工利用 CPⅢ控制点进行模板安装定位。指导模板安装的参考点平面定位

利用 CPⅢ控制点采用极坐标法放样，在清扫干净在基面（桥梁、路基、隧道）上，以每 5 ~ 10m 一个断面分别放样标注底座左边线点和右边线点，同时将两边线点向底座外侧偏移 15cm 标记护桩点，以作恢复左、右边线点之用；根据已放样标注的底座左、右边线点用墨线弹出模板安装边线，如图 14-35 所示。

模板安装参考点高程定位采用精密水准测量方法测设，实测底座左边线点和右边线点处参考点高程，根据底座混凝土顶面设计高程计算每个参考点处模板调高值，作为模板安装高程定位的依据。

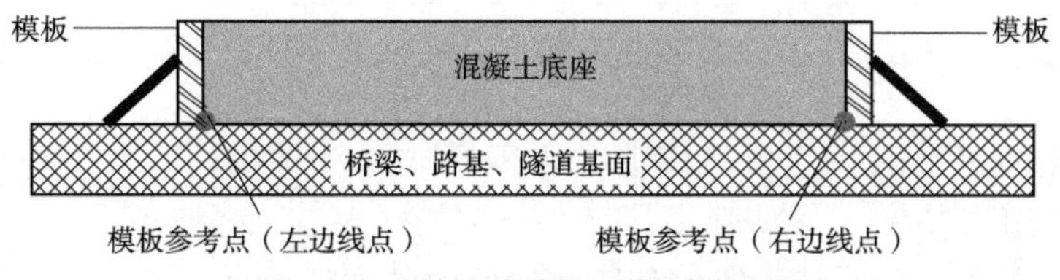

图 14-35　混凝土底座施工模板安装定位

混凝土底座是位于基础层上的钢筋混凝土结构，其对高程要求较高，顶面允许高程误差为 -3 ~ +10mm。横向宽度相对要求精度较低，所以，在施工前需进行初放样来直接确定出钢筋混凝土底座钢模的横向位置，同时确定了钢筋笼的摆放位置。因而目前在混凝土底座板施工测量中，常采用底座混凝土钢模定位系统进行模板调整。如成都普罗米新公司开发的底座混凝土钢模定位系统 PBPS，其包括：自动测量全站仪、底座钢模适配器、精密球形棱镜、气象传感器、数传电台、无线信息显示器、底座钢模定位软件等。

目前施工单位常采用“全站仪 + 水准仪 + 钢卷尺”的方式放样，通过水准仪放出底座边模的高程位置，钢卷尺粗略放样出底座钢模的横向位置，最大误差可达 27mm，很难达到高铁工程的精度要求。普罗米新公司针对 CRTSⅠ、CRTSⅡ型等板式无砟轨道，利用 CPⅢ控制点，开发了 PBPS。如图 14-36 所示，该系统的功能原理是：①通过后方交会获得全站仪坐标和定向；②根据线路设计参数自动计算出任意里程处底座钢模上 4 个固定位置的空间坐标；③对钢模上的 4 个固定位置的球形棱镜进行测量，测量出钢模的平面和高程，计算出相应调整量，从而精确确定钢模的空间位置，指导现场边模调整作业，使轨道板底座混凝土的位置和顶面高程达到设计要求。

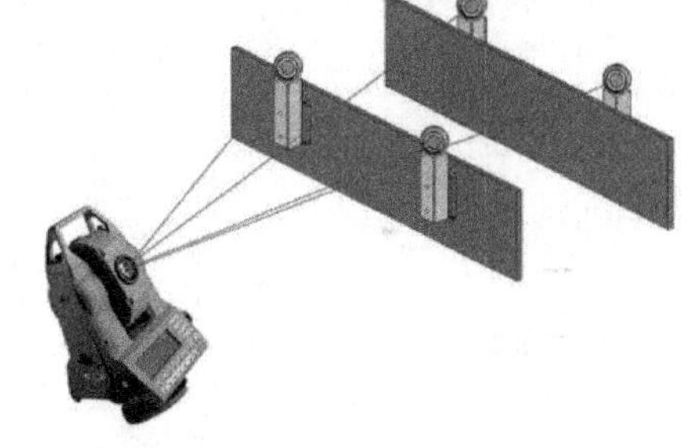

图 14-36　底座混凝土钢模定位系统 PBPS 边模放样

二、施工前准备工作

（1）测量前，应仔细核对设计数据，包括平面、纵断面、竖曲线、超高和控制点数据。

（2）无砟轨道底座施工应在桥面验收合格、防水层施工后进行，在放样前应对梁或者路基面高程进行检查，防止桥面或者路基面高程高于设计，引起支承层厚度不够，因此线下工程的规范中，要求“宁低勿高”。将正确的计算出的支承层平面位置、高程、超高等，导入测量仪器。

三、施工步骤

（1）在桥面（路基、隧道）沿线选择 CPⅢ点（3 ~ 4 对），采用球形棱镜布点，磁钢对球形棱镜吸附,棱镜可以上下左右转动,但中心位置不变。

(2)将全站仪架设在线路中间,分别对所选择的 CPⅢ网点进行观测。所选择的 CPⅢ点位精度和自由测站的观测精度,应符合表 14-14 所列要求。

CPⅢ点位精度和自由测站的观测精度要求 表 14-14

指　标	选择的 CPⅢ点位精度	自由测站观测的点位精度
X	≤2mm	≤2mm
Y	≤2mm	≤2mm
H	≤2mm	≤2mm
定向精度	≤3″	≤3″

(3)预先在全站仪上的轨道板底座混凝土钢模放样软件中输入待测线路的线路平面参数、纵坡参数以及超高参数。

(4)将 4 个适配器及球形棱镜安放到待放样钢模的规定位置。

(5)使用全站仪对各个球形棱镜进行测量。

(6)全站仪上的放样软件通过无线数传电台将调整量数据分别发送到标架对应的 4 个无线数据显示器上,施工人员根据数据调整钢模板的偏差,直至满足要求。

(7)本组底座钢模调整完毕后,仪器搬至下一站进行测量,应对上一站最后两对数据进行复测检核。

四、混凝土底座及支承层放样的精度要求

CRTSⅠ、CRTSⅡ型等板式轨道的底座及支承层放样精度要求,见表 14-15。

混凝土底座及支承层放样精度要求(mm) 表 14-15

轨道类型			横向定位允许偏差	纵向定位允许偏差	高程定位允许偏差
CRTSⅠ型	混凝土底座		±2	±5	0,-3
	凸形挡台		±2	±2	+4,0
CRTSⅡ型	支承层		±10	—	±3
	桥上底座		±5	±5	±3
CRTSⅠ型、CRTSⅡ型双块式无砟轨道	支承层		±10	—	+2,-5
	桥上底座	底座	±2	±5	±5
		凹槽	±3	±3	±3

五、底座及支承层复测技术要求

CRTSⅠ、CRTSⅡ型等板式轨道的底座及支承层复测的技术要求,见表 14-16、表 14-17。

CRTSⅠ型轨道板底座混凝土及凸形挡台外形尺寸允许偏差 表 14-16

类　别	项　目	允许偏差(mm)	检查方法	检验数量
底座混凝土	顶面高程	0,-5	水准仪	每±5m 检查一处
	宽度	±5	卷尺	
	中线位置	3	全站仪	
	平整度	10mm/3mm	靠尺和塞尺	

续上表

类　别	项　目	允许偏差(mm)	检 查 方 法	检 验 数 量
凸形挡台	中线位置	2	全站仪	全部
	中心间距	±2	全站仪	
	顶面高程	+2,0	水准仪	

CRTS Ⅱ 型轨道板底座混凝土及凸形挡台外形尺寸允许偏差　　表 14-17

类　别	项　目	允许偏差(mm)	检 查 方 法	检 验 数 量
桥上混凝土底座	中线位置	10mm	全站仪	每 20m 检查一处
	顶面高程	±5mm	水准仪	
	宽度	+15mm,0	尺量	
	平整度	7mm/4mm	靠尺和塞尺	
	厚度	±10% 设计厚度	尺量	
路基混凝土底座	顶面高程	±5mm	水准仪	每 20m 检查一处
	厚度	±10% 设计厚度	尺量	
	中线位置	10mm	全站仪	
	宽度	+15mm,0	尺量	
	平整度	7mm/4mm	靠尺和塞尺	

第八节　GRP 轨道基准网测量

一、GRP 轨道基准网测量概述

1. GRP 网、GRP 点与 GRP 测量

高速铁路的外部及内部几何位置要求高,应建立一个具有极高相对精度的控制网。GRP 轨道基准网(又称 CPⅣ轨道基准网)就是为满足板式无砟轨道外部及内部几何位置的高精度要求,而建立的轨道基准网;GRP 测量(又称 CPⅣ测量)是满足 CRTS Ⅰ、Ⅱ型板安装施工要求的高精度测量工作,重点是用基准点的精度来保证每块轨道板的几何位置,同时保证各项轨道几何参数的实现;GRP 点(又称 CPⅣ点)的布设应满足轨道板精调需要,按每 5m(CRTS Ⅰ 型轨道板长度)、6.5m(CRTS Ⅱ 型轨道板长度),左、右线分别测设,有的布设在线路中线上(轨道板之间的空隙中,如凸形挡台上),有的布设在平行于线路中线的轨道侧面。

GRP 基准网的特点主要有:沿轨道轴线布设,近似直线导线;依据 CP Ⅲ 点,粗略放样 GRP,然后精确测定;左、右线分开布设,以提高轨道的横向精度;平面和高程分开测量,以提高高程的精度。

2. GRP 点的编号

GRP 点的编号分左右线分别进行,一般沿线路里程增加方向统一编号,共 7 位:L(左线)/R(右线) + ×××(里程整公里数) + ×××(该公里段 GRP 点的序号)。

3. GRP 测量流程与精度要求

为保证精度,GRP 三维坐标常采用平面坐标和高程分开测量的方法。其流程如图 14-37

所示。

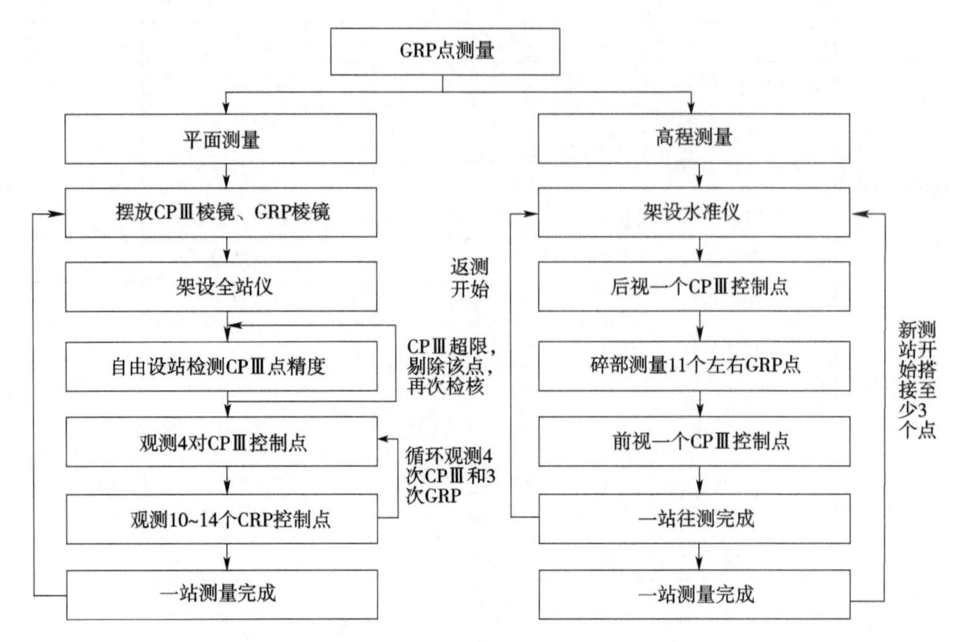

图 14-37　GRP 坐标测量与高程测量操作流程图

平面坐标测量,采用全站仪自由测站极坐标法;高程测量采用数字水准仪精密水准测量法。其主要精度要求见表 14-18、表 14-19。

GRP 平面坐标测量精度要求　　表 14-18

自由测站后计算出的测站坐标精度要求	*X*	≤1mm
	Y	≤1mm
	H	≤1mm
	定向精度	≤2″
自由测站完成后的 CPⅢ点的坐标不符值	*X*	≤1.5mm
	Y	≤1.5mm
	H	≤1.5mm
GRP 测量外业数据采集测回间坐标较差	横向坐标最大值与最小值较差	≤0.6mm
	纵向坐标最大值与最小值较差	≤0.8mm
相邻 GRP 点间相对精度	≤0.2mm	

GRP 高程测量精度要求　　表 14-19

测 量 模 式	数字水准仪 后前(*BF*)	测 量 模 式	数字水准仪 后前(*BF*)
前后视距差	≤4m	相邻 GRP 点间相对精度	≤0.1mm
视线高程	≥0.3m		

二、GRP 平面测量

1. 仪器设备准备

高精度自动全站仪(如徕卡 TCA2003、TCA1201、TCRP1201 +、天宝 S8 等)、松下 CF—19

工用笔记本电脑、精密基座与精密棱镜、GRP 标钉、三脚架、温度计、气压计等，如图 14-38 所示。仪器应定期校准。

a)电脑

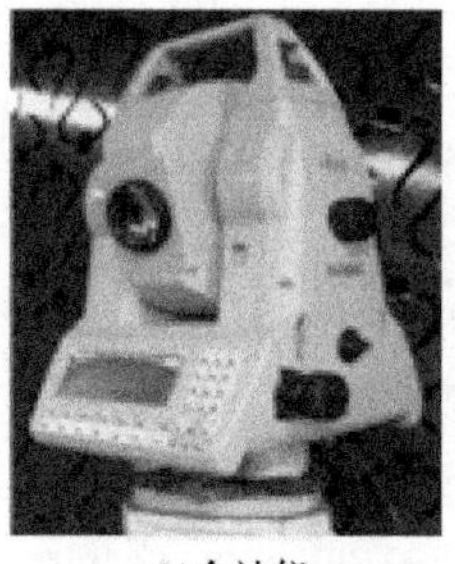

b)全站仪

c)精密基座与精密棱镜

d)GPR标钉

图 14-38　GRP 基准网测量硬件设备

2. 软件准备

安装 GRP 数据采集软件和 GRP 数据处理软件。

3. 数据准备

线路设计数据，包括水平曲线、竖曲线、超高及坡度，CPⅢ精密控制点坐标数据。

GPR 点的坐标应事先算出，如图 14-39 所示，这些点可直接由软件或其他线路设计软件计算出。软件根据线路设计曲线要素，按里程计算实时轨道中心线坐标。

4. 观测要求

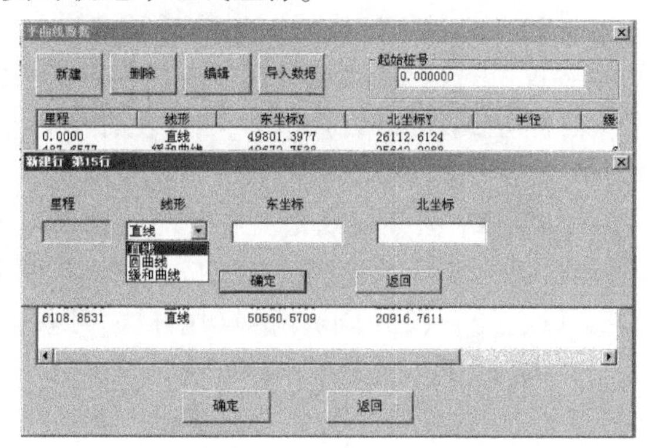

图 14-39　GRP 点坐标数据的生成

(1)为减少轨道板张力的影响，原则上只在大气条件较好，或者技术上适合测量的条件下，进行测量。平面多为夜间或者阴天测量，高程为白天测量。遇到大风天气，可以选择使用特制的低矮的三角架架设仪器，增加仪器的稳定度。

(2)测量现场应保持通视，附近不能有全站仪逆向的强光干扰、高频振动等干扰。

(3)工程实践表明，后视边长控制在 30 ~ 100m 范围内，观测结果最佳。

(4)设站时要尽量靠近 GRP 的连线方向，CPⅢ点与 GRP 点一起测量的方法。

(5)测量中使用"GRP 数据采集软件"，进行自动观测，采用半测回(始终使用全站仪的盘左)、多次重复进行观测，视距方向和测量人员运动方向相反。

(6)每个测站观测 CPⅢ点 4 对(通视困难时不少于 3 对)，观测 GRP 点宜 11 ~ 16 个，其中包括有 3 ~ 5 个为重复观测点，即本站最后观测的 3 ~ 5GRP 点，下一站要重复观测。每个测站一般最少观测 CPⅢ点 4 次、GRP 点 3 次。如图 14-40 所示一测站的全站仪观测程序，交替依次观测 CPⅢ点 6 ~ 8 个、GRP 点 11 ~ 16 个，最后 CPⅢ点共观测 4 次半测回、GRP 点共观测 3 次半测回。在特殊区段如连续梁、道岔区搭接位置应适当增加测回数。

(7)每个测站重复观测上一测站的 CPⅢ点不应少于 2 对、GRP 点 3 ~ 5 个。

(8)测量结束后将测量数据导入 GRP 平差软件进行平差处理。

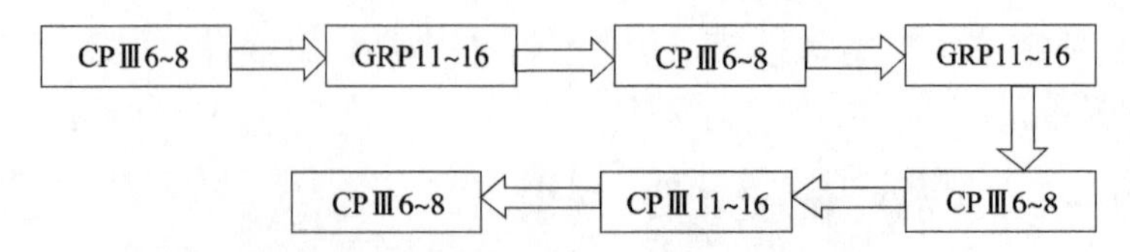

图 14-40　GRP 测量一测站全站仪的观测程序

5. GRP 平面测量外业数据采集的操作步骤

如图 14-41 所示,1200301 ~ 1200312 为 6 对 CPⅢ控制点;CPⅣ01 ~ CPⅣ19 为要测量的 19 个 GRP 点(此处 GRP 点位于平行于线路中线的轨道侧面)。现以南方高铁测量技术有限公司开发的“南方 GRP 数据采集”软件为例,说明 GRP 测量外业数据采集的操作步骤。

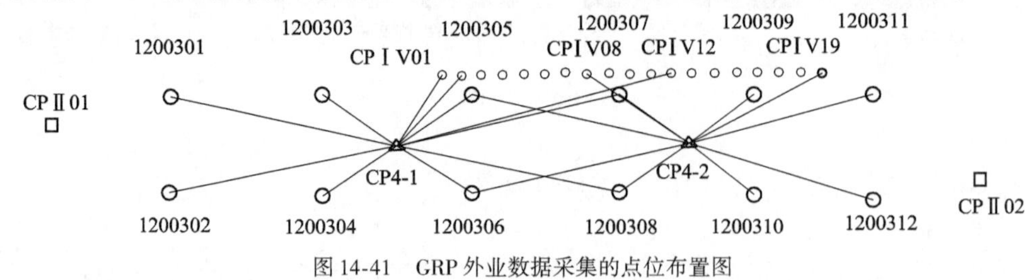

图 14-41　GRP 外业数据采集的点位布置图

(1)将已知的 1200301 ~ 1200312 这 12 个 CPⅢ的坐标、高程,制成 TXT 文本文件,格式“点号,Y,X,H”,存放在野外电脑上。

(2)全站仪组合检校。测量前应进行全站仪检校。点击菜单“工具”→“检查与校正”→“组合校正”。自动测量全站仪应经常进行“组合校正”,以防止精度下降。

(3)全站仪设站与精平。自由测站架仪于 CP4-1 点,打开电子气泡,调节脚螺旋,使仪器精平,并换面检查。

(4)用 Y 型线缆或无线电台将全站仪与电脑相连,将全站仪设置成 GEOCOM 模式,并设置全站仪的通信参数(端口、波特率 19200、数据位 8、停止位 1 和奇偶 N)。

以上(2)、(3)、(4)步的操作方法,可参见“第四节 CPⅢ网平面测量”。

(5) 打开“南方 GRP 数据采集”软件(要安装 CPⅣ软件锁,并插上软件锁),①点击菜单“文件”下的“新建”,为此工程新建一个项目名;②点击菜单“文件”下“导入 CPⅢ原始数据”,选中“CPⅢ平差经整理的平面高程数据(YXH). txt”;③如图 14-42 所示,点击“系统设置”下的“参数设置”,将 GRP 棱镜常数设置为 0. 0175m(GRP 点上一般使用徕卡球棱镜);④点击“系统设置”下的“通信设置”,设置通信参数:端口(查看电脑设备管理器下的端口名)、波特率 19200,数据位 8,停止位 1,奇偶 N,保证与全站仪上的通信设置一致;仪器类型,选“徕卡 1201 系列”;打开端口;⑤点“数据获取”中的“获取气泡读数”,若电台通信连接上了,则可显示全站仪气泡数据,若不行应进行测试。

(6)点“添加 CPⅢ原始数据”,如图 14-43 所示,只选本站用到的 CPⅢ点共 8 个(一般选 CPⅢ点 6 ~8 个)。

(7)如图 14-44 所示,选择测量 CPⅢ、自动观测、新设站,测站名可取 CP4-1,点“开始测量”。

(8)第一半测回:人工依次瞄准 1200301、03、05、07、08、06、04、02,测量这 8 个 CPⅢ点(CPⅢ点一般使用徕卡圆棱镜,测前要将全站仪上的棱镜常数改为 0m)后,选择“测量 GRP”,再将徕卡球棱镜分别放至 CPⅣ01-12 上进行测量(CPⅣ点一般使用徕卡球棱镜,测前要将全站仪上的棱镜常数改为0.0175m)。完成此12个CPⅣ点(一般最多14个)观测后,点“确定并完成”。

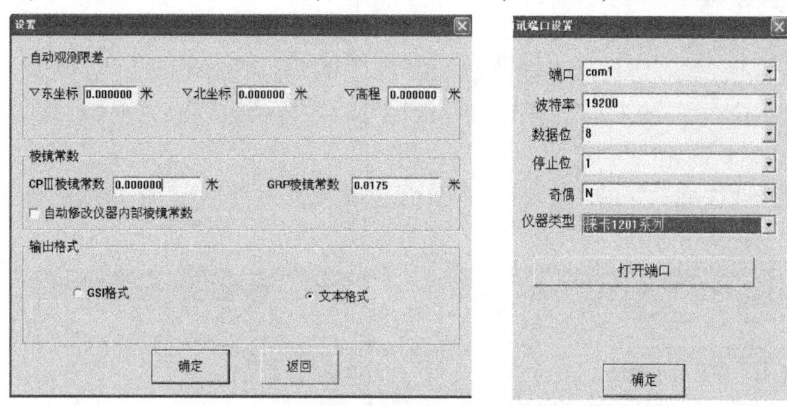

图14-42　“南方GRP数据采集”软件的系统设置

选择原始CPⅢ点

ID	点名	东坐标	北坐标	高程
1	1200301	4988.4335	20042.8950	29.8355
2	1200302	4984.3397	20041.5372	29.8352
3	1200303	4993.3225	20024.3816	29.8246
4	1200304	4989.8697	20023.1529	29.8320
5	1200305	4999.2335	20005.6033	29.8339
6	1200306	4995.9862	20004.5756	29.8212
7	1200307	5006.0363	19984.7985	29.8387
8	1200308	5002.9441	19983.6949	29.8288
9	1200309	5011.5529	19965.5556	29.8263
10	1200310	5009.9535	19965.0491	29.8317
11	1200311	5016.1109	19950.5959	29.8274
12	1200312	5015.0198	19950.3507	29.8271

图14-43　选择CPⅢ控制点数据

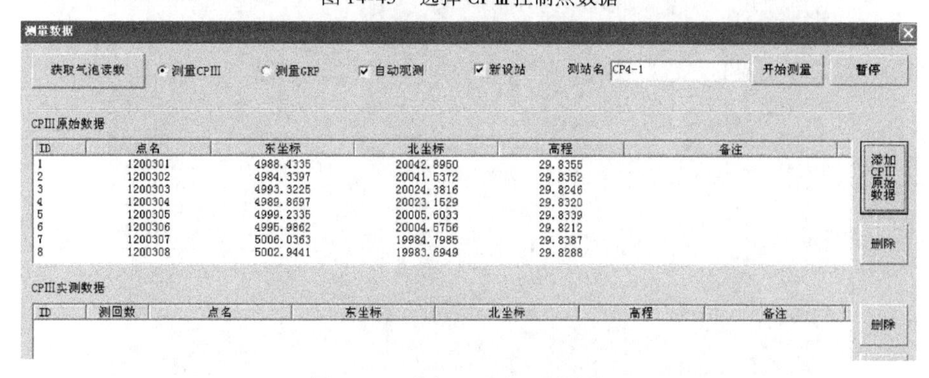

图14-44　进行CPⅢ点观测的设置

(9)第二半测回、第三半测回:再选择“测量CPⅢ”,仪器可自动观测1200301、03、05、07、08、06、04、02(注意测前棱镜常数改为0m);再选择“测量GRP”,将球棱镜分别放至CPⅣ01-12上进行自动测量(注意测前将棱镜常数改为0.0175m)。

(10)第四半测回:再选择“测量CPⅢ”,仪器可自动观测1200301,03、05、07、08、06、04、02(注意测前棱镜常数改为0m)。

(11)点“新测站”,搬到下一站CP4-2;同样观测CPⅢ点1200305、07、09、11、12、10、08、06和CPⅣ08-19点,其中重复观测了5个CPⅣ点(一般选3~5个重叠点)。

6. GRP平面测量内业数据处理的操作步骤

完成GRP野外数据采集后,可打开“南方GRP数据处理”软件(须插上软件锁),进行数据处理,其基本步骤如下。

(1)点击菜单“文件”,新建一个工程名。

(2)CPⅢ已知数据的导入。点击菜单“文件”下的“导入 CPⅢ数据”,如图 14-45 所示,选择 CPⅢ已知数据文件。CPⅢ点数据为 txt 格式文件,内容为:点号、东坐标、北坐标、高程,以逗号分隔符。

(3)点击菜单“文件”下的“导入 GRP 平面测量数据文件”,如图 14-46 所示,选中下载的 CPⅣ野外采集的数据。

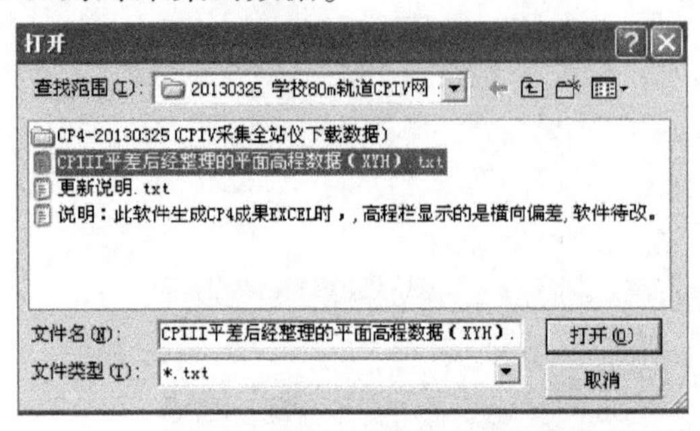

图 14-45 导入 CPⅢ已知数据

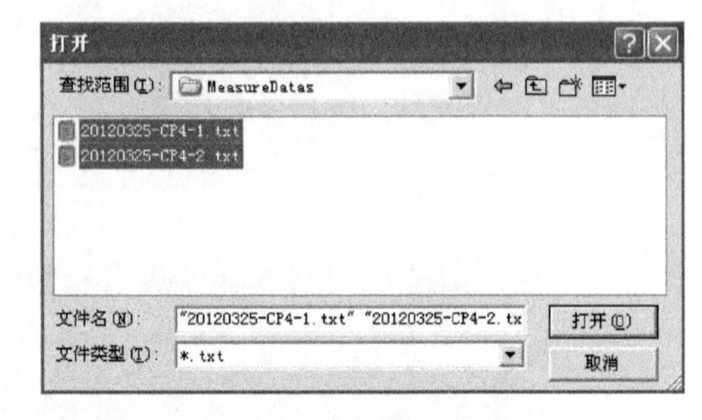

图 14-46 导入 GRP 平面测量数据(TXT)文件

(4)点击菜单“平差计算”下的“平面”,可得平差结果,如图 14-47 所示。

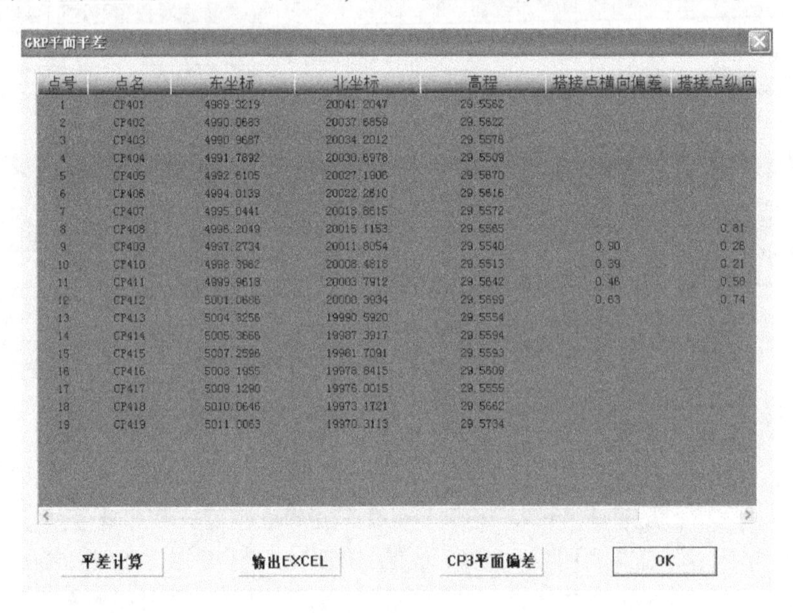

GRP平面平差

点号	点名	东坐标	北坐标	高程	搭接点横向偏差	搭接点纵向
1	CP401	4989.3219	20041.2047	29.5562		
2	CP402	4990.0683	20037.6859	29.5822		
3	CP403	4990.9687	20034.2012	29.5578		
4	CP404	4991.7892	20030.6978	29.5509		
5	CP405	4992.6105	20027.1906	29.5870		
6	CP406	4994.0139	20022.2810	29.5616		
7	CP407	4995.0441	20018.8615	29.5572		
8	CP408	4996.2049	20015.1153	29.5565		0.81
9	CP409	4997.2734	20011.8054	29.5540	0.90	0.26
10	CP410	4998.3982	20008.4818	29.5513	0.39	0.21
11	CP411	4999.9618	20003.7912	29.5642	0.46	0.58
12	CP412	5001.0686	20000.3934	29.5699	0.63	0.74
13	CP413	5004.3256	19990.5920	29.5554		
14	CP414	5005.3666	19987.3917	29.5594		
15	CP415	5007.2596	19981.7091	29.5593		
16	CP416	5008.1955	19978.8415	29.5809		
17	CP417	5009.1290	19976.0015	29.5555		
18	CP418	5010.0646	19973.1721	29.5662		
19	CP419	5011.0063	19970.3113	29.5734		

图 14-47 GRP 平面测量的平差结果

三、GRP 高程测量

GRP 高程测量一般采用数字水准仪精密水准测量方法。

1. 仪器设备

高精度数字水准仪,如徕卡 DNA03(每公里往返高差误差在 0.3mm 以内)、天宝 DINI03、索佳 SDL30M 等,条形码铟瓦水准尺以及强磁底部配件,如图 14-48 所示。

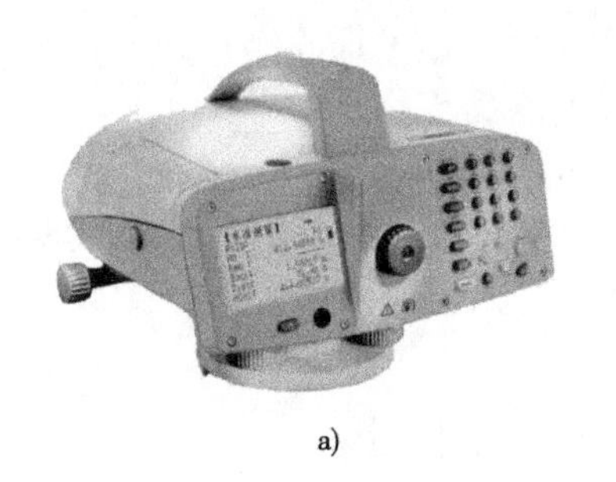

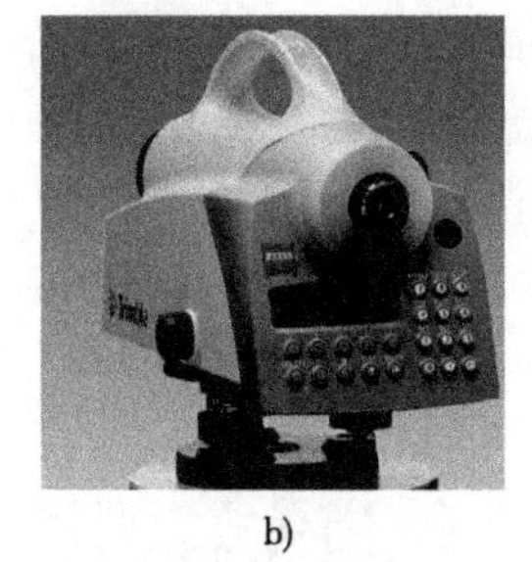

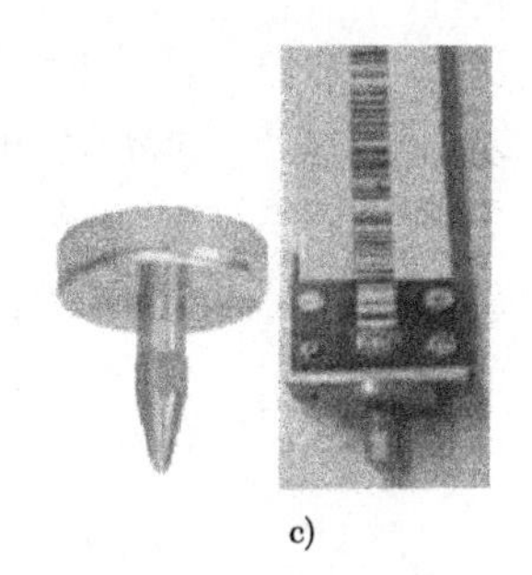

a)　　b)　　c)

图 14-48　徕卡 DNA03 数字水准仪、天宝 DINI03 数字水准仪、条形码铟瓦尺及强磁底部配件

2. 观测要求

(1)轨道左、右线 GRP 高程应分别测量。

(2)水准仪设站应尽量位于相邻两个 CPⅢ控制点之间。

(3)每 300m 左右应与线路同侧的 CPⅢ控制点闭合一次,此称为一测段。

(4)同一测段,测段内的所有 GRP 均作为中视点,其余同侧的 CPⅢ控制点均作为转点,用于对高程测量成果进行检核。同一测段应进行往返测。

(5)同一测段内不需要重叠观测 GRP 点,但相邻测段间需搭界重叠观测 GRP 点不应少于 3 个,且相邻测段使用搭界处的同一 CPⅢ控制点。

(6)仪器应定期校准;尽量使用同一把尺子,消除尺子的零点误差;为了减少大气折光以及温度对测量的影响,测量时应选择合适的时段进行。

3. GRP 高程测量外业操作步骤

(1)如图 14-49 所示,在线路左线第一个 CPⅢ点和第二个 CPⅢ点的中间位置架设数字水准仪,后视第一个 CPⅢ点,前视第二个 CPⅢ点,依次中视 GRP 点 13 个,其中开始的 3 个是搭界重叠测量点,即上一测段已测量过此 3 个 GRP 点。

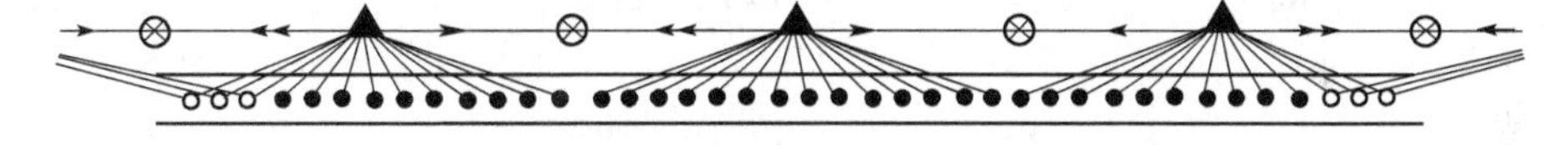

图 14-49　GRP 高程测量示意图

(2)搬站至第二个、第三个 CPⅢ点的中间位置,后视第二个 CPⅢ点,前视第三个 CPⅢ点,再依次中视 GRP 点 13 个。

(3)测量 300m 左右时,以此作为一测段,从最后一个 CPⅢ点开始,返测至第一个 CPⅢ点。观测程序与往测时相同,先后视、前视 CPⅢ点,再依次中视 GRP 点。

(4)开始下一测段的测量,将上一测段最后一个 CPⅢ控制点作为本测段第一个 CPⅢ点,并与上一测段同样的方法开始往返观测,搭界重叠测量一上测段的 3 个 GRP 点。

4. GRP 高程测量内数据处理

(1)GRP 高程数据处理应往、返测分开进行。

(2)往测水准路线闭合差满足要求后,先对作为转点的 CPⅢ控制点进行平差计算,得到各转点(CPⅢ点)的高程,再据此计算各中视 GRP 点往测高程。

(3)返测水准路线闭合差满足要求后,也是先对作为转点的 CPⅢ控制点进行平差计算,得到各转点(CPⅢ点)的高程,再据此计算各中视 GRP 点返测高程。

(4)最后取所有 GRP 的往返测高程的平均值作为本测站 GRP 点的采用高程。各 GRP 点往返测高程值与其平均值间较差不应大于 0.3mm,重叠区内同一 GRP 点高程较差不应大于 0.3mm。

第九节　轨道安装测量与轨道精调

目前无砟轨道主要有 CRTS Ⅰ型板式轨道、CRTS Ⅱ型板式轨道、CRTS Ⅲ型板式轨道(综合 CRTS Ⅰ、CRTS Ⅱ型的变异板)和双块式轨道等。下面对 CRTS Ⅰ型、CRTS Ⅱ型板式轨道和双块式轨道的安装测量分别作介绍。

一、CRTS Ⅰ型轨道板精调测量

如图 14-50 所示,CRTS Ⅰ型板式轨道是在现浇的钢筋混凝土底座上铺装预制轨道板,通过水泥乳化沥青砂浆(CA 砂浆)进行调整,通过凸形挡台进行限位,在保证轨道板的铺设精度能够满足设计要求的前提下(允许最大偏差为 2mm),一般通过扣件的调整来达到最终钢轨几何状态满足要求,并适应 ZPW-2000 轨道电路的无砟轨道结构形式。

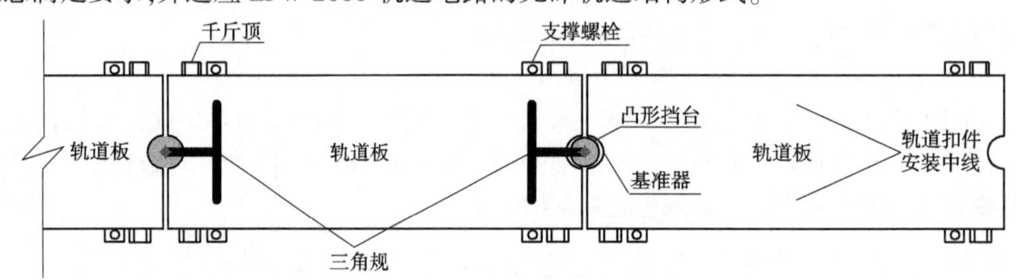

图 14-50　CRTS Ⅰ型轨道板精调

1. CRTS Ⅰ型轨道板检测

CRTS Ⅰ型轨道板出厂前应对每块轨道板的质量进行检测,并出具“轨道板制造技术证明书”,检测的主要内容为轨道板的平整度和螺栓孔的相对位置等。检测的设备包括高精度全站仪、专用附件、检测软件等。检测方法是采用高精度全站仪,测量放置在轨道板上的 4 列螺栓孔上的专用棱镜,得其三维坐标,利用软件分析轨道板的线性度与平整度。具体操作可参见相关书籍。

2. 凸形挡台精确定位和 GRP 精密测量

凸形挡台是唯一的现浇混凝土结构,因此该结构施工要精确仔细,采用二次浇筑的施工工艺。GRP 基准点的定位与测量,严格按照第八节 GRP 轨道基准网测量中的方法进行。

3. 轨道板粗铺

经检测合格的 CRTS Ⅰ型轨道板,采用铺板龙门进行粗铺定位,粗铺应满足:轨道板与凸形挡台的间隔不得小于 30mm;精铺完成后,轨道板与凸形挡台前后间距应不大于 5mm。

4. CRTS Ⅰ型轨道板精调测量方法

轨道板精调测量方法,主要有自定心螺孔适配器测量法、T 型测量标架法测量法和螺栓孔标架测量法,目前我国工程中常采用螺栓孔标架测量法,在此仅介绍此法。

日本的 CRTS Ⅰ 型轨道板,仅采用基准器和三角规进行轨道板的精调工作,精度较低且调板精度无法量化。我国 2008 年开始研究以 CPⅢ为定向基准的轨道板精调方案。试验结果显示,该方案每次设站所需时间较长,且全站仪在 CPⅢ自由设站换站时,站与站之间的误差较大,搭接精度很难保证,导致铺设的轨道板的短波平顺性很难达到高合格率。根据京津城际博格板精调的实践,利用 GRP 进行强制对中设站,测量安置在精调标架上的棱镜,然后通过软件计算偏差值,对轨道板进行调整,直至合格的方案可行。相邻 2 个 CPⅢ点的精度可达到平面 1mm、高程 0.5mm,在此精度 CPⅢ控制网前提下 GRP 点测量,能够保证相邻 2 个 GRP 点精度达到水平 0.2mm,高程 0.1mm,相比传统导线网有着不可比拟的优势。

图 14-51 是南方高铁测量技术有限公司开发的“CRTSI 型轨道板精调系统”。其主要由徕卡 TCA1201 等高精度自动全站仪、松下 CF-19 工用笔记本电脑、数传电台、手持显示器、螺栓孔标架以及安装在标架Ⅰ、Ⅱ、Ⅲ底部的 3 个倾斜传感器。其中螺栓孔标架的构造如图 14-52 所示。

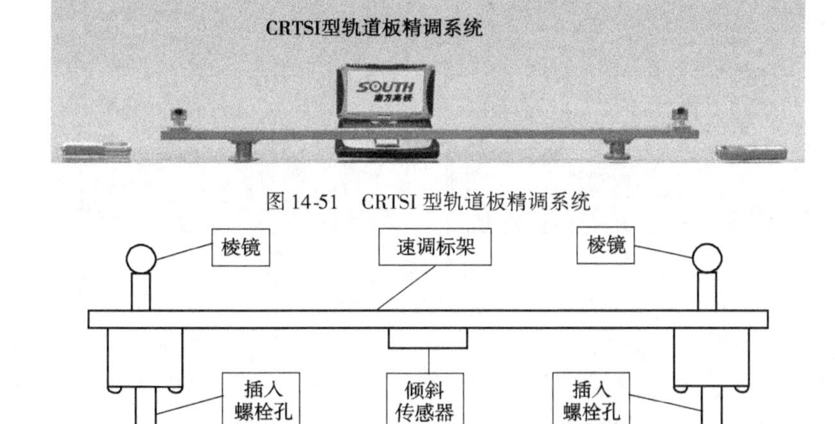

图 14-51　CRTSI 型轨道板精调系统

图 14-52　螺栓孔标架的构造

5. CRTS Ⅰ 型轨道板精调测量流程

每次设站可调整 1 ~ 3 块板,全站仪搬站后必须搭接一块板。每站在 GRP 点上全站仪强制对中、强制立棱镜定向(无 GRP 点时,也可以采用全站仪自由测站后视 4 对 CPⅢ点进行定位的方法)。在每块轨道板上选择 2 号、7 号两对扣件 4 个螺栓孔上安放 2 个测量标架 4 个棱镜。全站仪测量出棱镜所处 4 个螺栓孔位置的实测三维坐标后,可以确定它在线路中的里程,经过软件的里程推算,得出该处的理论三维坐标,软件计算出实测和理论坐标的偏差,将偏差值显示在手持显示器上,调板人员根据偏差值进行调板,直到轨道板达到:板内 4 个承轨点平面及高程误差≤0.4mm,板与板间相邻承轨点平面及高程误差≤0.5mm,操作流程可参见图 14-53 所示。

6. CRTS Ⅰ 型轨道板精调操作

根据轨道板精调测量的数据,进行轨道板精调操作。现以基准器精调数据为例,说明精调操作。如图 14-54 所示,使用三角规控制轨道板扣件安装中心线,采用专用油压千斤顶、支撑螺栓、螺纹丝杆顶托等,调整轨道板的高低、方向,实现轨道板纵、横向及竖向的调整。

(1)在轨道板侧面预埋件上插入的螺栓上安置作为调整用具的托架;在托架与轨道板接

触的部位上,最好粘贴橡胶垫板。并且在安置时,应充分拧紧螺栓,如果螺栓未拧紧,会引起轨道板损伤。

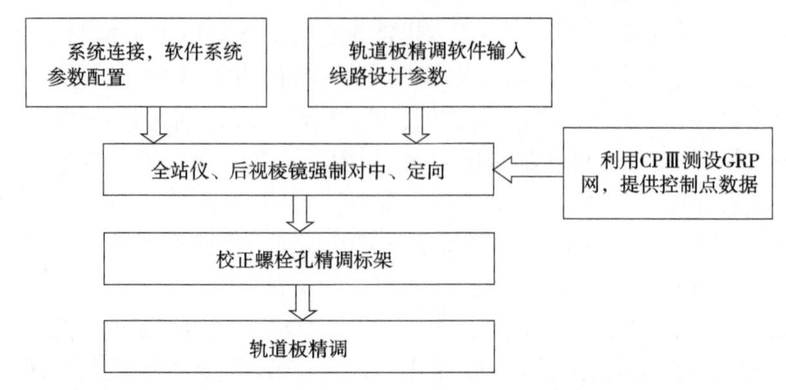

图 14-53　CRTSⅠ型轨道板精调测量流程

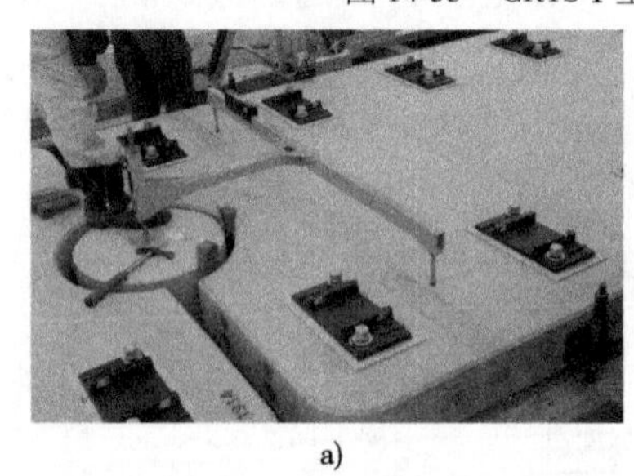
a)

b)

图 14-54　CRTSⅠ型轨道板精调操作

(2)安置托架完毕后,安置调整用千斤顶。轨道板的设计高程,以基准器为准,用三角规上的游标尺边测量高差,边缓慢调整千斤顶使轨道板前后达到设计高程。轨道板前后、左右方向的调整,是用方木等沿轨道纵横方向推挤轨道板,并依靠安置在千斤顶底部的冲程轴承的旋转,使托架面移动,调整轨道板中心线使其与基准器连线重合(利用轨道板两端的三角规控制轨道板扣件安装中心线)。曲线地段用三角规的倾斜传感器同时进行轨道板超高设置。

(3)轨道板前后、左右和高低经反复测量调整,满足设计要求后,应精确测定轨道板的安装精度及砂浆灌注厚度。

(4)当线路位于曲线且非平坡地段时,轨道板的高程调整应兼顾四点进行,最高点按负偏差控制,最低点按正偏差控制。

二、CRTSⅡ型板式无砟轨道精调测量

CRTSⅡ型板式轨道是通过水泥乳化沥青砂浆调整层,将预制轨道板铺设在现场摊铺的混凝土支承层或现场浇筑具有滑动层的钢筋混凝土底座上,并适应 ZPW-2000 轨道电路要求的纵联板式无砟轨道结构形式。

根据采用钢轨扣件的不同,CRTSⅡ型板道板可分为有挡肩和无挡肩两类,图 14-55 是出厂的有挡肩的 CRTSⅡ型板道板。

1. CRTSⅡ型轨道板的检测

CRTSⅡ型轨道板(无挡肩),采用高精度全站仪,测量放置在轨道板上的 4 列螺栓孔上的

专用棱镜,得其三维坐标,再利用软件分析轨道板的线性度与平整度。棱镜一般采用球形棱镜,其可以保证棱镜位于扣件螺栓孔的圆心,并保证测量的高程面是轨道板的平整面,而避开螺栓孔的凸出和凹陷的问题。

CRTSⅡ型轨道板(有挡肩),可根据《客运专线铁路CRTSⅡ型轨道板(有挡肩)暂行技术条例》的规定,采用全站仪自由测站下进行数据采集,内容包括CRTSⅡ型轨道板螺栓孔40个;承轨槽斜面上80个点(按顺序采集每个槽8个点坐标);边框12个点;钢筋定位孔12个。

2. CRTSⅡ型轨道板精调测量设备

CRTSⅡ型轨道板精调测量所用设备,与CRTSI型轨道板精调测量一样,同样要使用高精度自动全站仪、工用笔记本电脑、数传电台、手持显示器、标架(含倾斜传感器)等。不同的是为了能够精确且迅速地架设棱镜和全站仪,使用了专用的、可调的、等高的地面三角架(图14-56),另外CRTSⅡ标架与CRTSI型轨道板精调螺栓孔标架,在构造上也有所不同(图14-57)。

图14-55　出厂的有挡肩的CRTSⅡ型板道板

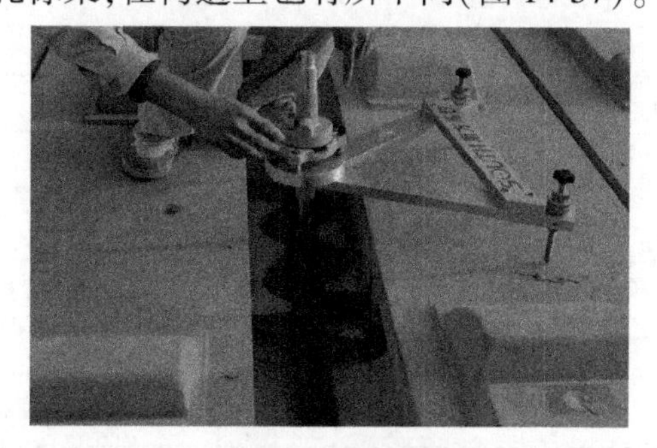

图14-56　CRTSⅡ型轨道板精调测量专用的地面三角架

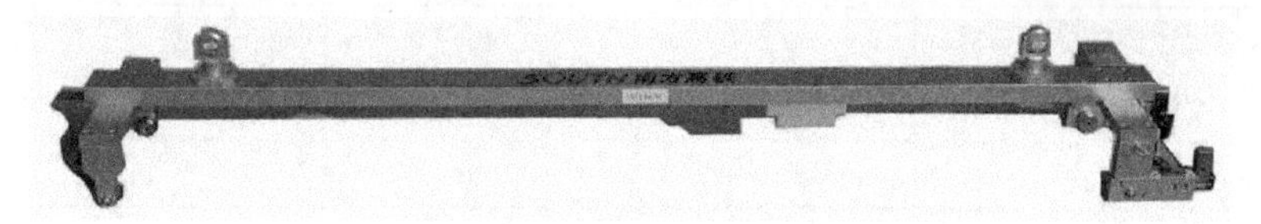

图14-57　CRTSⅡ型轨道板精调测量的标架

3. CRTSⅡ型轨道板(有挡肩)精调测量步骤

(1)架设全站仪和定向棱镜。设站和定向的已知坐标需要事先输入备用,全站仪定向在利用基准点作为定向点观测后,还必须参考前一块已铺设好的轨道板上的最后一个支点,以消除搭接误差。

(2)标架安放。如图14-58所示,标架放置在轨道板1号、5号、10号承轨台上。轨道板的中部必须是悬空的,使中部调节件可以自由活动。

(3)启动轨道板精调软件,根据偏差值进行轨道板精调。第一步首先调整搭接端,将当前调整板和已经调整好的板大体一致;第二步,软件指挥全站仪观测轨道板头和尾的水平、竖向位置,得出偏差数据进行精确调整;第三步通过全站仪对轨道板中部的棱镜进行测量,消除轨道板中部的弯曲误差。注意此时应仅有上下移动,严格控制水平位移。最后一步,所有测量结束后,若满足了限差要求,则对精调后数据进行存储。转入下一轨道板的调整。

4. 轨道板精调技术要求

轨道板精调中,全站仪的自由测站、CPⅢ控制点及轨道板调整的精度技术要求,见表14-20～表14-22。

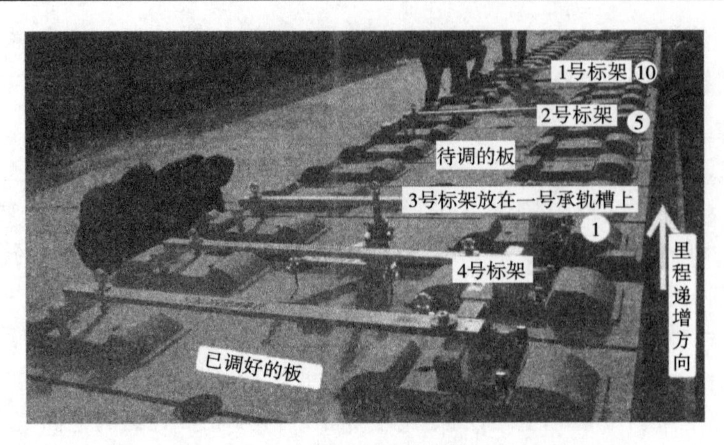

图 14-58 CRTSⅡ型轨道板(有挡肩)精调测量

自由测站精度要求

表 14-20

项 目	X	Y	H	方向
中误差	≤0.7mm	≤0.7mm	≤0.7mm	≤2″

CPⅢ控制点的坐标不符值限差要求

表 14-21

项 目	X	Y	H
控制点余差	≤2mm	≤2mm	≤2mm

轨道板精调技术要求

表 14-22

项 目	允许偏差(mm)	项 目	允许偏差(mm)
板内各支点实测与设计值的横向偏差	0.3	相邻轨道板间横向偏差	0.4
板内各支点实测与设计值的竖向偏差	0.3	相邻轨道板间竖向偏差	0.4
轨道板竖向弯曲	0.5		

三、双块式轨道精调测量

双块式与板式无砟轨道的主要区别在于预制和现场施工两个方面。

板式无砟轨道在预制厂内预制的是轨道板,其特点是:轨道板内布满了多种规格的钢筋,一般相当于10根轨枕通过混凝土连接到了一起。现场利用精调设备将轨道板调整到符合要求的平面和高程位置,最后向轨道板下方灌注CA砂浆即完成板式无砟轨道的施工。

双块式无砟轨道在预制厂内预制的是双块式轨枕,其特点是:轨枕通过钢筋桁架将混凝土块连接在一起,现场利用轨排或螺杆调节器等作为辅助工具,将双块式轨枕高速到符合要求的位置,最后浇筑混凝土将轨枕连成整体即完成双块式轨枕的施工。

1. 双块式无砟轨道施工任务依据和工作内容

为了保证高速铁路无砟轨道精调作业高效、高质量完成,满足客运专线的施工要求,按照《高速铁路工程测量规范》(TB 10601—2009)和《高速铁路无砟轨道工程施工精调作业指南》文件,对双块式无砟轨道精调作业进行施工组织设计。

双块式无砟轨道铺设工作的主要内容有:①轨枕散放;②工具轨组装;③轨距调整;④安装螺杆调节器钢轨托盘;⑤轨道粗调;⑥轨道精调。初步组装好的轨排情况,如图14-59所示。

2. 轨道精调

图 14-59　初步组装好的轨排图片

轨道精调是双块式轨道板混凝土施工前最后一道工序，也是轨道板线形及高程控制的最关键技术工作。使用轨道精调小车，通过全站仪与小车顶端的棱镜测量，将轨道高程、中线偏位等数据显示在小车上的电脑上，再用螺杆调节器反复测调，最终使轨道线形满足设计要求。轨道精调的基本工序如下：

(1) 确定全站仪测站坐标。全站仪采用自由测站设站定位，通过观测附近 8 个(困难地区至少 6 个)CPⅢ点上的棱镜，确定测站坐标。搬站后必须至少重复观测前一站用过的 4 个 CPⅢ点。

(2) 采集轨道几何状态参数数据。将精调小车推至螺杆调节器对应位置后，全站仪测量轨道精调小车顶端棱镜，并获取倾斜传感器数据。

(3) 反馈信息。根据采集的数据，通过配套软件，计算轨道平面位置、水平、超高、轨距等数据，并与预先输入到软件中的轨道设计参数数据进行比较，将误差值迅速反馈到精测小车的电脑屏幕上，指导轨道调整。

(4) 调整中线。采用双头调节扳手，进行轨道中线调整。

(5) 调整轨道高程。用普通六角螺帽扳手，旋转竖向螺杆，调整轨道高程位置、超高。

(6) 精调好轨道后，应尽快浇筑混凝土。如果轨道放置时间过长，或环境温度变化超过 15℃或受到外界条件影响，必须重新检查调整。

3. 轨道精调小车

从上面的阐述可以得知，双块式无砟轨道精调测量中最重要的设备是轨道精调小车，又称轨检小车。轨检小车是一种检测轨道静态不平顺的检测工具，它采用高精度全站仪、电子传感器、工业计算机和数据处理软件等设备，对轨道的水平、高低、轨向、扭曲等指标的微小偏差进行快速检测和分析，并得到实时调整量，进行现场调整。

(1) 轨检小车的结构

轨检小车的主要配置有高精度马达驱动全站仪、计算机、数据通信电台、轨距测量传感器、超高测量传感器、里程测量传感器等，图 14-60 是轨检小车的结构图。

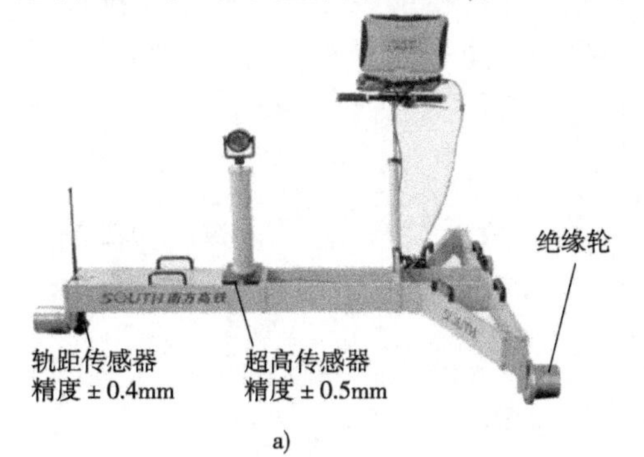

a)

b)

图 14-60　轨检小车结构图

(2)轨检小车精度

轨检小车精度指标,见表14-23。

轨检小车精度指标 表14-23

项　目	精　度	项　目	精　度
里程分辨率	±5mm	超高测量传感器	±10℃
轨距	1453mm标准轨距	超高测量传感器精度	±0.5mm
轨距测量传感器	±35mm	水平位置和高程位置精度	±1mm
轨距测量传感器精度	±0.3mm		

4.南方轨检小车的操作使用

轨检小车应用十分广泛,不仅应用于双块式无砟轨道铺轨施工的轨道精调,还可以应用于轨道运营期轨道的养护维修。另外在有砟轨道铺轨施工中,轨检小车还可以通过测量轨道的几何状态,计算起道量和拨道量,为大型捣固机的粗捣和精捣提供依据。现以南方轨检小车为例,说明轨检小车的使用。

(1)设计文件的输入

在进行野外数据采集前,先打开南方高铁测量技术有限公司开发的"高速铁路轨检小车调轨系统"软件,根据线路设计文件,如图14-61所示,将平面线形、纵断面、超高等数据输入到软件中,具体方法见软件说明书。

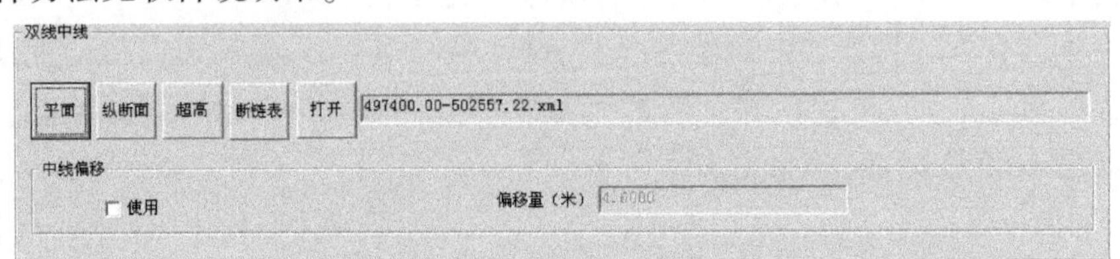

图14-61 "高速铁路轨检小车调轨系统"软件设计文件的输入

(2)轨检小车的安置

如图14-62所示,在轨道上安置轨检小车,前方约80m(粗调时距离可适当增长)处,自由测站架设全站仪。

图14-62 轨检小车的安置

轨检小车安置好后,要注意软件上的"轨检小车方向"、"轨检小车前进方向"的选择。轨检小车方向:面对里程增大的方向,轨检小车双轮部分在左股,就是"正方向",相反则为"负方向";轨检小车前进方向:推小车前进的方向是往大里程还是小里程走。图14-63反映了左侧的小车安置方式与软件中设置的对应关系。

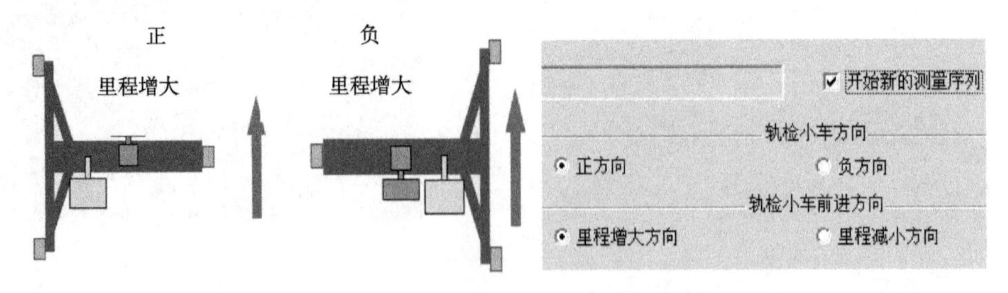

图14-63 轨检小车方向与轨检小车前进方向的设置

（3）将小车、电脑（软件锁）、电台相连，打开软件。点击“配置”按钮，按图 14-64 进行通信参数设置。

（4）连接小车成功后，打开“小车”选项卡，如图 14-65 所示，点击各项“更新”。

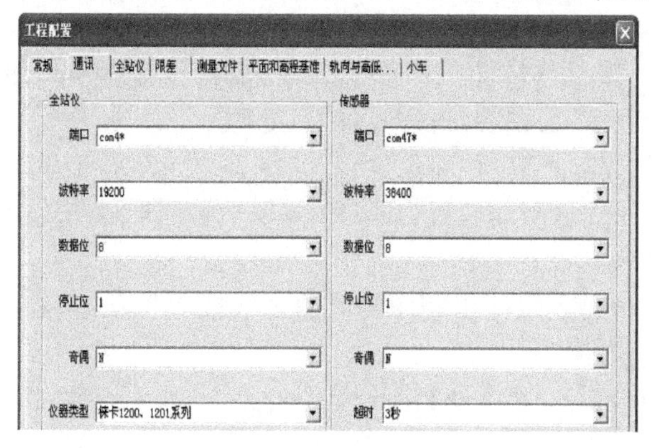

图 14-64　通信参数设置

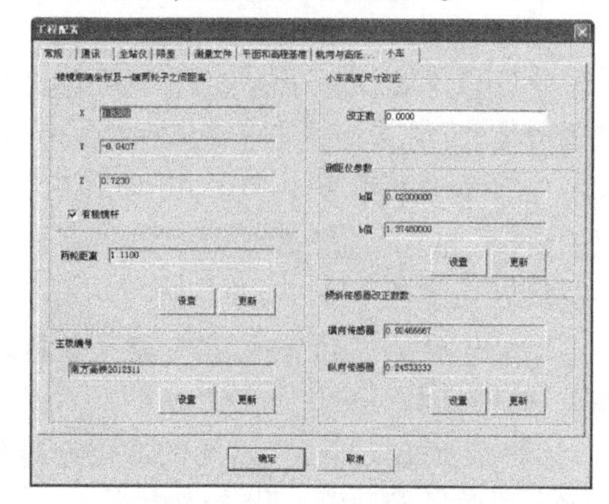

图 14-65　小车各项参数的更新

（5）检校。将小车放在无超高的轨道上，先后点击“采集”、“传感器”、“检校倾斜仪”按钮，出现一个对话框，点击接收后，又出现如图 14-66 对话框。

将小车翻转 180°，放在同一位置，再按接收，出现检校结果，如图 14-67 所示。保存结果，确定完成；检校完成后重新更新一次小车参数。

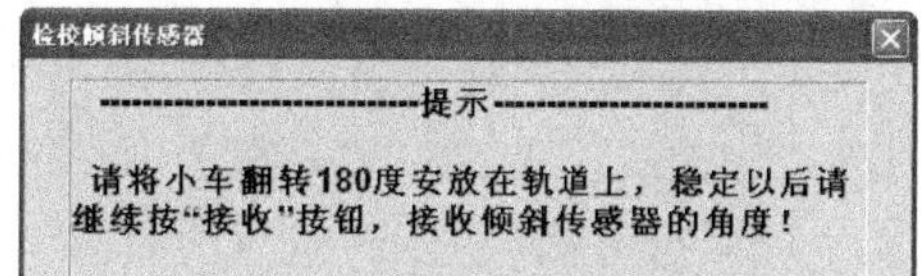

图 14-66　小车倾斜仪的检校

（6）架好全站仪，并将全站仪与电台相连，将全站仪设置为 GeoCOM 模式。自由测站得到测站点坐标，若使用徕卡 TCA1201 全站仪，则全站仪的操作是：程序→设站→后方交会→输入 X，Y，H。各个棱镜高，仪器高输入 0→瞄准 CPⅢ点 1 点，按 all 测量→依次瞄准 2 点，3…8 点，按 all 测量→计算→误差满足要求时（一般 X，Y，H 误差均小于 1mm），确定→瞄准小车上的棱镜。

（7）在电脑软件上点击“全站仪气泡”按钮，若能返回值，则说明小车上电脑电台与全站仪电台间的无线通信连接成功。以后就可以软件控制全站仪进行轨检测量工作。

（8）点击“采集”按钮，开始数据采集，其界面如图 14-68 所示。采集记录后，将小车推至下一处待检测处，进行数据采集。

图 14-67　小车倾斜仪的检校结果显示的数据

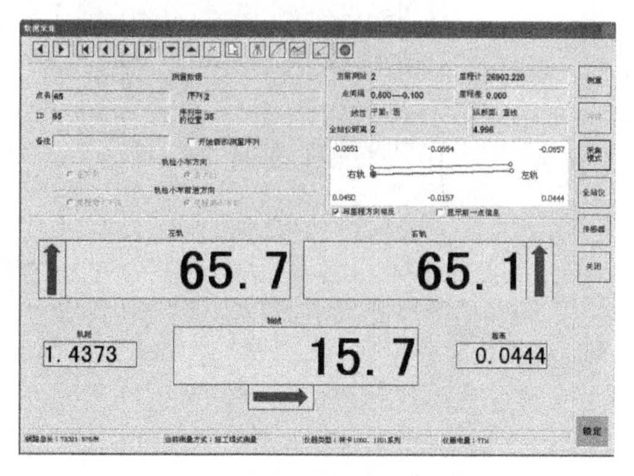

图 14-68　轨检小车数据采集界面

(9)采集工作结束后,点击软件“报表”按钮,软件将生成 EXCEL 格式的数据文件。若捣固机仅需起道量和拨道量,则可直接使用;若要进行多项参数的分析,则需使用专用软件进行后处理。

5. 轨检数据的后处理

轨检数据确认无误后,用专用软件进行处理,虽然轨检小车的厂家不同,操作有所不同,但基本方法相同,下面以瑞士 AMBERG 小车处理为例,说明轨检数据的后处理。

(1) 生成的报表中,导向轨为“ -1”表示右转曲线,平面位置以左轨(高轨)为基准,高程以右轨(低轨)为基准;导向轨为“1”表示左转曲线,平面位置以右轨(高轨)为基准,高程以左轨(低轨)为基准。

(2) 先整体后局部:可首先基于整体曲线图,大致标出期望的线路走线或起伏状态,先整体上分析区间调整量,再局部精调。

(3) 先轨向后轨距,轨向的优化通过调整高轨(基准轨)的平面位置来实现,低轨的平面位置利用轨距及轨距变化率来控制。

(4) 先高低后水平,高低的优化通过调整低轨(基准轨)的高程来实现,高轨的高程利用超高和超高变化率来控制。

(5) 在 DTS 轨道精调软件中,平顺性指标可通过对主要参数(平面位置、轨距、高程、水平)指标曲线图的“削峰填谷”原则来实现,目的:直线顺直,曲线圆顺。

(6) 符号法则:以面向大里程方向定义左右;平面位置:实际位置位于设计位置右侧时,调整量为负,反之为正;轨面高程:实际位置位于设计位置上方时,调整量为负,反之为正;水平:外轨(名义外轨)过超高时,调整量为负,欠超高时调整量为正;轨距:以大为正,实测轨距大于设计轨距时,调整量为负,反之为正。

(7)数据模拟调整分为平面调整和高程调整,如图 14-69、图 14-70 所示。

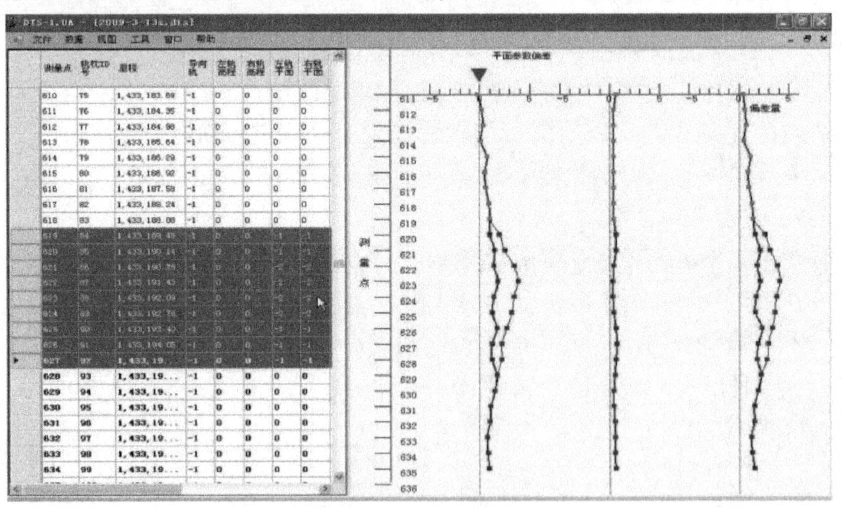

图 14-69　平面调整图

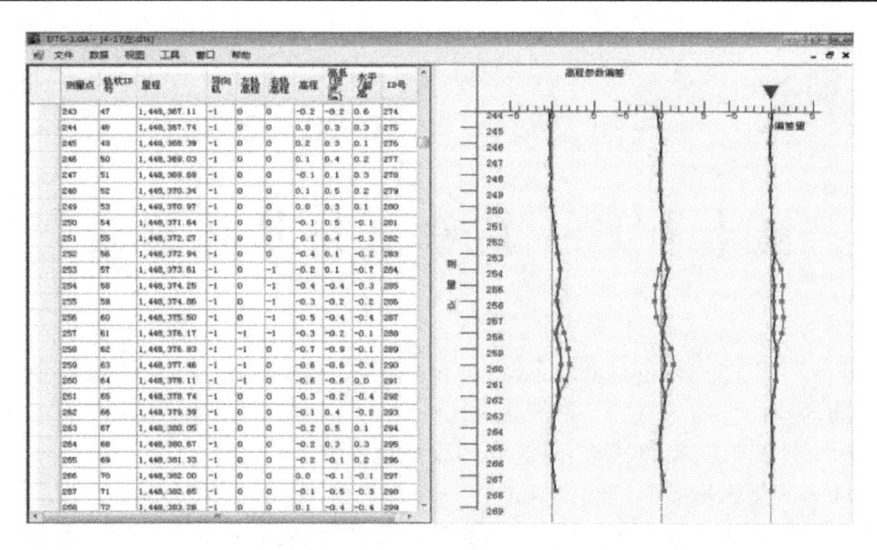

测量点	轨枕ID号	里程	[illegible]	左轨高程	右轨高程	高程	[illegible]	水平[illegible]	ID号
243	47	1,448,367.11	-1	0	0	-0.2	-0.2	0.6	274
244	48	1,448,367.74	-1	0	0	0.0	0.3	0.3	275
245	49	1,448,368.39	-1	0	0	0.2	0.3	0.1	276
246	50	1,448,369.03	-1	0	0	0.1	0.4	0.2	277
247	51	1,448,369.69	-1	0	0	-0.1	0.1	0.3	278
248	52	1,448,370.34	-1	0	0	0.1	0.5	0.2	279
249	53	1,448,370.97	-1	0	0	0.0	0.3	0.1	280
250	54	1,448,371.64	-1	0	0	-0.1	0.5	-0.1	281
251	55	1,448,372.27	-1	0	0	-0.1	0.4	-0.3	282
252	56	1,448,372.94	-1	0	0	-0.4	0.1	-0.2	283
253	57	1,448,373.61	-1	0	-1	-0.2	0.1	-0.7	284
254	58	1,448,374.25	-1	0	-1	-0.4	-0.4	-0.3	285
255	59	1,448,374.86	-1	0	-1	-0.3	-0.2	-0.2	286
256	60	1,448,375.50	-1	0	-1	-0.5	-0.4	-0.4	287
257	61	1,448,376.17	-1	-1	-1	-0.3	-0.2	-0.1	288
258	62	1,448,376.83	-1	-1	0	-0.7	-0.9	-0.1	289
259	63	1,448,377.46	-1	-1	0	-0.8	-0.6	-0.4	290
260	64	1,448,378.11	-1	-1	0	-0.6	-0.6	0.0	291
261	65	1,448,378.74	-1	0	0	-0.3	-0.2	-0.4	292
262	66	1,448,379.39	-1	0	0	-0.1	0.4	-0.2	293
263	67	1,448,380.05	-1	0	0	-0.2	0.5	0.1	294
264	68	1,448,380.67	-1	0	0	-0.2	0.3	0.3	295
265	69	1,448,381.33	-1	0	0	-0.2	-0.1	0.2	296
266	70	1,448,382.00	-1	0	0	0.0	-0.1	-0.1	297
267	71	1,448,382.65	-1	0	0	-0.1	-0.5	-0.3	298
268	72	1,448,383.28	-1	0	0	0.1	-0.4	-0.4	299

图 14-70　高程调整图

思考题与习题

1. 何谓 CPⅡ控制网的加密？如何实施 CPⅡ控制网的加密？
2. 何谓 CPⅢ控制网，其作用是什么？
3. 简述 CPⅢ平面控制网和高程控制网的布网形式。
4. 简述 CPⅢ控制点的布设方法和编号方法。
5. CPⅢ平面测量和高程测量所使用的仪器设备有哪些？
6. 简述 CPⅢ控制网数据处理的坐标转换平差算法原理。
7. 简述 GRP 轨道基准网测量的工作流程。
8. 简述 GRP 平面测量外业数据采集的操作步骤。
9. 简述 GRP 高程测量外业操作步骤。
10. 简述 CRTSⅠ型轨道板精调系统的组成。
11. 简述 CRTSⅡ型轨道板(有挡肩)精调测量步骤。
12. 简述南方轨检小车的轨检操作流程。

第十五章　地铁铺轨基标测量

教学目标

1. 理解地铁铺轨基标的结构、分类和测设精度要求。
2. 掌握地铁铺轨基标测设的工程流程和基本步骤。
3. 能进行铺轨基标测设前，坐标放样数据的计算；控制基标测设中归化改正值的计算。

第一节　铺轨基标测量简介

地铁是城市轨道交通的重要组成部分，为了降低工程造价，地铁限界预留的安全裕量比较小，轨道线路调整空间受到很大制约，因此目前地铁多采用现浇高标准轨道混凝土整体道床。整体道床一旦完成轨道铺设，钢轨位置的调整量非常有限，为了确保地铁轨道铺设位置的设置精度，铺轨前需要建立高精度铺轨测量控制网，并埋设铺轨基标作为铺轨测量控制点。同时铺轨基标也是运营期间用于轨道维护的测量控制点，因此，精确测设铺轨基标是保证轨道线形质量的关键。

铺轨基标是按照设计线路和铺轨综合设计图的要求，利用调整好的线路中线点或贯通平差后控制点，以一定的间隔，在线路中线或其一侧测设的，具有精确平面坐标和高程的标志。按精度等级可划分为控制基标和加密基标和道岔铺轨基标。铺轨基标测设时，应首先测设控制基标，然后利用控制基标测设加密基标。道岔基标应利用控制基标单独测设，道岔基标分为道岔控制基标和道岔加密基标。基标宜设置在线路中线上，也可设置在线路中线的一侧；控制基标应设置成等高等距，埋设永久标志；加密基标可设置成等距不等高，埋设临时标志。

一、控制基标测量的一般要求

1. 基标的结构

由于铺轨基标为精密测量标志，因此与普通测量标志不完全一样，测设程序与一般控制测量也不相同。一般控制点是先埋点后测量，根据测量数据再计算并提供三维坐标成果，而铺轨基标的平面位置和高程则是事先设计好的，测设到其所在空间位置，并埋设测量标志。所以为方便进行坐标和高程的调整，铺轨基标应具有在水平和垂直方向上的微调功能。《城市轨道交通工程测量规范》中给出了控制基标、加密基标的结构形式，埋设在矩形或直墙拱形隧道中的控制基标的形式和规格如图 15-1 所示；埋设在马蹄形或圆形隧道中的控制基标的形式和规格如图 15-2 所示。

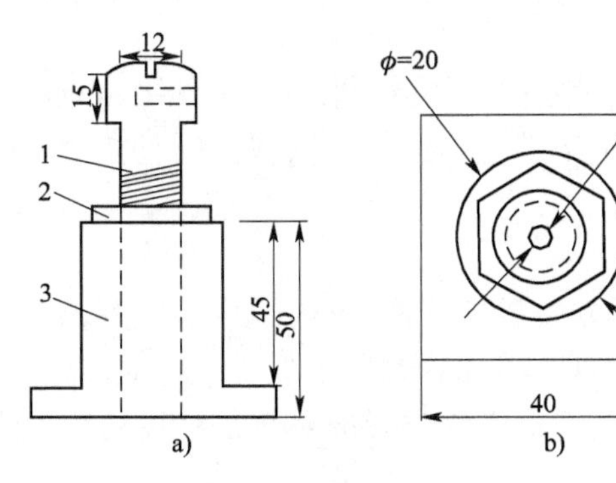

图 15-1　矩形或直墙拱铺轨基标标志(单位:mm)
1-M10×1.5 螺栓;2-螺母;3-基座

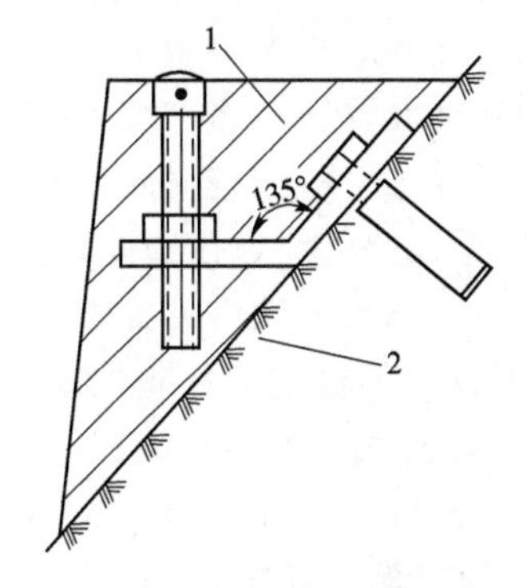

图 15-2　马蹄形或圆形铺轨基标标志(单位:mm)
1-混凝土;2-隧道结构

2. 控制基标与轨道位置的相对关系

控制基标的埋设位置,与对应轨道中心和轨顶高程为一固定值,通常称其为等高等距。

(1)控制基标的等高。控制基标顶部高程与其所在里程处轨顶面的设计高程间的差值,为一个固定常数 K。一般整体道床水沟部至轨顶面的设计高差,常数 K 通常为 300～500mm。

(2)控制基标的等距。控制基标中心位置与对应线路中线点在法线上的距离 D 相等。等距 D 应根据铺设道床的形式和整体道床水沟的位置而定,当采用碎石道床时,一般 $D=3000$mm;当采用整体道床、水沟设置设置在两侧时,一般 $D=1500$m;水沟设置在中间时,$D=0$。

而对于加密基标,由于不需要长期保留,通常要求等距不等高,即与控制基标一样距轨道中心在法线上的距离 D 相等,而高差不要求为一个常数 K。其标志形式可采用控制基标形式,也可以根据实际自行设计。

3. 控制基标埋设位置与控制基标点的密度

(1)控制基标埋设间距。在线路直线段宜每 120m 设置一个,曲线段除在曲线要素点、竖曲线变坡点和道岔中心点上设置控制基标外,还应每 60m 设置一个。埋设基标位置时基标结构的底板上应凿毛处理;并依据基标设计值与底板间高差关系埋设基标底座;最后将基标标志调整到设计平面和高程位置,并初步固定。

(2)控制基标埋设位置。主要根据道床设计类型、排水沟设计位置确定。如图 15-3 所示,可埋设在轨道中心线上,以及线路一侧的排水沟内、道床上、结构边墙或路肩上。高架线路为整体道床时,基标一般设置在线路中线上;岔区道岔一般设置在轨道两侧,并依据不同道岔形式,基标数量与位置也不尽相同。

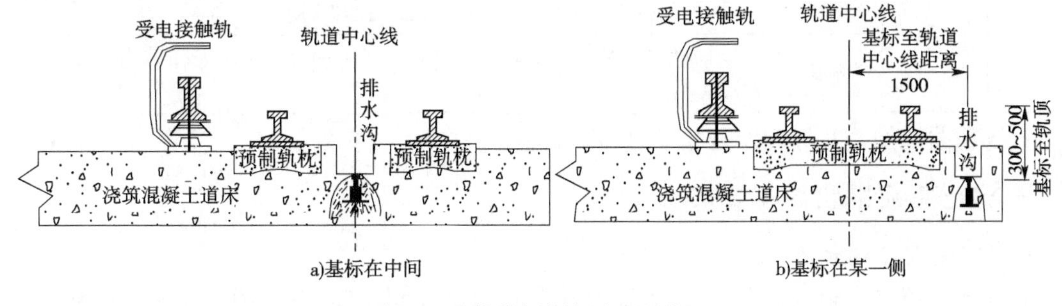

图 15-3　整体道床控制基标埋设位置

4. 控制基标点测设方法

控制基标设置在线路中线上时，在直线上，可采用截距法；在曲线上，曲线要素点的控制基标可直接埋设，其他控制基标利用中线点采用偏角法进行测设。控制基标设置在线路中线一侧时，可依据线路中线点按极坐标法测设。

5. 控制基标的测设精度要求

《地下铁道工程施工及验收规范》制定了地铁轨道验收标准，如轨道中心线距基标中心线允许偏差 2mm；轨道方向直线段用 10m 弦量，允许偏差 1mm；轨顶水平及高程上，左右股钢轨顶面水平和高程的允许偏差均为 1mm 等。这些地铁轨道验收标准对轨道铺设精度提出了要求，从而对基标测设精度提出了要求。

（1）测量控制基标间夹角时，其左右角各测两测回，左右角平均值之和与 360°较差应小于 6″；距离往返观测各两测回，测回较差及往返较差应小于 5mm。

（2）直线段控制基标间的夹角与 180°较差应小于 8″，实测距离与设计距离较差应小于 10mm；曲线段控制基标间夹角与设计值较差计算出的线路横向偏差应小于 2mm，弦长测量值与设计值较差应小于 5mm。

（3）控制基标高程测量应起算于施工高程点，按二等水准测量技术要求施测。控制基标高程实测值与设计值较差应小于 2mm。

各项限差满足要求后，应进行永久固定。对未满足要求的，应进行平面位置和高程调整，调整后按上述要求进行检查，直至满足要求为止。

二、加密基标测量的一般要求

1. 加密基标点的密度

加密基标在线路直线段应每 6m、曲线段应每 5m 设置一个。

2. 加密基标测设精度要求（见表 15-1）。

加密基标测设精度要求　　表 15-1

序号	控制项目		精度要求
1	直线段	纵向	相邻基标间纵向距离误差为 ±5mm
		横向	加密基标偏离两控制基标间的方向线距离为 ±2mm
		高程	每个加密基标实测值与设计值较差不大于 2mm；相邻加密基标实测高差与设计高差较差不应大于 1mm
2	曲线段	纵向	相邻基标间纵向距离误差为 ±5mm
		横向	相对于控制基标的横向偏差应为 ±2mm
		高程	每个加密基标实测值与设计值较差不大于 2mm；相邻加密基标实测高差与设计高差较差不应大于 1mm

直线和曲线加密基标测定合格后，应进行固定。

三、道岔基标测量的一般要求

1. 道岔基标点的位置

首先依据道岔铺轨设计图，利用控制基标测设道岔控制基标，然后利用道岔控制基标测设道岔加密基标。各类道岔控制基标应规范要求，在指定位置进行埋设。

对于单开道岔控制基标应测设在岔头、岔尾、岔心和曲股位置或一侧;对于复式交分道岔控制基标应测设在长轴和短轴的两端及岔头、岔尾位置或一侧;对于交叉渡线道岔控制基标应测设在长轴和短轴的两端、岔头、岔尾以及与正线相交的岔心位置或一侧。图15-4是单开道岔基标布置示意图。

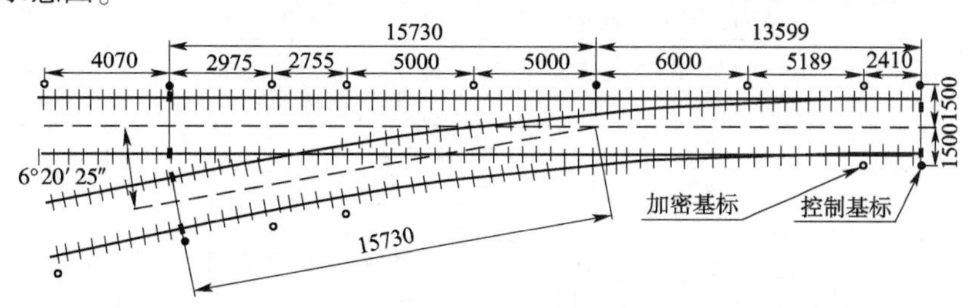

图15-4　单开道岔基标布置示意图

2. 道岔控制基标测设的精度要求

(1)道岔控制基标间距离与设计值较差应小于2mm;高程与设计值较差应小于2mm,相邻基标间的高差与设计值较差应小于1mm。

(2)岔心相对于线路中线的里程(距离)与设计值较差应小于10mm。

(3)道岔控制基标与线路中线的距离和设计值较差应小于2mm。

(4)正线与辅助线交角的实测值与设计值较差:单开道岔不应大于20″,复式交分道岔、交叉渡线道岔不应大于10″。

道岔控制基标经检测满足各项限差要求后,应埋设永久标志。道岔加密基标应利用道岔控制基标测设。测设后必须进行几何关系检测,并应满足规范要求。

第二节　铺轨基标测量方法

一、铺轨基标测设前的基础准备工作

地铁铺轨基标(包括控制基标、加密基标和道岔铺轨基标)的测设,是根据铺轨综合设计图,利用调整好的线路中线点或施工控制导线点和水准点测设。由于测设精度要求高,需要对测量所用的仪器、作业方法和流程都要严格控制。

(1)测量仪器的检校。要保证所需的测量精度,首先要使测量仪器(全站仪和水准仪)处于正常可靠的工作状态。除了定期检校外,在使用过程中还要经常做以下常规检校工作:全站仪的圆水准器、管水准器、2*C*、指标差、对中器等的检校;反射棱镜基座圆水准器、管水准器、对中器、觇标、对中杆圆水准器等的检校;水准仪的圆水准器、*i*角误差、水准尺的圆水准器等的检校。

(2)施工控制导线和水准的检测或复测。在测设铺轨基标前,首先要对施工控制导线和水准点以一至二个区间为单元进行检测或复测,确认点位无误和精度是否满足要求。为满足放样点点位精度,控制导线应按相应的导线等级检测。对超出限差的导线点或水准点,应在核实后及时进行调整,重新计算其坐标。若不加以调整,将无法实现铺轨基标和中线的应有精度。

二、铺轨基标测设工程流程

基标测量工作流程如图15-5所示。并且要求:

(1)施工测量应符合《城市轨道交通工程测量规范》(GB 50308—2008)。

(2)铺轨测量工作遵守有关测量技术管理要求。

(3)开工前及时进行复核验算和复测工作。

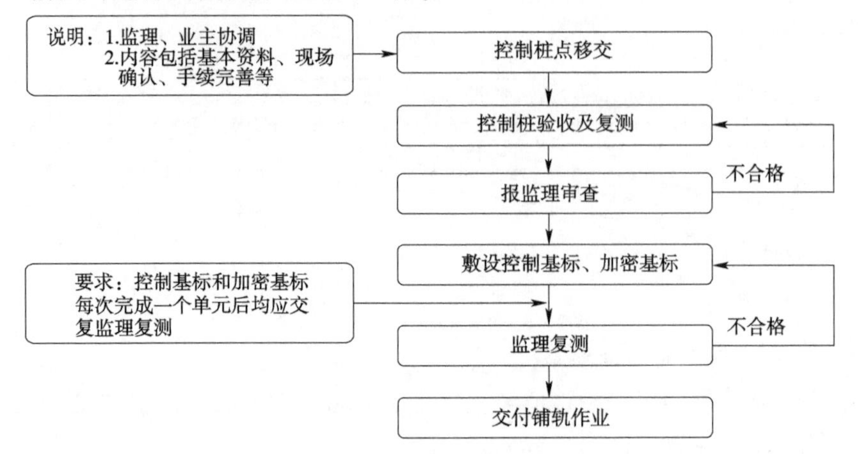

图 15-5　基标测量工作程序图

(4)制定铺轨基标测设方案,研究布设铺轨控制基标。

(5)将布设的控制基标和加密基标的测量成果进行复测,合格后交付铺轨施工。

三、铺轨基标测设基本步骤

地铁施工时车站控制点一般从地面直接投测,控制点精度较高。因此,地下铁道贯通测量和铺轨测量一般要求在进行误差调整时,“车站不动,调整区间”(即车站控制点为已知点,区间控制点为未知点进行平差),因此应以“两站一区间”为“铺轨单位”进行铺轨基标测设,基标测设一般按下列步骤进行。

1. 中线调整测量和精密水准测量

(1)中线调整测量

以“铺轨单位”两个车站中的中线控制点为起算控制点,连接区间隧道内的原有施工中线控制点(如果原有中线控制点已被破坏则可重新埋设新的中线点)布设通过左、右线的附合导线,如左、右线之间有联络线,则应布设结点网平差后的导线点坐标和原来坐标比较。当其较差不符值不影响隧道限界时,即可用这些中线控制点进行下一步控制基标测量工作。如果影响隧道限界,则会同设计等有关人员改移或调整中线至允许误差内的合适位置上。

(2)精密水准测量

在“铺轨单位”中布设一条通过左右线的精密附合水准网,精密水准网的起算点设置在两个车站(车站上的水准起算点应利用地面水准点进行检测),在区间埋设精密水准控制点(尽量利用施工水准点),水准点间距为 100 ~ 200m,水准网闭合差小于 $8\sqrt{L}$mm(L 为水准路线长度,单位为 km)。

经过上述中线调整测量和精密水准测量后,就可以检测合格的控制点为起算点,进行铺轨控制基标的测设,再利用控制基标进行加密基标的测设。

2. 铺轨基标测设前放样数据的准备

铺轨基标测设放样数据包括坐标数据和高程数据,其中高程数据可以从设计资料中通过简单计算获得,而坐标数据要通过较复杂的计算得到。故下面主要阐述坐标数据的计算方法。

(1)线路中线上的铺轨基标坐标放样数据的计算

首先根据铺轨基标在线路的直线、圆曲线、缓和曲线上的位置以及起算控制点,计算控制基标放样坐标(x_i,y_i)。具体方法可参见第十章轨道线路测量中的中桩坐标计算的相关内容。

(2)铺轨基标在线路中线一侧的坐标数据的计算

铺轨基标敷设在线路中线一侧时所形成的曲线具有与线路中线平行、两条曲线任一对应点的切线具有共同的法线且垂距相等的特性,根据这一特性进行放样坐标数据计算。

①直线线路计算。当铺轨基标位于线路某一侧时,由于铺轨基标与线路间距为常数 D,并与线路平行,如图 15-6 所示,可将已知的线路中线点坐标,沿线路方向旋转 90°,并平移偏距 D,即可计算出对应基标的坐标放样数据。

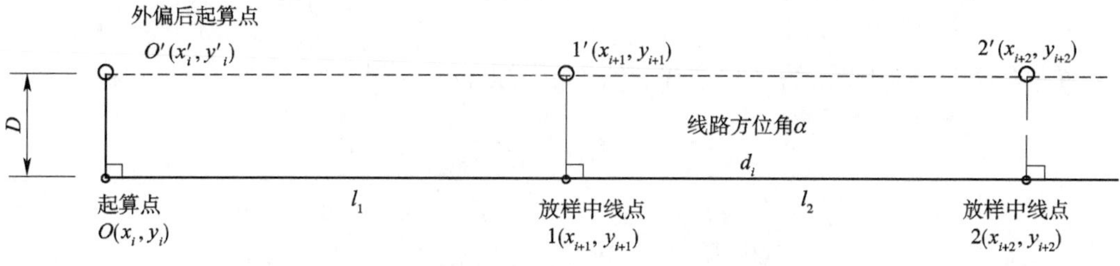

图 15-6　直线线路铺轨基标的坐标数据计算

②曲线线路计算。当曲线线路为圆曲线时:铺轨基标位于圆曲线一侧,各铺轨基标分布于该线路中线圆曲线的同心圆上,因此,在相应点切线的法级或与圆心连线方向上平移距离 D,即为铺轨基标位置,由此便可计算出放样数据。

③曲线线路为缓和曲线时:数据计算比较复杂,如图 15-7 所示,建立以线路中线的 ZH 点坐标原点,以直线线路中线的延长线为 x 轴的独立直角坐标系。

l 为缓和曲线,s 为 l 的平行线,二者间距 D,则根据缓和曲线的微积分公式和级数公式展开,有:

$$\begin{cases} x = l\left(1 - \dfrac{l^4}{40l_s^2R^2}\right) + D\left(\dfrac{l^2}{2l_sR} - \dfrac{l^6}{48l_s^3R^3}\right) \\ y = l\left(\dfrac{l^2}{6l_sR} - \dfrac{l^6}{336l_s^3R^3}\right) + D\left(\dfrac{l^4}{8l_s^2R^2} - \dfrac{l^8}{384l_s^4R^4}\right) \end{cases} \tag{15-1}$$

式中:l——缓和曲线上的点至 ZH 点的曲线长,均为正值;

l_s——缓和曲线全长;

R——圆曲线半径;

D——两条平行缓和曲线间的距离。

图 15-7 中,缓和曲线自 ZH 点向 HY 点,是向右弯曲的,如果如图 15-8 所示曲线向左弯曲的话,则其 Y 坐标的值与右弯时相反,所以 Y 坐标表达式应乘上一个符号函数。

$$j_1 = \begin{cases} -1(左弯) \\ +1(右弯) \end{cases} \tag{15-2}$$

另外在图 15-7 中的基标平行曲线 s 在缓和曲线 l 的弯曲外侧,$R+b>R$,即 $b>0$;若如图 15-9 所示基标平行曲线 s 在缓和曲线 l 的弯曲内侧,$R+b<R$,即 $b<0$。为了统一简便,取 b

值都为正,而再乘以一个符号函数。

$$j_2=\begin{cases}-1(\text{外侧})\\+1(\text{内侧})\end{cases} \tag{15-3}$$

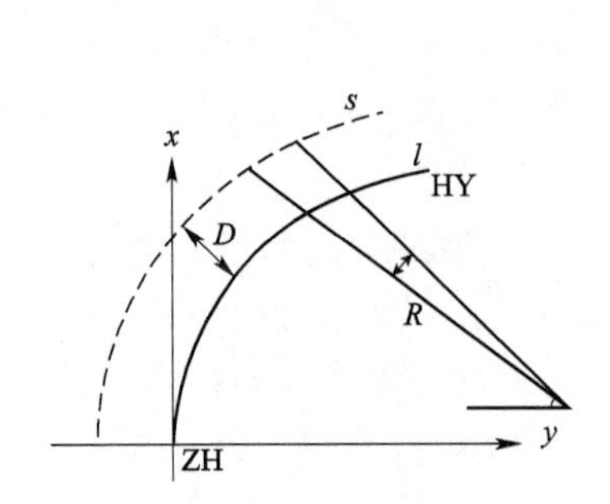

图 15-7　缓和曲线铺轨基标的独立直角坐标系的建立

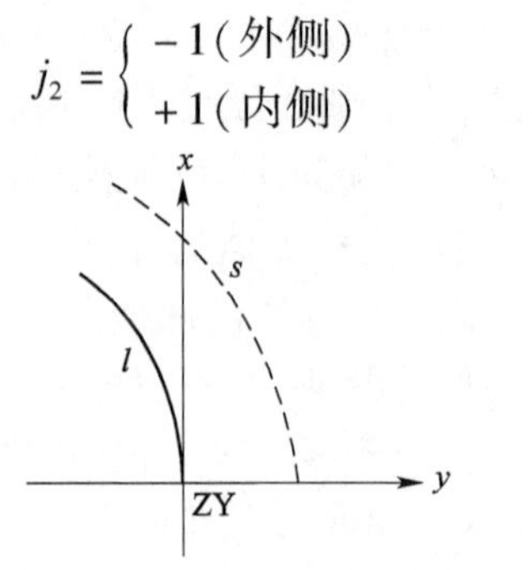

图 15-8　缓和曲线向左弯曲

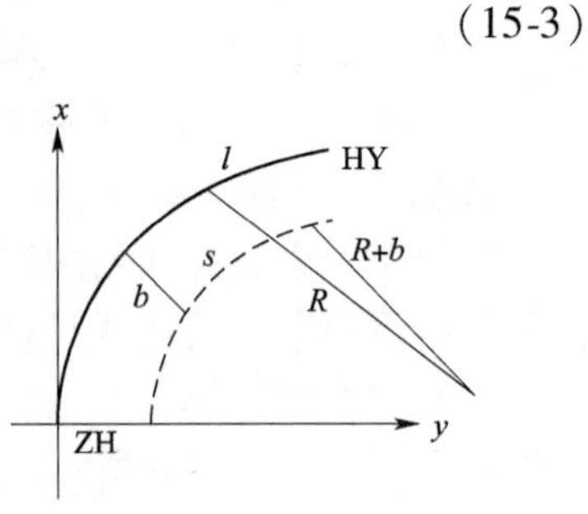

图 15-9　基标平行曲线 s 在缓和曲线的内侧

这样就得到了缓和曲线的平行曲线 s 的坐标数据计算公式:

$$\begin{cases}x=l\left(1-\dfrac{l^4}{40l_s^2R^2}\right)+j_2D\left(\dfrac{l^2}{2l_sR}-\dfrac{l^6}{48l_s^3R^3}\right)\\ y=j_1\left[l\left(\dfrac{l^2}{6l_sR}-\dfrac{l^6}{336l_s^3R^3}\right)+j_2D\left(\dfrac{l^4}{8l_s^2R^2}-\dfrac{l^8}{384l_s^4R^4}\right)\right]\end{cases} \tag{15-4}$$

根据式(15-4)计算的 x、y 值为独立直角坐标系坐标,还要利用坐标平移与旋转公式,将独立直角坐标系坐标转换成城市坐标系或线路控制测量坐标系中的坐标,可参见第十章轨道线路测量第四节“全站仪坐标法测设中线”中的坐标转换公式,有:

$$\begin{cases}X=\mathrm{A}+x\cos\alpha-y\sin\alpha\\ Y=\mathrm{B}+x\sin\alpha+y\cos\alpha\end{cases} \tag{15-5}$$

3. 铺轨基标测设

(1)控制基标的测设

利用调整后的中线控制点测设控制基标,控制基标分为初测、串线测量和归化改正三个步骤。

①初测。根据上述计算出的控制基标测设坐标数据和高程数据,采用极坐标法和水准测量方法测量基标的平面和高程位置,然后埋设控制基标。固定控制基标前,将其调整到设计给出的平面和高程位置后进行固定。

②串线测量。对“铺轨单位”中的控制基标进行串线测量。以相邻两个车站间的测量控制点为起算数据,与控制基标组成附合导线,并进行导线测量,平差后控制基标实测值与设计值比较,应满足“第一节铺轨基标测量简介”中的“控制基标的测设精度要求”。当控制基标间几何关系超限并与线路存在较大偏差时应进行调线工作。

③归化改正。当控制基标各项限差不能满足要求时,应进行调线测量,即对限差超限控制基标进行归化改正。即先根据串线测量成果,计算出控制基标的归化改正值(如:在垂直于线路方向的角度改正值和沿线路方向的距离改正值),再根据计算出的归化改正值,对控制基标位置进行实地调整。

归化改正值的计算,通常采用近似方法,主要有:

a. 坐标法。此方法不直接计算归化改正值,而是将串线测量控制基标的实测平差坐标和设计坐标进行比较,计算各控制基标坐标改正数(Vx,Vy),实地改正。

b. 角度距离法。根据将串线测量控制基标成果，计算每个控制基标归化改正的角度和距离，沿线路垂直方向调整控制基标点位，使相邻控制基标的夹角满足限差要求。如图15-10所示，直线上A、B点之间的C点夹角与180°的较差超过允许值时，应进行调整，其角度归化值Δ，可用正式计算：

$$\Delta = \frac{\alpha \cdot (L_1 \cdot L_2)}{(L_1 + L_2) \cdot 206265''} \qquad (15\text{-}6)$$

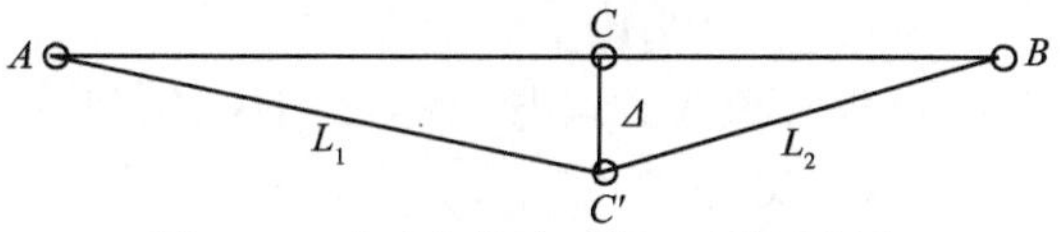

图15-10　角度归化改正值Δ计算示意图

式中：α——夹角实测值与设计值的不符值，s；

Δ——角度归化改正值，即点位调整的横向偏移量，mm；

L_1，L_2——相邻边的边长，mm。

上述归化改正值的近似计算方法，一般由实践经验比较丰富的技术人员采用，对于实践经验不足的技术人员较难掌握，因为在控制基标上，一个点的横向改正会引起相邻夹角的变化，因此计算一个点归化改正值时，还要考虑对相邻点的影响，必须反复调整各点改正值，才能满足要求。

目前市场上已开发出控制基标归化改正计算程序，其以角度、距离为参数，总结点位横向改正值与角度改正值的变动规律，建立数学模型，实现归化改正点位自动选取与对应改正值的自动计算，灵活实用。

(2)加密基标的测设

在直线段依据控制基标间的方向，按加密基标的间距，在控制基标间埋设加密基标。埋设时以全站仪定向、测距或在控制基标间张拉直线、以钢尺量距等方法确定各加密基标的位置。在曲线段将仪器安置在控制基标或曲线元素点上用偏角量距等方法设置加密基标。加密基标高程依控制基标高程测量方法测定。

(3)道岔铺轨基标的测设

道岔铺轨基标是全线基标的组成部分，一般是在完成线路控制基标测量后进行道岔基标测量。为了满足道岔几何形位的要求，道岔的铺轨基标测设应根据基标设计图，利用控制基标测设道岔控制基标，然后利用道岔控制基标测设道岔加密基标。

地铁线路道岔有单开道岔、交分道岔、交叉渡线道岔。单开道岔控制基标应测设在岔头、岔尾、岔心和曲股位置或一侧；交分道岔控制基标应测设在长轴、短轴的两端及岔头、岔尾位置或一侧；交叉渡线道岔控制基标应测设在长轴和短轴的两端、岔头、岔尾以及与正线相交的岔心位置或一侧。

道岔控制基标应利用控制基标采用极坐标法测设，测设后应对道岔控制基标间及其与线路中线几何关系进行检测，使控制基标间及其与线路中线间几何关系满足“第一节铺轨基标测量简介”中的“道岔控制基标测设的精度要求”。

思考题与习题

1. 地铁铺轨基标测量的分类有哪些？
2. 简述控制基标与轨道位置的相对关系。
3. 简述控制基标、加密基标、道岔基标测量的精度要求。
4. 简述铺轨基标测设基本步骤。
5. 控制基标测设中归化改正的方法主要有哪些？

参考文献

[1] 中华人民共和国行业标准. TB 10601—2009 高速铁路工程测量规范[S]. 北京:中国铁道出版社,2010.

[2] 中华人民共和国行业标准. TB 10101—2009 铁路工程测量规范[S]. 北京:中国铁道出版社,2010.

[3] 中华人民共和国国家标准. GB 50308—2008 城市轨道交通工程测量规范[S]. 北京:中国建筑工业出版社,2008.

[4] 中华人民共和国国家标准. GB/T 12897—91 国家一、二等水准测量规范[S]. 北京:中国标准出版社,1992.

[5] 中华人民共和国国家标准. GB/T 12898—91 国家三、四等水准测量规范[S]. 北京:中国标准出版社,1992.

[6] 中华人民共和国国家标准. GB/T 18314—2001 全球定位系统(GPS)测量规范[S]. 北京:中国标准出版社,2001.

[7] 中华人民共和国国家标准. GB 50026—2007 工程测量规范[S]. 北京:中国计划出版社,2008.

[8] 中华人民共和国行业标准. CJJ 73—97 全球定位系统城市测量技术规程[S]. 北京:中国建筑工业出版社,1997.

[9] 中华人民共和国行业标准. JTJ/T 066—98 公路全球定位系统(GPS)测量规范[S]. 北京:人民交通出版社,1998.

[10] 中华人民共和国国家标准. GB/T 20257. 1—2007 国家基本比例尺地图图式第 1 部分:1:500 1:1000 1:2000 地形图图式[S]. 北京:中国标准出版社,2008.

[11] 中华人民共和国国家标准. GB/T 15314—1994 精密工程测量规范[S]. 北京:中国标准出版社,1994.

[12] 中华人民共和国行业标准. JGJ/T 8—2007 建筑变形测量规程[S]. 北京:中国建筑工业出版社,2007.

[13] 王劲松,等. 土木工程测量[M]. 北京:中国计划出版社,2008.

[14] 覃辉. 土木工程测量[M]. 重庆:重庆大学出版社,2011.

[15] 王国辉. 土木工程测量[M]. 北京:中国建筑工业出版社,2011.

[16] 赵景明. 无砟轨道施工测量与检测技术[M]. 北京:人民交通出版社,2011.

[17] 周建东,谯生有. 高速铁路施工测量[M]. 西安:西安交通大学出版社,2011.

[18] 秦长利. 城市轨道交通工程测量[M]. 北京:中国建筑工业出版社,2008.

[19] 杜晓波,等. 城市轨道交通工程施工测量[M]. 北京:中国铁道出版社,2013.

[20] 张冰. 地铁盾构施工[M]. 北京:人民交通出版社,2011.

[21] 周建郑. GPS 定位测量[M]. 郑州:黄河水利出版社,2010.

[22] 王兆祥. 铁道工程测量[M]. 北京:中国铁道出版社,2008.

[23] 朱永全,宋玉香. 隧道工程[M]. 2 版. 北京:中国铁道出版社,2010.

[24] 张立. 城市轨道交通工程概论[M]. 北京:人民交通出版社,2011.

[25] 安宁. 城市轨道交通工程[M]. 北京:人民交通出版社,2008.

[26] 朱颖. 客运专线无砟轨道铁路工程测量技术[M]. 北京:中国铁道出版社,2009.